地方史研究協議会編

歴史と風土

―南部の地域形成―

雄山閣

序　文

地方史研究協議会第五四回（八戸）大会は、二〇〇三年一〇月一八日（土）から二〇日（月）まで、八戸市公民館ホールにおいて開催された。共通テーマは、「南部の風土と地域形成」である。

大会の開催にあたり、地元の研究者による大会実行委員会が組織され、地方史研究協議会大会準備委員会との間で、二年間にわたって大会の準備が進められてきた。大会テーマである「南部の風土と地域形成」は、ヤマセや火山灰地帯という風土のもと、歴史的に形成されてきた南部の地域像を、そこに生活する人々の主体的な営為のなかから捉え返すことを目的として設定された。

大会が開催された二〇〇三年の夏は、一〇年ぶりといわれる冷夏で、準備過程で訪れた八戸ではヤマセによる異常な冷夏を体験することになった。九月時点の新聞報道によれば、作況指数が最も低かったのは青森県の七一で、ついで岩手県の七七であった。日本海側より太平洋側での被害が大きく、そこはまさしく今大会で検討の対象とした「南部」であった。大会参加者も、こうした状況に大きな関心をもたれていたようである。

この大会成果論集には、公開講演をしていただいた稲葉克夫氏と櫻井徳太郎氏、それに共通論題の発表者である工藤竹久・工藤弘樹・差波亜紀子・高橋美貴・滝尻善英・中野渡一耕・西野隆次・本田伸の八氏と、自由論題の発表者である岩淵令治氏の論考を収録した。いずれも南部の風土に根ざした地域の諸相を歴史的に解明するものであり、本書が今後の研究の発展に大きく寄与することを願っている。

今回の八戸大会でとくに印象に残ったのは、多くの地元研究者の方々が参加され積極的に発言されたことである。

児玉賞を受賞された西村嘉氏をはじめとする多くの方々による、八戸市立図書館を中心とする研究環境の整備や地域史研究者の育成が、大きな水脈となって地域に受け継がれていることを実感させられた。

ともに大会を主催し成功に導いていただいた実行委員長の盛田稔氏・事務局長の三浦忠司氏・副事務局長の藤田俊雄氏をはじめとする実行委員会の皆さん、関連報告や問題提起をしていただいた方々、ご後援や協賛をいただいた諸団体各位、そして参加された多くの市民の皆さんに心よりの感謝と御礼を申し上げたい。

二〇〇四年一〇月

地方史研究協議会

会長　高島緑雄

歴史と風土 ―南部の地域形成―／目次

第Ⅲ章　民衆思想と民間信仰

第Ⅰ章　地域支配と民衆

糠部南部氏と波木井南部氏

工藤弘樹

はじめに

中世、陸奥国糠部に本拠を構えていたのが南部氏である。甲斐国出身で義光流甲斐源氏を出自とする鎌倉御家人である。[1]

南部氏が糠部に本拠を構えたのは鎌倉時代初期の事[2]でその後、糠部を中心に勢力を扶植、一族を北奥の勢力圏内に配置して、この地域の封建領主に成長したといわれる。南部惣領家は三戸家（近世、盛岡藩主南部家）であり、有力な庶子として、八戸家（近世、遠野に移封。いわゆる遠野南部家。）や九戸家などが存在したとされている。八戸家は、元来、甲斐国波木井郷出身の波木井家であったが、跡目断絶後、南部惣領家から南部師行が養子に入り、建武新政のもと、糠部を中心とする北奥で活躍、八戸根城を本拠地としたとされる。以上が、中世南部氏についての「通説」である。しかしながら、中世史の研究者にとって、鎌倉時代の早い時期に鎌倉御家人の惣領家が、それまでの本拠地を捨てて、新給地に本拠地を移動させるという歴史は、特殊な事例であり、そういう意味では、南部氏の「通説」には、奇怪な印象を受ける。

そのため、この「通説」については、過去においても何度か議論があった。例えば、吉井功兒氏は、鎌倉時代から戦国期にかけての南部氏の歴史を概観し、三戸系南部氏が連綿と糠部を支配していたという「通説」に疑問を提示している。[3] 氏は、「三戸晴政以前の三戸南部氏歴代当主をすべて否定」するという、思い切った結論を導き出している。[4] また、最近では、市村高男氏の南部氏関係系図の分析による論考が発表されている。氏は、南部光行が、「鎌倉初期に糠部を拝領した可能性はほとんどなく、ましてやその子息達へ糠部の地を分与することなどあり得ない」とし、「通説」を一蹴しているのである。この他にも、多方面からの「通説」見直しのアプローチがなされている。[5]

しかしながら、それでも「通説」は、今日まで生命力を持ち、青森県から岩手県域の地域史に位置づけられているのである。なぜか。数百年にわたる封建領主としての南部氏の足跡に対する畏敬の念があるとも思える。また、武田信玄や伊達政宗に代表されるように、戦国大名を地元の英雄と見なす風潮もあるだろう。しかし、それ以上に問題にされるのは、歴史学の姿勢であると思える。「通説」の否定はするものの、それでは、実態はどうであったのか、という問いかけについては正面から取り組んでこなかったように考えられる。[6] 例えば、「南部光行の糠部下向はあり得ない」と、主張したとしよう。聞いた者は、「なぜあり得ないのか。実際にはどうであったのか」という疑問を、当然のごとく抱く。そして、それに対する明確な回答がなされない場合、今まで「通説」とされてきたものを、簡単に捨て去ることができるであろうか。残念ながら、この部分についての明確な答えが提示されていないのが現状である。

以上のような問題点を踏まえ、本稿では、同時代史料を主として活用し、『尊卑分脈』[7]【系図一】などで補いながら、鎌倉期の南部氏がどのような歴史を歩んでいたかを明らかにしたい。南部氏の実際の活動を見直すことで、南部氏が、鎌倉時代初期、糠部に本拠を移した特異な御家人であったのか、そうでないのかを突き詰めていく。

また、建武新政期、糠部で活躍するのが、南部師行と政長の兄弟である。二人とも、同時代史料で確認することができる人物である。師行は、建武政権下で郡検断奉行として活躍するし、政長も師行の後を継いで活動する。系図(8)によると、師行は、波木井南部家三代長継の実子早世によって、南部惣領家から養子に入ったとされる。また、政長は、延元三年（暦応元・一三三八）の師行討死後、師行と同様に南部惣領家から波木井南部家に入り、名跡を継いだとされる(9)。二人は、甲斐国と北奥を往復し、南朝方の中心として活動したとされる。しかし、このような情況は、既に市村氏が指摘している通り(10)、不自然なことである。果たして、この二人は、波木井南部家を継承したのであろうか。そこで、師行・政長が継承したとされる波木井南部家についての検証を試みたい。波木井南部家は、初代実長が日蓮に帰依し、身延山に久遠寺を建立するなど、日蓮宗との関係が深い家である。よって、日蓮宗宗門関係史料に多くの足跡を残す。これらの史料を再検討することで、波木井南部家の実像をつかみ、師行・政長が養子になったという「通説」が事実かどうかを確認することとする。

以上二つの論点を整理することで、糠部南部氏の歴史について再考してみたい。糠部南部氏の歴史を明確にすることは、この地域の歴史を解明することにつながる。微力ながら、そのための一助になることを祈りながら、本稿を進めていきたい。

一　鎌倉時代の南部惣領家

『吾妻鏡』(11)には、南部氏一族としての三名を確認することができる。三名の実名は、光行、実光、時実であり、『尊卑分脈』をはじめとする系図で、南部惣領家初代から三代目として記されている。それぞれが登場する年代を勘案したとき、この三名を惣領家初代から三代とすることに違和感は感じられない。

【表】吾妻鏡に登場する南部氏

名前	記載名	年月日	西暦	記事
光行	信乃三郎光行	文治5年6月9日	1189	鶴岡塔供養に供奉。先陣随兵。
	南部次郎光行	文治5年7月19日	〃	奥州合戦に参加。鎌倉よりの供。
	信乃三郎	建久元年11月7日	1190	頼朝上洛の際に供奉、二九番。
	信濃三郎光行	建久元年11月11日	〃	頼朝の六条若宮と石清水八幡宮社参に供奉。後陣随兵。
	信濃三郎	建久3年11月5日	1192	実朝の御行始に供奉。
	信濃三郎光行	建久3年11月25日	〃	永福寺供養に供奉。先陣随兵。
	南部三郎	建久6年3月10日	1195	頼朝の東大寺供養に供奉。
	南部三郎光行	建久6年4月15日	〃	頼朝の石清水八幡宮社参へ供奉。後陣随兵。
	南部三郎光行	建久6年5月20日	〃	頼朝の天王寺参りに供奉。後陣随兵。
	南部三郎	暦仁元年2月17日	1238	上洛した九条頼経(4代将軍)に従い、六波羅入部。五一番。南部次郎の隣。
実光	南部次郎	暦仁元年2月17日	1238	上洛した九条頼経に従い、六波羅入部。五一番。
	南部次郎	仁治元年8月2日	1240	九条頼経、二所参詣に供奉。後騎。
	南部次郎実光	建長4年8月1日	1252	宗尊親王(6代将軍)、鶴岡八幡宮参賀予定を停止。供奉人随兵。
	南部次郎実光	建長4年12月17日	〃	宗尊親王、鶴岡八幡宮社参。後陣随兵。
	南部次郎実光	建長5年8月15日	1253	鶴岡八幡宮放生会に供奉。後陣随兵。
	南部次郎実光	建長6年8月15日	1254	鶴岡八幡宮放生会に供奉。先陣随兵。
	南部次郎	弘長元年1月9日	1261	御的始の供。他に、小笠原彦二郎など。
	南部次郎	弘長3年11月20日	1263	臨終間際の時頼の看病。他に、武田五郎三郎・長崎次郎左衛門尉・工藤三郎右衛門尉・尾藤太・宿屋左衛門尉・安東左衛門尉など。
時実	南部又次郎時実	建長4年4月14日	1252	宗尊親王、鶴岡八幡宮参賀に供奉。先陣。
	南部又次郎時実	建長4年7月8日	〃	宗尊親王、方違で右兵衛督教定亭に移る。輿の左右の者として供奉。
	南部又次郎時実	建長4年9月25日	〃	宗尊親王、方違で右武衛亭に移るとき供奉。歩行御劔役人。
	南部又次郎時実	康元元年7月17日	1256	宗尊親王、最明寺創建後、始めて参詣。御車網代庇供奉。
	南部又次郎	弘長元年9月3日	1261	北条時頼、弁法印審範との最後の対面の際に、供。

『吾妻鏡』に光行が初めて登場するのは、文治五年（一一八九）六月九日、鶴岡塔供養に先陣随兵としての供奉である[12]。その後の記述を含めると、合計一〇回、鎌倉や京都での将軍家への供奉がほとんどであるが、この中に、奥州合戦への鎌倉よりの供の者の中に、「南部次郎光行」（本来は三郎。次郎とは『吾妻鑑』写本の誤写か。）がいる。総勢一四四名の中の一人ではあるが、ここに記される史実は、江戸幕府編纂の『寛永諸家系図伝[13]』にも記され、後世、南部氏の糠部支配の根拠の一つとなったと考えられる。しかしながら、糠部を光行に分与したという、いわゆる南部氏の「通説」は、『吾妻鏡』には、記されていない。『吾妻鏡』以外に、光行の活動を記す同時代史料は、管見の限りでは、存在しないが、糠部に本拠を構えて、鎌倉や京都での将軍家の儀礼に参加するときに当該地へ出向くと考えるよりも、他の多くの御家人がそうしたように、鎌倉に中核施設や、日常生活空間を構えていたと考える方が自然である。光行は、甲斐源氏出身の一人の御家人として、将軍家

に、奉公していたのである。

続いて、実光と時実である。実光が名前を記すのは、計八回。このうちの七回は、光行と同様、鎌倉・京都での将軍への供奉である。また、時実は、計五回の足跡を残す。そのうちの四回は、将軍家への供奉で、すべて鎌倉での行動である。建長四年（一二五二）以降、実光と時実が同時期に活動するなど、更なる検討の余地があるが、いずれにせよ、将軍家に勤仕している御家人としての南部氏の姿を見て取ることは難しくない。

さて、鎌倉幕府体制下での南部氏の動向を知るうえで、『吾妻鏡』には、興味深い記述がある。実光と時実、それぞれ一回ずつ、北条時頼との接点を表す記事が存在する。以下に史料を示す。

【史料一】吾妻鏡　第五〇　弘長元年九月

三日壬戌、霽、弁法印審範長病已危急、是依為顕密之碩学、殊所被賞翫也、而今日申一剋、相州禅室為最後御対面、入御彼雪下北谷宿坊、武田七郎、南部又次郎《（時実）》、工藤三郎右衛門尉光泰、同木工左衛門尉等候御共、（以下略）

【史料二】吾妻鏡　第五一　弘長三年一一月

廿日丁酉、早旦、渡御北殿、偏及御終焉一念、昨日含厳命之両人、固守其旨、制禁人々群参之間、頗寂寞、為御看病、六・七許輩祗候之外無人、所謂、

武田五郎《（政綱）》三郎　南部次郎《（実光）》
長崎次郎《（光綱）》左衛門尉　工藤三郎《（光泰）》右衛門尉
尾藤太《（景氏）》　宿屋左衛門尉《（最信）》
安東左衛門尉《（光成）》　等也、

史料一は、弁法印審範の病に際し、時頼が最後の対面をおこなったというものである。この際に、南部又次郎

（時実）が、供をしているのである。他に、武田、工藤という、御家人出身の得宗被官の名前もある。この時期、南部氏は他の御家人と同様に、得宗である時頼との結びつきを強くしている様子を窺い知ることができる。南部氏と時頼の結びつきが、更に強くなっている様子を知ることのできるのが、史料二である。弘長三年（一二六三）一一月二二日、時頼は死去するが、その二日前、まさに時頼最期の時、看病にあたっていたのが、南部次郎（実光）である。実光と同様に、看病にあたった名前を記される六名のうち、武田政綱、工藤光泰は御家人出身の得宗被官、長崎光綱、尾藤景氏、宿屋最信、安東光成は、有力な得宗身内人である。[14]この中に名前を連ねているということから、南部氏が北条得宗家との結びつきを強め、御家人出身の有力な得宗被官の一角として位置づけられている事実を見出すことができる。ちなみに、このような情況は、決して珍しい現象ではない。鎌倉幕府成立初期から、北条氏は、有力御家人を滅ぼし、権力の集中をおこなってきた。このような現実に対する方策として、御家人は北条氏などの権力者と結びつこうとしていたのである。鎌倉幕府のもとでの南部氏は、自らの存命の手段として、北条得宗家との結びつきを強めたと考えられる。

『吾妻鏡』断絶後、南部氏が登場するのは、弘安八年（一二八五）の霜月騒動に関わる史料である。まず、史料を提示する。

【史料三】安達泰盛乱聞書

（「鎌倉遺文」一五、七三五五号）

城(覚真、安達泰盛)入道并城(安達宗景)助・美(安達長景)乃入道・十郎(安達時景)判官入道、一門皆被伐了、奥州入道、十七日(弘安八年十一月)巳剋マテハ松か上(谷カ)ニ住、其後依世中動、塔ノ辻屋方へ午時ニ被出けるニ、被参守殿(北条貞時)云々、死者卅人手ヲイハ十人許、

□「　」テ城十郎《判官》入道ユヤマへ

(〇後欠)

(「鎌倉遺文」一五、七三六号)

陸奥入道(覚真、安達泰盛)　城介(安達宗景)　三乃入道(海智、安達長景)　城大夫判官入道(智玄、安達時景)
上総介(大曽根宗長)　同大宰少弐(武藤景泰)　四郎《同》左衛門尉
隠岐《懐嶋》入道(道願、二階堂行景)　出羽《伴野》守(長泰)　対馬《三浦》前司
加賀太郎(城宗顕カ)左衛門尉　同六郎
殖田(大江泰広)又太郎入道　城左衛次郎(マヽ)
大曽根太郎(宗長カ)左衛門入道　上総三郎(覚然、大曽根義泰)左衛門入道
葦名四郎(泰親)左衛門尉　美作三郎左衛門尉
綱嶋二郎入道　池上藤内左衛門尉
行方《ナメ》少二(マヽ)郎　伊東三郎(祐景カ)左衛門尉
足《ア》立太郎(直元)左衛門尉　南部孫二郎(政光カ)
和泉六郎(天野景村)左衛門尉
□其人を始として、五百人或自害、

(〇後欠)

(「鎌倉遺文」一五、七三七号)

(〇前欠)

越後守(金澤顕時)殿被召籠、

宇治宮《(マヽ)》　対馬入道子ヨセテ

霜月騒動の様子は、『鎌倉年代記裏書』にも記され、史料三と同様に南部氏の名前を確認することができる。[15]

霜月騒動で安達泰盛に連座して自害・討死にした主だった御家人は五〇〇人。史料三で確認することのできる大曽根氏は、安達氏の分流であるし、二階堂・武藤氏は引付衆、伊東三郎左衛門尉（祐景）は前石見国守護、他に、殖田（大江）氏や足立氏、和泉（天野）氏などの有力御家人の名前がならぶ。[16]この中に、「南部孫二郎」が、名前を連ねているのである。「南部孫二郎」が、どのような脈絡の中で泰盛に加担したのかは、はっきりしない。泰盛の母方である小笠原氏が泰盛方に加わったため、同じ甲斐源氏の一族として加わったとも考えられる。あるいは、二代実光より北条得宗家との関係を強めていた南部氏が、時頼―時宗の死後、後継的立場にいた安達泰盛のもとで重要な役割に任ぜられ、安達氏に同道した可能性もある。いずれにしても、推測の域は出ないが、この時期、有力御家人の中の一人として、「南部孫二郎」の名前が記されている事実は、注目に値する。二代実光以降、南部氏は、北条得宗家との結びつきを強め、得宗被官としての地位を築いていったと見なしてもいいと考える。

さて、この「南部孫二郎」の記述を残す史料は、『吾妻鏡』による南部氏の最後の記述から、二二年後である。年数的に、三代時実の次の代と見なして、大過ないと考えられる。『尊卑分脈』【系図一】には、時実の子として「南部孫二郎政光」が記されているが、史料三の中の「南部孫二郎」を政光に比定することは、十分、可能であると考える。

二　惣領家をめぐる争論

弘安八年一一月、霜月騒動による「南部孫二郎」の死によって、南部惣領家は、断絶したと考えられる。その後の南部氏は、どのような歴史を歩んだのであろうか。以下に史料を提示する。

【史料四】南部時長・師行・政長陳状案　（「青森県史　資料編　中世1」三八号）

目安

甲斐国南部郷以下所領事

訴人南部三郎次郎今者刑部丞武行

論人南部五郎次郎時長

同又二郎師行但為宮供奉奥州下向

同六郎政長

一、武行以先日奇（毀）破状、閣自身所帯後日配分状、掠申子細、罪科難遁事、

南部郷以下、武行親父孫三郎宗実、掠給御下文之間、時長亡父二郎政行法師法名道行就申子細、為備中入道々存・壹岐入道妙恵在俗于時奉行、十八ケ度被経其沙汰、為又二郎入道実願（時実）跡、去延慶三年五月十八日得分親八人預御配分以来、云武行父子二代、云時長父子、得分親等、廿余年相互知行無相違之処、以先日奇破状、擬掠申自身帯持之後日御下文等之条奸謀也、就中前後御下文共、以最勝園寺（北条貞時）禅門成敗也、爰依為先日沙汰、無拠後日再往有其沙汰、被直下之時、被賞翫後日之下知御下文者、政道之法也、而武行依為自身依怙、閣傍例、奉　掠上聞之条、造意之企珍事也、此上猶及御不審者、道存妙恵等、当参之上者、有御尋、武行可露顕乎、是一

一、延慶三年五月十八日御下文不可有御不審事、

於道行所得御下文者、後家時長等継母資行実母并資行構謀書、抑留文書等之間、於関東番訴陳之上、於決断所被経御沙汰最中也、仍武行資行等、於対決之御座、正文出帯之上者、後日御配分状更不可有御不審者也、是二

一、武行不可遁告言咎事、
如延慶三年御下文者、以亡父南部又二郎法師法名実願遺領、所被配分也云々、而武行為実願孫子、閣親父非父祖之跡、直
恩沢之由偽申之上者、如傍例者、難遁告言咎者哉、是三
一、武行不可遁朝敵重科事、
武行者為長崎三郎左衛門入道思元聟、属同四郎左衛門尉高貞、発向茅屋城、致合戦、去四月落下関東之刻、同五
月十日於三河国矢作宿、仁木・細河・武田十郎已下被留畢、有御尋、不可有其隠、可参御方者、京都合戦最中、
依何事可落下関東哉、高時禅門与同之条、不可有御不審、而武行帯五宮令旨之由自称之条、是又奸曲也、令帯令
旨者、尤於京都可致合戦歟、不然者又於勢州・濃州・尾州、可致軍忠之処、終無其儀、爰落下関東之時者、依隠
密彼令旨歟、雖被留参河、不及被見、今致奸訴、始出帯之条、表裏私曲、弥朝敵之段、令露顕畢、其故者、以彼
令旨、於関東為申子細、雖令下向、関東滅亡之間、立還参御方之由、構申者也、争可遁重科哉、而結句浴朝恩之
条、言語道断之次第也、時長等忠節之条、云大将注進、云證人等、分明也、而武行恐自科、令参候近衛殿、剰及
偽訴之条、奸謀之至、何事如之哉、是四
一、時長政長等、於御方抽軍忠子細事、
時長者、最前馳参御方、於関東致合戦之忠、親類中村三郎二郎常光、五月廿日討死之条、新田三河弥次郎見知畢、
同廿一日霊山大将軍武田孫五郎相共、愚息行長懸先、若党数輩被疵畢、同廿二日於高時禅門館、生捕海道弥三郎、
取高時一族伊具土佐孫七頚畢、将又七月十二日押寄三浦山口、三浦若狭判官相共令退治悪党畢、次政長自奥州最
前馳参御方、自五月十五日至同廿二日、於所々致合戦、若党守家討死畢、巨細被載注進歟、是五
右子細雖多、被召決之刻、一烈御下文承伏之上者、武行不可依無窮奸訴、仍粗目安如件、

元弘三年十二月

この史料の分析は、既に小井田幸哉氏がおこなっているところである。[17]氏の分析に学びながら、それぞれの人間関係に着目して、「南部孫二郎」以降について考えてみたい。

問題となっているのは、「甲斐国南部郷以下」の南部惣領家相伝と思われる所領についてである。無論、この所領を継承した者は、南部惣領家として各地に散在する南部氏領に号令をかけ、南部氏武士団の長として君臨することになるし、時の権力者からは、そのように待遇されることにもなる。訴人は南部武行。確実な史料の中では、南部氏の中で初めての官途を有する人物である。論人は、南部時長、師行、政長の兄弟である。

史料によると、南部郷以下の所領争いは、武行の父である宗実が、所領安堵の下文を掠め取ったことを、時長達の実父である政行が訴え出たことにはじまる。「掠給御下文」という部分から、「南部孫二郎」の遺領は、政行が相伝するように幕府の判決が下っていたことがわかる。つまり、南部惣領の地位は、政行に伝えられたと考えるのが妥当であろう。『尊卑分脈』によると、宗実と政行は、ともに政光の兄弟である。霜月騒動の後の幕府の対応に不服の宗実が、非合法的手段で下文を奪ったと解釈することができると思う。この所領争いは、宗実系南部氏と政行系南部氏の間で、長期的な争論となった。

さて、宗実の跡を継いだのが武行である。史料によると、武行は、刑部丞に任官され、さらに、内管領長崎氏の一族である長崎思元と姻戚関係にあった。武行は、時の権力者である内管領長崎氏と結びつき、得宗被官としての性格を強めることで、自らの発言力を増していたと考えられる。鎌倉幕府が滅亡せず、北条氏の世が盤石であったならば、南部総領家の地位は、武行が実力で手中にしていたかも知れない。実際、史料三からは、武行の実力行使を読み取ることもできる。しかし、時代の流れは、そのようには運ばなかったのである。

鎌倉幕府滅亡後、これらの訴訟は、建武新政権に受け継がれることになる。史料によると、武行の主張は退けられ、政行の子供である、時長・師行・政長の勝訴となった。時長兄弟は、早い段階から宮方として活動し、倒幕軍にも参加していた。このような彼らの行動も、判決の際の判断材料になった可能性はあるが、鎌倉幕府体制下での争論を引き継いだ新政権は、法的根拠をもとにして、政行の子供三人に南部惣領家の地位を認めたのは事実である。

ここまで、鎌倉幕府体制下での南部惣領家の復元を試みてきたが、ここに至り、後の糠部南部氏として足跡を残した人物が登場してきた。いわゆる、南部師行と政長の兄弟である。前述の通り、「通説」では、師行は波木井南部家を継承したとされ、師行の後、政長が後継となったとされている。小井田氏も、この事が自明の事実として、論を進めている[18]。しかし、史料四をそのまま読み取る限りは、師行・政長は、あくまでも政行の子供として扱われているのである。この陳状には、師行兄弟とは異母弟の資行とその母が登場するが、その主張も退けられ、政行の直系の三兄弟に南部惣領家の地位を引き継ぐ権利を認めたと考えてよい。この史料からは、師行が波木井南部家に養子に出ていたことは、読み取ることができない。加えて、時長・師行・政長の三名のうち、誰が惣領の地位になったのかもわからないのが現実である。ともあれ、鎌倉幕府滅亡後、少なくとも、元弘三年一二月の段階では、南部師行・政長は、南部惣領家一族として行動しているということを、ここでは確認しておきたい。

以上、史料をもとに、鎌倉幕府のもとでの南部氏の動向について考察してみた。ここに掲げた史料からは、鎌倉将軍家のもと、京都や鎌倉で活動する南部氏の姿を読み取ることができた。また、源氏将軍断絶後、北条得宗家に近づき、結果として得宗家の被官化していった可能性も指摘することができた。先述の通り、この情況は、他の多くの御家人が歩んだ道でもある。鎌倉時代の早い段階で地方に惣領家が下るという、当時の御家人としては、非常に特殊な姿が、これらの史料からは確認することができない。

加えて、南部郷以下の所領争いの様子から、南部郷が南部惣領の継承する、いわゆる本領であったことも、窺い知ることができる。南部氏が鎌倉時代初期に糠部に下向していない事は、次の史料からも読み取ることができる。

【史料五】京都六条八幡宮造営注文（建治帳）　（国立歴史民俗博物館研究報告　第四五集）

一、造六条八幡新宮用途支配事　建治元年五月　日

鎌倉中

（中略）

一、在京

（中略）

甲斐国

南部三郎入道跡	六貫	秋山太郎跡	四貫
河仏利入道跡	七貫	逸見入道跡	五貫
奈古蔵人跡	三貫	加々見美濃入道跡	四貫
板垣入道跡	三貫	河内太郎同次郎跡	五貫
平井次郎跡	三貫	曽祢入道跡	五貫
尼遠江局跡	三貫	鮎澤六郎跡	八貫
飯田五郎跡	五貫	上藤中務丞跡	五貫
工藤右衛門尉跡	五貫	室伏六郎次跡	五貫
市河別当入道跡	七貫	同庄司跡	六貫

（中略）

陸奥国

陸奥国	四貫	留守	十貫
宮城四郎跡	六貫	信夫右衛門入道跡	五貫
岩崎三郎跡	七貫	岩城太郎跡	八貫
小平人々	十貫	泉田兵衛尉	六貫
楢葉太郎跡	四貫	標□（葉カ）四郎跡	六貫
河原毛太郎跡	三貫	新田太郎跡	三貫
古河右衛門尉跡	四貫	三澤二郎	三貫
新開三郎跡	三貫		

出羽国

大泉兵衛尉跡	四貫	由利中八跡	五貫
伊豆十郎権守跡	七貫	神足六郎跡	五貫
国井人々	六貫		

（中略）

建治元年六月廿七日、於関東将軍改所定、同法眼下向之時書写事、

この史料は、源頼朝以降、鎌倉・室町幕府将軍家の篤い帰依と保護を受けた、京都六条八幡宮造営のための、一種の御家人役を賦課する注文である。(19) この史料を見る限り、南部氏は、甲斐国の御家人として幕府に把握され、造営

役を負担していると考えられる。ちなみに、同注文の中の陸奥国には、南部氏の名前は見当たらない。更に、年号から明確に鎌倉時代と考えられる史料を鑑みるに、[20]南部氏の所領は、甲斐国に限らず伊豆国や但馬国にも及ぶ。これらの所領を把握するのが南部家惣領の得分でもあり職務でもある。日本国内に散在する所領を支配するためには、糠部に下向するよりは鎌倉に中核施設を構える方がたやすい事だと考えられる。なぜならば、当時のインフラ整備は、鎌倉を中心に行われていたからである。

以上、鎌倉時代の南部惣領家の歴史について考察してきた。鎌倉幕府体制下では、南部氏は甲斐国の御家人と位置づけられ、甲斐国南部郷を本領としながらも、各地に散在所領をもつ封建領主であったということができるのである。これらの事実を前にしたとき、従来、鎌倉時代の早い段階に南部惣領家が糠部に下向したという「通説」は、見直されるべきである。また、南部師行が波木井南部家を継承したということにも疑問が残る。史料からは、元弘三年一二月段階で既に陸奥国に下っている師行が、波木井南部家の養子になっているとは考えられない。他の、八戸（遠野）南部家相伝の同時代史料を繙いても、波木井南部家を継いだという確かな事は言うことができない。[21]よって、項を改めて、波木井南部家に関する史料について再検討し、糠部南部氏のもう一つの「通説」である南部師行の波木井南部家の継承について考えてみたい。

三　史料の中の波木井南部氏

波木井南部家は、南部光行の子供である実長を初代とする。『源氏南部八戸家系』（以下、『八戸家系』と表記）によると、通り名は彦三郎であったが、後に六郎と改めたとある。実長は、早くから日蓮の教えに帰依し、自らの所領である波木井の地の身延山へ招く。そして、身延山久遠寺を開くことになる。そのため、多くの日蓮宗宗門関係史料に、その足跡を残している。そのいくつかを、以下に提示する。

【史料六】地引御書　　（「昭和底本日蓮聖人遺文」四一六）

坊は十間四面に、またひさしさしてつくりあげ、二十四日に大師講竝延年、心のごとくつかまつりて、二十四日の戌亥の時、御所にすゑして、三十餘人をもつて一日経かきまいらせ、竝申酉の刻に御供養すこしも事ゆへなし、坊は地ひき、山づくりし候しに、山二十四日、一日もかた時も雨ふる事なし、十一月ついたちの日、せうばうつくり、馬やつくる、八日大坊のはしらだて、九日十日ふき候了、しかるに七日大雨、八日九日十日はくもりて、しかもあたゝかなる事、春の終のごとし、十一日より十四日までは大雨ふり、大雪下て、今に里にきへず、山は一丈二丈雪こほりて、かたき事かねのごとし、二十三日四日は又そらはれて、さむからず、人のまいる事、洛中かまくらのまちの申酉の時のごとし、さだめて子細あるべきか、次郎殿等の御きうだち、をやのをほせと申、我心にいれてをはします事なれば、われと地をひき、はしらをたて、とうひやうえ・むまの入道・三郎兵衛尉等已下の人々、一人もそらくのぎなし、坊はかまくらにては一千貫にても大事とこそ申候へ、ただし一日経は供養しさして候、其故は御所念の叶せ給て候ならば供養しはて候はん、なにと申て候とも、御きねんかなはずば、言のみ有て実なく、華さいてこのみなからんか、いまも御らんぜよ、此事叶ずば、今度法華経にては佛になるまじきかと存候はん、叶て候はば、二人よりあひまいらせて、供養しはてまいらせ候はん、神ならはすはねぎからと申、此事叶ずば法華経信じてなにかせん、事々又々申べく候、恐々

十一月廿五日　　　　　　　　日蓮　花押

南部六郎殿

【史料七】白蓮本尊曼陀羅分与帳　（「鎌倉遺文」一九、九二二三号）

白蓮弟子分与中御筆御本尊目録之事　永仁六年戊戌

（中略）

一、甲斐国南部六郎入道者日興第一弟子也、仍所申与如件、
一、甲斐国波木井藤兵衛入道者日興弟子也、仍所申与如件、
一、甲斐国南部六郎三郎者日興弟子也、仍所申与如件、
一、甲斐国南部弥六者日興弟子也、仍所申与如件、
一、甲斐国南部イホメノ宿ノ尼者播磨公弟子也、仍日興申与之、
一、甲斐国波木井弥次郎入道者日興弟子也、仍所申与如件、
一、甲斐国波木井弥三郎兵衛入道者日興弟子也、仍所申与如件、
一、甲斐国波木井播磨公者日興弟子也、仍所申与如件、

（後略）

【史料八】日静書状　（藻原寺所蔵「金綱集」裏文書）

「七」(異墨)

（前欠）

雖然明春者、必定可致急速参上□、

一、二品親王御遠流定披露候歟、御供奉□被召籠之處、日記先度令進候間、備　御覧候ぬらん、此人〳〵今月十三日於六条河原被切候、言語道断之事令見物□、凡哀者何れも大方乃事に候中、南部次郎殿最初に被切候こそ、都

目もあてられす、なにしにいて〻親たりうき作法見聞仕候哉と覚て候けれ、はら殿御心□察申候、九日より京中以外騒動候、阿具□河に朝敵充満し、山崎よりせめいり候間、宇津宮・赤松入道賜打手、早速追返候了、仍仁定寺に搆城より引籠候を、宇津宮つ□て責候、即昨日十五日打落、頸其数令持参候、是大塔殿御所為候也、其外京中處々ニし□、日々被召取人数難及言語候、禅僧二人（中欠アリカ）

「六」（異墨）

押寄〳〵在々處々御共乃雑談、息近さこそ被思出候ハヽ、いよ〳〵徒然もまさり、心もうかれ候ハんすらんと被案候、如此捧巨細状候条、尾籠無申□自然之至に候、可有御免候、千田殿、秋山□内裏門前ニして對面之時、伯耆律師御□自鎮西御上候て、是に御坐候と申候しハ、よも無存之間、不及遂面謁候、

一、下山之南方、闕所に治定候て、或ハ壁書にをし、或ハ恩賞のそみ申人々多候事、随分歎申て罷過候、かく存候とハ、此方〳〵ハよも思食候ハ□、自然事も候ハヽ、謗法之地と成候ハん事、悲歎覚候、一人も被□洛候て、闕所たるましき由をも申開、安堵をもなと不被申候哉と存候、愚身等か一族の中にも申者多き中に、縁者こそ多候へとも、みな謗法者にて候間、下山の方々におも□かへ存候所存なく候、此段者御在京之時も、大方令申候しと存候、但随世習に候へハ、愚身か名字ハかりハ可預御隠密候歟、但又訴訟何もさうなく達候ハん事も又ありかたく候、人〳〵申事ハ如此候、恐惶謹言

十二月十六日（建武元年カ）　　僧　日静（花押）

（後欠）

（藻原寺所蔵「金綱集」裏文書）

【史料九】日静書状

「五」（異墨）

先度預御札、開喜悦之眉□、雖捧御返報、参著有無将不審無極候、
抑先此間何條御事渡らせ坐候□、便風遠絶之間、久不啓案内之条、大背所望候、如何仕候ても年中企登山、可渡
御影御寶前之由、乍挿心中候、依萬事無力思之外、在京朝夕併潤袖於悲涙候、いつとても今乃□きハうき身をさ
らぬ不思議之□□

（中欠アリカ）

「四」（異墨）

亡然為躰東國諸人一同候、雖然難堪者、只殊限愚身等、一人に候け□と覚て候き、されとも不思議存命□候ハ、、
早々罷下企登山候ハんと被急候、
一、南部殿可向飯守城之由、蒙勅□雖上表候、及度々間難叶して、去極□廿七日被向候き、三井孫三郎□□被
立寄候間、被下候、中野殿共十騎まて□候はす、無勢無申計候、及ぬ其身に候へとも、いたわしくこそ存候けれ、
小田殿、西谷殿御事ハ中〱申におよはす候、便宜候はゝ、現當共恐憑由申入てと、丁寧ニ候、□□□□□□大
晦早旦ニ自城中懸出候て、数尅合戦、互盡忠功候ける中、今度之打手中にハ、宗と乃者に候常陸前司

「三」（異墨）

蒙疵候、其外多軍兵等或被討、或負□候ける後、朝敵等成悦、又城之内ゟ引籠之由、自件城上洛人語申候、愚身
者南部殿御事こそ承度候て、雖尋申さる御名字ハ未承及候しと申候、凡此城以外強候間、洛中煩只此一事に候、其
外者諸國静謐候了、女性乃御方様にハ、都無事躰可有御披露候、大方ハ無勢と申、城之躰と申、此方□御すゝとさ
と申、いつよりも都無心本存候、いま一し□も御祈祷丁寧にと存候て、如此申入□、定可有御意得候歟、小田殿、
西谷殿状したゝめ、於属便宜可進御物語候しかは、定可然候ハん歟、

一、出羽入道、山城入道、去廿八日於六条河原被切□、誠以不慮外に候、心事　期後信候、恐惶□

正月八日（建武二年カ）　僧　日静（花押）

（藻原寺所蔵「金綱集」裏文書）

【史料一〇】源宗秀書状

「廿二」（異墨）

一、世上の乱の後、人々六七代の先祖の本領ともお望申候よし承候間、身ハ祖父にて候しものゝ時、理不盡にめされて候間、子細を申候へきにて候、身ハ老躰ニ候上、病者にて候よし申候て、子息にて候孫七、千葉太郎殿ニかたを入候間、ともに上て候ニ、申付候て、足利殿へ申状をあけさすへきにて候、奉行人の方へ上候事ハ、やすく候へとも、みちゆく事ハ大事に候間、よきひんをもて申入候よし承候、恐入て候へとも、宮原殿御方へ、御状を一給ハり候てまいらせたく存候、よその人々の訴詔を承候にハ、是ハ近候上、理不盡にめされて候所にて候、又いくさの忠も候へハ、上聞に達候ハゝ、さりともに存候、此事且佛法のためと存候、且一期浮沈と存候間、恐をかへりミす申　上、御書を一まかりあつかり候ハん事、生前の面目に存候、此ために佐土殿　をやとい進候状申盡かたく候間、あら〳〵さと殿に申て候、申上らるへく候也、以此旨可有御披露候、恐惶謹言、

八月十二日　源　宗秀（花押）（上）

先に述べたような事情のため、波木井南部氏に関する研究は、日蓮宗宗門関係者からのアプローチが多い。[22] それらの先学に学びつつ、前述の史料を分析してみたい。

史料六は、「地引御書」と呼ばれるもので、久遠寺建立にあたって日蓮自らが記した書状である。現在、写しが八戸（遠野）南部家文書の中に伝えられている。[23] この書状の宛名「南部六郎」が、実長（法名日圓）と考えられる。実長の他にも、「次郎」「とうひやうえ（藤兵衛）」「むま（右馬）の入道」「三郎兵衛尉」などの名前が見えるが、このう

ち、藤兵衛と三郎兵衛尉は、史料七でも名前が確認でき、波木井南部家の一族であることがわかる。史料七には、この他にも多くの波木井南部一族が名前を連ね、一族の広がりと日蓮宗への帰依の様子を窺い知ることができる。なお、史料七に記される名前は、『八戸家系』には記されず、当然の事ながら人物比定は不可能である。ともあれ、多くの波木井南部の一族がいたことを確認することができる。

また、史料八から一〇は、千葉県茂原市の藻原寺所蔵『金綱集』の裏文書である。『金綱集』は、その奥書から、元来、身延山久遠寺にあったものである。このことから、これらの裏文書は、身延山久遠寺に宛てられた文書であることがわかる。

中でも、史料八・九の差出人である日静は、日蓮六老の一人である日朗の弟子である日印に師事、鎌倉に本国寺を開いた人物である。後、日静は、足利尊氏の外護のもと、京都六条に本国寺を移している。想像ではあるが、鎌倉幕府体制崩壊という混乱の中で、都の情勢把握や、京都での情報収集、権力者との折衝などをおこなっていたのではなかろうか。ここに記されている内容も、たまたま上京して、偶然目の当たりにした事実ではないと思える。

さて、この二通の書状であるが、内容から、建武元年（一三三四）一二月と同二年正月に年代比定が可能である。鎌倉幕府滅亡以後の京都の騒動の様子を、久遠寺へ伝えたものであると考えられる。

この中で、「南部次郎殿最初に被切候こそ、都目もあてられす」と、南部次郎の死を悼んでいる。この南部次郎とは誰か。日蓮宗門関係者から身延山への書状であることから、波木井南部一族であることは想定できる。小井田氏は、『八戸家系』の中の実継に比定しているが(24)、同系図の実継の項にはこのような事跡は記されていない。また、仮に実継とした場合、実継には、長継という嫡子がおり、建武二年正月段階までは、まだ師行が波木井南部家家督を継いでいないことになる。更に、史料九の「南部殿」とは、誰に比定できるか。長継だろうか。いずれにせよ、ここに掲げた史料には、南部師行も政長も登場してこない。先にも述べた通り、日静は、これらの書状で、京都の混乱の様子を身延山に伝えたと考えられる。この時期、他の情報も手に入れていたと思うが、北奥で活動している南部一族とは、全く接点を見つけることができないのである。それだけではない。この時期、足利尊氏に従い上京していたと考えられる、南部惣領家の甲斐守時長についても触れていないのである。史料八・九は、鷲尾順敬『南部家文書』や『岩手県中世文書』で既に紹介されている史料ではあるが、北奥で活躍した糠部南部氏一族とは全く接点を感じさせない史料であるということが言えるであろう。

波木井南部氏について、更に考察を進めたい。【系図二】は、東京大学史料編纂所影写本『斎藤文書』（以下、『斎藤文書』と表記）に記される系図である。内容が、一般的な南部家の系図とかけ離れているため、今まで、分析の対象にならなかったと思える。この系図の作成目的・過程については不明である。しかし、次の史料一一から、本来身延山久遠寺に伝えられた系図であり、近世に南部家に写しが入った事がわかる。

【史料一一】波木井氏系図ニ付覚書　（久遠寺所蔵「身延文庫」）

覚

一、此度被差越候系図ニ光行之子六人相見得申候、私手前持来申候書付も其通ニ而御座候、乍然此方ニ者奥州ニ而領所之名計書付御座候、松本・福士者甲州之在所兼而承及候、木崎・長江与申候所も其許ニ御座候哉、

一、松本等之四人名者名乗之書付無御座候哉、若書留御座候者手前之書付与引合見申度奉存候、其外此度之系図名計有之名乗相見得不申数多御座候如何仕候哉、

一、三郎与六郎両人ニ而可有候由被仰聞候、如何ニも壱人ニ而御座候、其子細春中御物語少申残候間、左様被思召候事尤奉存候、手前之書付今度進上可申候得共、事長御座候間大膳大夫城下へ罷帰候節、追而可懸御聞候、

一、實長剃髪之年月并日蓮上人へ實長帰依仕候由緒且又当春正法院へ相渡申候書付之品々知不申候哉、
一、南部之郷其外何方ニて古き書付等御座候者見申度存候、
右之通近比乍御六備御吟味被仰付奉願候、以上、
（享保年間カ）六月十三日

（〇後欠）

系図を伝えられた八戸家にとっても衝撃的な内容であったようで、問い合わせを久遠寺におこなったのが、この史料である。作成時期についてははっきりしないが、万沢文書中の、応永二〇年（一四一三）の義行（系図中の「遠江入道」か）宛口宣案や『斎藤文書』中の「身延山久遠寺旦那書上」に、春行が応永二三年（一四一六）逝去したと記されていることから、一五世紀初期までの情報が含まれていることがわかる。また、南部惣領家の一代を落とすなどの不備があるが、惣領家の歴史が、この地域の南部一族にとって、利害関係がなくなってから作成されたからであろう。一五世紀末までには、成立したと見なして大過ないと考える。以下、内容について分析してみたい。

まず、南部光行の子供として、松本・南部・福士・木崎・長江・波木井実長を記す。これらのうち、木崎以外は、甲斐国の地名である。木崎は、但馬国城崎庄であろうか。それぞれの名字を記したものと考えられる。前述の通り、惣領家に関しての不備はあるものの、先に取り上げた宗実―武行系の南部一族、そして、波木井南部一族については、詳細に記してある。波木井南部家を中心とした系図であるということができる。

そして、ここに登場する人物の名字や通り名が、史料七〜一〇に登場する人物と見事に符合するのである。例えば、史料八の「はら殿」は行義、史料九の「小田殿」は実義、「西谷殿」は光経、史料一〇の「宮原殿」は光氏に比定することができる。また、史料七の「南部六郎三郎」は家長、「南部弥六」は光長、と、同時代史料に登場する人物が

系図の中にあてはまっていくのである。

ところが、波木井南部家を継承したはずの師行が、この中にはいない。この系図でも、糠部南部氏と波木井南部氏の接点がないのである。

以上、日蓮宗宗門関係の史料と『斎藤文書』中の系図についての分析をおこなったが、結論として、波木井南部家に南部師行が関わった事を裏付ける史料は、確認することができなかった。むしろ、波木井南部家と糠部南部氏は、接点がないまま近世を向かえ、一七世紀末から一八世紀初期、八戸家が身延山久遠寺との折衝をはじめたことが、接点になったのではないだろうか。何よりも、師行の子孫に伝えられた文書の中に、波木井南部家関係の史料の正文が皆無なのである(25)。これらの事実をもとに考えられるのは、南部師行は、波木井南部家を継承していないということである。「通説」は、またも覆ることになったのである。

四　南部惣領家の継承者

前項までで、糠部南部氏の「通説」とされてきた点について再考してみた。その結果、①糠部南部氏は、鎌倉時代初期に本領を新給地である糠部に移すような特殊な存在ではなく、甲斐国出身の一般的な御家人として活動していた事、②南部師行は、波木井南部家を継承していない事、の二点が明確になったと考える。

最後に、建武新政下で、南部惣領家がどのようになったのかを考えてみたい。その前に、今までの確認をしておきたい。南部惣領家は、光行―実光―時実―孫二郎（政光）―政行と、継承されてきた。次の南部惣領家を引き継ぐ可能性は政行の直系であり、所領争論に勝訴した、時長と師行、政長の三兄弟である。

まずは、時長。彼は、鎌倉幕府滅亡後、京都へのぼり、建武新政権のお膝元で働いていたと考えられる。そのことを示すのが、以下の史料である。

【史料一二】建武年間記　（「群書類従」巻四五四）

武者所結番事

一番 子午　新田越後守 義顕　新田大蔵太輔 貞政　熱田摂津守 昌能
永井因幡守 貞恭　南部甲斐守 時長　大友式部大夫 直世
長井掃部助 大江貞匡　長沼判官 藤原秀行　小山五郎左衛門尉 藤原政秀
楠木帯刀 橘正景　三浦弥三郎 平長泰

二番 丑未　新田左馬権頭 貞義　宇都宮右馬権頭 泰藤　小笠原周防権守 頼清
仁科左近大夫 盛宗　高梨左近大夫 義繁　讃岐権守 親藤
三浦安藝二郎左衛門尉 平時続　小早川民部丞 平頼平　三浦源兵衛尉 平氏時
新田兵部少輔 行義　長井前治部少輔 頼秀　千葉上総介 胤重

三番 寅申　狩野介 貞長　伯耆大夫判官 義高　土岐三河権守 国行
能登権守 光顕　狩野遠江権守 明光　瀧瀬下野権守 宗光
和泉民部丞 藤原行持　町野加賀三郎 三好信栄

四番 卯酉　長井大膳大夫 広秀　長井周防右近大夫将監 高広　富部大舎人頭 信連
足立安藝前司 遠宣　町野民部大夫 信顕　嶋津修理亮 貞佐
小串下総権守 秀信　梶原尾張権守 景直　山田蔵人 源重光

五　番 辰戌

広沢安藝弾正左衛門尉 藤原高実　庄四郎左衛門尉 藤原宗家
新田式部大夫 義　治　河内判官大夫 正　成　隼人正 光　貞
駿河権守 時　総　三河守 成　藤　中條因幡左近将監 貞　茂
沼浜左衛門尉 藤原広誉　橘正遠　高田六郎左衛門尉 源知方
布志那二郎 源光清　熊谷二郎兵衛尉 平貞宗

六　番 巳亥

武田大膳大夫 信　貞　伯耆守 長　年　河内左近大夫 知　行
宇佐美摂津前司 貞　祐　武藤備中権守 資　時　大見能登守 家　致
金持大和権守 広　栄　山田肥後権守 俊　資　春日部瀧口左衛門尉 紀重行
本間孫四郎左衛門尉 源忠秀

右番守次第、一夜中無懈怠可令勤仕之状如件、

延元元年四月　日

確認できる史料で、はじめて官途を有したのが南部武行（刑部丞）であったことには既に触れた。歴史的には、それに続く官途保有者が時長である。しかも受領官途である。これは、鎌倉幕府追討の時からの、時長の働きに報いたものと考えられる。同時期、師行が無官であったことを考えると、この、時長こそが南部惣領家の継承者であったと見なすこともできる。しかしながら、時長の子孫の歴史は、管見の限りでは確認することができない。時長の子孫の検証は、今後の課題ではあるが、この系統が、後に南部惣領家として、北奥に号令をかけたという事実は存在しない。

以上のことを念頭に置くと、政行の後、南部惣領家を継いだのは、南部師行と考えるのが、最も自然な結論になる。そして、師行の死後、政長が跡目を継いでいる。この南部家こそが、後の八戸（遠野）南部家なのである。南部惣領

家の地位は、八戸〔遠野〕南部家に正当に受け継がれていたのである。建武新政下の陸奥国府では、北畠顕家のもと、奥州小幕府体制とも捉えることのできる政治体制が構築されていた。[26]南部師行は、郡検断奉行として糠部を中心とする北奥で活躍、現在、八戸〔遠野〕南部家では、二一通の陸奥国宣を伝えている。[27]師行の後、政長が南部惣領家を受け継ぎ、やがて遠江守に任官されることになるのである。

最後になるが、史料で辿ると、このように展開する糠部南部氏の歴史が歪曲して伝えられることになった理由を考えてみたい。最大にして唯一の理由は、織豊政権期、糠部南部氏の宗家として、三戸〔後の盛岡〕南部家が、時の権力者である豊臣秀吉に認知された事である。この事は、江戸幕府にも引き継がれた。封建制度のもとで、家の生き残りのために、八戸〔遠野〕南部家は、自ら口をつぐんだのではないだろうか。いずれにせよ、以後、現在に至るまで、糠部南部氏の宗家は、近世の盛岡藩藩主家として伝えられることになったのである。

結びにかえて

建武新政期以後、糠部を中心とする北奥の地域で覇をとなえたのは、確かに南部氏である。しかし、現在に伝えられる「通説」は、同時代史料では評価・解釈のできないものであった。本稿では、南部惣領家を一つのキーワードとして、建武新政期までの南部氏について論じてみた。機会があれば、この時代以降、南部氏がどのような歴史を展開させたのか、見ていきたいと思う。なぜならば、糠部をはじめとする北奥地域の地域性を考えるうえで、南部氏の歴史は切っても切れないものであるからである。

最後になるが、従来の「通説」とともに伝えられてきた逸話があるので、紹介したい。

南部光行が、糠部に入部したのは、一二月二九日。この月は小月であったため、このままでは新春を迎える準備ができない。そこで、私に大の月として年越しを行った。以後、この事は、南部の私大とされ、代々吉例となった、という。

興味深いのは、松前藩にも、似た風習があったということである。(28)『福山秘府』『松前福山諸掟』には、享保一四年（一七二九）一二月二七日に、従来「仮大」として一二月が小の場合、大に直して元旦を晦日にしていたが、この年からは、暦に従う旨の通達が出されているのである。

近世以降作成された南部家に関する記録に記されている、「私大」は、本来、この地で広くおこなわれていた何らかの風習を、支配者である南部氏が、自らの「歴史」に組み込んだ可能性がある。この事の解明は、むしろ、民俗学からのアプローチを必要とすると思われる。その他、考古学や東洋史、地質学などの自然科学分野も含めて、総合的に研究されることによって、糠部の地域性が明確になってくると考えられるのである。糠部と南部氏を検証することは、単に糠部の地域性解明につながるだけでなく、ひいては、中世北方史の新たな展開につながる可能性を秘めているのである。

註

（1）「尊卑分脈」（『新訂増補　国史大系　尊卑分脈』、吉川弘文館）

（2）建久年間、または、承久年間ともいわれる。

（3）吉井功兒「中世南部氏の世界」（『地方史研究』二〇五、地方史研究協議会、一九八七）。ただし、三戸南部氏について、遠藤巖氏は、「〝花の乱〟の時代の三戸南部氏」（三戸町教育委員会・三戸地方歴史研究会共催「歴史講演会」記録、三戸町中央公民館、一九九四）、「室町期三戸南部氏研究ノート」（『新しい世界認識の総合的研究』、宮城教育大学、一九九五）において、室町幕府体制の中に三戸南部家が位置づけられていたことを論証している。
（4）市村高男「中世七戸から見た南部氏と糠部」（『中世糠部の世界と南部氏』、七戸町教育委員会、二〇〇三）
（5）当日の地方史研究協議会八戸大会でも、鈴木幸彦氏による報告がなされている。
（6）このような状況の中で、入間田宣夫氏は、「糠部の駿馬」（『東北古代史の研究』、高橋富雄編、吉川弘文館、一九八六）によって、糠部在地世界の復原を試みたり、『北の内海世界』（入間田宣夫・小林真人・斉藤利男編、山川出版社、一九九九）や、『北から見直す日本史』（網野善彦・石井進編、大和書房、二〇〇一）では、糠部の長い海岸線に着目、馬産以外の世界の追求を提唱している。
（7）前掲註（1）
（8）「源氏南部八戸家系」（鷲尾順敬『南部家文書』、吉野朝史蹟調査会、一九三九）
（9）前掲註（8）
（10）前掲註（4）
（11）「吾妻鏡」（『新訂増補　国史大系　吾妻鏡』、吉川弘文館）。以下、「吾妻鏡」の引用は、ことわりのない場合は、同書による。
（12）「吾妻鏡」第九　文治五年六月。
（13）『日光叢書　寛永諸家系図伝』（日光東照宮社務所、一九八九）、『寛永諸家系図伝』（続群書類従完成会、一九八一）による。
（14）実名の比定は、細川重男『鎌倉政権得宗専制論』（吉川弘文館、二〇〇〇）を参考にした。
（15）『増補　続史料大成　第五十一』臨川書店、一九七九。
（16）網野義彦『日本の歴史　10　蒙古襲来』（小学館、一九七四。後、小学館ライブラリー『蒙古襲来　上・下』として刊行。）を参照。
(17) 小井田幸哉『八戸根城と南部家文書』八戸市、一九八六。
(18) 小井田、前掲註（17）。
(19) 海老名尚・福田豊彦「六条八幡宮造営注文」について（『国立歴史民俗博物館研究報告　第45集』、国立歴史民俗博物館、一九九二）
(20)『諸家文書纂』所収「万沢文書」から伊豆国二宮、「但馬国大田文」から但馬国城崎庄が、南部氏の所領であったことがわかる。また、時代は下るが、伊豆国郡宅郷や尾張国越智村なども中世南部氏の所領であったことを確認することができる。
(21)『青森県史』編纂のため、八戸（南部）南部家文書を可能な限り調査したが、同時代史料は確認することができなかった。
(22) 例えば、鹽田義遜「波木井公一族と身延山」（『棲神』二六号、一九四一）、宮崎英修「波木井南部氏事蹟考」（一九五〇）などがある。
(23) 東京大学資料編纂所蔵写真帳『南部文書』下による。
(24) 小井田、前掲註（17）
(25) 前掲註（21）
(26) 遠藤巖「南北朝内乱の中で」（『中世奥羽の世界』東京大学出版会、一九七八）
(27) 詳細については、『青森県史資料編　中世1』を参照されたい。
(28) 浪川健治氏の御教示による。

附記　本稿は、青森県史編纂のための調査成果を活用してまとめたものである。また、その過程で、多くの先生方から様々な御指導を受けることができた。特に、中世部会長である斉藤利男氏からは、史料の分析・解釈など多方面にわたって御教示を賜った。ここに記し、謝意を表したい。なお、八戸（遠野）南部家文書をはじめとする、糠部の南部氏関係史料は、『青森県史資料編　中世1　南部氏関係資料』として刊行されている。合わせて参照願いたい。

【系図一】「尊卑分脈」より抄出

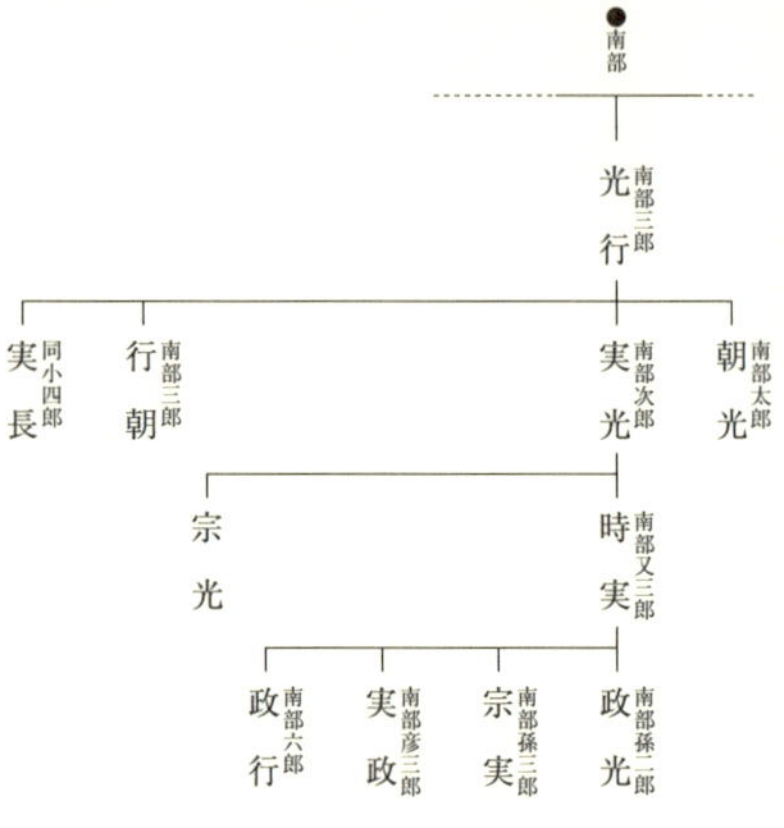

【系図二】東大史料編纂所影写本「斎藤文書」所収

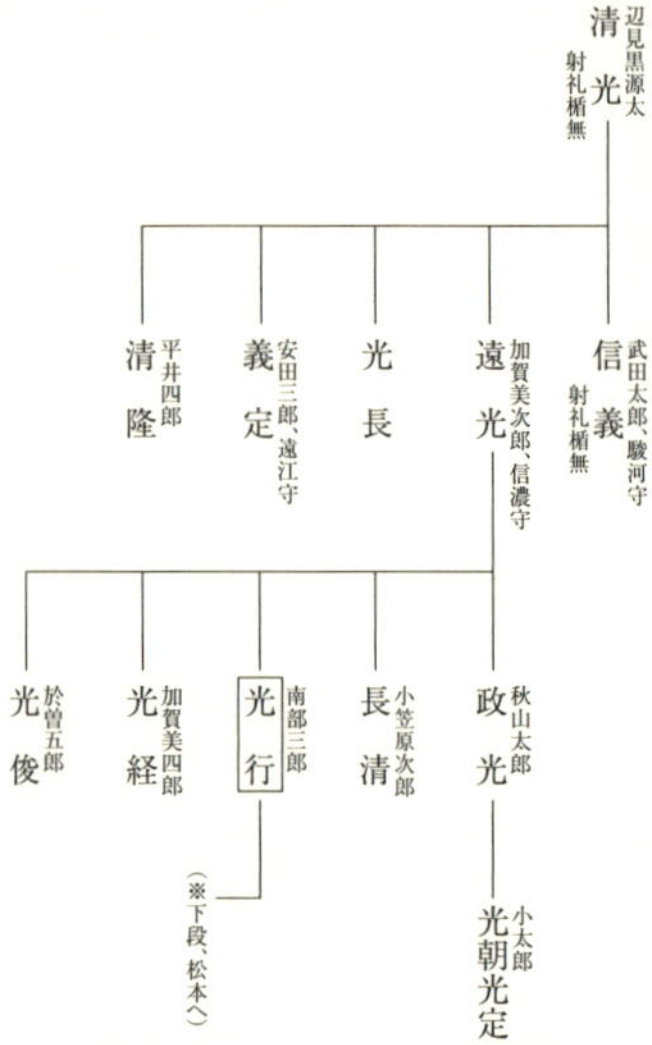

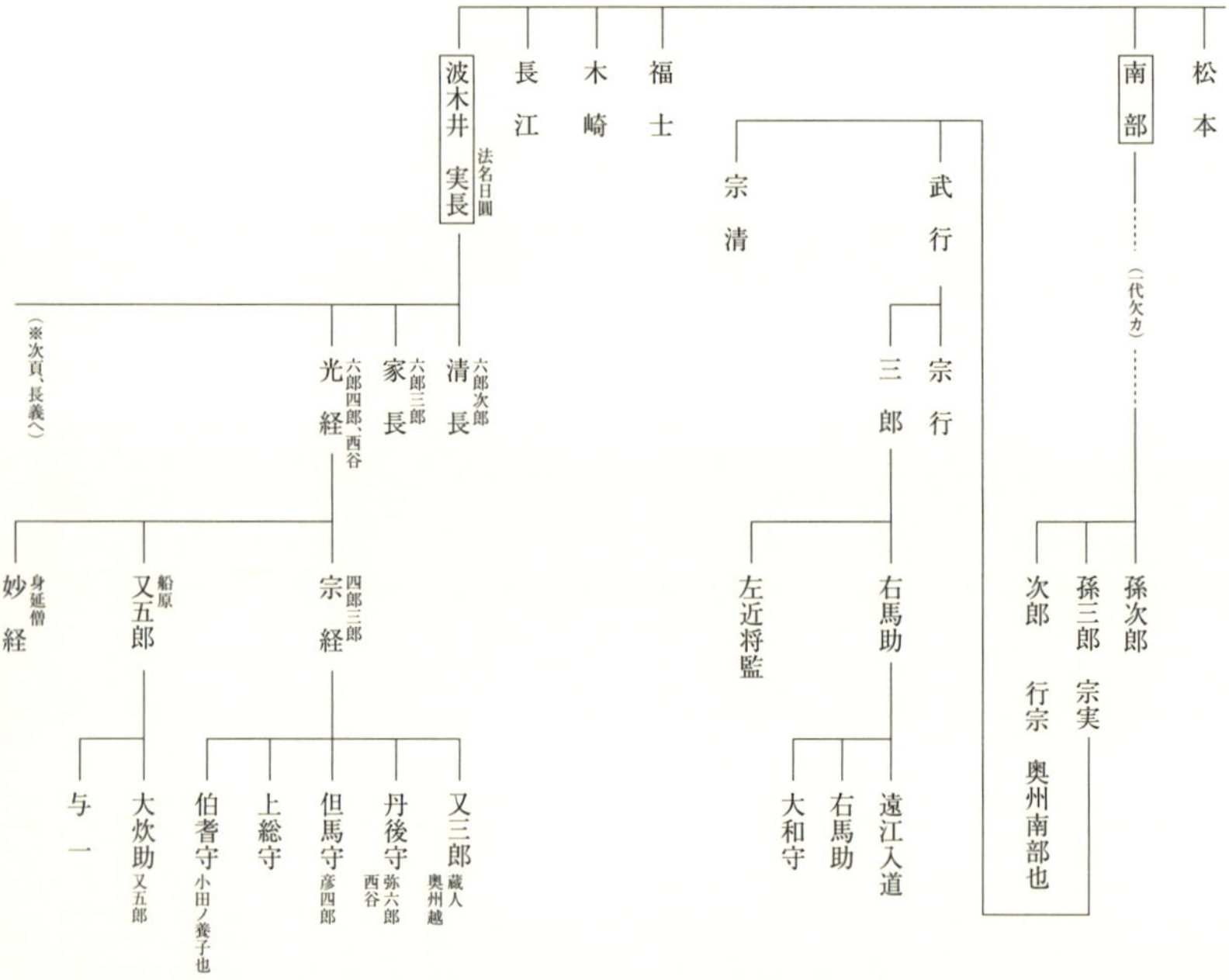

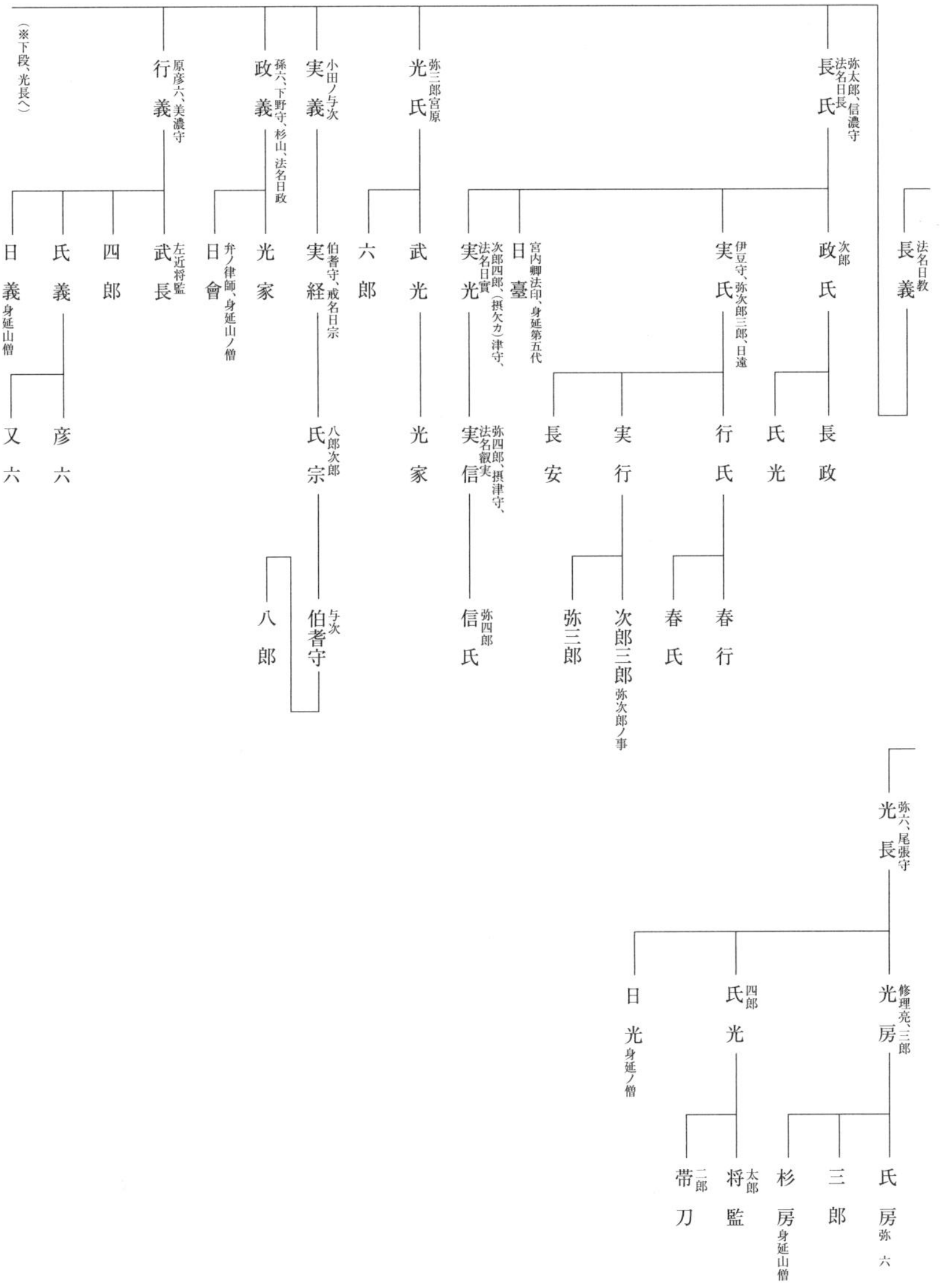

長氏 弥太郎、信濃守 法名日長
光氏 弥三郎宮原
実義 小田ノ与次
政義 孫六、下野守、杉山、法名日政
行義 原彦六、美濃守
（※下段、光長へ）
長義 法名日教
政氏 次郎
実氏 伊豆守、弥次郎三郎、日遠
日臺 宮内卿法印、身延第五代
実光 次郎四郎、（摂欠カ）津守、法名日實
武光
六郎
実経 伯耆守、戒名日宗
光家
日會 弁ノ律師、身延山ノ僧
武長 左近将監
四郎
氏義
日義 身延山僧
長政
氏光
行氏
実行
長安
実信 弥四郎、摂津守、法名叡実
光家
氏宗 八郎次郎
彦六
又六
春行
春氏
次郎三郎 弥次郎ノ事
弥三郎
信氏 弥四郎
伯耆守 与次
八郎
光長 弥六、尾張守
光房 修理亮、三郎
氏光 四郎
日光 身延ノ僧
氏房 弥六
三郎
杉房 身延山僧
将監 太郎
帯刀 二郎

検地と年貢徴収―盛岡藩を事例として―

西野　隆次

は じ め に

戦国時代における村請制の成立について、勝俣鎮夫氏はそれを中世以来、惣村を基盤に自立的・自治的能力を獲得してきた農民側の達成であると意義づけた。(1) このような村請制の理解に立った研究は特に中世史の側から活発になされ、村請制が近世の村落に継承されていったことを明らかにしてきた。(2) これらの研究は畿内近国における惣村研究がその基礎にあるが、近年では東国の地域にも自立した郷村があり、特に後北条氏・武田氏の領国における「郷請」の存在が明らかにされ、(3) 戦国期における地域の解明には村請制・郷請が重要な媒介項であることが確立したといえよう。近世史研究による村請制の理解については、それが兵農分離により在地から分断されたために弱体化した経済外強制の機能を補完するための支配機構として領主階級側から設定されたとする見解に対し、(4) 水本邦彦氏によって戦国期の系譜を引く自律的な惣村やその代表機関である年寄が近世の村にも引き継がれていったことが明らかにされた。(5) 以上の中世・近世移行期の村請制論は、村こそが新しい歴史の主体であるという意義づけをしていることが重要であり、今大会の共通論題テーマ「南部の風土と地域形成」の解明のための貴重な視角となり得る。しかし、本論で展開するように、盛岡藩では近世前期において年貢の村請制をとってはおらず、年貢の百姓個人請を採用していた。この事実をどうとらえるか。

従来、年貢の百姓個人請が採用されていた事例として、嶋谷ゆり子氏により信州下伊那郡虎岩村の事例[6]が、宮崎克則氏により豊前細川領の事例が報告されている。[7]嶋谷氏は虎岩村の事例において、谷田を耕作し自家の周囲に従属農民を従え、また山や水を占有する自己完結的な経営体を年貢の百姓個人請の主体ととらえ、このような農村構造からもたらされる共同体としての希薄性から年貢村請制が採用されなかったとした。そして、氏はこのような虎岩村や細川領の事例を「後進地」あるいは「辺境」に特有のものだとされ、また虎岩村の場合、寛文・延宝期以降に在地の条件の形成とともにようやく村請制が根付いていったとされている。[8]

近世前期の盛岡藩において村請制が成立していなかった背景として、「後進性」「辺境」といういわば無前提の風土・地域性や生産力の発展段階を設定するのは、その説明としてはたやすいことであるが、それは何らの問題解決にも結び付かないであろう。また、村請制の成立のみを尺度として「南部」という地域の特質を論じるのは一考を要すると考える。

盛岡藩における年貢の百姓個人請に関する研究はほぼ皆無である。唯一それに触れたものとしては、中村吉治編『村落構造の史的分析　―岩手縣煙山村―』（初版は日本評論新社、一九五六年、後に御茶の水書房、一九八〇年）があるが、この研究では年貢の百姓個人請を史料によって論じてはおらず、またそれを中心的テーマとして記述したものではない。[9]本稿では、近世前期、「南部」の地域形成にとって年貢の百姓個人請がいかなる意味をもっていたのか考えてみたい。なお、その前提として、盛岡藩特有の検地や名寄のシステムの理解が必要となるため、まず検地・名寄の実態を明らかにし、その後に年貢の百姓個人請について論及していきたい。

一　検地と名寄

(1)　名寄帳の作成

盛岡藩では、近世前期、寛文六年（一六六六）から天和三年（一六八三）の間、合計十七年かけて領内総検地を行った[10]。この領内総検地により近世盛岡藩における村高が基本的に固定化され、以後新田開発や打直検地が実施された村以外は幕末まで村高の変更はほとんどなかった。この寛文・天和期の領内総検地を含む近世前期の検地作業の実際について元文の検地条目によれば[11]、者頭・勘定頭・検地役人・組頭・物書らのほかに「名寄役人」という検地担当者が調査地に派遣されることが規定されていた。そして、実際の検地の現場では次のような手順で作業が進められた。

一、御検地改之次第、組頭の得差図相談可仕事、
一、毎日打高書付組頭え指越、組頭より致封印、名寄処え可遣事、

検地は組頭の指揮を受けて行われ、その検地の結果をまず組頭のもとへその日のうちに提出し、さらに組頭はその検地書類に封印をして「名寄処」へ提出する手続きになっていた。また同検地条目では、「御検地名寄ハ其村々ニて」実施するものとされていることから、検地には実際に検地作業を行う役人らとともに「名寄役人」が派遣され、検地現場の村に設置されていた「名寄処」において名寄業務を行っていたのである。この検地によって水帳（検地帳）と名寄帳が作成された。名寄帳は、一般的に村請制のもとで村役人が個々の百姓から年貢を収取する際に作成した村の帳簿と言われる[12]。しかし、盛岡藩の検地は、単に田畑一筆一筆の面積・石高・名請人とその合計高である村高を記した検地帳の作成で終了するのではなく、個々の百姓ごとの名請地をまとめた名寄帳の作成までがその作業内容に含

まれていたのである。名寄帳は領主の公的帳簿であった(13)。

(2) 名寄帳作成の目的

それでは、何故名寄帳が藩の公的土地台帳として検地の際に作成されたのであろうか。その理由について同じ元文検地条目では、「一、名寄相済以後、小高申渡候」と名寄作業完了後に個々の百姓に「小高」を申し渡すとされている。この「小高」の確定と百姓への申し渡しが実は名寄帳作成の主要な目的であった。

それではこの「小高」とは何であろうか。次ぎに寛文・天和期の領内総検地期にあたる延宝七年（一六七九）の名寄帳から考察したい。

「（表紙）
延宝七歳　円子茂兵衛領五戸村
三戸郡御検地名寄帳
四月十八日」

五戸村　円子茂兵衛与力新田

（中略）

下々田	十三 四	七畝	四斗弐升	伝助 藤
下々田	十一 四	五畝廿五歩	三斗五升	同人
下　田	十五 十六	三反弐畝	弐石五斗六升	同人
下々田	廿九 五	壱反九畝十歩	壱石壱斗六升	同人

〆　四石四斗九升

皆田

（後略）[14]

右の史料は、五戸通[15]中市村に居住する円子茂兵衛が、近村の五戸村に寛文十二年から新田開発をし、その新田地をこの年に藩から知行として宛行われた際の名寄帳の写である。[16]開発地は五戸村と隣村の兎内村で、知行高は二カ村で合計九二石七斗一升九合、名請百姓は十二人であるが、そのうち伝助の田地四筆とその合計所持高四石四斗九升のみを抄出した。名寄帳というように、実際に伝助という名請人の全ての所持高をまとめて記していることがわかる。

この総検地から四年後に次の史料が藩から発給された。

（表紙省略）

三戸郡
五戸村

一、三拾石三斗弐升五合　苑内 与七
一、弐拾四石壱斗壱升六合　庄三郎
一、五石七斗弐升　下平 助十郎
一、四石四斗九升　伝助
一、壱石六斗　下町 助六
一、壱石八斗五升　才藤坂 六郎
一、壱石壱斗弐升　新田 重三郎
一、三升　新町 又四郎

〆六拾九石弐斗五升壱合

（兎内村分二三石四斗六升八合を省略）

高合九拾弐石七斗壱升九合

右ハ寛文十二年与力知行新田、五戸村・莵内村ニ而百石分被下内、延宝七年御検地御通、右之通披高有之付、今度小高帳遣候、残野谷地来年中披立候ハヽ、不足高加可遣候、丑ノ年迄相延候ハヽ、残野谷地御取上可被成者也、

天和三年
五月三日

下田権右衛門（印）
楢山七左衛門
奥瀬治太夫（印）
北九兵衛（印）

円子茂兵衛方

(17)

右の史料の表紙には「被遣与力新田百姓小高」と記載され、傍線部にある通り延宝七年の総検地から四年経って正式に新田地を知行として公認されたものである。この史料は、形態がやや大型の横帳で、盛岡藩特有の知行宛行文書であり、「小高帳」と呼称された。記載形式はその知行所において田畑を所持する百姓とその総所持高が一つ書きで記され、その合計石高が知行として藩の家老を通じて宛行われる形式となっている。

この「小高帳」には名寄帳写でみた伝助も記載されているが、石高が名寄帳写の高四石四斗九升と全く同一であることがわかる。つまり「小高」とは、名寄によって集計された百姓の総所持高のことであった。

なお、元文検地条目によれば、実際の耕地一筆ごとの調査は「壱軒限」「壱人限」に行うとされ、また、天保十三

年（一八四二）の検地条目[18]に記載されている名寄帳の雛形によれば、個々の百姓ごとに田畑のほかに屋敷地も名寄されている。このことから「小高」を厳密に概念規定すれば、一人の百姓にその居住する屋敷地と耕作している田畑を結合させた単位、すなわち所持と経営の単位であり、藩はこの単位を「小高」としてとらえ直接的な掌握を目指したのである[19]。

(3) 小高の公認文書「差紙」

元文検地条目にある「小高」を確定し、それを百姓に申し渡すとは一体どういう手続きであろうか。次の史料は、近世後期の史料になるが、文化六年（一八〇九）、三陸沿岸部の閉伊郡長沢村四戸甚之丞領の検地で確定された「小高」を控えた史料の一部である。

長沢村壱ケ村惣御検地
内四戸甚之丞領　長沢村
一、弐斗六升七合　横須加ノ祐光
（以下、一二〇名省略）
前文之人数へ、壱人限之御差紙百弐拾壱枚、御上より被下置、無相違御百姓方へ相渡し申候、[20]

この長沢村四戸領検地では、横須賀の祐光を含む一二一名の百姓が「小高」の確定を受けた。そして、その結果一二一名の百姓に対し、一二一枚の「差紙」が藩より発給された。つまり、百姓数が一二一名で、「差紙」が一二一枚であることから、百姓一人に対して「差紙」が一枚ずつ発給されたのである。この「差紙」について、「縄検地雛形[21]」には検地後の手続きについて次のような記載がある。

人別毎ニ新高之手札を御勘定所より御代官江相渡候様致度、左候得者御目付を始、夫々立合之上、右手札を御百姓共江相渡候事、

検地後に勘定所から代官を通じて個々の百姓へ発給されるのが「手札」であることから、すでに見た「差紙」と同じ文書であると考えられる。この「手札（差紙）」の様式・形態について天保検地条目によれば、上太方紙を六等分にした切紙であるとされており、この「手札」の例を【図1】[22]として掲げた。

形態は切紙で、様式は天保検地条目と全く同じである。名請人である石鳥谷町の源蔵が所持する新堀村の「小高」九石三斗七升五合が記載され、藩の公印（印文「名寄所」）が捺印されている。元文検地条目では、「小高」とは名寄後に個々の百姓に申し渡されるものであったが、この「手札（差紙）」の様式と関連させて考えれば、「差紙」は個々の百姓の「小高」所持権を藩が公認した文書であることがわかる。百姓個々への「小高」の申し渡しの具体的手続きとは、「差紙」の発給を通じて「小高」所持権が藩から公認されたことを個々の百姓に伝達することであった。

(4)　藩による「小高」関係帳簿の管理

元文検地条目によれば、検地によって作成される帳簿として、「水帳」「名寄帳」のほかに、「小高」をとりまとめた「仮小高帳」「指引小高帳」「清小高帳」「小高帳（田畑面附帳）」の合計六種類の帳簿が記載されている。この諸帳簿が提出・管理され

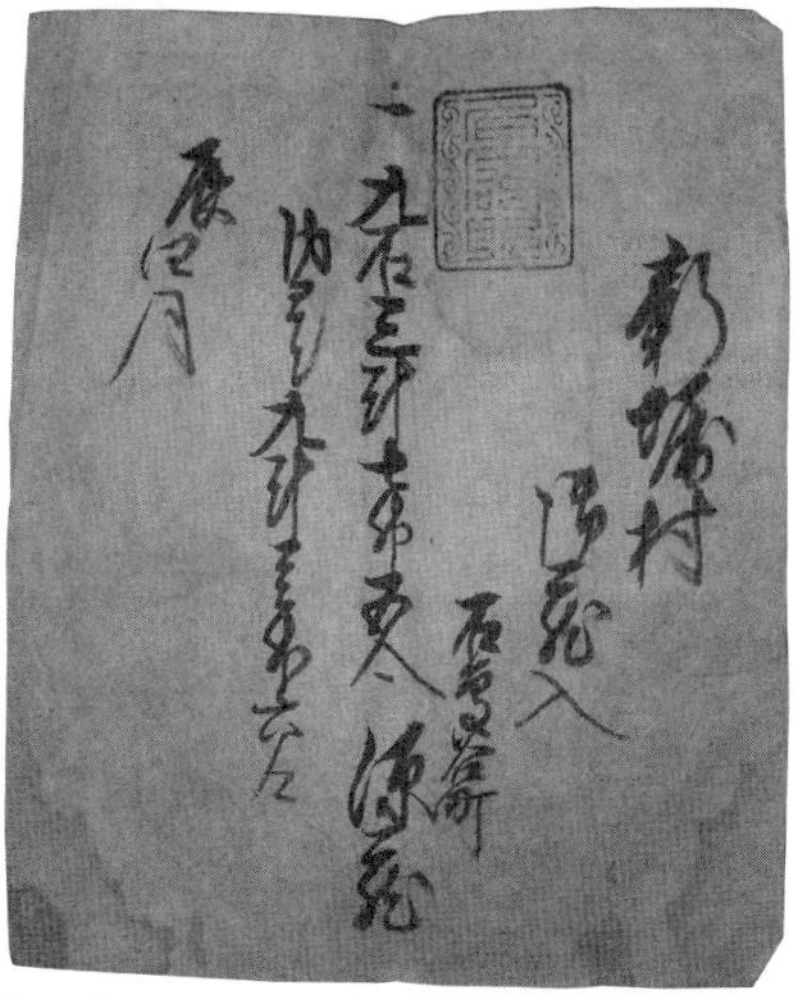

【図1】　天保十五年辰四月・石鳥谷町源蔵宛「差紙」

る機関について、『検地秘伝郷村見聞誌』では次のように記している。(23)

一、仮小高帳　一、差引小高帳　一、清小高帳　一、名寄帳　一、水帳

右者御土蔵方江相渡、

一、百姓面附小高帳、御役人中末書印形ニ而御代官江渡、百姓共江被為申渡、

「仮小高帳」「差引小高帳」「清小高帳」「名寄帳」「水帳」の五帳簿は勘定所内の一部局である土蔵方へ、「百姓面附小高帳（＝小高帳）」は代官へ提出し管理される規定になっていた。「小高」を単位として作成された諸帳簿が、藩庁の土蔵方、あるいは在地において土地管理・年貢徴収を担当していた代官所に管理されることが制度化されており、いかに「小高」が藩の土地掌握にとって重要な単位であったかが理解される。この藩による土地の掌握の具体相を次ぎに原史料から確認したい。

寛文四年（一六六四）九月、盛岡南部家の当主南部重直が無嗣のまま死去したため、領知十万石のうち八万石が弟南部重信（盛岡藩）に、二万石が弟南部直房（八戸藩）に分割されて宛行われた。その後、寛文十二年閏六月に盛岡藩と八戸藩において藩境塚が築かれたが、その際に両藩では境塚の築造についての協定書を取り交わしており、その最後の箇条書きに次のような記載がある。

一、今度御境御立被成候付、双方入込之田地御取替被成候、村高目録・百姓小高御帳并御境塚数之帳・御絵図、何も見分之上相改候、御帳品々重判仕双方江取遣申事、(24)

境塚を立てるにあたり両藩の入り組んでいる田地を整理するために双方で替地を行ったが、その際に「村高目録」「百姓小高御帳」「御境塚数之帳」「御絵図」の四点を作成している。これらのうち「御境塚数之帳」「御絵図」は盛岡藩庁に管理されていたため「百姓小高御帳」も藩庁に管理されていたとみて間違いない。(25)つまり、藩の領主的土

地所有権を実現する基礎帳簿として「百姓小高御帳」が機能していたのである。すでに藩庁の土蔵方に「仮小高帳」などの諸帳簿が管理されていたことを明らかにしたが、おそらくこれら土蔵方の「小高」関係帳簿がこの領境築造の際の「百姓小高御帳」作成を可能にしたのであろう。

なお、この領境塚の築造にあたり五戸通浅水村の宝福寺は替地を命じられており、その替地高を宛行う「替地被遣百姓小高」が同寺に発給された(26)。宝福寺は浅水村において百姓三名分の「小高」十一石九斗六升を宛行われたが、その書止め文言には「右之通為替地被遣候、百姓小高改御代官方より請取可被申候也」とあり、「小高」の現地での打ち渡し業務には代官があたっていた。代官は新規に知行高を宛行う場合に蔵入地からその分の「小高」を割き分けて給人に打ち渡す業務を現地で行う担当官であり、その業務を可能にしていたのが代官所管理の「小高帳」であったと考えられる。

「小高」の個別的・直接的支配とは、中世的な在地領主や給人代官による人格的な支配とはその性格を全く異にしており、藩権力によって高度に集権化・機構化された文書管理に基づき、地方官僚化した代官を通じて実現されていたのである。また、「小高」とは、前節で明らかにしたように藩から百姓がその所持権を保障される単位であるとともに、藩が自己の領主的土地所有権を実現するための基礎単位でもあった。つまり「小高」とは百姓と領主両者の土地に対する権利を保障し実現するための制度であり、これを土地制度としてとらえ「小高制」と概念規定したい。

二　年貢の百姓個人請

(1)「小高」と年貢徴収

名寄帳作成による「小高」確定の主要な目的は何か。結論を先に述べれば、藩の直轄領である蔵入地の年貢を個々の百姓から徴収することであった。

御代官所諸役引高之事

一、高弐拾三石五升（斗）三合、六戸之内吉田村吉田賀右衛門持地、犬落瀬御仮屋御番苫米地兵部相手ニ申付候間、御物成之外諸役御免、

右之通今度訴訟申付、御物成之外諸役御免被成候間、無弓（油）断様ニ可被申付候也、

寛文弐年三月廿七日　　治太夫（奥瀬善定）
　　　　　　　　　　　弥六郎（八戸直義）

木村杢助殿
岩根又兵衛殿

右之通、三月廿七日ニ御証文罷出候、拙者共方ニ預リ指置、写シ如此ニ候、以上、

四月十一日　　木村杢助（印）
　　　　　　　岩根又兵衛

吉田賀右衛門殿 (27)

五戸通吉田村は、戦国末期から近世初頭にかけて吉田家がほぼ一円知行していた村であり、吉田賀右衛門は当時盛

岡城下に屋敷を移していた本家吉田次郎左衛門の弟であった。[28] 兄次郎左衛門家は当時在地をすでに離れ城下に移住しており、寛文期は表大納戸・鬼柳通代官・寺林通代官などを歴任し完全に藩の官僚化を遂げていた。[29] おそらく弟の吉田賀右衛門が在地して兄の知行所の吉田村を管理しながら、百姓として蔵入地の持地である「小高」二三石余を経営していたと考えられる。[30] その賀右衛門が、隣村犬落瀬村の仮屋番に任命され、その見返りに藩の家老奥瀬氏・八戸氏から五戸代官木村氏を通じて「小高」二三石余の年貢を除く諸役を免除されたのである。五戸通に属する吉田村では、すでに述べてきたようにこれから十七年後の延宝七年に総検地が行われた。

指上申地方之覚

物高
一、三拾八石八斗四升六合
内、六石三斗四升五合ハ甚平川原手作、同田弐百五拾苅
内、畑弐十役上地
内、弐石五斗五合
内、拾四石弐斗三合之内、田七百五拾苅、〆千苅
惣合而、新高三拾八石八斗四升六合
内、弐拾三石弐斗三合[五]　御免
同、打出シ拾五石六斗四升弐合指上申、為念如此ニ御座候、
延宝八年三月十九日　吉田弥次郎
工藤庄兵衛殿[31]

右の史料は、総検地を受けた翌年の史料である。吉田弥次郎は吉田賀右衛門の孫であるが、この検地では三八石余が吉田家の持高として検地を受けた。本来、この新たな高が「小高」として公認されるはずであるが、吉田家ではこのうち従来からの免地二三石五斗三合のみを残し、打出高の十五石余を工藤庄兵衛に譲渡した。その結果、「小高」は従来通りの免地二三石五斗三合として公認されたと考えられる。

盛岡藩ではこの「小高」に年貢を賦課した。次の史料は盛岡藩特有の年貢割付文書である「差紙」[32]であり、幕末の文久元年（一八六一）のものであるが、この史料から年貢の徴収について考察したい。

上吉田村

（「五戸官所」割印）

一、弐拾三石五斗三合　弥次郎

六分　〆壱石四斗壱升

文久元年

酉十一月　金渕直之丞

高野恵吉（印）

[33]

五戸代官である金渕直之丞・高野恵吉が、百姓弥次郎の所持する上吉田村の二三石五斗三合の耕地に六分（六〇％）の年貢率をかけて一石四斗一升の年貢を上納することを命じている。

この「弥次郎」という百姓名と高二三石五斗三合から理解されるとおり、先にみた延宝八年の吉田弥次郎とその「小高」と全く同じであることに気づく。しかし、この文久元年当時の吉田家の当主名は嘉平太といい、弥次郎はこ

【表1】吉田村耕作状況表（慶応元年）　（高単位:石、年貢率:%）

小　高　名	本高	作人・仕付高（苅）	辰不仕付	古荒	川欠	年貢率
弥次郎地	23.503	**仁八作**（300）、**市右衛門作**（500）	1.000	13.003	—	11.0
兵太郎地	14.104	助七作（200）	3.235	6.000	—	9.0
右京進地	8.539	助七作（100）	3.210	992	1.235	0
左衛門五郎地	8.257	辰平作（150）	4.500	1.250	—	11.0
兵部地	7.563	助七作（300）	3.235	—	450	22.0
助右衛門地	7.361	庄右衛門作（170）、与四郎作（50）、武助作（200）	2.175	—	—	18.0
惣左衛門地	6.115	力弥作（70）	2.800	2.055	—	4.0
右衛門太郎地	5.467	五八作（60）	—	4.337	200	7.0
平太郎地	5.131	—	—	—	—	20.0
治左衛門地	4.781	庄右衛門作（100）	2.405	—	—	6.0
長三郎地	4.767	**甚作作**（200）、長太作（100）、伊四郎作（200）	240	—	—	41.0
彦三郎地	3.450	—	3.450	—	—	0
助九郎地	3.187	伊四郎作（120）	2.400	—	—	2.0
弥一郎地	2.508	力弥作（50）	800	—	—	12.0
五郎助地	2.506	—	—	—	—	30.0
小三郎地	2.500	与兵衛作（200）	3.075	—	—	41.0
三之丞地	1.907	**甚作作**（200）	—	—	—	48.0
右衛門次郎地	1.470	**甚作作**（180）	—	—	—	48.0
小助地	1.442	—	—	—	—	1.0
寺地	903	長間作（70）	40	370	—	31.0
作蔵地	265	—	—	265	—	0
喜蔵地	127	庄右衛門作（30）	—	—	—	43.0
	302.506		32.525	28.272	1.885	

注　1.六戸町上吉田・山内甚作家（吉田村旧肝入家）文書「御検見御先立并古荒川欠辰不仕付高帳」（慶応元年8月）。
　　2.年貢率のみは、同家文書「當御年貢米御帳」（慶応元年10月）による。

の時期には存在しない人物である。つまり、延宝七年の総検地により吉田家の所持地は、百姓名「弥次郎」と所持地二三石余の「小高」で固定化されてしまい、この「小高」が幕末まで年貢の賦課単位として機能していったことを意味している。年貢割付の制度としては、「小高」単位に年貢を賦課する百姓個人請が一貫して採用され続けたのである。

　この幕末における吉田村の蔵入地の状況をさらに深く探ることによって、年貢賦課システムを具体的に考えてみたい。【表1】は、慶応元年（一八六五）、吉田村の蔵入地の肝入を勤めていた甚作が、代官による検見の事前調査として現実の耕作者、天明の大飢饉以来の不耕作地である「辰不仕付」、古荒、川欠などを調査して代官に提出した史料から作成したものである。

　肝入甚作による土地調査によれば、実際には「仁八作」のように現実の作人がいても、あくまで延宝七年の検地で確定された「小高」（＝「弥次郎地」）が調査基準であった。また、肝入甚作自身が数人分の「小高」を分散して所持しているように、すでに「小高」は所持と経営の単位としては機能せず、単なる年貢賦課単位としてしか機能していなかったのである。代官所には「小高帳」が管理されていたが、代官はこの所持と経営の実態を全く反映しない「小高帳」に基づいて在地の「小高」を掌握し、「小高」単位に年貢を賦課する年貢徴収を一貫して遂行していたのである。それは擬制としての年貢の百姓個人請であった。(34)

(2) 年貢の百姓個人請の成立

「差紙」に基づく年貢の百姓個人請は、制度としてはいつ成立したのであろうか。次の史料を掲げる。

平糠村慶長年中租税帖

一、二十五石五斗九舛六合 二ツ半　〆十二駄二斗

慶長十九年霜月十五日皆済印

平糠村東代官　與三郎

一、二十九石五斗六合　一ツ七分　〆八駄二斗三舛一合

平糠村東代官　十郎左エ門

寛永十四年十月廿八日

戸田野甚七郎・小立孫十郎

余（大巻秀詮―筆者注）安永二年夏、同小吏巡部下、至於平糠村、（中略）貢税収帖数枚、従慶長十九年至萬治元年三十二年、（後略）(35)

右の史料は、近世中期に藩士大巻秀詮によって調査・編纂された盛岡藩領の地誌『邦内郷村志』に収録されている

ものである。史料によれば大巻は、安永二年（一七七三）の夏に部下を率いて二戸郡平糠村の調査に入り、その際に慶長十九年（一六一四）から万治元年（一六三七）にいたる「貢税収帖」を数枚発見したという。この「貢税収帖」は、その様式から今まで見てきた年貢の百姓個人請を示す「差紙」であると見られ、おそらく大巻は、慶長十九年の「差紙」と寛永十四年の「差紙」をまとめて『邦内郷村志』に記録したものと考えられる。「差紙」による年貢の百姓個人請は慶長十九年までは遡ることができ、盛岡藩の成立当初から制度としては成立していたと考えられるのである。

(3)　年貢の百姓個人請の制度的固定化

年貢の百姓個人請は、制度としてはいつ頃確立あるいは固定化するのであろうか。次ぎに、三陸沿岸部の閉伊郡末前村西野家の事例から見ていきたい[36]。

末前村の西野家には、近世前期の万治二年から幕末の安政三年にいたるまで、一部欠けている年もあるがほぼ連年の「差紙」が所蔵されている。【表2】はそれを一覧表にしたものである。左にその具体例として、【図2】万治三年十月十九日付の「差紙」を掲げる。

形態は切紙で、表書には表題・小高・百姓名・年貢率・年貢量・年次が記され、この「差紙」を代官中嶋小兵衛・帷子太左衛門が捺印して発給している。そして、裏書には実際に年貢が皆済されたことを示す皆済文言と皆済日が記され、代官中嶋氏・帷子氏、代官所付属の蔵奉行佐藤長助・八兵衛が皆済の事実を公認するため捺印している[37]。つまり、「差紙」一枚で年貢割付文書と年貢皆済文書の両機能を果たしていたのである。

この万治三年の「差紙」は、その文書の様式としては完成された状態であり、以後その様式は漸次変化を遂げていく[38]。特にその画期は延宝七年から享保二〇年の期間である。詳細に見れば、まず年次について延宝七年までは「差

【図2】

（表書）

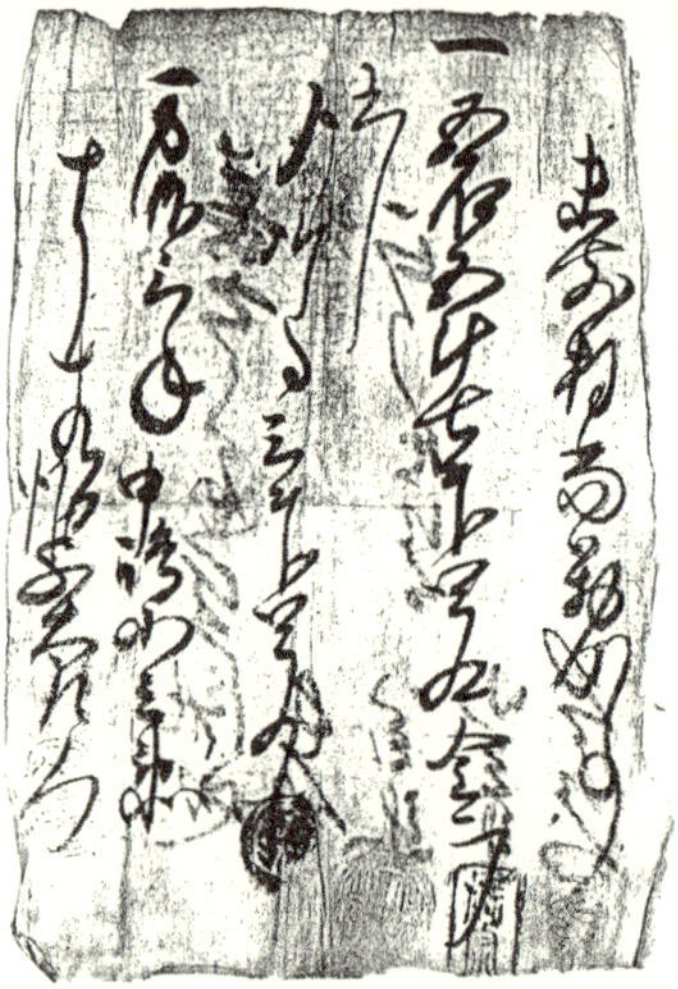

（裏書）

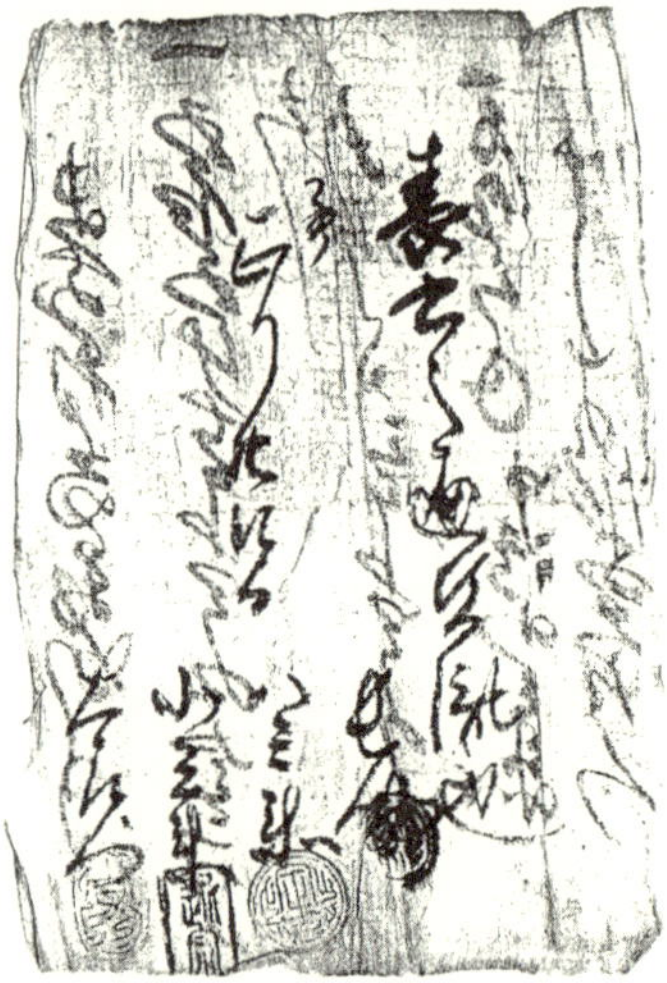

（表書）

末前村当御物成事
一、五石五斗七升四合　金二郎
六分
〆片馬三斗四升九合
万治三年　中嶋小兵衛
十月十九日　帷子太左衛門（印）

（裏書）

表書之通、皆済也、
（万治四年）
子ノ
正月廿四日
（佐藤）長　助（印）
八兵衛（印）
（中嶋）小兵衛（印）
（帷子）太左衛門（印）

【表2】末前村金次郎宛「差紙」変遷表　（単位:小高=石、年貢率=%）

年代(元号)	西暦	表　題	名前	小高	年貢率	皆済印
万治2年11月15日	1659	末前村当御物成之事	金次郎	5.574	5.0	○
万治3年10月15日	1660	末前村当御物成事	金二郎	5.574	6.0	○
寛文5年11月15日	1665	[　　]当御物成之事	金次郎	5.574	8.0	○
寛文6年11月11日	1666	末前村当御物成之事	金次郎	5.574	8.0	
寛文7年10月26日	1667	[　　　　]御物成事　すへ前村	金二郎	5.574	12.0	
寛文9年11月15日	1669	当御物成事　末前村	金次郎	5.574	19.0	○
寛文11年11月18日	1671	[　　　　]御物成事　末前村	金二郎	5.574	19.0	○
寛文12年11月28日	1672	[　　　　　　]成事　末前村	金次郎	5.574	19.2	○
延宝1年10月18日	1673	末前村当御物成事	金次郎	5.574	32.6	○
延宝2年11月15日	1674	当御物成事　末前村	喜次郎	7.143	22.0	○
延宝3年10月18日	1675	末前村当御物成事	喜次郎	7.143	24.0	○
延宝6年10月18日	1678	末前村御物成米之事	喜次郎	7.143	22.0	○
延宝7年10月18日	1679	末前村当御物成米事	喜次郎	7.143	20.0	○
享保20年11月	1735	末前村御年貢米取納候事	金次郎	3.100	17.0	
元文1年11月	1736	末前村	金次郎	3.100	13.0	
元文3年11月	1738	末前村	金二郎	3.100	13.0	
元文4年11月	1739	末前村	金治郎	3.100	16.0	
元文5年10月	1740	末前村	金次郎	3.100	14.0	
寛延1年11月	1748	末前村	金次郎	3.100	7.0	
安永7年9月	1778	末前村	金十郎	3.001	13.0	
安永8年9月	1779	末前村	金十郎	3.100	13.0	
寛政2年9月	1790	末前村	金次郎	3.100	14.0	
寛政3年9月	1791	末前村	金次郎	3.100	12.0	
寛政6年9月	1794	末前村	金次郎	3.100	14.0	
寛政8年11月	1796		金十郎	3.100	14.0	
寛政9年11月	1797		金十郎	3.100	12.0	
寛政10年10月	1798		金十郎	3.100	11.0	
寛政11年11月	1799		金十郎	3.100	15.0	
寛政12年11月	1800		金十郎	3.100	13.0	
享和1年10月	1801		金治郎	3.100	14.0	
享和2年11月	1802		金次郎	3.100	12.0	
享和3年11月	1803		金次郎	3.100	11.0	
文化1年11月	1804		金次郎	3.100	13.0	
文化2年11月	1805		金治郎	3.100	14.0	
文化3年11月	1806		金次郎	3.100	12.0	
文化4年12月	1807		金次郎	3.100	10.0	
文化5年11月	1808		金次郎	3.100	10.0	
文化8年11月	1811		金治郎	3.100	12.0	
文化11年11月	1814		金治郎	3.100	12.0	
文化12年12月	1815		金治郎	3.100	13.0	
文化13年11月	1816		金治郎	3.100	14.0	
文政1年10月	1818		金治郎	3.100	13.0	
文政3年11月	1820		金治郎	3.100	14.0	
文政5年11月	1822		金次郎	3.100	14.0	
文政8年11月	1825		金次郎	3.100	10.0	
文政9年11月	1826		金次郎	3.100	14.0	
文政10年11月	1827		金次郎	3.100	13.0	
天保2年11月	1831		金治郎	3.100	14.0	
天保3年11月	1832		金次郎	3.100	8.0	
天保5年11月	1834		金次郎	3.100	12.0	
天保9年11月	1838		金次郎	3.100	3.0	
天保10年11月	1839		金治郎	3.100	12.0	
天保11年11月	1840		金治郎	3.100	14.0	
天保15年11月	1844		金次郎	3.100	12.0	
弘化3年11月	1846		金治郎	3.100	14.0	
弘化4年11月	1847		金治郎	3.100	9.0	
安政3年11月	1856		金次郎	3.100	14.0	

注　田老町末前:西野万七家文書『田老町史』資料集(近世四)、田老町史編纂室提供史料より作成。

紙」が発給された年号月日まで記されていたのが享保二〇年には日付が消滅すること、表題に関しては享保二〇年までは「末前村御年貢米取納候事」と明確に年貢上納を命ずる文言があるのに翌元文元年からは単に「末前村」となり、さらに寛政八年にはすべて表題が消滅すること、そして裏書に関して延宝七年までは皆済文言・皆済印があったのがすべて消滅していることである。

末前村における近世前期の領内総検地は延宝二年であるが、この総検地によって年貢の百姓個人請は制度としては最終的に固定化され、延宝期までは「差紙」が年貢割付・皆済文書として機能していた。[39] しかし、近世中期の享保末期には「小高」の制度的固定化により実態から乖離していったのである。制度としては「小高」に賦課するものの、実在はしない百姓に年貢賦課をする、言わば擬制として百姓個人請は存続したのである。

すでに、「小高」とは領主的土地所有権と百姓の土地所持権をともに実現する土地制度であり、それを「小高制」と概念規定したが、「小高制」は基礎的な土地制度であるが故に年貢徴収方法をも規定し、藩が「小高」を基準に個々の百姓に年貢を賦課する年貢の百姓個人請を成立させていった。また、「小高」は寛文・天和期の領内総検地によって制度的に固定化されたため、享保末期以降から幕末にいたる百姓の世代交代、土地の売買・譲渡、分割相続、百姓の欠落・絶家等々により現実の所持事実から全く乖離し、「小高」を賦課単位とする百姓個人請は実態を反映しない擬制的年貢徴収制度となっていった。[40] つまり「小高」は、現実の名請人である百姓個人から乖離した高として独立・存続し、それが本来もっていた所持と経営の単位という性格を消滅させていったのである。すなわち、そこには単に領主的土地所有の基礎単位としての機能のみが残存することになり、その具現化として年貢賦課の単位としてのみ「小高」は存続していったのである。[41]

まとめ

盛岡藩の検地では、検地帳のほかに名寄帳も藩の公的土地台帳として作成された。この名寄帳作成の目的は、「小高」を確定することにあった。「小高」とは、一人の百姓ごとにその屋敷地と田畑の総所持高をまとめた所持と経営の単位であり、藩はそれを個別的に直接掌握し、領主的土地所有の基礎単位とした。また、個々の百姓には「小高」の確定の際に藩から「差紙」が発給され、百姓はその「小高」の所持権を藩から公認された。この「小高」に基づく「小高制」は、藩の領主的土地所有権と百姓の土地所持権の両者を実現・保障する土地制度として近世初期から成立し、領内総検地の寛文・天和期には制度として固定化され、以後幕末まで現実の所持や耕作の事実から乖離しつつも擬制として機能した。なお、年貢の徴収制度はこの「小高制」を基礎においていたため、やはり「小高」と同様の歴史的命運をたどり、寛文・天和期の領内総検地までは実態がある制度として運用されたが、以後幕末まで年貢徴収方法としては擬制として存続した。

寛文・延宝期は近世の研究史から言えば、幕領や諸藩において大規模な領内総検地が施行され、小農から全剰余労働が搾取されていた段階であるとされる。[42] また、幕藩権力による小農維持体制の確定期、小農自立政策の最終的到達点であり、この期の検地を通じて小農経営が全面開花したとされ、[43] 近世史の上で重要な画期であると位置づけられている。盛岡藩において寛文・天和期に小農の自立が達成されたかどうかは未研究の分野であり、従来の寛文・延宝期の研究史をそのままあてはめることはできない。しかし、盛岡藩において百姓を直接的・個別的に掌握する土地制度と年貢徴収制度がともにこの寛文・天和期に固定化されたということは、藩側ではこの時期の村落が藩政を確立させていくことを可能にする諸条件を備えていると判断したと考えて間違いあるまい。「小高制」と年貢の百姓個人請は、寛文・天和期の藩政確立期に、領主側の明確な政策的意図のもとで固定化され、藩政の基盤に組み込まれた制度であった。近世前期、盛岡藩ではこの「小高制」によりその土地所持権を保障するとともに、年貢の百姓個人請によって個々の百姓の年貢率を決定していたが、この二つの制度は百姓の土地所持と経営を直接的・個別的に掌握し、その維持を目的とする制度であったともいえる。本稿では村側の主体的な地域形成については全く論じることはできなかったが、近世前期における「南部」という地域の特質の解明には、村側の自立的な動向だけではなく、領主側からの積極的な政策をも含み込んで考察する必要があると考える。

なお本稿では、盛岡藩の村役人である肝入と年貢収納との関連性については全く触れることができなかった。それは、近世前期において年貢徴収と肝入の関係を示す文書をほとんど見い出すことができていないことが第一の理由である。もちろん、村役人である以上、肝入が年貢納入の実務・手続きの上で何らかの関わりを持っていたであろうとは考えられる。しかし、現実的にいわゆる村宛の年貢割付状や年貢皆済目録に類する史料を現在のところ一点も近世前期では見い出していない。あるのは百姓個人宛の「差紙」だけである。

兵農分離を原則として成立した近世社会においては、領主から村方への命令は文書によって通達されるのが原則であったとすれば[44]、代官の割付印・皆済印が捺された「差紙」が百姓個人宛で発給されていたという事実をあらためて重視しなければならない。村役人による年貢収納業務への何らかの関与によって年貢の百姓個人請の存在そのものを完全に否定し、画一的なイメージによる村請制のみで近世の村落像を描くのは、多様な地域性を捨象してしまう危険性があろう[45]。

註

（1）勝俣鎮夫「戦国時代の村落」（『社会史研究』6号、一九八五年、後に『戦国時代論』岩波書店、一九九六年収録）。
（2）藤木久志『戦国の作法』（平凡社、一九八七年）、同『村と領主の戦国世界』（東京大学出版会、一九九七年）、久留島典子「中世後期の『村請制』について」（『歴史評論』No.四八八、一九九〇年）、池上裕子「戦国の村落」（『岩波講座日本通史』第10巻中世4、一九九四年、後に『戦国時代社会構造の研究』校倉書房、一九九九年収録）など。
（3）池上裕子『日本の歴史』⑩戦国の群像、集英社、一九九二年）、則竹雄一「大名領国下における年貢収取と村落」（『歴史学研究』No.六五一、一九九三年）、同「棟札にみる後北条領国下の地頭と村落」（永原慶二編『大名領国を歩く』吉川弘文館、一九九三年）、黒田基樹「北条領国における郷村と小代官」（『戦国史研究』第三二号、一九九六年）、稲葉継陽「村の再開発と名主　—戦国期東国村落と大名権力—」（『戦国史研究』第三四号、一九九七年、後に『戦国時代の荘園制と村落』校倉書房、一九九八年収録）、平山優『戦国大名領国の基礎構造』（校倉書房、一九九九年）、久留島典子『日本の歴史』（13、一揆と戦国大名、講談社、二〇〇一年）。
（4）佐々木潤之介『幕末社会論』（塙書房、一九六九年、五五〜六一頁）、深谷克己「幕藩制における村請制の特質と農民闘争」（『歴史学研究』別冊特集、一九七二年）、門前博之「村請支配と近世村落の形成」（『歴史学研究』別冊特集、一九七七年）。
（5）水本邦彦『近世の村社会と国家』（東京大学出版会、一九八七年）。
（6）嶋谷（吉田）ゆり子「幕藩体制成立期の村落と村請制」（『歴史学研究』No.五四八、一九八五年、後に『兵農分離と地域社会』校倉書房、二〇〇〇年収録）。なお、同氏は後に「村役人の役割」（『日本の近世』3、中央公論社、一九九一年、第六章）において、虎岩村の事例から、年貢を直接百姓から個別に徴収する制度を年貢の「個々人請」と呼び、また年貢負担者を「年貢請負人」と呼んでいる。呼称の当否よりもその実態が重要であると考えるため、本論では単純に年貢を個々の百姓から徴収する制度として「年貢の百姓個人請」と呼称していく。

（7）宮崎克則「元和・寛永期における年貢の賦課と徴収　―豊前細川領を事例として―」（『近世近代史論集』吉川弘文館、一九九〇年、後に『大名権力と走り者の研究』校倉書房、一九九五年収録）。宮崎氏によれば、同地域では寛永九年（一六三二）に細川氏が熊本へ移封して以後、五人組の創出による年貢完済制度が体制的に形成されたとしている。

（8）嶋谷氏前掲「村役人の役割」、および『日本近世史研究事典』（東京堂出版、一九八九年、鈴木（嶋谷）ゆり子氏執筆担当「村社会と村請制」）。

（9）七五九～七六一頁。当該箇所の執筆者は矢木明夫氏であり、盛岡藩における年貢個人請については、「延寶検地によって公定された『名』」あるいは「名主職」に年貢が賦課されたとし、中世の「名」とは質が相違するとはしながらも中世的「名」の概念から年貢の個人賦課について言及している。なお、農村社会学者の有賀喜左衛門氏もその著『大家族制度と名子制度　―南部二戸郡石神村における―』（『有賀喜左衛門著作集』Ⅲ、未来社、一九六七年、第四章）においても年貢の百姓個人請について若干触れられているが、歴史学的な観点からは論じられていない。

（10）「寛文四年重信公御家督已後惣検地御通被成候場所付之事」（『青森県史』資料編近世4、二〇〇三年、一〇九）。

（11）「元文二年御検地仕様帳被仰渡書上」（『藩法集　盛岡藩』創文社）。この元文検地条目は、元文二年（一七三七）に検地定目の作成を命じられた勘定所の古老らが勘定頭へ提出したものであり、おそらく近世前期の検地様式を比較的よく反映しているものと考えられる。

（12）宮川満『太閤検地論　第Ⅱ部』（御茶の水書房、一九五七年、五九頁）。また佐々木潤之介氏は「農政の基本台帳は検地帳である。それにたいし、いわば、村請のための私的帳簿である名寄帳」と述べている（佐々木『日本の歴史』15、大名と百姓、中央公論社、一九七四年、一〇〇頁）。

（13）吉田（嶋谷）氏が分析された信州虎岩村でも検地帳のほかに名寄帳も検地役人によって作成されており、氏は名寄帳は村側が作成する帳簿ではなく領主が年貢賦課台帳として作成したものであると論じた（前掲『兵農分離と地域社会』四〇六～四一二頁）。この虎岩村の事例のみから、名寄帳を領主作成帳簿として一般化できるかどうか疑問ではあるが、年貢の百姓個人請が採用されていた盛岡藩でも名寄帳は明らかに領主作成帳簿であり、年貢徴収方法と名寄帳の性質において極めて共通した特徴が見られる。

(14) 神奈川県座間市円子紀夫家文書。

(15) 盛岡藩領内は、三三カ所の代官区「通」で区画されており、五戸通は五戸川・奥入瀬川流域の諸村、現在の青森県南地域に該当する。

(16) 円子家ら盛岡藩の在地給人・与力は「所給人」「所与力」と呼称され、日常的には代官所への勤務を果たした（盛田稔「南部藩における御給人制度について」弘前大学『國史研究』第二八号、一九六一年、菊池勇夫「盛岡藩〝所給人〟制の展開と特質」『日本史研究』一九八号、一九七九年）。

(17) 神奈川県座間市円子紀夫家文書。

(18) 「天保十三年御検地仕様御定目」（前掲『藩法集　盛岡藩』）。

(19) 「小高」が所持と経営の単位であったとは、必ずしも「経営体」ということと同義ではない。それは百姓の所持地が、村内の他領や他村にも存在する場合があるからである。所持と経営の単位とは、一百姓がその村内で所持している屋敷地と耕地をその百姓のもとに一セットでくくり、それを支配単位として領主側が設定したという意味で本稿では概念規定している。なお、盛岡藩では屋敷地は高付けされていなかったため、「小高」とは実質的には田畑のみの石高となる。

(20) 文化六年六月「御検地百姓小高面附控覚帳」（宮古市長沢吉田家文書『宮古市史』資料編近世二、七〇）。

(21) 岩手県立図書館所蔵（請求番号三二―二四）。

(22) 岩手県立図書館所蔵（請求番号二一・五―一六一―一〇四）。包紙には「天保十五甲辰四月　御検地手札入」と記載されている。

(23) 岩手県立図書館所蔵（請求番号三二―四四）。

(24) 寛文十二年閏六月「大膳大夫様御領三戸郡二戸郡岩手郡閉伊郡武太夫様御領三戸郡之内九戸郡御境塚被仰付双方より出合相極候申定之條々」(八木家文書・岩手県立博物館所蔵)。

(25) 「御境塚数之帳」は寛文十二年閏六月二三日「大膳大夫様御領三戸郡二戸郡岩手郡閉伊郡武太夫様御領三戸郡之内九戸郡御境御立被成候付境塚為築申帳」のことであり、「御絵図」は同年月日「奥郡八戸領図」(ともに盛岡市中央公民館所蔵)のことと考えられる。盛岡市中央公民館所蔵の盛岡藩関係資料は盛岡南部家旧蔵文書であるため、この二点は藩庁文書であろう。

(26) 五戸町浅水・宝福寺文書(『五戸町誌』上巻、一九六七年、五八二～五八三頁)。なお、同文書の原本は現在所在不明とされているが、旧八戸市史編纂の過程で同文書が撮影されており、これによって原本校正をした(八戸市史編纂室所蔵写真)。

(27) 六戸町上吉田・吉田嘉巳家文書。

(28) 吉田本家の知行高は、慶長五年(一六〇〇)は二〇〇石(「聞老遺事」『南部叢書』㈡、歴史図書社、五〇六頁)、慶長十九年五月二七日付南部利直知行宛行状によれば吉田村において六一石九斗四升三合(『青森県史』資料編近世1、二〇〇一年、六六一)、元和六年十二月十五日付南部利直知行宛行状によれば上吉田村において九五石六斗九合(同、八〇五)、寛文元年の支配帳では五〇石(『青森県史』資料編近世4、一〇四)であった。しかし、延宝七年四月の領内総検地直後の十二月、次郎左衛門は知行所替を藩に申請し受理され、戦国期以来の本貫地吉田村から離れた(盛岡藩『雑書』延宝七年十二月二〇日条)。

(29) 各役職就任時は、『雑書』寛文七年閏二月十七日条・同九年九月四日条・同十一年十一月二五日条。

(30) 吉田賀右衛門家は、その後、吉田村とその周辺において新田開発を行って「所給人」身分を獲得し、また分家二軒を輩出して在地に勢力を拡大していった(『六戸町史』中巻、六六〇～六七八頁)。

(31) 六戸町上吉田・吉田嘉巳家文書。

(32) 明治維新時、盛岡藩政時代の年貢徴収方法について提出した書類には、「明治三庚午御年貢米御取立之義は、御旧領之節、木の葉御差紙を以銘々御下ケ渡シ相成仕来リ候」とあるように、百姓個々へ年貢上納を命じる文書は「差紙」と呼ばれた（岩手県田老町佐々木松夫家文書『田老町史』資料編近世二）。「小高」の公認文書である「差紙」と同名称であり、形態・様式も極めて近似していることから、この二つの「差紙」はともに大きな関連性のもとに成立した文書様式であると考えられる。

(33) 六戸町上吉田・山内甚作家文書。山内家は幕末期、吉田村の蔵入地の肝入を勤めていたことから、同家には肝入文書が所蔵されている。

(34) 文久元年の弥次郎宛「差紙」は、その系譜を引く吉田家には所蔵されておらず、蔵入地の肝入山内甚作家に所蔵されていたことからも、幕末期には「差紙」が全く擬制化していたこと、さらには肝入という村役人が百姓全体の年貢収納を請け負っていたことを示している。実態としての村請制であるが、いつ頃からそれが成立していたかは今後の課題である。

(35) 「邦内郷村志」（『南部叢書』(五)、一九七一年、二六一～二六二頁）。「東代官　十郎左衛門」の子孫は現存しており、岩手県一戸町平糠の畠山家のことである。当時は百姓身分でありながら平糠村の「郷代官」をしていた（『一戸町誌』四五〇～四五二頁、『九戸の戦関係　文書集』二戸市教育委員会、一九九一年、三四）。

(36) 末前村は、現在の岩手県南閉伊郡田老町末前である。西野家文書の閲覧については、田老町史編纂室の箱石祐一氏のご協力を得た。記して謝したい。

(37) 中嶋小兵衛・帷子太左衛門は北閉伊代官であり（『雑書』万治四年二月十六日条）、裏書の長助については名字が佐藤、役職は蔵奉行であった（『雑書』万治元年六月二七日条）。八兵衛については史料では確認できないが、当時の役職は二人制でやっていることから、佐藤長助の相役で蔵奉行を勤めていたと考えて間違いない。

(38) 管見の限り「差紙」の最古のものとしては、正保三年（一六四六）十月二〇日付大迫村中務宛（岩手県『大迫町史

〈行政編〉』二三四頁掲載写真）、正保三年十月二〇日付九郎兵衛宛「正保三年之物成差紙」・正保三年十月二九日付九郎兵衛宛「当御年貢米之事」（ともに秋田県鹿角市毛間内山本キクエ家文書・鹿角市史編纂室提供）の三点であり、形態・様式ともに万治三年の末前村西野家の「差紙」とほぼ全く同じである。山本家文書の表題に「正保三年之物成差紙」と「差紙」という文言が記されており、年貢の百姓個人請の文書名がこの頃にはすでに「差紙」と呼称されていたことがわかる。

(39) 延宝七年と享保二〇年の間で百姓名が「喜次郎」から「金次郎」へ、「小高」が七石一斗四升三合から三石一斗へ変化しているのは、末前村で享保三年に再び総検地が実施されたことによる。この検地は領内総検地ではないため、「小高」や百姓名に変化はあるものの、基本的には延宝二年の領内総検地で「小高」は固定化されたと考えてよい。

(40) 太閤検地によって設定された石高は、生産力を反映したものではなく、また近世初期の元和期までは年貢徴収基準としては設定されたものではなく、豊臣政権が諸大名に軍役賦課をするための知行表示基準であったとされている（池上裕子前掲書『戦国時代社会構造の研究』四九二～四九五頁、松下志朗『幕藩制社会と石高制』塙書房、一九八四年、三二〇～三二三頁、水林彪『封建制の再編と日本的社会の確立』山川出版社、一九八七年、二二一～二二九頁）。しかし盛岡藩の「小高制」は、家臣への知行宛行と軍役徴収のための基礎であると同時に、百姓の総所持高を個別的・直接的に掌握することによって年貢の百姓個人請を可能にする制度として慶長期から設定されていた。

また、百姓自身が検地帳にもとづいて自己の所持権を主張し始めるのは寛文・延宝期であるとされている（神谷智『近世における百姓の土地所有』校倉書房、二〇〇〇年、一〇六～一〇八頁）。しかし、盛岡藩における「小高制」の確立・固定化は寛文・天和期が画期であるものの、当該期において百姓側から検地帳や「差紙」を権原として自己の土地所持権を主張するものではなく、また百姓の土地所持権の保障主体はあくまでも領主にあったことに注意する必要がある。

(41) 寛文・延宝期は小農維持体制が確立し、その維持のために「百姓株」が設定されたとされる（佐々木潤之介「近世農村の成立」（『岩波講座日本歴史』10、岩波書店、一九六三年、二〇九～二一三頁）。また、この時期に、永代にわたって相続するものと観念された「家」を前提とした「百姓株」が、村落における相互是認を前提として成り立ち、また村請制成立の前提を用意したとされている（桜井昭男「近世村落と『百姓株』」『関東近世史研究』第二〇号、一九八六年）。盛岡藩における「小高」とは、一百姓に屋敷地・田畑を結合させた支配単位であると同時に所持と経営の単位でもあるが、寛文・天和期の領内総検地以後の売買・譲渡等により「小高」は分散化して所持されていったため、永代にわたって相続されていくべき「家」として観念され村共同体がその存続を保障していく客体として成立していなかった点が「百姓株」と相違する点である。

(42) 佐々木潤之介前掲論文「近世農村の成立」二〇九～二一三頁、北島正元『江戸幕府の権力構造』（岩波書店、一九六四年、五一一～五二二頁）。

(43) 安良城盛昭『幕藩体制社会の成立と構造（増補版）』（御茶の水書房、一九六四年、一一七～一二〇頁）。

(44) 大藤修「近世文書論序説（上）」（『史料館研究紀要』第二二号、一九九一年）。

(45) 事実、嶋谷氏が明らかにされた虎岩村の年貢個人請では、実際には年貢皆済状が肝煎宛で発給されており、また稲葉継陽氏によって虎岩村では百姓個人請がとられながらも肝煎が年貢収納業務に関わる村請制が成立していたことが明らかにされている（稲葉氏前掲書『戦国時代の荘園制と村落』三三〇～三三二頁）。村社会が一切関与しない、純粋な年貢の百姓個人賦課と納入の事実のみを理念型としてあらかじめ設定した場合、近世の年貢徴収方法について年貢の百姓個人請の存在を明らかにするのは困難なことであろう。

〈付記〉本稿作成にあたり、六戸町上吉田の吉田嘉巳氏・山内甚作氏には学部時代から史料閲覧や聞き取りなどの面で大変お世話になりました。記して感謝致します。そして、明治大学の恩師木村礎先生には、村落研究について学生時代から大会の報告当日まで叱咤激励をいただきました。長い間の学恩に感謝申し上げます。

近世の北奥と藩領域―八戸藩・盛岡藩境絵図と藩境塚―

本田　伸

はじめに

本稿が題材として取りあげる八戸藩・盛岡藩の藩境絵図は、両藩が綿密な交渉を積み重ねて作成した高度な行政資料でありながら、その作成の経緯や政治的背景については、ほとんど顧みられてこなかった。筆者はかつて「近世の北奥と藩領域―八戸藩・盛岡藩境絵図の検討を通して」（『弘前大学國史研究』一〇五、一九九八年）および「近世の北奥と藩領域―現存〈奥郡八戸領図〉〈志和郡八戸領図〉等に関する小考」（『八戸地域史』三八・三九合併号、二〇〇一年）で、八戸藩の本領周辺の状況を示した寛文十二年「奥郡八戸領図」と飛地絵図として作成された同年「志和郡八戸領図」についての知見を示し、藩境交渉の実際や、絵図の作成過程を明らかにした。幸い、平成十五年度地方史研究協議会大会（八戸大会）でこれらについて発表の機会が与えられたので、一本の論考としてまとめることとした。そのため、内容的には前記拙稿と重複がある点をあらかじめお断りしておく。

一　藩境問題の発生と藩境塚の築造

寛文四年（一六六四）九月、施策上なにかと問題の多かった南部重直は、嗣子を定めぬまま死去した。直後、南部家中では、重直の遺領十万石をめぐって後継争いが起こった。十二月には、重直の二人の弟七戸隼人（重信）と中里数馬（直房）が江戸城に呼び出され、重信には盛岡で八万石、直房には八戸で二万石を与える旨が伝えられた。幕府の方針はあくまでも新藩の創設にあったというが、事実上は八戸藩の分離独立と見てよい。分藩の実務は年明けに始まり、盛岡方から八戸方へ八十三カ村の分与、家臣の異動、領知分与に伴う失地給人への替地支給など、関係作業が進められた。その経過は随時幕府老中へも報告されていたようで、八戸市立図書館蔵『直房公御一代集』には、領知分与について老中稲葉正則・久世広之らと内々に相談したこと、老中阿部忠秋に南部領の絵図を提出し郡割りの指示を仰いだこと、盛岡方からは表高二万石に内高二万石を加えて都合四万石が八戸方へ割譲されたこと、家臣団分けも一緒に行ったこと、などの旨が記されている。また、後々のために領境を立てておくよう阿部忠秋の示唆があったとも記されており、幕府が、非公式ながら実務面にまで立ち入って指示を与えていたことがわかる。(1)

近世前半の盛岡藩は、仙台藩・秋田藩・弘前藩との間で激しい境争論を戦わせた。例えば、寛文期から延宝五年まで続いた秋田藩との鹿角郡境争論では、争論の中で鹿角郡絵図を幕府へ提出したこと、これにより同郡花輪村・毛馬内村の古人（境界管理を役目とする半官吏で、秋田側では拠人と記す）二名を江戸に上らせ高目録を提出させたこと、奉行出石源兵衛を通じて二名の古人に旅費等を支給したことなど、幕府の調停に向けての環境づくりを行っていた旨が、盛岡藩家老席日誌「雑書」（以下「雑書」と記す）に記されている。(2) 八戸藩との藩境の問題においても、他藩との豊富な交渉経験を持つ盛岡藩がイニシアティブをとったであろう。

八戸藩と盛岡藩の藩境については、藩境塚の位置などを書き込んだ数種類の藩境絵図が寛文十二年に作成された。この藩境塚がどのように築かれたかについては、八戸市・摂待家旧蔵の覚書（青森県史編さん室蔵。以下「藩境覚」と記す）で、その概要を知ることができる。[3] その大意は以下の通りである。

①この度境塚を築造することとし、相互交渉を行う。

②始点は下市川（現八戸市）の黒森とし[4]、先に山城守（南部重直）が青木源左衛門に立てさせた境目に従う。ただし上市川から天狗沢の沢頭までは道筋をそのまま境とする。

③川境については、七崎村を通る正法寺道と野沢川が交わる場所の塚から七崎村を流れる野沢川の端の塚まで、相内の虎渡境（馬淵川に面する）の塚から赤石沢の塚まで、宇別川に面する小山沢の川前の塚から釜木村まで、この三カ所では川を縦に見て、その真中を通るように境を定める。洪水で川筋がどちらへ寄っても、とにかく真中を境とする。川除（＝堤防）の築造はそれぞれの勝手とする。

④豊間内通（現五戸町）の境について、豊間内・剣吉間の山野のうち、三分の二は八戸藩領、三分の一は盛岡藩領とするので、その割合で七崎の月山沢頭の塚から石渡道の端までの塚を新たに立てる。

⑤上市川天狗沢頭から七崎村を通る野沢川と正法寺道の交点、七崎村台地を流れる野沢川の端から月山沢頭まで、同郡石渡から相内馬淵川の端まで、同郡赤石沢馬淵川の端から名久井岳は嶺切、名久井岳の際の宇津木館の塚から福岡境赤坂まで、閉伊郡納野のうち遠嶋ヶ嶽嶺から龍ヶ平嶺に塚築始、木売内・深田・下戸鎖の境まで嶺続、野田境・野田の内北野村浜端までは道切、右の郷境は改めて検分の上で土地の出入りを調整し、塚を立てて境とする。

⑥二戸郡福岡のうち赤坂の塚から沼久内の内清水野まで、藪川の境から大沢森之麓・茶臼森は嶺切、閉伊郡九境峠・茶臼森の際からすつうの峠・遠部地ヶ嶽は嶺切、嶋ヶ嶽までは峰続、右の郷境は改めて藩境とする。

⑦境塚は村々で互いに草を刈るなどよく手入れすること。葛や蕨の根を掘り、落葉を取り、栃の実を拾うなど、互いに分別し、相談する。
⑧盛岡方の塚は七尺で楢木を植え、八戸方の塚は六尺で柳を植える。壊れたら修繕する。
⑨野馬立所から立ち退き命令が出ても、下々が立ち退かなくてもいいように定める。
⑩七崎村から櫛引通へは用水堰が一本あるので、新しい堰は作らない。
⑪境の付近に金山などが出た場合、農作業に支障が出るので差し止める。
⑫出入りのある田地は取り替える。村高目録・百姓小高帳は境塚数の帳・絵図などとともに検分の上で印判を押し、双方へ交換する。

これらを見れば、塚を築く際は、既存の塚を利用する場合と、全く新たに塚を築造する場合があったことがわかる。既存の塚とは、重直の命により築かれた塚（②）や郷塚（⑤）などであり、このほか「雑書」に、秋田藩との境目で「間株」を打ったり抜いたりした事例が見えている。この時期には新田境や寺社境も盛んに立てられており、その際、杭や塚あるいはこれに類する何らかの標識は、用いられたはずである。[5]また、藩境塚については、盛岡藩と仙台藩との間で境塚を築造した寛永期の例があり、そのような知見は、塚の維持管理方法（⑦）や塚の形（⑧）を指示する際にも、当然活かされたものと思われる。

「藩境覚」の⑧に見るごとく、この種の境塚や柱杭が朽ちたり流れたりした場合は、双方から費用・人数を出して修繕にあたる取決めであった。八戸藩「日記」（以下「日記」と記す）には、藩境塚の破損や修復を行った旨の記事は見られないが、「雑書」には、用水堰の掘削や橋の普請を双方から人夫を出し合って共同で行った旨が、度々記されている。藩境塚の場合も、まずは同様であったと考えてよかろう。

藩境塚は後々まで、地理的指標として確かに機能していた。八戸市立図書館蔵「馬淵川境絵図」（類家苫米地文書）には、洪水による川筋の移動により印杭を度々立て直した旨が記されている（【史料1】）。塚に番号が付されていたこと、塚の流失に備えて目印杭が打たれていたこと、修復の目安とする「扣塚」が併置されていたことなど、「藩境覚」にない記事もあり、より実際的な内容である。寛文期から二百年を隔ててなお、境塚の維持管理は継続的に行われていたのである。

【史料1】嘉永四年「馬淵川境絵図」書入れ（」は改行の位置）

天保十一庚子年八月ゟ嘉永三庚戌年九月迄、追々馬渕川出水ニ而、中川原」此方様御築立七番御境塚、嘉永三年九月流失ニ付此度御築立」其方様八番御境塚之目印杭、追々川欠水向ニ相成」此方様九番御境塚之目印杭、文政元年其方様ニ而御取建被成置候所、此節出川原ニ相成」其方様十番御境塚之御扣塚、天保十一年御築立被成置候所、嘉永元年六月以来洪水之度毎欠込、川中ニ相成候ニ付」右三ヶ所共御境塚ゟ七拾八間宛相隔十番御境塚之、文化十一年御取建目印杭跡、此節出川原ニ相成候ニ付、右目印杭御境塚より七拾八間相隔、此度其方様ニ而御取建絵図面、

二　藩境交渉の実際

両藩の間で藩境塚を築くにあたり、その前提となる交渉はどのように進められたであろうか。ここでは、馬淵川の虎渡付近における争論事例をあげて検討してみたい。

馬淵川は青森県南地域の主要河川の一つであり、当時は鮭を中心とする豊富な水産資源によって同地域に貴重な現金収入を供給していた。この鮭留場の設置と運上金の賦課をめぐって盛岡藩領相内村（三戸郡南部町相内）と八戸藩

領名久井村（三戸郡名川町名久井）が対立したのは、寛文九年のことであった。「日記」同年六月一日条には、馬淵川の境目について、盛岡藩の三戸通代官所が質問状を送ってきたとある（【史料2】）。その内容は、

①馬淵川の竜之口から高瀬之瀬頭にいたる川筋については、基本的に川の東側を八戸藩領、西側を相内分（盛岡藩領）とすることとし、笠間弥太夫から八戸方へ書状を送った上で絵図に定めたはずである。

②ところが、名久井村の助三郎・孫四郎両名は、川の両側に八戸方の留（鮭留）を設けてよいと主張している旨、相内村の古人からの訴えがあった。

③取決めでは、秋田・新渡部に相談の上で川の片側ずつ領有することとし、こちらからも絵図を送った上で、実地検分も済ませてある。

④よくよく絵図を見て確認し、留は片側ずつに設けるという前々からの取決めに従ってほしい。その上で片側分の運上金を盛岡方へ上納するように申しつけたい。

と、八戸方の協定違反を指摘し、相応の運上金を徴収するというものであった。

これを受けて八戸方は小田嶋庄兵衛・浅水源六・小山田六郎右衛門・代官荒木田甚兵衛らを名久井村に派遣し、古人たちに状況を尋ねた上で盛岡方に逆抗議した。その結果、双方が証人を立てて実地検分を行うこととなり、同年八月、盛岡方から三戸通代官笠間弥太夫が論所に出向いてきた。相内村の古人は三人のうち二人までが名久井村古人の主張と同意見だったが、笠間がこれを受け入れず、そのために交渉はまとまらなかったと「日記」は記している（【史料3】）。この時点で八戸方は十分な証拠ありと自信を持っていたようだが、窓口が三戸代官所から本藩に移り、八戸方の主張が盛岡方へ正確に伝えられていない様子を知って、「盛岡より之御左右承候と三戸より飛札参、此方古人共申分と各別相違之儀斗申参」と、笠間への不信感を露わにしている。

十月、双方の古人が盛岡に呼び出され、盛岡藩四代藩主南部重信による事情聴取が行われた。重信は、相内村の証拠は確かなものだが、名久井村の主張にも一分の理がある、本来は瀬主・古人など関係者を処分するところだが、武太夫（＝直政、八戸藩二代藩主）が幼いことゆえこのたびは大目に見ると、盛岡方の主張を大筋で認める裁定を下した（**【史料4】**）。しかし、主張の是非ばかりを論ずるものではないとわざわざ断っている点に裁決の根拠の曖昧さがのぞいており、盛岡方の無理押しという印象は、やはり否めない。

盛岡方は境塚を築造するため、十月十五日には川境の下見を行い、十六日には早くも境塚の絵図面を示した。争論は八戸方が折れるかたちで決着したが、八戸方にとっては、その後の交渉を進める上で貴重な経験となったであろう。そのことは、寛文八年以前の「日記」にこの種の争論記事がほとんどなかったのに、この一件以降、藩境に関する記事が格段に多くなることでもわかる。

【史料2】「日記」寛文九年六月一日条

一、三戸御代官衆藤田太左衛門・神平右エ門方より去月廿七日ニ状参候、三戸相内馬淵川内竜之口より高瀬之瀬頭之渡り古道堺より上之分ハ、東片川ハ八戸御領・西片川ハ相内分ニ而此方之御領之川御座候由、先年御領分り申時分、秋田忠兵衛殿・新渡部左五右エ門殿へ笠間弥太夫書状之上絵図取通ニて相極候由、相内古人共申候、然処ニ其御地御領名久井村之助三郎・孫四郎両人之者各様へ申上候由ニて、右之川両川共ニ留申候由、相内之古人共此方へ申聞候、右申候通弥太夫方より忠兵エ殿・左五右衛門殿へ御相談之上ニて片川宛ニ相極申川之儀御座候間、定而此方より之絵図其御地ニ可在御座候条、御領見被成、此方より申進候通ニ絵図之上ニ相見へ申候ハヽ、弥片川宛ニ前方之通両方より留をもとめ、片川分之御運上之丈具此方へ上り申候様ニ申付度存候由申参候、此方より之御帳ニハ右之もの共呼ニ申越候へ共、遠所へ参居不申候間、罷帰候ハヽ、様子相尋追而可申進由被仰遣、

【史料3】「日記」寛文九年八月七日条

一、相内川論ニ付被遣小田嶋庄兵エ・荒木田甚兵衛・紫波庄左エ門・浅水源六郎・小山田六郎右エ門罷帰、名久井より古人共引連川端へ罷出、笠間弥太夫方と双方古人之口聞候処ニ、相内古人三人之内弐人ハ名久井古人と同口申由、併弥太夫聞分不被申付而落着無之由、右五人之衆申上ル、

【史料4】「雑書」寛文十年十月十四日条

一、盛岡より竜口川境ニ付三上太兵衛被遣、相内・名久井古人共双方大膳様被聞召、相内之者共証拠慥成候儀共申候、尤名久井者之申候証拠も少々ハ在之、双方瀬主・古人御成敗ニも可被仰付与被思召候へ共、武太夫様御幼少之儀御座候へハ、理非次第被仰付儀も如何被思召、先此度ハ御延引被遊候、川之儀ハ互竜之口すはり合より二又御押合申、曲目迄荒川ニ御百姓共ニ可申付御意旨、即名久井御代官ニ右之通被仰渡、

三　藩境絵図の残存状況と「本領絵図」

現在、盛岡市中央公民館（盛中公と略記）と八戸市立図書館（八市図と略記）に残されている藩境絵図は、次の通りである。

〔本領分〕

A　奥郡八戸領図　寛文十二年閏六月二十三日付　盛中公　二八・八・五六
B　奥郡八戸領図　寛文十二年閏六月二十三日付　盛中公　二八・八・五七
C　八戸領境図　寛文十二年閏六月二十三日付　盛中公　二八・八・一〇四

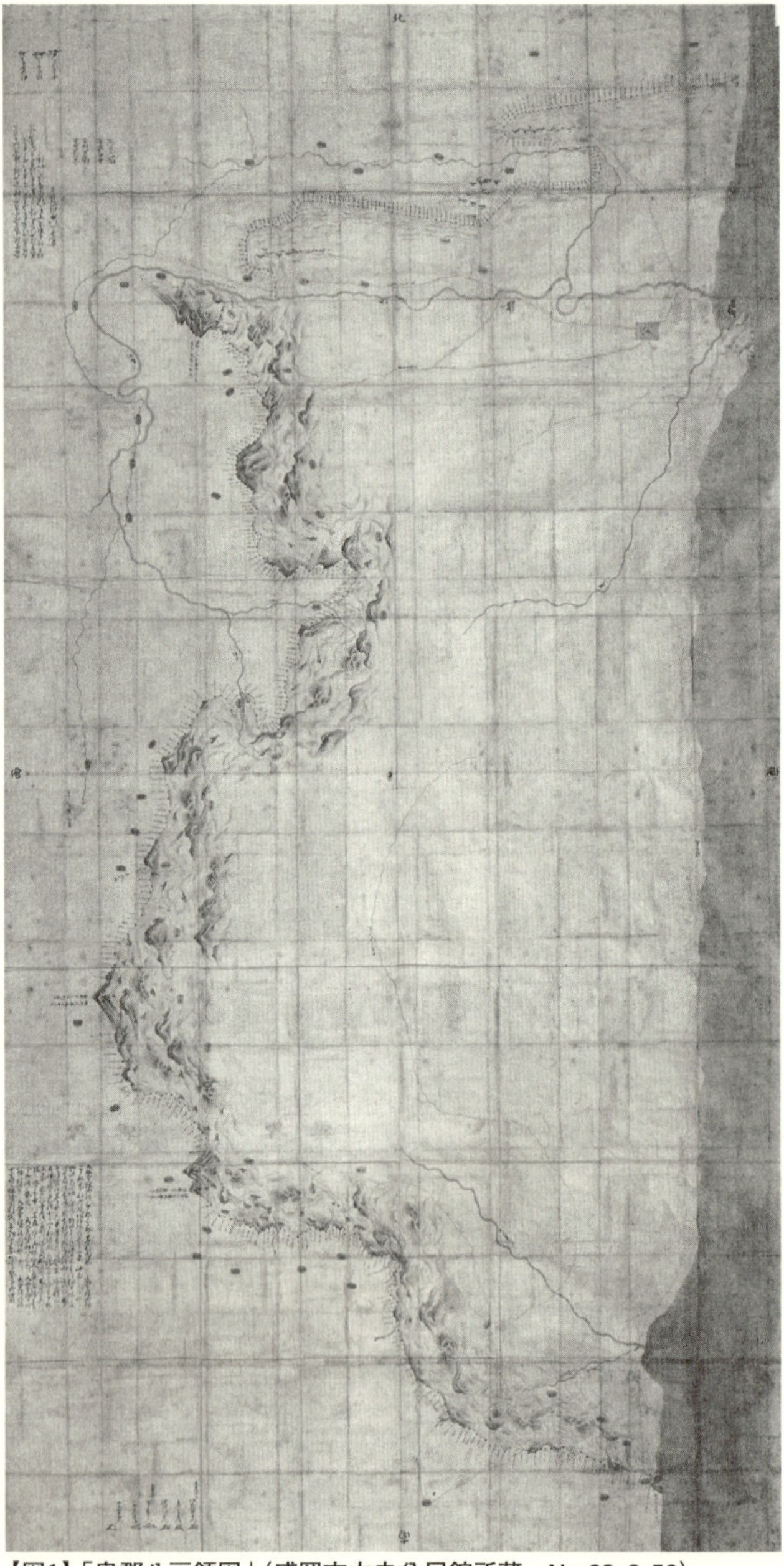

【図1】「奥郡八戸領図」（盛岡市中央公民館所蔵　No.28・8-56）

〔飛地領分〕

D　志和郡八戸領図　寛文十二年六月十七日付　盛中公　二八・八・五八

E　志和郡八戸領図　寛文十二年六月十七日付　盛中公　二八・八・五九

F　志和境図　寛文十二年六月十七日付　盛中公　二八・八・一〇九

G　志和領内図　寛文十二年六月十七日付　八市図　八戸南部家文書

このうちA～Cは、八戸藩が盛岡藩から分与された八十三カ村のうち、志和郡に飛地領として設定された四カ村を除く、本領周辺の藩境絵図である（以下「本領絵図」と記す）。

「本領絵図」には二カ所に書入れがあり、例えばA図では、次のように記されている。

【史料5】奥郡八戸領図（盛中公　二八・八・五六）表書a

武太夫様御内

佐藤五郎右衛門（花押）（印）

玉井与兵衛（花押）（印）

池田仁左衛門（花押）（印）

大膳大夫様御内

七戸長右衛門（花押）

三上太兵衛（花押）

下田覚左衛門（花押）

大膳大夫様御領三戸郡・二戸郡・閉伊郡、武大夫様御領三戸郡・九戸郡御境相極塚築申候、東ハ海、南ハ閉伊郡野田之内小袖之浜崎ゟ野田・下戸鍍・源田木・売内・細野境迄山野嶺続、遠嶋ヶ嶽・遠部地ヶ嶽迄嶺切、西者遠部地ヶ嶽ゟすつうの峠、岩手郡之内茶磨森嶺切、同所麓之塚ゟ同郡がんとう沢長根之塚迄峰続、北者二戸郡福岡之内清水野之塚ゟ三戸郡名久井嶽嶺切、赤石沢馬渕川端迄、同郡相内ト虎渡境馬渕川端之塚ゟ下市川黒森之塚迄、御境塚、大者盛岡御領ゟ、小者八戸御領ゟ築廻シ、武大夫様御領八戸之内ニ大膳大夫様御領八幡社領在、大膳大夫様御領閉伊郡之内ニ武大夫様御領中里村有、但絵図別紙仁在之、双方出合吟味仕取遣申御絵図、

【史料6】奥郡八戸領図（盛中公　二八・八・五六）表書b

大膳大夫様・武大夫様今度御相談被成、御領御境目被相立候、因茲大膳大夫様御家来下田覚左衛門・三上太兵衛・七戸長右衛門、武太夫様御家来池田仁左衛門・玉井与兵衛・佐藤五郎右衛門出合、御境塚相立、絵図取遣、無出入相済候、為後代如件、

秋田忠兵衛　（花押）（印）
楢山善左衛門　（花押）（印）
中里弥次右衛門　（花押）（印）

寛文十二壬子年閏六月廿三日

八戸弥六郎殿
桜庭兵助殿
奥瀬治大夫殿
楢山七左衛門殿

絵図中の文言や用字の異同、また印判の有無から推して、Aが盛岡方で保管する正本、Bはその控、Cは正本の写

と思われる。「本領絵図」では各村の村名が小判形の枠で囲む形で表現されており、盛岡方の村を朱色・八戸方の村を薄桃色でそれぞれ色分けするなど、正保国絵図の書式に近い。

なお「本領絵図」についてはもう一点、「八戸藩領内境塚大絵図」の存在が知られている（八戸市・上杉雪子氏蔵。以下H図と記す）。八戸市教育委員会編『八戸市の指定文化財』（文化財シリーズ三四、平成七年）に裏書の図版が掲載されていて、

寛文十弐壬子年御改之御領内御境絵図、古ク相見得候付、今度改写置申候、以上、

享保四亥年歳八月十五日

と読める。タテ六・〇m、ヨコ三・四mの大絵図で、他の「本領絵図」と同様の表書もある。筆者はまだこの絵図を閲覧する機会に恵まれないが、元は八戸南部家の所蔵であったことが確認されていて、裏書をそのまま信じれば、藩庫に収蔵されていた「本領絵図」の公的な写しということになろう。

一連の絵図では、境塚が一つおきの大・小の黒点で表記されている。前出「藩境覚」の⑧にあるように、大きい黒点は盛岡方の、小さい黒点は八戸方の築造分を示している。盛岡藩は慶長九年（一六〇四）に初めて一里塚を築き、その後、南部重直の代に領内の道路と境を整備したという。また、寛永年間には幕府の仲介によって仙台藩と藩境交渉を行い、その結果、同十九年に藩境に大・小の塚を築いた。[6] かつて岩手県教育委員会はこの仙台藩との境塚の残存状況について調査を行い、

①大塚は基準となる塚であり、小塚は大塚の間に補助的に築造された。
②大塚の間隔は一定ではなく、地形対応的である。この傾向は小塚にも見られる。
③大塚・小塚ともに当初は固有名称がなく、時代がくだるにつれて番号が付された。

④大塚の間に築かれる小塚の数は一定していない。
⑤小塚の形状は方形底面で、平野部ではやや小さく、山間部では大きく高く造られる。
⑥大塚と小塚が必ずしも同時に造られたとは言えない。
などの点を明らかにしている。[7] この時の境塚築造の経験は、八戸藩との境塚を築造する作業にも活かされたであろう。

四　現存「飛地絵図」の比較

続いて、飛地領の絵図（以下「飛地絵図」と記す）について検討してみたい。例えばD図には表書が二カ所あり、次のように記されている。

【史料7】志和郡八戸領図（盛中公　二八・八・五八）表書a

大膳大夫様御領分者御境塚之外、
大膳大夫様御領志和郡、同郡之内、武大夫様御領御境相極塚為築申候、東者滝名川渡之上ヨリ犬渕堤迄古道切、南者犬渕堤之上ゟ二つ森野続山ハ嶺続、山王海葛丸滴石山之三辻迄稗貫境、西者三つ辻ヨリ三つ石迄嶺続、岩手郡之内雫石山境稲荷山之上迄、北者稲荷之前ゟ野沢堰口新畔、滝名川端ヨリ大道渡之上迄、御境塚、大ハ盛岡御領ゟ、小ハ八戸御領ゟ築廻候、武大夫様御領土館村前山内仁大膳大夫様御領新山権現之御隠山有、雙方出合吟味仕取遣申御絵図、

武太夫様御内
小田嶋庄兵衛　（花押）（印）

戸来惣右衛門　(花押)(印)
神太郎左衛門　(花押)(印)
大膳大夫様御内
江刺家兵左衛門　(花押)(印)
氏家半助　(花押)(印)
四戸金左衛門　(花押)(印)

【史料8】志和郡八戸領図（盛中公　二八・八・五八）表書b

大膳大夫様・武大夫様今度御相談被成、御領境目被相立候、依之武太夫様御家来神太郎左衛門・戸来惣右衛門・小田嶋庄兵衛、大膳大夫様御家来四戸金左衛門・氏家半助・江刺家兵左衛門出合、御境目相立、絵図取遣、無出入相済候、為後代如件、

楢山善左衛門　(花押)(印)
秋田忠兵衛　(花押)(印)
中里弥次右衛門　(花押)(印)

寛文十二壬子年六月十七日

八戸弥六郎殿
桜庭兵助殿
奥瀬治大夫殿
楢山七左衛門殿

差出人の位置に八戸藩家老三名の花押・印判（重判）があることから、八戸方が盛岡方に渡した「飛地絵図」の正本（実際には盛岡方が作成した）と見ることができる。

ここで比較対照のため、「飛地絵図」Eについても、書入れを確認しておく。

【史料9】志和郡八戸領図（盛中公　二八・八・五九）表書a

大膳大夫様御領分者御境塚之外、
大膳大夫様御領志和郡、同郡之内、武大夫様御領御境相究塚為築申候、東者滝名川渡之上ゟ犬渕堤迄古道切、南者犬渕堤之上ヨリ弐森野続山ハ嶺続、山王海葛丸滴石山之三辻迄稗貫境、西者三辻ヨリ三石迄嶺続、岩手郡之内滴石山境稲荷山之上迄、北者稲荷之前ヨリ野沢堰口新畔、滝名川端ヨリ大道渡之上迄、御境塚、大ハ盛岡御領ヨリ、小ハ八戸御領ヨリ築廻候、武大夫様御領土館村前山之内に大膳大夫様御領新山権現御隠山有、双方出合吟味仕取遣申御絵図、

大膳大夫様御内
江刺家兵左衛門　重判
同　氏家半助　同
同　四戸金左衛門　同
武太夫様御内
小田嶋庄兵衛　重判
同　戸来惣右衛門　同
同　神太郎左衛門　同

【史料10】志和郡八戸領図（盛中公　二八・八・五九）表書b

大膳大夫様・武大夫様今度御相談被成、御領境目被相立候、依之大膳大夫様御家来四戸金左衛門・氏家半助・江刺家兵左衛門、武太夫様御家来戸来惣右衛門・神太郎左衛門・小田嶋庄兵衛出合、御境塚相立絵図取遣、無出入相済候、為後代如件、

楢山七左衛門　重判
奥瀬治大夫　同
桜庭兵助　同
八戸弥六郎　同

寛文十二壬子年六月十七日

楢山善左衛門殿
秋田忠兵衛殿
中里弥次右衛門殿

文言・内容にほとんど異同がないものの、細かい用字や人名の配列がD図とは異なる。史料7・8と史料9・10とでは差出人と宛名人の関係が全く入れ替わっていて、この点からE図は、D図の写しではない。おそらくは盛岡方が八戸方に渡した正本が別にあり（その場合、差出人は盛岡藩家老楢山七左衛門・奥瀬治大夫・桜庭兵助・八戸弥六郎で、花押・印判を据えたものであろう）、E図はそちらの写しと推測する。この正本と写本の関係は「本領絵図」「飛地絵図」の作成過程に関わる問題なので、次項でさらに考察を加えたい。

D図は全体にシミが目立ち、虫食いもある。そのゆえか、適当な図版を見出すことができなかった。しかし、E図

は比較的保存状態が良く、盛岡市中央公民館『南部盛岡藩の大絵図―甦る江戸時代の風景』（一九九八年）や青森県立郷土館『描かれた青森』（一九九九年）など特別展で展示され、図録に図版も掲載されているので、参照されたい。
平成十一年に青森県立郷土館が購入した「八戸藩領志和境図」は、内容・体裁ともにE図と極めてよく似ていて、差出人・宛名人の配置も同じである（以下I図と記す）。

【史料11】八戸藩領志和境図（青森県立郷土館）表書a

大膳大夫様御領分者御境塚之外、
大膳大夫様御領志和郡、同郡之内、武大夫様御領御境相極塚為築申候、東者瀧名川渡之上ヨリ犬渕堤迄古道切、南者犬渕堤之上ゟ二つ森野続山ハ嶺続、山王海葛丸滴石山之三辻迄稗貫境、西ハ三辻ヨリ三つ石迄嶺続、岩手郡之内雫石山境稲荷山之上迄、北ハ稲荷之前ゟ野沢堰口新畔、瀧名川端ゟ大道渡之上迄、御境塚、大ハ盛岡御領より、小ハ八戸御領ゟ築廻候、武大夫様御領土館村前山之内ニ大膳大夫様御領新山権現之御隠山有、双方出合吟味仕取遣申御絵図、

大膳大夫様御内
江刺家兵左衛門
同　氏家半助
同　四戸金左衛門
武太夫様御内
小田嶋庄兵衛
同　戸来惣右衛門

同　　神太郎左衛門

【史料12】八戸藩領志和境図（青森県立郷土館蔵）表書b

大膳大夫様・武大夫様今度御相談被成、御領境目被相立候、依之大膳大夫様御家来四戸金左衛門・氏家半助・江刺家兵左衛門、武太夫様御家来戸来惣右衛門・神太郎左衛門・小田嶋庄兵衛出合、御境目相立絵図取遣、無出入相済候、為後代如件、

楢山七左衛門
奥瀬治大夫
桜庭兵助
八戸弥六郎

寛文十二壬子年六月十七日

楢山善左衛門殿
秋田忠兵衛殿
中里弥次右衛門殿

料紙の継目に判形があり、御家流の字体で書かれている点から、公的絵図として作成されたものであろう。紙質は薄く、D図・E図と比べて関係者の印判・花押がないので、下図か直近の写しと考えられるが、写しであればE図の表書a（**【史料9】**）のように「重判」と書き入れるであろうから、I図はE図の下図と考えるのがより自然であろう。

なお「飛地絵図」としては、八戸市立図書館蔵のG図が早くから知られてきた。D・E・F・Iと比べて内容に遺漏はないものの、より小型に作られ、書き入れも御家流の書体ではないことから、後世の写しと考えられる。他図と

の比較の上で利用することが望ましい。図版は、岩手県立博物館『絵図に見る岩手』（第三七回特別展図録兼調査研究報告書一〇、一九九四年）、八戸ガス興業刊行委員会編『写真が語る八戸の歴史　近世編』（一九九九年）などに掲載されている。

五　「本領絵図」「飛地絵図」の作成過程

八戸藩には公的絵図を作成した経験がなく、陸奥国の絵図元として正保国絵図を作成した盛岡藩がそのノウハウを活かして藩境絵図を作成し、八戸方に引き渡す方式を採ったと考えられる。

「本領絵図」A～C（H図は実見していないので除く）と「飛地絵図」D～Iを比べると、後者が前者よりも一カ月ほど早い日付を有する点が目を引く。「日記」寛文十二年十月六日条には「御絵図・目録ニ日付無之候ニ付盛岡へ仰被遣、但し品々御案紙ニ有リ」と、八戸方が盛岡方に「本領絵図」と目録の日付をどうするか問い合わせた旨が記されている。対して盛岡方は「御絵図・目録之日付、閏六月廿三日ニ仕候様ニ」と、寛文十二年閏六月二十三日とするべき旨を回答している。これにより、藩境絵図の日付は作成日を示すのではなく、事務処理上の決裁日を書込んだものと考えてよかろう。「飛地絵図」が「本領絵図」よりも早い寛文十二年六月十七日の日付となっているのも、その辺りに理由があろう。

絵図の作成過程に触れた「日記」の記事は『八戸市史』史料編近世1（寛文二年～元禄五年）に集約されていて、その概要と背景を知ることができるが、現在、その部分については原本が確認できない状況にある。そこで、人名を頼りに八戸藩「勤功帳」（八戸藩士の事跡を簡潔に記したもの）で内容を確認し、さらに盛岡藩「雑書」で補ったもの

が末尾の表である。この表からは、
①盛岡藩主南部重信の意向を受けて、境目の画定作業が進められた。
②志和郡の作業が先行したため、「飛地絵図」が「本領絵図」より先に作られた。
③志和郡の境塚は、六月初めに築造が完了した。
④本領周辺の境塚は、七月初めに築造が完了した。
⑤「飛地絵図」は寛文十二年七月下旬までに完成していた。
⑥「本領絵図」は同年九月中旬に完成し、十月初めに江戸から盛岡へ送られた。
⑦「本領絵図」について、盛岡藩と八戸藩の間で加判作業が行われ、八戸方に絵図1部・目録2通が渡された。
⑧八戸藩に渡された「本領絵図」は、御納戸方へ収納された。
などの点が読みとれる。「飛地絵図」が「本領絵図」よりも約二カ月早く完成していたことになるが、「飛地絵図」の作業が先行した理由については、八戸藩分立により従来の入会関係が乱れ紛争が起きたため、藩境決定を急ぐ必要があったことがまず考えられる。しかし、境塚の築造と並行して検地役が任命され、早くも三月には志和御蔵米六千俵の江戸廻米が始まったことから見て、八戸藩の財政上の必要―志和郡での年貢収入に財政の基礎を置かざるを得ない―から作業が急がれたと考えるのが、より妥当な見方であろう。

絵図への加判作業の実際については、「雑書」の次の記事によって知ることができる。

【史料13】「雑書」寛文十二年六月十八日条

一、今度大膳様・武太夫様御領境御改御境塚被仰付候付、志和郡へ此方より四戸金左衛門・江刺家兵左衛門・氏家半助被遣、武太夫様より八戸来惣右衛門・神太郎左衛門・小田島庄兵衛被遣候、双方相済、絵図并田地入込候村々御替被成候村付之高定之書付、互ニ取遣候て、八戸衆罷帰候ニ付、八戸御留守居楢山善左衛門・秋田忠兵衛方へ状并絵図・村替之書付定之書付遣候、状之文言、
一筆令啓上候、大膳様・武太夫様御領境之儀先達て如申達候、御相談之上ニて今度御境目相究境塚被仰付候、先志和郡相済申候て、双方より被遣候見分之衆罷帰、絵図并田地入込之村々御替被成候村付之高定之書付為後代之取遣仕候ニ付、拙者共も奥書仕致判形候、尤絵図ニも判仕、其元より被遣候戸来惣右衛門・神太郎左衛門・小田嶋庄兵衛、右三人ニ相渡指越申候間、御披見候て、此方へも絵図并両通之書付御調、各御判候て御越可被成候、為其如此御座候、恐惶、

七左衛門
治太夫
兵助
弥六郎

六月十八日

楢山善左衛門様
秋田忠兵衛様

右之通被仰遣、当地案紙ニも留置候へ共、為後代之此如、

なお、「飛地絵図」との関連では、志和郡における八戸藩領との地理的関係を意識して作成されたと思われる盛岡藩側の絵図が現存している（年代不詳「日詰通図」盛岡市中央公民館蔵。請求記号二八・八・二七。図版は前出『南部盛岡藩の大絵図―甦る江戸時代の風景』を参照のこと）。八戸藩領の上平沢村・北片寄村・南片寄村・土館村の部分には村名

しかなく、盛岡藩領部分には地勢・田畑・水利等が比較的詳しく書き込まれている。藩境への強い意識がうかがわれる。

六　七崎村・侍浜村の交換と藩境の確定

藩境絵図が完成した後も、両藩の藩境が確定するまでには、なお曲折があった。貞享二年（一六八五）、盛岡方は馬産拡大を理由に、北野牧がある八戸藩領侍浜村（現岩手県久慈市）を盛岡方に組入れたい旨を申し入れ、その結果、八戸方には替地として七崎村（現青森県八戸市）が引き渡されることとなった。八戸藩「勘定所日記」（八戸市立図書館蔵。以下「勘定所日記」と記す）には、盛岡方から勘定頭根城太郎左衛門らが領地受取りのため派遣されてきた旨が記されており（**【史料14】**）、その後六月十五日付で、七崎村二十二石余の百姓小高帳と領地交換の確認書が、五戸代官木村又助を通じて八戸方へ渡された。そこには、寛文十二年に定めた藩境塚のうち、七崎村にある第五十一塚から第五十八塚までの八基を取り崩して新たに塚を築き直すことや、新しく作成する絵図には古い塚を輪（絵図では白丸）で表し、新しい塚は黒星で示すなど、絵図の表記方法が示されている。

【史料14】「勘定所日記」貞享二年六月四日条

一、七崎村田畑之内高弐拾弐石六斗壱升六合之御替地、東ハ先年正法寺通畑中塚より野沢川端切、北ハ先年御極被成候根岸通五拾壱番目之塚所より野沢川端迄新塚数五ツ築御境相極、地方高下委細水帳有之事、
一、先年御極被成候御境塚、五拾壱番目より五拾八番目迄者今度新御境立申付、右古塚数八ツ者崩取新御境塚築申候、此度之新御絵図ニハ崩取申古塚ハ輪ニ仕、新塚ハ黒星ニ書申す事、

この領地交換に関する絵図としては、

Ｉ・Ｊ・Ｋ・Ｌ（四枚）
　七崎村侍浜村と御替地新境絵図　盛中公　請求番号二八・八・一〇七

Ｍ　侍浜村七崎村と御替地御境絵図　盛中公　請求番号二八・八・一〇七・二

Ｎ　侍浜村七崎村と御替地御境絵図　盛中公　請求番号二八・八・一〇七・三

が現存する。このうち、貞享二年六月十五日付の七崎村絵図Ｉ・Ｊは、確認書の記述とほぼ同じ内容に仕立てられているが、同年十一月六日付のＫ・Ｌには「此塚当夏新塚」「先年より之御境塚四拾五番目より五拾番目迄崩取」など、Ｉ・Ｊにはない書込みが見えている。これにより「当夏」（＝六月）に築いた塚をわざわざ取り崩したこと、十一月までにその西側に新しい塚を築き直したことなど、当初の取決めから塚の位置を変更したことがわかる。「勘定所日記」同年十一月十二日条には「清右エ門七崎御替地御用相済、十日夜ニ入罷帰ル、塚帳其外絵図今日披露」とあるだけで、理由はまったく説明されていないが、あるいは境界管理の都合から、境目が直線になるように設定し直したのであろうか。

こうして八戸藩と盛岡藩の領域は確定したが、程なくして国絵図の改訂（元禄国絵図の作成）が始まったこともあり、国絵図における領境の扱いをめぐって、話し合いはなお継続されたようである。「雑書」には、八戸方絵図役である松岡宇右衛門・船越清右衛門と連絡を取り合うべき旨、盛岡方家老が盛岡方絵図役に指示した場面が見えている。

正保国絵図ではまちまちだった畾紙（余白部分）への石高書き入れが必須項目となるなど、元禄国絵図では作成基準が改訂されたこともあり、盛岡藩にとって、正保国絵図の作成以後に成立した八戸藩領をどう扱うかは、やはり注意を要する点であった。藩境絵図の存在により、仙台・秋田・弘前藩との藩境の摺り合わせに用いたような際絵図を作成する手間こそ省けたものの、八戸藩領分の土地・財政情報を整理し、関係書類を調製し直す必要が生じたからである。「日記」は同年六月、盛岡方が幕府から正保国絵図を借り出して写しを作った際、元禄国絵図は早く仕立てるように幕府から言われたので、盛岡方は八戸方に対し、前回同様に一村ごとの村高・田高・畠高を書き出し、さらに本高二万石のほかの出石は別に書き出して盛岡へよこすようにと指示してきた、と記している（【史料15】）。この後、八戸方絵図役の松岡・船越両人が盛岡へ行き、盛岡方絵図役の臼井仁右衛門らに面会して、計四冊の郷村帳（御本高帳・改出高帳・田畠仕分御本高帳・改出田畠仕分本高帳）を提出した。

【史料15】「日記」同年七月二十五日条

一、盛岡より去月廿三日付ニ而飛脚参候、御領内御絵図御用ニ昆喜右衛門為登被成候而、正保年中御上ケ被成候御絵図御拝借、於江戸為御写、右之写喜右衛門持参被申御絵図早々御仕立候様ニと申参由ニて、此方御領内も前々御上ケ被成候御絵図之通ニ何郡之内何ケ村高何程・弐万石之御本高郷村帳一村切ニ高何程、内田形何程畠形何程と書分ケ、尤本高弐万石之外改出之高も別而書出越申様ニと申来候付而、則松岡宇右衛門・舟越清右衛門ニ被仰付盛岡へ罷越候而、御絵図御役人指図申様ニと被仰付之、

「日記」にはさらに、盛岡方から「御本高御帳ハ御本高斗書付、改出高帳ハ改出高斗書付、日損・水損・木立・柴立等之書付ハ不及印」と郷村帳の書き直し要請があったと記されていて、これは幕府の指示を受けてのことだったらしい。ほかに、八戸藩領の知行村付（郡名・村名のみで石高を記さないもの）がじかに幕府へ提出されていて、こちらは十一月七日付で老中井上大和守を通じて盛岡方に渡されたことが、「雑書」に記されている。

元禄国絵図では藩境よりも国境・郡境が重視されたため、けっきょく八戸藩領の境目は描かないこととなった。正保国絵図との相違箇所を書き出すように定められた変地帳にも八戸藩領に該当する項目は設けられず、わずかに道程

帳に、[8]

同国三戸郡八戸、南部右近居所より同境迄四拾里弐拾七町余、右道程之儀、今度御絵図之面相違無御座候、此外他国・他領より之往還の筋、万石以上之居所無御座候、

と、八戸藩領についての記事が追加されたのみである。しかし、水面下では、両藩と幕府の間でこのように頻繁なやりとりが行われており、公的絵図の作成に関わることが、八戸藩にとって、行政上の事務処理能力を培う機会となったことは疑いないところであろう。

七　藩境絵図の利用

盛岡藩の地方行政について記録した『郷村古実見聞記』には、貞享四年（一六八七）二月に起こった岩手郡川口村と藪川村の境論で、藩境絵図が争論解決に利用された事例が見えている。[9]盛岡藩は八戸藩の分離独立により表高で二万石の減となったが、寛文六年（一六六六）から領内総検地を行い、終了した天和三年（一六八三）には元の一〇万石格に復した。しかし、新たな領地が与えられたわけではなく、検地の出目を見込んだ加増であったから、村々は大きな負担を強いられることになった。同書に見える「高不同に相成、混雑仕候故、御検地久敷絶候場所は、不当ものに御座候」という表現は、生産性の低い田畑を抱えた村々の困窮と、これを放棄させまいとする藩側の意図を反映している。年ごとに村高が変わってしまうような不安定な土地状況の下では、作成された検地水帳も百姓小高帳も、村々の書上絵図も、争論の資料としては使いものにならなかったのであろう。

けっきょく、境目は藩境絵図の線引きに従うこと、今後一切訴訟を受け付けないことなど、藩の裁決による決着で

ある点が謳われて、争論は収束する。その際「都而論所御裁許之御例は公儀には時々有之候由に御座候」「右御振合を以御片付被成候儀と奉存候」「先年勢州鈴鹿郡津領と亀山領と双論之節御裁許御令條之内にて見当候間爰記事左之通」と、幕府による裁許の前例が引かれているのが、いっそう興味深い。藩境絵図を利用する側が、絶対性・公平性を確保し得る高度な行政資料と見ていることは明らかであろう[10]。

むすびにかえて

藩境をめぐる諸問題は、徳川幕府が行った国絵図徴収事業と密接な関係を持っている。幕府は版図掌握と権威発揚を目的に、五次にわたって国絵図の作成を命じたが、このうち、正保国絵図と元禄国絵図においては、様式の統一と日本総図の編集が念頭に置かれたため、作成過程は著しく複雑化した。とくに元禄国絵図では領境を明らかにすることが強く求

【表】寛文12年(1672)の藩境絵図関連記事

月	日	記　　事	出典
1	22	・盛岡藩主南部重信、両藩の境を決めるよう指示 ・志和郡の飛地関係は、四戸金右衛門・氏家半助・江刺家兵右衛門が担当となる ・本領周辺関係は、下田覚左衛門・三上太兵衛・七戸長右衛門が担当となる ・八戸方も担当を決めて派遣するよう、重信から要請あり	日記
1	23	・八戸藩、神太郎左衛門・戸来惣右衛門・小田嶋庄兵衛を志和郡関係の担当とする	日記
1	25	・八戸藩、池田仁左衛門を本領周辺関係の担当とする	日記
1	27	・八戸藩、境塚築造のため各担当を藩境周辺に派遣 ・雪のため作業延引となる （八戸藩の本領周辺関係担当に玉井与兵衛・佐藤五郎左衛門の名あり）	日記
2	3	・盛岡藩家老、各担当者を盛岡へ呼び寄せる ・志和御領絵図（「飛地絵図」の下図か）を閲覧	日記
2	6	・南部重信、境塚築造の件について八戸方の担当者を盛岡に招き、直言あり ・神太郎左衛門・戸来惣右衛門・小田嶋庄兵衛（志和郡関係担当） ・池田仁左衛門・玉井与兵衛・佐藤五郎左衛門（本領周辺関係担当）	日記
2	9	・盛岡藩から境塚築造の申し入れにより、2月8日に八戸藩関係者が盛岡に来着 ・神太郎左衛門・戸来惣右衛門・小田嶋庄兵衛（志和郡関係担当） ・池田仁左衛門・玉井与兵衛・佐藤五郎右衛門（本領周辺関係担当）	雑書
2	10	・八戸藩、荒木田半兵衛を志和郡境塚築造の担当とする	日記
2	17	・八戸方の担当者、盛岡より帰る	日記
2	18	・八戸方の担当者、盛岡での状況報告	日記
2	19	・志和境築造につき、南部重信より四戸金左衛門・氏家半助・江刺家兵左衛門へ直々に申し渡す ・ほかに長嶺藤左衛門・欠端喜兵衛・谷地六右衛門を検地役に任命し、絵書1人を添える	雑書
2	20	・本領周辺の境塚築造のため、下田覚左衛門・三上多兵衛・七戸長右衛門を派遣 ・ほかに上田十兵衛・川守田甚右衛門を検地役に任命し、派遣	雑書

月	日	記　　事	出典
2	23	・鈴木四郎右衛門、境目検地の帳付役を任じられる	日記
3	12	・本領周辺関係の打合わせのため、池田仁左衛門・玉井与兵衛・佐藤五郎左衛門ら盛岡出張を具申	日記
3	18	・池田仁左衛門・玉井与兵衛・佐藤五郎左衛門らは明日19日に盛岡へ出発 ・往来のため福岡・沼宮内で御伝馬3頭の借用を盛岡方へ願い出る	日記
3	25	・志和郡八戸藩領より御蔵米6000俵を石巻へ川下げ、樋口庄左衛門の請負で江戸へ積み出す	雑書
4	18	・志和境塚築造御用の四戸金左衛門・江刺家兵左衛門・氏家半助らに、再度境塚築造を命じる（先度は境を見分しただけで帰着したため）	雑書
6	2	・四戸金左衛門・江刺家兵左衛門・氏家半助ら、志和境塚築造を済ませ6月1日に帰着 ・同所新田見分御用の伊藤弾右衛門、6月1日に帰着	雑書
6	15	・6月14日、志和郡下平沢村で知行新田、江刺家兵左衛門・氏家半助・四戸金左衛門ら見分	雑書
6	18	・境目の確認が済み、絵図と村付之高定候書付を取り交わす ・八戸藩の見分衆帰参につき、楢山善左衛門・秋田忠兵衛らへの書状を託す 「一筆令啓上候、大膳様・武太夫様御領境之儀、先達て如申達候、御相談之上ニて今度御境目相究境塚被仰付候、先志和郡相済申候て、双方より被遣候見分之衆罷帰、絵図并田地入込之村々御替被成候村付之高定之書付為後代之取遣仕候ニ付、拙者共も奥書仕致判形候、尤絵図ニも判仕、其元より被遣候戸来惣右衛門・神太郎左衛門・小田嶋庄兵衛、右三人ニ相渡指越申候間、御披見候て、此方へも絵図并両通之書付御調、各御判候て御越可被成候、為其如此御座候、恐惶、六月十八日、七左衛門・治太夫・兵助・弥六郎、楢山善左衛門様・秋田忠兵衛様、」	雑書
閏6	8	・境目の件につき盛岡へ書状送付	日記
閏6	9	・境目御用のため、松原清右衛門・坂本十兵衛を盛岡へよこすよう、見分衆（志和担当か本領担当かは不明）より依頼あり	日記
閏6	13	・盛岡駐在の見分衆3名より八戸藩勘定所へ書状 ・盛岡藩では替地分の小高帳作成と諸役賦課の手続きが完了 ・八戸方もこれにならうべき旨を伝達	日記
閏6	18	・八戸藩領の村々と境目の出入りがあり、替地の面々を列挙する ・八戸藩領に編入された村々に知行地を持つ衆へ、替地のこと	雑書
閏6	27	・境目の村替のため知行小高帳を作成し、加判の上、勘定所から関係者へ配付	日記
7	2	・本領周辺の見分役池田仁左衛門・玉井与兵衛・佐藤五郎右衛門、盛岡より帰着 ・盛岡で御境目絵図（「本領絵図」の下図か）と永代手形を作成したが、加判は省略し、江戸で相談の上決めるよう指示あり、と伝える ・「坂牛御境目について江戸へ早飛脚2人派遣」と見分衆の案紙にあり	日記
7	18	・志和郡御境絵図（「飛地絵図」D図か）と御定目録2通に八戸方家老・見分衆加判 ・歩行衆長谷川有右衛門に命じ、書状とともに盛岡へ送る	日記
7	23	・絵図取り違いにつき、盛岡藩より返却	日記
7	24	・新山十之丞に命じ、盛岡へ絵図を送る	日記
10	4	・江戸から御境御絵図（「本領絵図」）到着、「まん」という女が八戸藩家老中里弥次右衛門方へ持参 ・江戸は9月14日に発足、途中盛岡に寄ったため遅延という	日記
10	5	・御絵図と目録に、八戸藩家老の楢山善右衛門・秋田忠兵衛が加判 ・本領関係担当の玉井与兵衛・佐藤五郎右衛門も加判 ・本領関係担当の池田仁左衛門は不在につき、この日は加判せず	日記
10	6	・池田仁左衛門、加判 ・絵図と目録に日付なし、盛岡方へ問い合わせ（詳細は案紙にあり）	日記
10	10	・盛岡方より、日付は閏6月23日とすべき旨の回答あり	日記
10	11	・御境絵図1通・目録2通を、歩行衆佐々木安右衛門らに持たせて盛岡へ送る	日記
10	18	・盛岡方の歩行衆、奥郡御絵図・諸事御定之目録・塚帳の計3帳を持参	日記
10	19	・奥郡御絵図と目録2通に、本領関係の見分衆が加判 ・絵図を持参した盛岡方の歩行衆へ、書状を持たせる	日記
11	5	・御境目御絵図を箱に入れ、御納戸へ収納する	日記

「八戸藩日記」（『八戸市史』史料編近世1）／「勤功帳」（御初・二代）／盛岡藩「雑書」より

められたので、諸藩は境争論の対応に追われるようになり、最終的には幕府の裁定を仰ぐ事態に立ち至った。(11)多くの幕府裁許絵図が発行されたのは、まさにこの時期である。(12)しかし、争論が話し合い（内済）で決着した場合には、当然ながら裁許絵図は発行されないことになる。その意味でも八戸藩・盛岡藩境絵図は、裁許絵図と同等の公文書性を期待されていたと考えられる。

注

（1）同書所載の寛文五年二月二十七日付高目録の中に「従公儀分被下候郡村高之書付相渡申事」「指引難成入込候所ハ此末相談之上ニ而、年寄共次第・高次第取替仕、境之覚能候様可仕候事」と幕府から郡村割についての文書が出ていたこと、郡村割がスムースに進まない場合は相談により高の出入りを調整するように指示されていたことなどの記事が見え、幕府の意向に基づいて一連の作業が進められた点が強調されている。なお、八戸藩分立の経緯については『青森県史　資料編　近世4　南部1　盛岡藩領』（青森県、二〇〇三年）第一章を参照されたい。

（2）鹿角郡争論については、延宝五年四月に幕府検使が米代川南方に立ち入り、六月に幕府から裁許絵図が双方に下された。このうち秋田側の裁許絵図については、『秋田県公文書館研究紀要』四で加藤昌宏氏が「秋田藩における境争論関連史料について」で紹介している。なお、鹿角郡争論の詳細については、本田伸「北奥羽における藩領域の形成—南部領鹿角通の境争論と事例分析」（沼田哲編『「東北」の成立と展開』所収、岩田書院、二〇〇二年）を参照のこと。

（3）この覚書は、摂待家が八戸藩の書役・小納戸役を務めた関係で残された写しと思われる。『八戸藩史料』所載の「寛文十二年閏六月付奥通領境塚築立申合書」と、内容的にはほとんど同じなので翻刻文は省略するが、表記と文言について若干の補足をしておくと、山の稜線を境に見立てる際、山中に塚を築く場合が「嶺続」、険阻な箇所で塚を築かない場合が「嶺切」である。境塚は山を挟む大小の黒点で表現されているが、「嶺切」の箇所には「此所人馬通路無之処塚不築申、嶺切相定候」などと、塚を作らない理由が記入されている。「道切」は、道そのものを境界線として利用すること、「竪川真中切」は、川の真中を縦に通る境界線を想定することである。

（4）「黒森」の境塚は、八戸市大字河原木字青森谷地の三菱製紙工場敷地内にある。詳細は三浦忠司氏「八戸藩の藩境『黒森』について」（『八戸地域史』七、一九八五年）を参照のこと。

（5）元禄六年六月の藩境協定書（『内史略』前四）には、同郡花輪を流れる米代川の扱いについて延宝五年（一六七七）に川境の絵図を取りかわしたこと、その後度々の洪水で川筋が変わったので川中に十本の棒杭を立てたこと、などの旨が記されている。青森県史編さん近世部会が平成九年三月と六月の二度にわたり盛岡市中央公民館で絵図調査を行った際、杭の周囲に囲いと石積みをめぐらした様子を描いた絵図を撮影収集しており、厳重な保守管理が行われていたことがわかる。これらについては岩手県立博物館編『絵図に見る岩手』（一九九四年、第三十八回企画展図録）を参照されたい。

（6）仙台藩は寛永八年、中村藩との間でも境塚を築造した。その経緯は阿部俊夫氏「元禄国絵図と仙台・中村両藩の『領境』―際絵図作成をめぐる藩と村―」（福島県歴史資料館研究紀要十九、一九九七年）で詳細に検討されている。

（7）岩手県教育委員会『南部伊達両藩境塚―北上川以西』（文化財調査報告第十七集、一九六七年）。

（8）元禄十五年「陸奥国南部領往還筋并城下居所より領境迄道程之覚」（盛岡市中央公民館蔵、請求番号二八・五・五六）。

（9）「地境争論之事」及び「上田通・薮川・沼宮内通狩宿之者共境論御究之事」の項（南部叢書第四冊、一六〜二一頁）。

（10）こうした公的絵図の保管状況についての詳細は分かっていないが、「雑書」延宝五年七月二日条に、次のような記事を見出した。

一、鹿角論山従御公儀御究、延宝五年六月四日論山絵図ニ角左衛門殿・喜右衛門殿・五兵衛殿・内蔵允殿・若狭殿・出雲殿・摂津殿・山城殿・但馬殿・大和殿・美濃殿御裏書被遊御渡候を、同月廿二日ニ出石源兵衛・臼井仁右衛門、従江戸持下写、御本紙ハ治太夫印判ニて、赤前四郎右衛門を以御納戸今淵半丞・下川原勘右衛門・平賀弥右衛門・佐久間

宇内ニ渡、淡路丸御蔵へ入置、

鹿角通の鉱山・森林に関する秋田藩との境争論についてこの年幕府の裁定があり、裁許絵図が下された。その写しを江戸で作成し、その後正本を藩庫（淡路丸御蔵は盛岡城内にある）へ収納したというのである。評定所で裏書された裁許絵図が、盛岡藩の担当奉行に渡され、国元に送られて収納されるまで、関係者の動きを直截に知ることができる記事である。これに先立つ「本領絵図」「飛地絵図」の作成過程や管理態勢が想起されるようで興味深い。

(11) 川村博忠氏は『江戸幕府撰国絵図の研究』（古今書院、一九八四年）で米沢領と相馬領間の争論を取り上げ、幕府による国絵図徴収事業が行われ、国境筋の測量が進んだために争論が起きたという認識を米沢藩は持っていた、と指摘している。

(12) 山本英二氏は「論所裁許の数量的考察」（徳川林政史研究所研究紀要二七、一九九二年）において、幕府裁許絵図はこの時期に最も多く作られたとしている。

盛岡藩の藩牧と民衆負担

中野渡　一耕

はじめに

盛岡藩は近世期には全国有数の馬産地として知られており、古くは一九三〇年に刊行された『日本馬政史』（帝国競馬協会編）にも多くの記事が載せられているが、馬産そのものの体系的な研究は少なく、さらに民衆生活との関わりを掘り下げた研究も少ない。風土に根ざした地域形成という観点で南部地域を見たとき、特色的な産業である馬産が及ぼした影響を分析するのは不可欠である。特に現在の青森県には盛岡藩最大の牧であった木崎野（現三沢市・下田町周辺）はじめ、七つの藩牧が置かれており、藩牧が地域の馬産をリードする場として果たした役割は見過ごすことができない。

藩牧の規模は木崎野がもっとも広く、長九里余横二里余（約三六キロ×八キロ）にわたった。最小は相内野で、長一里横五・六町（約四キロ×六〇〇メートル）であった。馬の数も、明和六年（一七六九）には、木崎野が牡牝合わせて三二五疋であったのに対し、相内野は三五疋に過ぎない。(1)これだけ格差があると、藩牧の経営も一様でなく、規模の大きい藩牧では藩牧の管理人である野守は配下に名子百姓を持ち、牧場の見回り等様々な業務に従事させていた。

その典型が木崎野である。一方、小規模な牧では周辺農民が直接動員されていた。もちろん、木崎野も多くの藩牧周辺の農民が労役を勤めていた。このように、藩牧はそれを支える農民の存在を前提として維持されていたのである。

藩牧と周辺農村との関わりを明らかにする研究は『三沢市史』上巻（三沢市教育委員会　一九六四年）、『六戸町史』上巻（六戸町　一九九四年）など藩牧周辺の自治体史である程度紹介されているに過ぎず、藩政における藩牧の役割も十分に解明されているとは言い難い。地元では、旧野守家の文書として木崎野野守であった小比類巻家文書が以前から知られていたが、近年の六ヶ所村史、南部町史、青森県史などの青森県内の自治体史編纂の過程で木崎野以外の野守家の文書もいくつか知られるようになってきた。小稿では前半では、従来あまり注目されてこなかった大間《おおま》・奥《おこ》戸《つ》野《べ》に関する史料から、近世中期の藩牧が周辺農村に与えた負担の実態について見ていき、次に木崎野を代表とする名子を使役した藩牧経営の実態について見ていきたい。

一　大間・奥戸野における負担の実例

(1)　大間・奥戸野の概要

古来から名馬の産地として知られる盛岡藩であるが、幕藩体制の確立と共に藩牧の整備も進み、八戸藩分立（寛文四・一六六四年）後、いわゆる南部九牧（大間野・奥戸野・有戸野・木崎野・又重野・相内野・住谷野・三崎野・北野）の体制が確立した。三崎野・北野以外は総て現在の青森県に含まれる。住谷野は南部氏の本拠であった三戸に近く、中世から牧が存在したが、他の牧は多くが寛永から正保期に整備されている。

現在の下北郡大間町にあったのが大間・奥戸野であり、藩牧としては最北端にあたる。前者は現在の大字大間、後者は大字奥戸にあったが、両牧は近接していたことから、藩では一括して扱うことが多かった。奥戸野は寛永十六年（一六三九）、大間野は正保三年（一六四六）の創設という。[2] 近世中期（宝暦八年）における馬の数は、大間野は九四疋、奥戸野は一〇八疋で、[3] 両方合わせれば、藩最大の牧である木崎野に匹敵する。牧の規模は大間野が長一里半横二〇町余（約六キロ×約二キロ）で、奥戸野もほぼ同規模だった。大間野の跡は現在でも町営の牧場として利用されている。

藩牧は御用人所支配であり、盛岡に領内の牛馬に関する業務を主管する牛馬所があったが、特に三戸には藩牧管理の現地事務所といえる「野馬役所」が置かれ、三戸代官所付きの藩士が「野馬別当」として藩牧を支配していた。各藩牧の実際の管理にあたったのが野守である。野守は在地の有力者で百姓身分であるが、藩牧経営のため藩から扶持米の支給や免地の授与がされ、世襲的に野守を勤めた。のちに苗字帯刀を許可された例もある。

大間・奥戸野の場合、寛文十二年（一六七二）に初めて配置され、それぞれ宛行高二人扶持を給されている。のち享保五年に一名ずつ増員され、二名体制となった。[4] しかしながら野守の宛行高は低く、宝暦五年（一七五五）の段階でも二人扶持に過ぎない。[5] したがって野馬の管理は多くを地元の大間・奥戸両村の百姓が負っていた。ちなみに各野守の扶持米は最古の牧である住谷野野守がもっとも高く十八石。最低が大間、奥戸野守であった。

(2) 大間村の願書にみる農民負担

藩牧が存在したとは言え両村とも大村とは言い難く、寛政九年（一七九七）の盛岡藩の地誌である「邦内郷村志」（盛岡市中央公民館蔵）によると前者は戸数七二軒・人口三三三人・村高五八石余、後者は戸数八三軒・人口五二八人・村高八六石余に過ぎない。寒冷地にあることから農業よりも漁業や交易などが産業の主体の村であった。このような両村に通例の諸役のほか、「野馬御用」の諸役がかけられていたのである。この負担が過重であるとして、大間村の肝入・老名及び惣百姓が寛保三年（一七四三）に軽減を求める願書を藩に提出している。[6]

乍恐以書付奉願候

大間・奥戸両御村御野馬御用相勤候ニ付困窮仕、御郡役等相勤兼、四カ年以前委細願書并御野馬御用品目録相認奉願上候所ニ、御内意御評定ニ而、七ヶ年御救金之内ヲ以御役立御金銭御積り方之通被下置、申ノ年より戌年迄諸御役共ニ無滞上納仕来、難有奉存候、当亥年より右被下方御金銭半減ニ被仰渡、いさゐ奉承知候、先達而御積り方之通被下置候而も、乍恐御百性共相続仕兼候間、追而奉願上度奉存候所、猶又半減ニ被下置候而ハ、ひしと相勤り兼迷惑至極ニ奉存候、依之乍恐左之通奉願上候、

一、御救金より被下置候御役立御金銭、当年より一切頂戴仕間敷候間、脇御村並之御割合ニ而被下置度奉存候事

一、先達而差上候願書之表、両様之内何れ成共御容赦被成下度奉存候事、

一、大間・奥戸両御村御野馬御用同様ニ相勤来候所、当御村ハ家数人員石高共ニ過半不足之小御村ニ而、別而難儀仕相勤兼候段、御憐愍被成下度奉存候事

右奉申上候通困窮之小村、御郡役 役（ママ） 之外御野馬御用繁相勤候故、年々相疲《ツカレ》最早諸御用相弁兼迷惑千万ニ奉存候間、以御慈悲願之通被仰付被下置候ハ、難有奉存候、以上

寛保三年亥三月　　大間村惣百性共

年寄

肝入

山本藤兵衛様
沢田源右衛門様
（後略）

同村は、主産業であった漁業の不漁もあり、四年前の元文五年（一七四〇）から野馬御用のため「御救金」の給付を受けていた。これが同年から半減されることとなったので、野馬御用の過重さを訴え、従来どおりの支給を求めたものである。救金の額は年間二〇〇両であった。では、具体的な野馬御用に係る負担はどのようなものだったのだろうか。大間村肝入の書上によると(7)

御野馬御用相勤候一ヶ年中御人足覚

一、御野馬毎日御野守中見廻申所、沢目又ハ隣郷迄ちりちりニ相成候節ハ、御人足相出シ能場所江追集置候事
一、大雪之砌谷間江入、雪に埋レ置候御馬御座候へハ、御村人数不残罷出雪ヲ掘分ケ平江追出シ相改申候、其内すくミ候御馬ハ村江預り置飼立、野放シ仕候事
一、病馬等有之候得ハ暫時御人足出シ、御野取仕飼立置、本復之節御野放仕候事
一、死馬御座候得ハ早速御披露申上、御見分人御出御改相済不申内ハ、昼弐人・夜四人宛番人付置申候事
一、御野御野守中見廻相改内、壱疋ニ而も見得不申候得ハ御人足相出、何日も見当不申内ハ相尋申候事
一、御村ニ而預飼立候御馬御座候節ハ、御馬一疋ニ昼弐人・夜三人宛卯時付居候事
一、元文元年辰ノ年より両御野出生駒当才、御野置付ニ被仰付、別而御大切之御馬ニ御座候ゆへ、一ヶ月三度宛御村人数不残相出、惣御馬追込垣江追集メ、毛性等まて相改申候、若壱疋も不足仕候節ハ、村中相出見当り不申内ハ、下風呂辺より佐井方まて野山不残所何日も相尋申候、尤御馬荒ク人数ハ不足ニ御座候ゆえ、依時ニ追込江入兼候節ハ、是又何人も相出候事

一、御野垣春夏秋一ヶ年ニ三度宛、両御村より御人足不残罷出繕申候、尤繕之内所々垣破レ御座候得ハ、五七日隔〆、御人足五人・三人宛相出精申候事

一、秋御野取御用之砌、他村江御人足御割合被仰付候節、両村ハ村中人数有次第相出候様ニ被仰付、御人足并御役人様御逗留中御宿遣番等村中男女老少共ニ不残相出候事

右之通相勤候惣御人足、一ヶ村ニ而壱ヶ年四千四・五百人、年ニより五千人余も相出申候（下略）

とある。大間村肝入は野馬御用に動員される人員を年間延べ四五〇〇～五〇〇〇人と見積もっている。単純に言って一日一五人～二〇人が動員される計算であり、人口三〇〇人強の同村にとってはかなりの負担といえる。牧と言っても広大な土地に粗放的に馬を放牧しているだけなので、管理には多くの人員を要したのである。

この書上による農民の具体的な藩牧にかかる業務をまとめると、以下のとおりである。

（一）沢目や隣郷へ逃げた馬の探索と、連れ戻し
（二）大雪の際埋もれた馬の掘り出し、凍傷にかかった馬の回復までの飼育
（三）病気になった馬の回復までの飼育
（四）死馬の確認・報告。検査役人が来るまでの番人設置（昼二名、夜四名）
（五）野守の見回りの際、不足になった馬の探索
（六）放牧している当才馬（その年生まれた子馬）の定期的な確認
（七）野垣の年間三回（春夏秋）の修繕
（八）秋の野取（馬の捕獲）

（一）と（五）の馬の見回りは本来野守の業務であるが、行方不明になった馬の探索は百姓に任せられ、馬が見つ

かるまで何日も要することがあった。特に（六）にみる当才馬は、一ヶ月に三度づつ毛並等を検査するために集めなければならず、村人総出の作業であった。もし一疋でも不足の場合は下風呂（現下北郡風間浦村）から佐井（同郡佐井村）まで野山を残らず何日も探索しなければならないという。この行方不明の馬の探索はどの牧でも共通のことであり、例えば木崎野でも文政六年（一八二三）に馬六疋が行方不明になり、近郷の百姓も残らず動員して「五戸より田名部迄御せんぎ」したが、結局見つからなかったという。[8]同時期の三戸野馬別当の記録である「御野馬別当御用留」を見ても、相内野・北野・三崎野では八戸藩との境界に近いため藩領域を越えて逃げることも度々で、八戸役人との交渉の記事も多く載せられている。[9]（二）の馬の掘り出しも村人総出の作業であった。

特に人員を要したのが、（八）にある秋の野取で、他村への割付はあるものの、特に牧が存在する両村の場合、「両村ハ村中人数有次第相出候様に被仰付」ていた。そのうえ他村からの人足や、出張する藩の役人の宿の提供もしなければならず、「村中男女少老」が残らず動員されると述べる。野取は農民の負担としては他の藩牧でも中心を占めるものであり、冬期間の飼育（舎飼）のためすべての馬が捕獲される場合もあった。甚だしかったのは木崎野で、牧が広大であるため、野取に数十日～二ヶ月も要した。さらに牧周辺に人家が少なかったため、舎飼もはるか福岡通（現岩手県）の諸村にまで及んでおり、[10]遠隔の村には大きな負担になっていた。この舎飼は木崎野では宝暦七年（一七五七）に廃止になり、通年放牧に変わるが、大間・奥戸野ではそれより早く、願書にも「元文元年辰ノ年より両御野出生駒当才、御野置付ニ被仰付」とあるように、元文元年（一七三六）に廃止になっている。大間・奥戸野では比較的冬期間の積雪が少ないためと思われる。一方、有戸・又重・住谷・相内（いずれも現青森県内）の四牧ではその後も舎飼が続けられた。[11]冬期間の飼料は藩から支給されたが、凶作の際は滞ることも多く、困窮した有戸野周辺の百姓が適正な稗の支給を求めた天明三年（一七八三）の文書なども残っている。[12]

舎飼が廃止になったあとも、馬を確認し、母馬や二才牡馬、病馬などを捕らえるための野取はその後も行われた。通例、秋（八〜九月）に行われている。藩最大の牧であった木崎野の場合、文化年間でのべ四二五名にわたった。[13]大間野の場合は、周辺の下風呂・異国間・蛇浦（以上、現風間浦村）・佐井（現佐井村）の四か村へも人足が割付られており、明和八年（一七七一）八月の例でいうと、[14]野取の期間は二日間、三戸から野馬別当が出張し、要する人足は述べ一一〇名（下風呂一三名・異国間一五名・蛇浦一九名・佐井五八名　いずれも小頭含む）となっている。

また、舎飼が廃止された後も（二）（三）のように、病馬等は百姓家で世話することになっており、預かり先の百姓にとっては迷惑な存在であった。願書では馬一疋につき、昼は二名、夜は三名が常時付いていなければならないと述べる。

他に多くの人員を要したものとして、（七）にある野垣の修繕が挙げられる。これも村人総出の作業であり、野から逃げ出した馬が畑作物を食い荒らす等の被害もあるので、農民にとっても必要な作業であった。願書では、通年放牧のため馬が草を踏み荒らし、村で飼っている牛馬（里牛馬）の飼料にも差し支えると述べるが、このような藩牧の馬に関する食害は木崎野などでも報告されている。明治元年には幕末期の混乱における管理の低下からか、木崎野の馬が新田開発地である三本木（現十和田市）周辺の麦を食い荒らす被害が出ており、三本木町検断らが野馬別当に訴えている。[15]

一方、野馬御用にかかる金銭的負担の部分は引用は省略したが、具体的金額は示されていない。主な項目として、死馬の検分や野取に立ち会う役人の接待費、凍傷や病気になった馬のための飼料（大豆・秣・油・薪など）や、野垣修繕の資材（折杭・貫キ・間杭・「つらもの」）が挙げられている。資材は高に応じて負担させているが、年々老朽化が進み、量もかさんでくると述べる。

さらに、野垣には木戸番人三名を三月から十月までの半年間置いていたが、彼らの給与（賃銭一ヶ月一人八五〇文、飯料一人稗三斗）も村の負担であった。このほか、野馬御用のための肝入の役料（一カ年三両）、年二〜三回の田名部（現むつ市　代官所所在地）への出張費（遣銭一〜二貫文）などの人件費もあった。他に細かいところでは馬の帳簿や手形にかかる紙代・墨代なども挙げられている。野守の宛行高は藩より支払われるが、これらは藩の負担でなく、諸役の一環として村に賦課されていたのである。

さらに願書では「御野馬御用繁ク相勤候ゆへ田畑仕付もおそく」なり、いかに野馬御用のために労働力が奪われ、農作業や漁などに差し支えるかが強調されている。農繁期も動員されるため、「小勢の者」は仕付も出来かね、漁に出ても人足が足りない際は呼び戻されるので、漁が遅れることもしばしばであると述べる。以上のように、藩牧の経営には労働力・金銭的にも多大な農民の負担が必要とされていたのである。

(3)　大間村の主張

この負担に対し、大間村肝入らは願書に見るとおり、野馬御用に専念するかわり他の諸役を一切免除するか、そうでなければ野馬御用は田名部惣郷にすべて割り付けて、諸役を他村並にして欲しいと訴えている。願書の案文[16]を見ると、大間村の負担を軽減するための方法として、

①病馬・死馬等の村預を止め、野守だけが飼育すること。万一のことがあれば「御村中相潰」れる。馬の見廻りだけでも多くの人足や諸道具を供出しているので、馬の飼育は百姓の手から離させて欲しい。

②野守だけで手に負えない場合は、死馬改めや野取などについて野馬御用懸の役人が直接管理して欲しい。もし人足等が必要な場合は家数石高に応じて出す。

③野垣の修繕資材や、木戸番人の賃金も田名部惣郷に割り付けて欲しい。それが無理なら藩牧の馬を冬期間だけ、野取をする四か村に預けて欲しい。牧から逃げた馬が冬に草を食い荒らすことも無くなり草の成長も良くなる。という条件を付けている。願書では出張してくる役人の賄費や伝馬代は従来通り負担すると述べるが、野馬御用と諸役の二重負担がいかに百姓の生活を圧迫していたかが分かる。

願書の内容がどれだけ聞き届けられたかは不明であるが、最後の野垣修繕費負担の件は、宝暦二年（一七五二）に野垣の大修繕をした際には田名部惣郷への割付になっている。[17]修繕に係る人足は延べ一七九九人、牛馬は四三〇疋、修繕費の合計は三二一貫七四文に及ぶと両村肝入は見積もっている。ただし、田名部惣郷の中心を占める田名部検断（町役人）の要請により、他村が人足を負担すると、慣れない土地でかえって手間がかかり、修繕日数も延びて「惣郷御百姓迷惑」になるとして、日用銭（一人一日一五〇文）のみ惣郷に負担させ、実際の修繕は両村に行わせる形となった。これには田名部代官の内意を得ていた。そのため両村では日用銭の半分を前借りし、松前への出稼ぎ者を留め置いたりして、人足を確保しなければならなかった。下北半島の松前稼ぎが本格化するのは天明飢饉の後と言われるが、すでに江戸中期から蝦夷地への人口流出が見られるのである。これでは労働力の負担を軽減して欲しいという両村の訴えが、どの程度受け入れられたか不明というしかない。ただし、三戸の野馬別当は宝暦八年の段階で、「御野御用向勤方宜」として大間・奥戸両村肝入らに馬を下付する一方、一村へ三貫文づつ下付し、労苦への慰撫に努めている。[18]限られた人数の野守や藩の役人だけでは藩牧の管理は実際不可能だっただろうが、ここに見るように藩牧周辺の百姓の負担に多くを依存しており、彼らの犠牲を前提に成り立つものであった。

なお、これら一連の願に野守は直接関わっておらず、肝入から直接藩の代官所に提出されている。「御野馬別当御用留」を見ても、大間・奥戸野の場合、野守の相続の願、野取の延期願なども野守と両村肝入の連名で出されており、[19]

両牧の野守の立場を推し量ることができる。後述する木崎野では、周辺農村からの食害の被害の訴えもまず野守に出されており[20]、藩牧管理人として周辺百姓から一線を画する存在だったのに対し、大間・奥戸野の場合はあくまで村の一員という性格が窺えよう。

二　木崎野名子とその労務

(1)　木崎野の概要

次に名子を使役していた代表的な藩牧として木崎野を見ていきたい。木崎野の場合、大間・奥戸野に比較しても藩牧周辺の人口は希薄であった。先に引用した寛政九年（一七九七）の「邦内郷村志」によると、牧が存在する三沢村は百石村（現百石町）の枝村の扱いであり、独立村と見なされていない。現三沢市の大部分を占める地域が、一村も形成できる規模でなかったのである。集落毎の戸数は、野守小比類巻家が住む中心集落である三沢村（浜三沢）が三二、岡三沢二〇、深谷七、根井五、山中二、谷地頭二の六八戸である。こららは後述するように、小比類巻家の名子の家と見られる。

木崎野はすでに中世から前身となる牧があったようだが、江戸初期には藩士下田治太夫の知行地であり、牧もその中に含まれていた。寛永十八年（一六四一）にこの地を視察した藩主南部重直の要望により藩牧となったという[21]。同年十月十八日、小比類巻掃部助に家老連署の野守任命と諸役免除の証文が発給されている[22]。同家の出自は不明であるが、すでに苗字を有していることから土着した浪人であった可能性がある。

(2) 藩牧における名子の性格

小比類巻家は安永三年(一七七四)の段階で五一軒の名子を有していた。同年六月の木崎野野守助右衛門から代官宛の願書(小比類巻家文書)に「私共江御預被差置候名子五拾壱軒」という文言が見られる。名子の数は幕末には分家等により増える傾向にあり、文政十一年(一八二九)には六〇軒余になっていた[23]。したがって現在の三沢市にあった村は、一部の御蔵百姓を除くと、小比類巻家名子で形成されていたと推定される。天保十四年(一八四三)の小比類巻家文書「御囲穀御渡方控帳」には野守助七から囲穀の給付を受ける者が三沢村(谷地頭・根井を含む)内で八四名書き上げられている[24]。「名子」とは直接書いていないが、別文書の名子と共通する名前を持つ者も多いので、大部分が同家の名子と思われる。

「名子」とは一般的に有力百姓に身分的に隷属する農民と定義される。単なる小作人と違い、名子は家屋敷や家財などの生産手段も主家(地頭)の元に置かれ、世襲的に主従関係にあり、地頭へ労役を提供する義務も負っていた。盛岡藩と八戸藩は名子制度を色濃く残していた藩の一つで、明治初年の地租改正で名子制度も表面的に解体したが、制度の残存は戦後の農地改革まで見られたという。特に強く残っていたのが九戸郡であり、大野村(現大野村)晴山家、軽米町(現軽米町)の淵沢家などの豪農は多くの名子を抱えた経営を行っていた。これら名子経営の実態については、森嘉兵衛氏により戦前期から研究が進められ、森嘉兵衛著作集第五巻『奥州名子制度の研究』(法政大学出版局一九八四年)にまとめられたほか、『九戸地方史』上(九戸地方史刊行会　一九六九年)にも詳しい記述がある。しかし現在の青森県部分、特に下北・上北地方では農業生産力が低く、名子を多数抱えるほどの豪農は形成されなかった。下北では漁業や交易が産業の中心であり、畑作地帯の上北(三戸地方含む)では在地の武士(郷士)である給人の存在が地域社会では大きかった[25]。しかし、このような地方でも名子的存在が皆無だった訳ではない[26]。

このような一般的な名子の定義と比較した場合、藩牧における名子とはどのような存在であったのだろうか。明治五年（一八七二）に木崎野の跡地である現在の三沢市谷地頭に西洋式の牧場を開いた旧会津藩士広沢安任が、明治二十年（一八八七）に著した『奥隅馬誌』という書がある。旧藩時代の藩牧の慣行を伝えるものとして各種の文献にもよく引用されている。

同書では旧藩時代に村方に置かれた役職として「大肝煎　馬肝煎　馬看名子　御野係百姓　木戸番」を挙げ、「此は村々にありて御野守に附属し現馬の取扱に係る用向の使役を受るものなり」と定義している。また、別の箇所では野取を説明する部分で、「此馬捕は至て壮観なるものとす、之を捕るに名子あり、之を援くるに勢子あり、名子はその村民にて専ら牧事に使役せらるゝもの、勢子は役割人夫にして遠村より来るものなり」と記述している。これを読むと、「名子」とは各村に置かれる一般的な牧場の労働者としてとらえることができる。果たしてこの理解でいいものだろうか。

実際は、藩牧周辺の村方文書を見ても（大間町武内家文書等）「馬肝煎」はあるものの、「馬看名子」なる役職は出てこない。他藩出身の広沢は、木崎野の名子を藩牧一般に置かれ、かつ一般の百姓から専任されたものと誤解したと思われる。しかし逆に、この部分に木崎野の名子の性格が現れている。

かつて森嘉兵衛氏は名子を「公法的名子」「私法的名子」に分類した。[27] 後者は中世の兵農分離以前の武士らが家子・郎党など隷属者を土着させて名子化した「郷士的家人名子」、農家の譜代の奉公人を名子分家させた「奉公人的譜代名子」が代表的なものであり、いずれも主従的・家族的身分関係が強く「恩給的」な関係であるという。これに対し、木崎野の名子は「公法的名子」であり、藩命によって成立した名子であるとしている。「藩命による名子」というのも分かりにくい表現であるが、他の例としては米沢藩のように土着した郷士の家臣を「名子」身分にした例などが挙げられている。この森氏の理解が妥当かどうか、次の節でみたい。

(3) 木崎野における名子の形成

森氏が木崎野の名子を「公法的名子」と定義づけたのは、宝暦八年（一七五八）において名子の創出が行われたからである。この年は野馬別当一戸五右衛門の指導のもと、藩牧についての改革が行われた年であった。前節で触れたとおり、宝暦七年に木崎野の舎飼が廃止になったが、代替として、木崎野に冬期間の馬の待避所を造ることと、野守の補助役としての名子を増員させたものである。この記事（「御家被仰出」巻五〔盛岡市中央公民館蔵〕同年一二月四日の項）を見てみると

一、　　　　　　　　　　　　　　　　　　　　　　　　五戸通御代官

木崎御野馬御野取之節、御野馬別当始御用懸之者共、前々より根井村谷地頭と申所罷有人足ハ、根井村・山中村両所ニ差置候而御野取仕来候処、凶作以来右村々過半相潰レ、三ヶ所共家数不足ニ相成人足宿成兼候付、其後三沢村ニ罷有候処牧場迄遠処ニ而差支候由、依之根井村御蔵高之内、畑形八斗程屋敷地御野守助右衛門江被下置、同人名子之者共二・三男之内并給所よりも段々為引越、家数数拾軒ニ仕直々助右衛門名子ニ被仰付候間、右屋敷地近所出精為切披候様可仕候ハ、右畑は引越候者江被下置、御野御用ハ三沢名子之者同様ニ右助右衛門江御預、三ヶ年中ニも右拾軒為引越可申候、尤家材木ハ三沢御山ニ而被下置旨、此度御野馬別当一戸五右衛門江被仰付

一、木崎御野馬置附ニ就被仰付候、根井村より山中村八幡館、平沼往還より西ハ姉戸沼はふ限御山立被被仰付、右拾軒之名子者共同所御蔵・給所百姓共心添仕立林見守候様、尤御野馬野走之節助右衛門得指図、三沢名子之もの同然ニ相勤候様被仰付、右ニ付木崎御野取人足、并又重御野馬年々冬中御預被成候飼料、卯時共

ニ両御役御免被成下、一戸五右衛門江被仰付、

右之通被仰付候間夫々江可申渡候、畑形・屋敷地引高之儀、御勘定所江申出吟味出精可為仕候、根井村新入之者引越新切披之儀共ニ、年々一戸五右衛門申合吟味出精可為仕候、山林之儀是又猥無之様、木崎野近所御百姓共江申付立林候様可仕候、尤御野馬御用無由断相勤候様、急度可申付旨被仰出

十二月

右之通可申渡旨、御目付江申渡之

とある。同様の記事が小比類巻家文書や、「御野馬別当御用留」にも見える。当時野取御用を勤めていた木崎野周辺の根井・山中・谷地頭の三村が宝暦飢饉のため潰れて家不足になってしまったので、根井村蔵入地のうち、畑方八斗を屋敷地として助右衛門に下し、同家名子の次三男はもちろんのこと、周辺の農村の者も移住させて助右衛門の名子に編入させたとある。増員した名子は一〇軒で、三カ年中に移住させるよう指示されている。また、家作用の材木は三沢御山（藩の直轄の山か）から切り出させた。

このような藩の指令に基づく名子の増員はその後も見ることが出来る。天保八年（一八三七）、野守小比類巻助七は狼害の対策として名子の増員を藩に申請している。[28]

「（包紙）天保八年酉ノ三月

高清水・岡沼名子願書差上候処前々振合吟味書上願書入」

旧冬より格別死馬相出候上、狼懸外徒者為御野外ニ而死馬相出候ニ付、御野近村之内高清水村江弐・三軒、岡沼村ニ而四・五軒、御野附名子被仰付被成下置度旨先日奉願上候所、此度右ニ付御野守名子之内、振合吟味書上可仕様被仰渡奉畏候、御野附名子共之義者、私頂戴之御免地場所ニ住居仕候故、諸郷役往来夫伝馬等相勤不申、其

上年々御手当銭五拾貫文宛奉頂戴、御野名子共江割渡相渡、是迄御野見廻仕居候、乍恐御尋ニ付書付を以此段奉申上候、以上

天保八年酉三月

木崎御野守
小比類巻助七（印）

中市恵義登様
田丸軍作様

この文書によると、狼害がひどいので、高清水村（現十和田市）から二・三軒、岡沼村から四・五軒を「御野附名子」に編入して欲しいと願っている。住居は小比類巻家の免地に住まわせること、これまで彼らが負担してきた諸郷役や夫伝馬を免除させること、「御手当銭」を支給して欲しいことなどが述べられている。特に諸郷役が無くなることは、一見すると自立した百姓身分から小比類巻家の隷属へ「転落」する印象を受けるが、実際は名子には藩から「役銭」が支給されるのであり、経済的に同家に完全に従属するのではない。

一方、宝暦八年の名子の増員にあたっては、名子が増える代償に小比類巻家の宛行高を加増している。「御野馬置附御手当被仰出書」（小比類巻家文書）には次のようにある。

覚

一、　　　　　　　　　　　　　　　　御野馬別当　一戸五右衛門

支配所木崎御野守助右衛門儀、前々より御野御用実体相勤候付、御擬高七石四斗被下置候処、古名子之者共甚飩畑難儀相続仕兼候付、右御擬之内内々ニ而六石余相応割渡、御野御用手伝召仕、壱石余助右衛門手作仕相続罷有候由、然処四ヶ年已前御野馬置附被仰付候大場之所格別万端出精、四季共ニ御野御用相務候間、御擬御増被下置度旨其方見届候上申上候付、此度木崎野之内犬落瀬村之内根井村ニ而三石壱斗八升、下田村ニ而九石八斗壱升被

下置、本高七石四斗江右拾弐石九斗九升御加都合御擬高弐拾石三斗九升ニ被成下候間、置附御野弥相募御馬数相成候様、助右衛門万端出精相勤可申旨被仰出

宝暦十一年（付年号）　六月廿九日

また、「御野馬別当御用留」では

一、置付御野ニ被遊候ハ、御野守助右衛門江御擬御増被下置候様仕度奉存候、段々申上候通、大場之御野ニ御座候故、置付ニ被遊候而ハ一入御野守難義仕事ニ御座候間、御擬御増被下置候様仕度奉存候、右之通被成下候得者、助右衛門頂戴罷有候地方手作ニ仕候外ハ、名子之者共江分量相応ニ振渡為作候様ニ可仕奉存候、唯今迄役銭等少分も名子之者より取候義無之よし、前々より名子共所務ニ計仕候、助右衛門へ相勤候ハ春仕付草取之節ト秋苅物仕候砌、名子之者より雇人相出候迄ニ御座候、御擬御増被下置候ハ、助右衛門并名子之者共ニ相続出精、御野見廻置付も成就可仕と奉存候

とある。前者によると約二十一石の宛行高のうち助右衛門の手作地はわずか一石余で、あとは名子へ分配していた。「助右衛門頂戴罷有候地方手作ニ仕候外ハ、名子之者共江分量相応ニ振渡為作候様ニ可仕」とあるように、宛行高を名子へ分配することまで藩が指示しているという点では、確かに小比類巻家譜代の名子ではなく、藩の取立による名子という姿が当てはまるであろう。

もっとも、屋敷地は名子本人ではなく、地頭である助右衛門に与えている。これは地頭が屋敷や家財などの生産手段を所有するという、家内労働者としての名子像に合致する。木崎野の「名子」が、百姓から徴発された牧場労働者でないことは、「御家被仰出」に「右拾軒之名子者共、同所御蔵・給所百姓共心添仕立林見守候様」とあることからも明らかで、周辺村の百姓とは明らかに区別されている。一方、後者によれば、「唯今迄役銭等少分も名子之者より

取候義無之よし」とあるとおり、地頭である小比類巻家は名子から役銭を徴収していなかったが、「前々より名子共所務ニ計仕候」とあるとおり、「草取」や「秋刈物」など藩牧に関する労働が「名子共所務」として認識されており、その意味では地頭に対価として労役を提供するという、名子の姿に合致する。このように木崎野の名子は藩から直接取立られたという点では「公法的」な存在であるが、一方ではあくまで地頭たる小比類巻家の庇護を受ける存在であったという点では一般的な名子像と変わることはないのである。

また、木崎野の名子は宝暦以降に新たに形成されたものではなく、先ほどの「御家被仰出」に「同人（小比類巻助右衛門＝筆者注）名子之者共二・三男之内」「三沢名子之者同様ニ」という文言があることから、これ以前から助右衛門が名子を持ち、「三沢名子」と通称されていたことがわかる。この名子がどのような出自の者か、現状では残念ながら明らかにし得ない。

木崎野と同様に多数の名子を抱えていた野守として北野（現岩手県久慈市周辺）野守の久慈家が挙げられる。久慈家の名子経営については森嘉兵衛氏の一連の研究に詳しいが、明治三年（一八七〇）の時点で六二軒の名子を支配しており、北野が存する侍浜村（現久慈市）の大半は久慈家名子であった。北野は明和六年の時点では馬数一五五疋と、木崎野に次ぐ規模の牧であった。この久慈家は九戸政実の乱に加勢し没落した浪人であったという。家伝によると、乱の以前から南部家の命により牧野の管理を行っており、寛文年間に盛岡藩が北野を再興した際に、当主が先祖の縁故によって北野野守に任じられ、その所有耕地の地租を全免されて、名子（村民）全体で経営管理に当ったという。それゆえ森氏は、北野の名子は元々久慈家の家臣が浪人により名子化した「郷士的家人名子」であり、久慈家が野守になることで、「公法的性格」を帯びた、と定義する。しかし、小比類巻家についても、宝暦以前の名子がすべて藩の命令による名子とは言い難く、「郷士的家人名子」も存在したのではないだろうか。

また、小比類巻家の分家名子も存在したことは幕末の嘉永五年（一八五二）に起こった元吉一件からも明らかである[29]。これは名子元吉が地頭小比類巻助七を相手に、代官所に「村方不取扱之義」で訴えた一件である。元吉は曾祖父の代に小比類巻家から分家し名子になったのだが、自分の家のほうが本来嫡流であるべきなのに、先祖が幼少であったため、助七の家に家督が移ったと主張している。このように、同族集団としての名子（森氏のいう「血縁的家族名子」）も存在したのである。また、蔵入地もしくは給所だけでなく、名子集団での老名も存在し[30]、名子がさらに奉公人である「家来」を持っていた例もある[31]。

(4) 木崎野における名子の存在形態

文政初年頃（一八一八〜）と思われる三沢村・谷地頭村の耕作人と持高を書き上げた文書がある[32]。ここに見られる人名は先述した囲稗支給の書上とも共通し、大部分が小比類巻家の名子と思われる。ここに記載された人名は六六名に及ぶが、その中で最大の持高を持つ野守の助右衛門ですら一石二斗である。これは同家の免地のうち手作り地とされた石高とほぼ一致している。一般的に平均的な江戸時代の本百姓の持高は約一〇石とされているが[33]、小比類巻家でさえ豪農と呼ぶには微細すぎる持高である。まして他の名子たちの持高は一斗〜二斗という者が多く、一斗にすら満たない者も多い。全体が畑地で、田地は見られず、藩牧という土地柄「四方木戸」「四方土手」という土地が多い。ともかく、これではほとんど農業収入は見込めず、一軒あたりの持高が一斗以下では自家で消費する分も賄えない計算になる。それにもかかわらず、ある程度の資産の蓄積があったことを窺わせる史料がある。

乍恐願上口上之覚

此度一統御用金被仰付候内、私江拾五両名子助市江三両嘉助江弐両都合弐拾両被仰付候間、其節御請難渋候而者外ニ差支ニも可相成哉と奉恐入候間御請之義者申上候得共、全体私并名子共ニ御野見廻之手透ニ者耕作仕候、一応ニ而手廻共扶助仕御野御用相勤申候計ニ而、金銭取廻候事も御座候、（中略）一体私住居罷有候三沢村と申ハ、至而地風烈所ニ而気候少々不宜候得者実取兼候場所ニ御座候上、数十里之御野ニ御座候得者御野馬四季之見廻方ニ付年中手透も無之上、御野取節者私并ニ六拾軒余之名子共家別人別同様御野馬追入年ニ寄、廿日も其余も相懸候事も御座候、大勢之御人足者被仰付候得共、広大之御野故名子共働ニ無御座候得者御野取如何共相成兼申候、私相立罷有候而名子共手当相続御野御用無滞相勤申度奉願上候、近年非常之節者名子共御披方為御用意御囲穀も御買上為御囲被成下難有仕合奉存候、猶御披之御定目ニも仕度、私限年々少々つつ穀物貯置、万一之節名子共手当仕度心懸罷有候得共、此度之御用金上納仕候而者右等之義も相及兼可申候間、何分御慈悲之御了簡ヲ以願之通被成下置候ハ、難有仕合奉存候、此旨御序之説宜被仰上被下置度願上候、以上

子七月

木崎野守　小比類巻馬之助　（印）

毛馬内　左平太　様
阿部　熊八郎　様
松尾　紋左衛門　様

これは文政十一年（一八二九）と推定される野守小比類巻馬之助の御用金免除願である。(33) 馬之助へ十五両、名子助市へ三両、名子嘉助へ二両、計二十両の御用金が賦課されたが、それに対し馬之助一名計十両に減免して欲しいという内容である。小比類巻家は天明二年（一七八二）以来藩からしばしば御用金・御用米上納の命令を受けており、そのたびに減免を要求してきた。天明期以降は盛岡藩は藩財政の悪化と共に豪商農からの御用金取立を強化しており、その中でさほどの豪農とも言えない小比類巻家からも少額とはいえ上納させているのは、いかに藩の御用金賦課が広

範囲にわたったかを示しているが、ここで注意したいのは、一般的に「隷属農民」であるはずの名子に、藩が直接御用金を賦課している点である。名子は家屋敷、生産手段も地頭家の経営に包括されているのが通常の姿であるので、地頭とは別に名子個人にも御用金を命じているのは注目に値する。名子の中でも上層に属する者は藩への御用金を負担できるほど経済的、身分的にも上昇を遂げてきたということであろう。

また一方でこの願書で強調されているのは、名子と野守が相互に欠くべからざる存在と主張している点である。数十里に渡る牧なので、四季の見回りだけでも多忙で、自分自身も六〇軒余の名子も手が空くことはなく、名子たちの働きが無くては野取も出来ない、逆に野守である自身の経営が安定しないと、名子たちも藩牧の御用を十分勤め上げることが出来ないと述べる。よって万一の際に名子へ支給する穀物を蓄えておきたいから、御用金を減免して欲しい、という主旨である。

江戸時代末期に田名部代官として赴任した漆戸茂樹は、藩主の巡見の用に供するため「北奥路程記」（盛岡市中央公民館蔵）という地誌を著したが、岡三沢村を称して

岡三沢　家数二十三軒　家造揃たる所なり、能村也、此村、重に御野かたえかゝる事故農業の方よりは御野のために所業ありて格別貧しからぬ様に思はる。

と、記述している。浜三沢村に関しても「浜三沢村　家三十二軒　此村能所なり。家居何れもよし。御野守の家殊によし」と評している。野守家が立派なのはともかく、周辺の家まで全体的に「能所」「能村」と非常に高い評価である。それは農業よりも御野御用を勤めているからだと分析している。微細な農業収入だけではこのような高い生活水準を保つことは出来まい。盛岡藩でも現在の上北・三戸地方は農業収入を補填するものとして馬産が盛んであったが、名子や野守についても牧場経営が主要な生産手段であり、なまじの農業経営より収益を上げうるものであったと言え

るだろう。

木崎野における名子の具体的な役負担を窺わせる史料は小比類巻家文書にあまり残っていないが、名子は一般的に野守を補佐し、使番として各地に赴いたり、藩牧の見廻りをするなど様々な労働に従事した。先ほど引用した『奥隅馬誌』は名子を周辺の百姓から選ばれた役と誤認しているものの、名子たちが、周辺農村から野取のために徴用された人足（勢子）を統括し、野取を行っていたこと自体は間違いではない。野取の際は馬を「牧袋」という施設に追い込むのだが、そのためには乗馬用の馬が無くては仕事にならないとして、野守助七が馬を持たない名子たちに下付してくれるよう藩に申請した安永三年（一七七四）の文書が残されている。[35] このような周辺の農民と名子との連携は、冬期間の馬の飼料となる干草の刈出しなどでも見ることができる。例えば文化六年（一八〇九）の小比類巻家文書によると、[36] 野取に来た百姓のうち、十五名を人足として残して干草刈に従事させたとある。このための入用として藩から一カ年あたり七貫文の下付を受け、うち五貫文は彼ら人足に「昼扶持」として与え、残る二貫文は草刈り場の世話をしたり、積立て場の人馬除けを手入れする名子たちへ与えられた。積立て場は五カ所あり、大雪の際は名子たちが「かんじき」を履いて背負って持っていくとある。

特に馬の避難所となる立林の管理は名子らと、根井村御蔵百姓、下田権太夫知行地百姓が協力して行い、万一火事になった場合は両者とも野守の指示を受けるとされていた。[37] 根井村の御蔵百姓はすなわち小比類巻家の「高地付百姓」で、名子とは性格は違うものの、「高地付百姓は御野御用助右衛門名子之者同様相勤、諸事差支無之様」に命じられていた。「高地付百姓」と名子の実質的な違いは生産手段を農業に主体を置くか、牧場に主体を置くかの差で、それほど大きな差はなかったかのようである。

名子への手当は、周辺農村から徴収した「御手当銭」や名子個人のわずかな手作り地が中心であったと思われるが、江戸後期には塩釜の経営[38]、鰯漁などを中心とする漁業[39]、幕末期には三沢海岸沿いの新田開発など[40]、経営を安定させるための試みが色々行われている。しかしいずれも藩牧業務の補助的なもので、産業としてそれ自体自立するほどのものではなかった。

(5) 他牧との比較

最後に、同じく多数の名子を抱えていた北野と比較をして、両者の牧場経営の違いを見ていこう。先述のとおり、森嘉兵衛氏は木崎野名子を「公法的名子」、北野名子を「郷士的家人名子」と定義したが、小比類巻家の出自が明らかでない以上、両者を積極的に区別する必要は見いだしがたい。宝暦期以降の名子の創出については、確かに公的性格を帯びていたが、一方では名子らは経済的に自立していたわけでなく、小比類巻家の隷属農民的な性格も併せ持っていた。

藩牧の周辺の村（木崎野は三沢村、北野は侍浜村）の村民がほとんど名子で形成されていたこと、藩牧以外にも塩釜など、他の産業も行っていたこと、さらに時代が下るにつれ、名子が経済力を高めていった点は木崎野も北野も共通する。名子の経済的自立という観点から言えば、北野のほうが強かった。文化六年（一八〇九）に盛岡藩の蝦夷地出兵に伴う御用金上納命令があった際には、地頭久慈家に七〇両、名子三名にそれぞれ一三両・一二両・六両が賦課されており[41]、これは木崎野より多額である。また、慶応四年（一八六八）には名子十四名に上納命令があったという。北野の場合特異なのは、給人にまで身分を上昇させる名子もいたことである。本来隷属農民である名子が武士身分になるのは例がない。この名子は天保四年に給人になった勘右衛門という者で、この背景には野守久慈勇作と野田代官所の対立もあったと言われる。この処置に勇作は反発したが、天保九年（一八三八）に野守役を解任され岩泉（現岩手県岩泉町）に追放された。しかし、名子四三名の復帰運動もあり、嘉永三年に再び野守に任命される。このような野守と代官所当局との対立は木崎野では見られないものであり、藩牧の管理人の性格が強かった小比類巻家に対し、同じ野守でも立場の違いが見られる。

一方、その他の牧は名子の存在は希薄であり、前節でみた大間野のように、野守が近村の百姓を使役しながら直接牧場を管理していた。例えば、宝暦十三年（一七六三）に御野馬別当一戸五右衛門が各牧に野取（馬の捕獲）を命じた文書(42)に

野田北野取ニハ御伝馬当時者名子より相出候得共、先年ハ御村より相出候由、使番ハ先年より名子之者相勤候由、御下役壱人・御同心弐人之賄者御野守より不仕候、三崎御野守ハ名子無御座候故御村より相勤候

とあることから、名子がいない牧では一般の農民が代行していたことがわかる。現存する小比類巻家や久慈家以外の野守家文書を見ても（有戸野木村家、又重野小原家、住谷野留目家）直接名子の文言は見えない。ただし、天保九年（一八三八）の幕府巡見使が来た際の記録(43)に「一、倉石川御船渡船役苫米地勘右衛門様、古人御野守（筆者注・有戸野守）子仁太郎、名子徳松、御同心壱人、九月晦日倉内村江相詰」とあることから、全く存在しなかったとは言えず、今後の検討課題である。

おわりに

以上、藩牧と民衆との関わりという観点から、同じく藩牧の管理人たる野守がいても、直接の牧場労働者として名子を抱えていた木崎野と、名子がおらず多くの部分を周辺農民に依存した大間野という、対照的な二つの牧を対象に

取り上げ、地域社会における藩牧、名子集団における藩牧の姿を見てきた。木崎野に関しても、名子のみで牧場を維持できるものではなく、野取や干草刈に多くの周辺農民が動員されるなど、周辺農村の負担は不可欠であった。また名子は野守家譜代の名子がいる一方で、江戸中後期には周辺農民が藩牧の御用を勤めるため、「名子」に編入されるケースもあるなど、一時的な労働力の提供に留まらず、恒常的に野守、ひいては藩当局に依存される存在であった。

大間野は野守家の文書が、木崎野は逆に名子を含む周辺農村の文書が十分確認されておらず、その点では史料的制約が多く、十分意を尽くせなかった。さらに、本来三戸・五戸周辺の諸牧（又重野・住吉野・相内野）との比較検討も必要であろうが、これについても同様であった。馬産地として知られる「南部地方」であるが、意外に馬と民衆との関わりを示す実例は少なく、その点で大間・奥戸野の記録は、負担の実例を示す史料として重要である。しかしながら、時代が寛保～宝暦期という特定の時期であり、その後の変遷を復元していく作業が必要である。

藩牧と農民との関わりは労働力だけではない。藩牧の馬質を維持するため、野馬と民間所有の馬（里馬）の定期的な交換も行われた。また、藩牧から不要になった馬を民間に払い下げることもあった(44)。このように、藩牧は里馬の馬質向上を促すと共に、里馬が野馬を支えるバックボーンともなっており、周辺の農村・農民の飼う里馬の存在が不可欠であった。

「南部地方」は、低い農業生産を補うための大豆を中心とする畑作や、下北半島の林業など様々な産業が発達した。馬産はそれを代表するものであり、農民たちの生活を扶助するとともに、藩牧への夫役や独特の名子制度を生み出すなど、南部地方の民衆の生活も規定したのである。

註

（1）広沢安任『奥隅馬誌』一八八七年（書写本を一九〇九年青森県協賛会より刊行）

（2）（4）（21）七戸町盛田稔氏蔵「九ヶ御発端并八戸御境塚築候ケ所附控帳」（『青森県史資料編』近世4南部1（青森県二〇〇三年）資料No.三四〇（以下『青県史』No.□□□と省略する）

（3）三戸町一戸胤夫氏蔵「御野馬別当御用留」宝暦八年十二月条（『青県史』No.三四三）

（5）「御野馬別当御用留」宝暦五年十二月条（『青県史』No.三五五）

（6）大畑中央公民館蔵笹沢文庫（『青県史』No.三八八）

（7）大畑中央公民館蔵笹沢文庫（『青県史』No.三八九）

（8）六戸町吉田肇氏蔵「諸事書留覚」（『十和田市史』資料編　十和田市　一九七八年）

（9）例えば宝暦八年三月には相内野を逃げた馬（野走馬）が八戸領櫛引村で捕獲された。この時の、三戸の野馬別当から八戸藩名久井代官へあてた、馬の引き渡しまでの手続き、引き渡しまでの飼料代の扱い、馬を捕獲する際怪我をした櫛引村百姓への慰労などに関する記事が載っている。また、再発防止のため相内野の土手の補修工事も行われている。他に宝暦九年には北野の馬二十二匹が冬期間に行方不明になり、夏にかけて八戸領まで方々探索している記事が見える。

（10）例えば正徳元年（一七一四）の「木崎野御野馬改引渡帳」（盛岡市中央公民館蔵『青県史』No.三六九）によると、木崎野の馬九二疋のうち、父馬（種馬）を除く九一疋すべてが福岡通の村に預けられている。木崎野の地元である五戸通の村は、又重野の馬を舎飼していた。

（11）「御野馬別当御用留」宝暦十三年七月条（『青県史』No.三五六）に、「九ヶ御野之内、有戸・又重・住谷・相内四ヶ御野ハ御村預御座候」とある。

（12）盛田稔氏蔵沖之丞文書写本（『青県史』No.三七六）

(13)三沢市小比類巻比氏蔵（以下、「小比類巻家文書」と表記する。『青県史』№三六四）。なお、人足の割付は天明四年の畑山喜蔵家文書「覚」（『青県史』№三九一）によると、高一〇〇石につき九名の割合で命じられており、相給であった切田村（現十和田市）ではそれぞれの給地ごとに石高に比例して割付られている。
(14)大間町武内昭夫氏蔵「御野取御用状案詞」
(15)十和田市新渡戸記念館蔵「慶応四年稲生御用留」同年四月条（『三本木開拓誌』下巻　積雪地方農村経済調査所　一九四七年に収録）
(16)大間町武内昭夫氏蔵（『青県史』№一八八）
(17)大畑中央公民館笹沢文庫（『青県史』№三九〇）
(18)「御野馬別当御用留」宝暦八年五月条（『青県史』№三七九）
(19)「御野馬別当御用留」宝暦十三年二月条　奥戸野守四郎兵衛が亡くなった際、子の久左衛門が見習いを続けてきたとして、同役の野守助右衛門、奥戸村組頭、肝入が連名で相続を願っている。
(20)六戸町吉田義巳氏蔵「当年中御用留帳」（『青県史』№三四九）安政元年（一八五四）に「御上様之御馬事故被喰候而も不得止事次第ニ候得とも、頓而御田地も当用・公用相拘、御定役金上納儀ものニ候」といささか皮肉を込めて牧周辺三か村の肝入が木崎野野守に訴えているが、野守は、「広大な牧のため十分見回ることができない」と、返答をしている。
(21)小比類巻家文書（『青森県史資料編』近世1（青森県　二〇〇一年）資料№一二二二
(23)小比類巻家文書（『百石町誌』資料編　百石町　一九八四年）一二五頁
(24)中道等『三沢市史』上巻　三沢市教育委員会　一九六四年　二一六頁に収録
(25)給人の経営に関して、近年、熊谷隆次氏は倉石村円子家を事例に、「知行所百姓は非血縁の分家という扱いを受けており、名子主経営あるいは同族団的色彩を持っていた」と述べている（『青県史』第四章解説）。また、『百石町誌』（一

九八五年　百石町）にも五戸町の給人三浦官左衛門家の名子の例が紹介されているが、直接史料には「名子」と出てこない。士分の扱いを受けている給人と百姓身分である豪農とではその性格が異なるので、なおも検討が必要な部分もあるだろう。

(26) 盛田稔『青森県立図書館郷土双書4　農民の生活史』青森県立図書館　一九七二年

(27) 森嘉兵衛「近世奥羽地方における名子制度について」（『社会経済史学』十三巻十一・十二号　一九四四年）

(28) 小比類巻家文書（『青県史』No.三九三）

(29) 小比類巻家文書（前掲『三沢市史』上巻）二七八頁以下に一連の文書あり。中道氏は「これも三沢市の回顧の一こまであろう」と述べているが、実際はかなり深刻な対立であったらしく、野守が元吉ら名子に金銭や畑を与え、示談している。

(30) 前述の元吉一件関連の文書によると、元吉らと野守助七との対立に対し、「三沢村老名三太郎」らが、内済願を五戸代官に提出している。この文面の中で三太郎は「私地頭木崎野守小比類巻助七儀」と表記しているので、名子集団での老名であったことが知られる。

(31) 「御野馬別当御用留」宝暦十二年閏四月条　木崎野名子兵次郎出奔一件に見える　兵次郎（四十八歳）は女房、息子と家来「うと」との四人家族であった。「うと」は七戸かわら村（現七戸町）の出身であった。

(32) 小比類巻家文書（前掲『三沢市史』上巻）一二八頁
なお、名子の名は「佐藤五郎」「越後」など代々世襲されているものが多い。あるいは名跡として引き継がれているものとも推測される。

(33) 木村礎『近世の村』教育社　一九七八年

(35) 小比類巻家文書（『青県史』No.三五八）

(36) 小比類巻家文書（『青県史』No.三五九）

(37)「御野馬別当御用留」宝暦七年七月条（『青県史』No.三七二）
(38) 天明六年（一七八六）から天保二年（一八三一）にかけて名子の連名で、断続的に塩釜設置の願が代官所に提出されている（小比類巻家文書「諸御用諸願留」）。何れも三沢浜で、塩釜は一工である。どれだけの利益を上げたかははっきりしない。
(39) 天保十四年（一八四三）の小比類巻家文書「松尾紋左衛門様あみ船始末」によると、三戸の野馬別当松尾紋左衛門の使用人の勝平が、木崎野の馬の飼料である「囲穀」の足しにするため「自分才覚」で網船を造り、漁をしていたとある。しかし、この五・六年は皆無同様の不漁続き、粕油の下落、網船の老朽化等により維持できなくなり、名子たちへ払い下げた。実際の漁をしていたのは名子たちのようである。
(40) 慶応二年（一八六六）二月に至り、野守助七は新田開発を行うべく、名子と連名で藩に願書を提出している。開発予定地は百石村・下田村のうち二川目から六川目までの谷地、小田内沢の六ヶ所で計一四七石ほどで、開発の費用は野守と名子の自己負担で行うとしている（小比類巻家文書「乍恐奉願上候事」）。当時進んでいた盛岡藩士新渡戸十次郎らによる、三本木新田第二次開発に影響された部分もあるようである。
(41) 森嘉兵衛『奥州名子制度の研究』所収　第七章第四節「南部藩侍浜における名子制度」
(42)「御野馬別当御用留」宝暦十三年七月条（『青県史』No.三五六）
(43) 小比類巻家文書（前掲『百石町誌』資料編）一四四頁
(44) 例えば、「御野馬別当御用留」宝暦八年七月条によると、七戸の「里上駄」三〇疋を有戸野に入れている。交換された藩牧の馬はせり市にかけ、農民たちに払い下げられている。また、藩牧どおしの馬の入れ替えもよく行われている。

第Ⅱ章　生産・流通と地域

下北半島のアワビ貝塚

工藤　竹久

一　長崎俵物とエゾアワビ

「煎海鼠・干鮑・鱶鰭」の三品は、長崎貿易における中国向けの輸出品となった海産物であり、これらは俵に詰めて出荷されたことから「長崎俵物」と呼ばれた。これ以外に昆布・するめ・天草などの「諸色」と呼ばれる海産物も出荷されていたことが広く知られている。

下北半島のアワビはクロアワビの亜種とされるエゾアワビと呼ばれているもので、北海道の日本海側から青森県を通って福島県の太平洋岸にまで分布する。エゾアワビは、船の上から「見突き」で捕れるような比較的浅いところに棲み、棲息個体数は多いものの本州北部の太平洋沿岸では年齢八年を経ても八〜一〇cm程度であり、最大でも10cmをわずかに上回るほどしか成長しないとされている（矢野一九九五）。

俵物三品のうち煎海鼠は腐食してしまうため遺跡に残存することはないが、干鮑は貝塚から出土する貝殻などを分析することにより、当時の漁業のあり方について考古学的に研究していくことが可能である。しかし、これまで長崎俵物や中・近世の漁業に関する研究は、主に文献史料に基づく精緻な研究が積み上げられてきており、遺跡や遺物を対象とした考古学的なアプローチはほとんど行われていない。

　近年、下北半島北東端の尻屋崎とその周辺において、アワビを主体とする大平貝塚・浜尻屋貝塚・岩屋近世貝塚の発掘調査が行われ（東通村一九九九）、長崎俵物期やそれ以前の漁業を考えるうえで多くの成果が得られた。この報告は発掘調査の内容を中心に中世・近世の下北半島の漁村のくらしや海産物の流通の問題などについて検討したものである。

二　尻屋崎の環境

　尻屋崎の砂丘は縄文時代早期後半から現代に至るまで、四期に区分されている（大矢・市瀬一九五七）。砂丘の発達は特に津軽海峡側で顕著にみられ、夏季の強い南東風の影響を受けて形成された縦列砂丘が広がっている。そして、夏季の日照不足や冷涼な気候を反映してガンコウラン・チシマセキショウ・イワベンケイ・クシロチドリなど氷河期遺存植物の分布もみられ、植物研究の重要なフィールドともなっている。

　下北半島の北岸を洗う津軽海峡は、対馬暖流から分岐した海流が太平洋に向かって流れており、東側では北海道東岸ぞいに南下する親潮の分岐流と絡み合い、尻屋崎の太平洋は寒流の影響をまともに受けている。このように尻屋沖は、寒流と暖流が相互に影響を受けつつも、下北半島の中では最も北方的な様相を示すと考えられている（森一九七八）。

　尻屋崎周辺は、潮の流れが複雑で底質は岩礁で起伏に富むことから、古くから難破崎とも呼ばれてきた。しかし、この岩礁の海岸は、マコンブ・ワカメ・フクロフノリ・ツノマタ類・エゾアワビ・エゾバフンウニ・キタムラサキウニ・マボヤなどの好適な磯根漁場となっている。さらに、季節的に回遊する海獣の通り道などにも当たっていることから尻屋崎は海産動物の宝庫といわれている。

三　アワビ貝塚の発掘調査

(1)　浜尻屋貝塚

尻屋崎の灯台から村道を二km南に進んだ標高約一〇mの海岸段丘平坦面に立地する。遺跡の前面は太平洋に向かって大きく口を開けたような弧状の湾になっており、比較的浅い磯浜は昆布の好漁場でもある。遺跡の現況は牧草地や松の防風林になっており、付近一帯は牛馬の放牧地となっている。

遺跡は約三万m²近い広さを有すると考えられ、これまでの発掘調査により多数の小型の掘立柱建物跡・かまど状遺構・一五カ所前後の貝塚・井戸・集石遺構などが検出された。遺跡の年代は、出土している船載の青磁や白磁などから一四～一五世紀代と長い幅が考えられるが、比

【図１】浜尻屋貝塚前の昆布漁場

較的細かい編年が確立している珠洲焼、美濃・瀬戸産灰釉陶器などの国産陶器でみると一五世紀代に集中しており、貝塚形成の時期もこの頃と考えられる。

浜尻屋貝塚の貝層の厚さは最大で一mを越すところもあり、総量を算定するところまでには至っていないが、遺跡全体では膨大な量のアワビが廃棄されていると考えられる。貝層の形成状況は試掘調査地点によって大きく異なるが、アワビのみの純貝層で貝と貝の間には土が詰まっておらず隙間がみられるような場所もある。このような地点の貝層は短期間に一気に形成されたことが考えられる。一方、純貝層や混土貝層が四～五枚の互層になっている場所もみられ貝層形成にかなりの時間的経過が考えられる地点も存在する（図3）。

貝塚から出土するアワビの殻にヤスで突かれた四角い孔がみられることからアワビ漁にヤスによる「見突き」漁が行われていたと考えられる。孔

【図2】浜尻屋貝塚遠景（地表の隆起した部分が貝塚）

の数は一カ所と二カ所で三カ所はみられず、一カ所の場合が圧倒的に多い。なお、アワビの殻に見られる刺突痕跡は全体の一％未満と極めて稀であることから、当貝塚のアワビ漁の主体的な漁法とはなっていない。恐らく浅い磯にいるものを起こしたり素潜りにより起こして捕る方法が一般的で、見突き漁は冬季の水温が下がる時期だけなどに限定して行われたのではなかろうか。

貝塚からは魚骨や海獣の骨だけでなく漁具も豊富に出土している。鉄製の釣針はいずれも長さ六㎝前後の大きなものであることから、サメ・マグロ・メカジキ・タラ・カサゴ類などを釣る際に用いられたと考えられる。鹿角や海獣の牙を素材とした擬餌鉤の軸も出土しており、民俗資料を参考にするとカツオやブリ漁に用いられたものと考えられる。回転式離頭銛は、いずれも中柄の挿入される部分が開窩式で、多くの尾部は二股に分かれており、先端部に鉄鏃が装着されるタイプのもの

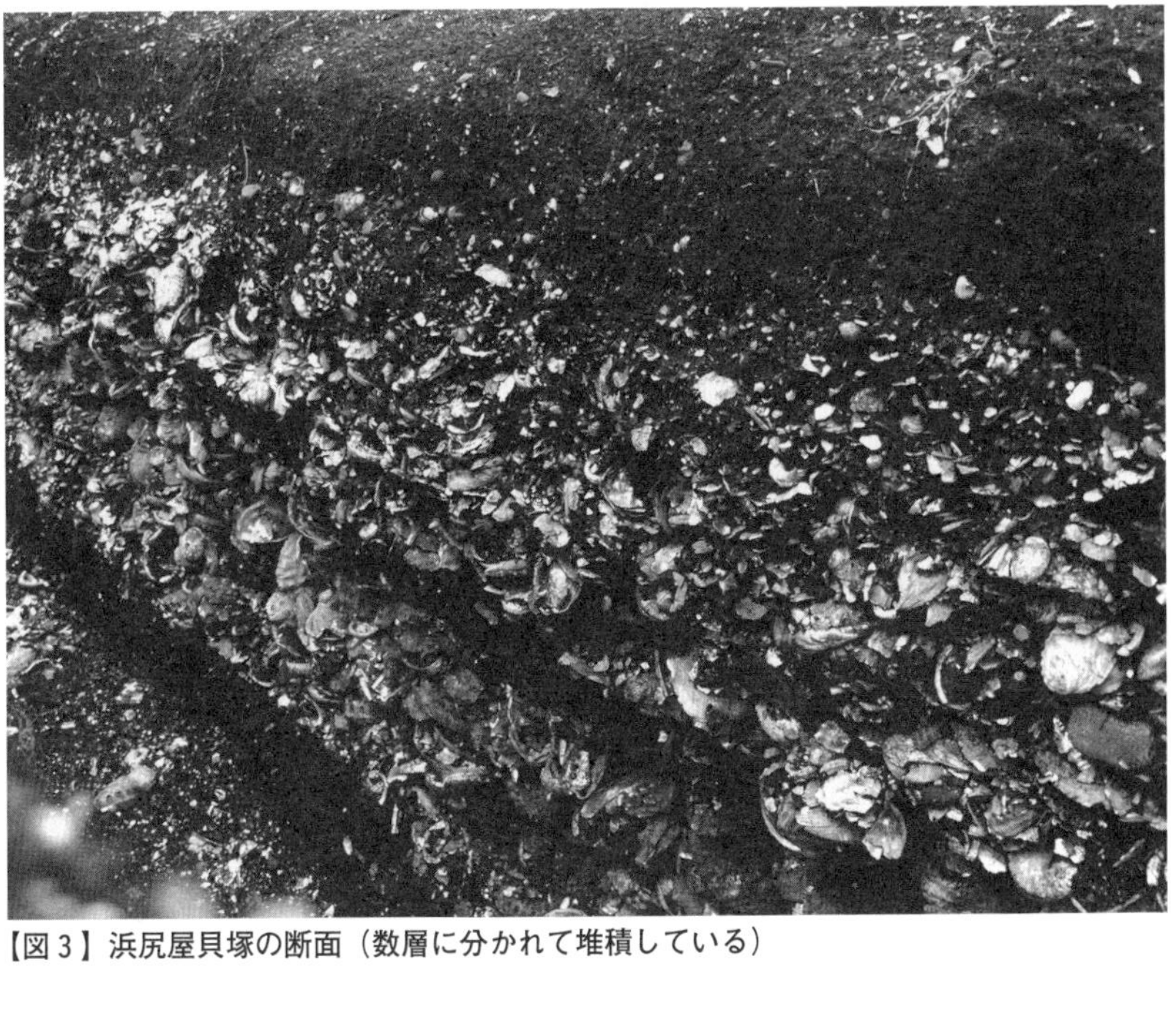

【図３】浜尻屋貝塚の断面（数層に分かれて堆積している）

である。離頭銛はクジラ・アザラシ・オットセイ・トドなどの海獣猟に用いられたと一般的には考えられているが、当遺跡からはマグロの椎骨（図4）やメカジキの吻部が大量に出土しており、マグロ漁にも使用された可能性も高い。

浜尻屋貝塚から出土した魚類は、マグロ・メカジキ・カツオなど夏季に北上してくる暖流系のもの の他にタラ・ニシン・サケなど秋季から春先にかけて回遊してくる寒流系のものがあり、さらにアイナメ・カサゴ類・カレイなど尻屋崎沿岸を根として成長する魚もみられる。また海獣類では春に尻屋に回遊してくるトド、春・秋・冬に姿を見せるオットセイなどがみられる。このような、季節的に回遊する魚類や海獣の生態からほぼ通年にわたる活発な漁の様子がうかがわれる。

浜尻屋貝塚では、殻長が三㎝前後のエゾアワビの稚貝が大量に捕られており、これらは自家消費用に充てられていたと判断される。一方、殻長の

【図4】マグロ椎骨出土状況（浜尻屋貝塚）

【表】浜尻屋貝塚漁期一覧

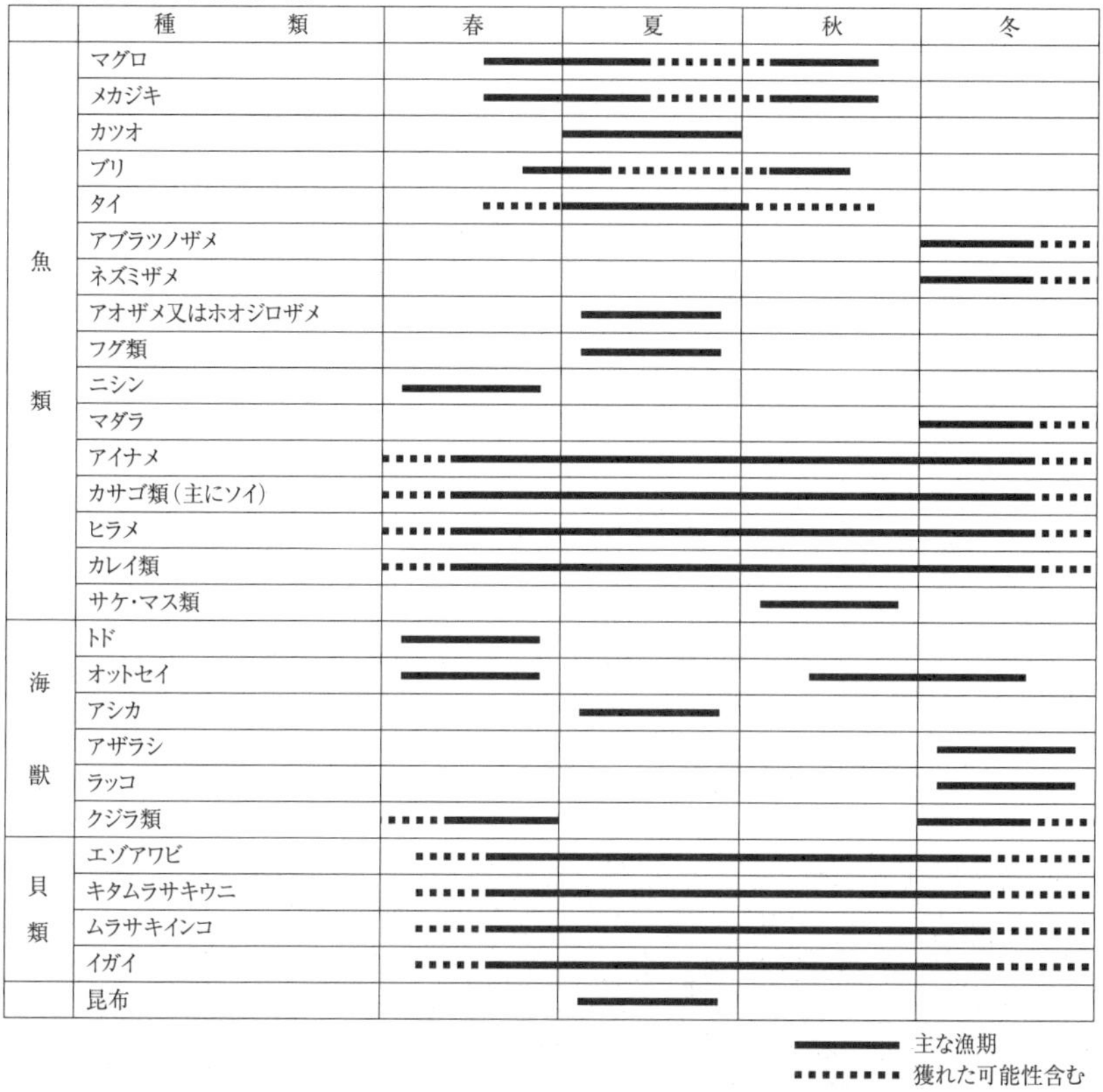

ピークが五・六cm代、七cm代のブロックもみられる。大きなエゾアワビのみで構成される純貝層は、アワビを商品化する目的で集中的な漁が行われたことを示すものであろう。ウニ漁も盛んに行われており刺が層をなしている場所も見られる。ウニは塩漬けにすることにより一定の賞味期間が得られるので、やはり商品価値をもっていたと思われる。ただし、干鮑とは異なり運搬に多くの日数を要するような遠隔地向けには適していなかったであろう。当貝塚から出土している多くの魚類も干物や塩漬けに加工することによりある程度まで保存が効くようになると考えられる。さらに、海獣の毛皮は、防寒衣料として重要であるだけでなく

【図５】離頭銛（浜尻屋貝塚）

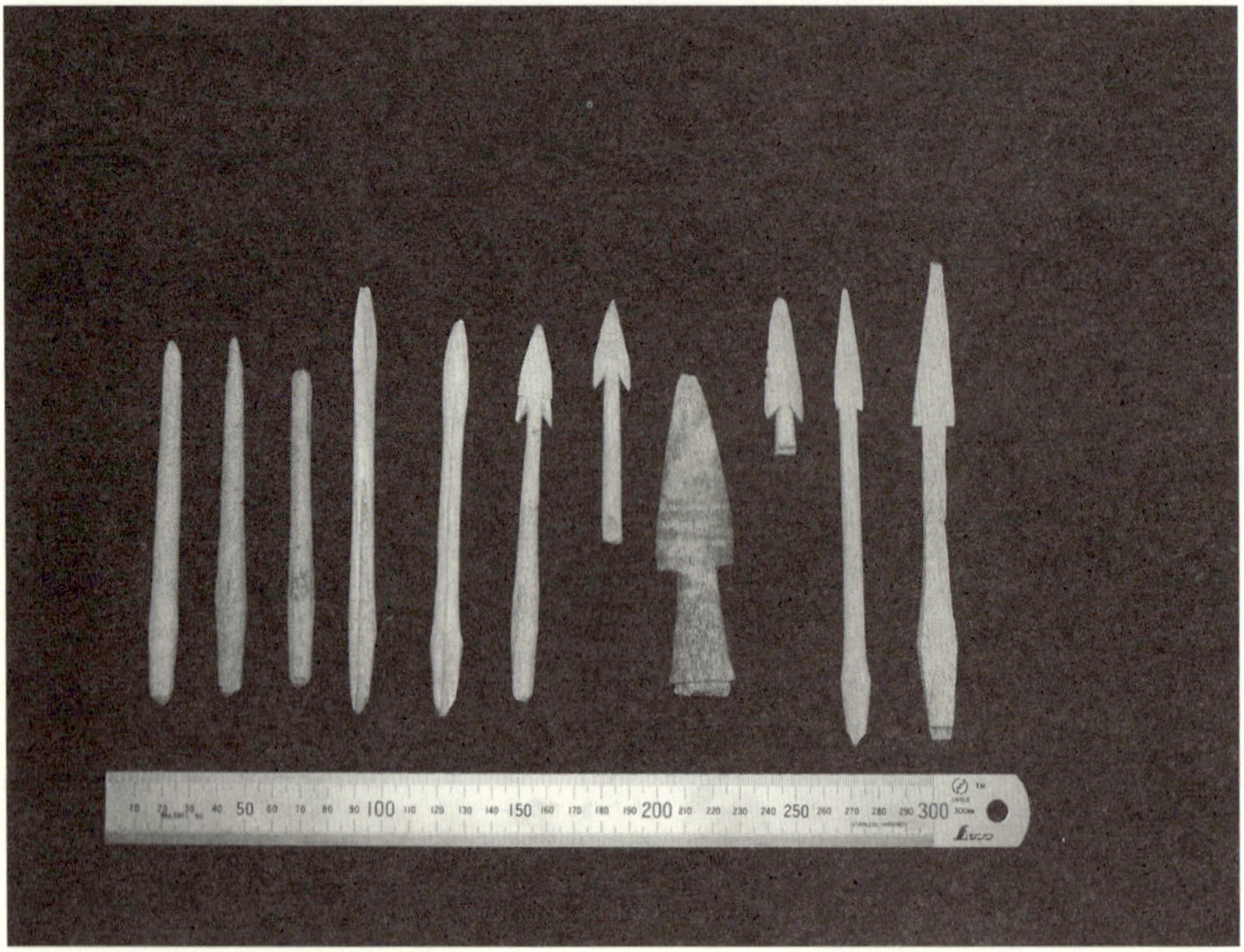

【図６】骨鏃と中柄（浜尻屋貝塚）

武具の材料として武士階級から特に高い需要があったことが想像される。また、油も食用や照明用に利用することができる。浜尻屋貝塚で捕られた海産物と消費地との関係を直接示す遺物は出土していない。しかし、当貝塚出土の陶磁器には日本海を経由して運ばれてきた越前焼・珠洲焼がみられることから、干鮑のような遠隔地向けの海産物も同じルートを通って消費地に運ばれて行ったものと推定される。

浜尻屋貝塚からは、中世城館から出土するような船載の香炉・壷・盤や瓦質の火鉢など当時の社会における高級品の出土がほとんどみられない。また骨角製の離頭銛（図5）や骨鏃（図6）は、基本的には北海道の擦文文化やアイヌ文化と共通するものである。

なお、浜尻屋貝塚が形成された時代は、津軽地方を中心基盤とする安東氏が下北を支配圏に治め、やがて八戸地方を中心に青森県全域に勢力を拡大した根城南部氏がそれにとって代わる時代の激動期にあたっている。浜尻屋貝塚の造営者が地方の領主とどのような関係を有していたかについても解明していかなければならない課題であろう。

(2) 大平《おおだい》貝塚

大平貝塚は、尻屋崎の突端の東約八〇〇ｍに位置し、標高約一五ｍの海岸段丘上に立地する。尻屋崎の津軽海峡側の海岸はほとんどが断崖であるが、大平貝塚周辺はなだらかで海岸に出やすい地形で、湧水もみられ、海岸は小さな入江を形成しており、漁撈を行ううえで恵まれた条件を兼ね備えた場所である。遺跡の規模は六〇〇～七〇〇㎡程度と推定され、マウンド状に盛り上がった小規模な貝塚が発掘区の中央と西側から二カ所検出された（図8）。貝層の厚さは最大で七〇㎝に達する。発掘調査により陶磁器・金属製品・骨角器などのほか膨大な量の貝殻や海獣・魚類の骨などが出土した。陶磁器は、一六世紀末の志野焼、一六世紀末～一七世紀初めの美濃・瀬戸系小皿などもわずかに出土したが、生活に必要な鉢・皿・瓶・碗・擂鉢などが一通り揃っているのは一七世紀後葉の肥前系の陶磁器であり、貝塚が営まれたのはこの時期と考えられる。貝塚の周辺から屋外炉が合計で一二基検出されている。いずれも地面の上で直接火を燃やしたと考えられ、底面は直径四〇㎝前後の擂鉢状に窪んでおり、強い火熱を受けて赤変している。この遺構は海産物の処理または野鍛冶に関連する遺構である可能性が考えられる。発掘区中央南寄りの位置から直径二〇～三〇㎝で深さ約三〇㎝の柱穴が二三個検出されたが、小型の作業小屋か塀・柵の一部ではないかと推定される。金属製品としては釘・船釘・鍋・自在鉤・小刀・煙管、古銭などが出土している。古銭は、皇宋通宝・洪武通宝（二点）・無名銭（三点）・寛永通宝（二点）の種類が認められる。骨角器には、鯨骨製の離頭銛の銛頭や中柄（図10）・骨角器未製品・用途不明の骨角製品などがある。銛頭は5点出土しており、いずれも先端に鉄鏃を挟み込むための溝をもち、尾部が二又に分かれ、中柄を受ける溝と二個の索孔を有する。貝層を構成する貝はエゾアワビを主体とするが、クボガイ・ムラサキインコ・タマキビなど尻屋崎周辺に生息する岩礁性巻貝や二枚貝などもかなり認められる。貝類の組成などは、浜尻屋貝塚と共通しているが、クジラ・アシカ（図11）などの海獣類が貝層中から大量に出土している点がこの貝塚の最大の特徴である。この遺跡で捕られている回遊魚や海獣の季節性は、夏とその前後に集中する傾向がうかがわれる。大平貝塚は、季節的な漁撈とそれに伴う海産物の

【図７】大平貝塚遠景

【図８】マウンド状に盛り上がった貝塚（大平貝塚）

【図９】ヤスで突いて捕られたアワビ（大平貝塚）

加工処理や漁撈具の手入れなどに使用された場所であった可能性が高く、この遺跡の本村は近くの別の所にあるものと思われる。

　貝塚が営まれていた当時の尻屋崎のアイヌに関する注目すべき史料が存在する。盛岡藩の家老席日誌として知られる『雑書』の貞享四年（一六八七）一二月二九日条には「松前より松右衛門と申者　田名部尻屋村物見崎江参狄罷成居候　彼者様子有之候間相返給候様ニと松前主水より町奉行江十一月二十日付申参候に付き（省略）」とある。大平貝塚を残した人は北海道アイヌと同じ道具を使用し海獣猟を活発に行っており、アイヌの居住を示す文献史料も存在することから、貝塚は本州に住むアイヌ民族により形成された可能性が考えられる。

(3)　岩屋近世貝塚

尻屋崎の突端から南西約六㎞に位置し、岩屋集落の背後にある標高二五～四〇ｍの海岸段丘に立地す

【図10】離頭銛ほか（大平貝塚）

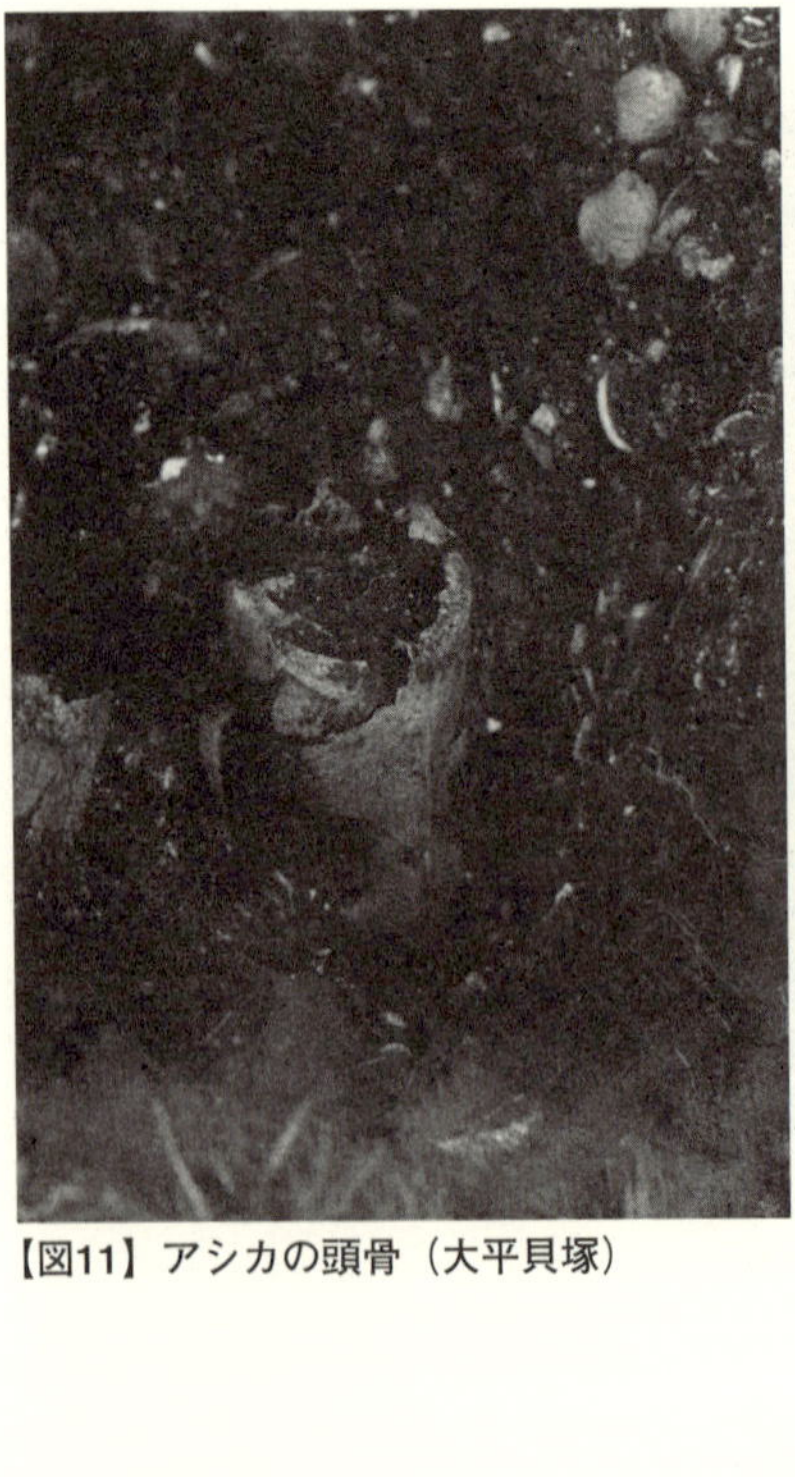
【図11】アシカの頭骨（大平貝塚）

る。貝塚は段丘平坦面の畑や加賀戸沢川に面する谷など一三カ所以上で確認されており、遺跡の範囲は二〜三万m²に達すると推定される。この遺跡が広がる畑は非常に細かく複雑に分割されており、周囲とは大きく異なっている。その現状は明治二〇年と二一年の土地の区割り図とほぼ同一であり、江戸時代からのものがそのまま残っている可能性も考えられる。

調査は、段丘平坦面の畑に点在する貝塚のうち、地表面に多くの貝殻が認められる二地点を選定し、三四m²行われただけであるが出土した遺物の量は多い。陶磁器は、古いものでは一六世紀末頃の美濃・瀬戸産の大窯期の製品や胎土目をもつ唐津なども存在する。しかし、これらはいずれも貝塚形成面より古い層から発見されている。貝塚から確実に伴って出土している陶磁器は概ね一八世紀代の肥前系碗・皿・鉢・擂鉢・瓶子などで、貝塚もこの時期を中心に形成されたと考えられる。貝層の状態が良好な第二地点で厚さ五〇㎝ほどの純貝層が検出され、最も堆積状況が良好な部分では貝と貝の間に空間がみられるほど貝だけが密集している。浜尻屋貝塚や大平貝塚と比較するとアワビ以外の貝の割合が非常に少なく、単純な様相を示す。また、比較的大きなアワビだけが出土しており、一本ヤスや二本ヤスの他に三本ヤスで突かれた痕跡をもつものもみられる。

鉄製品としては、鉄釘・船釘・鉄鍋・ヤス・小刀・締め金具などがある。銅製品としてはキセルの雁首と

【図12】岩屋近世貝塚の陶磁器

吸口・古銭が出土している。古銭は、寛永通宝のほかに開元通宝・元豊通宝・皇宋通宝・洪武通宝・無文銭などがみられる。ほかに小札や砥石などもある。貝塚から出土した魚類の骨にはエイ類・ホシザメ類・サメ類・ニシン・ホッケ・アイナメ・アジ類・サバ類・マグロ類・ブリ・マダイ・フグ類・カジカ類・タナゴ類・ヒラメ・カレイ類があるが、ニシン・アイナメ・カレイ類・タラ類など寒流系のものが多いという特徴がみられる。哺乳類ではニホンジカ・ニホンカモシカ・クジラ類・オットセイなどがあるが量は少ない。ウニの棘・殻・口器もかなり出土している。この遺跡は、回遊魚の季節性から通年にわたる漁業が行われており、面積も広大なことから、近世の大規模な漁業集落遺跡であると考えられる。

まとめ

下北半島のアワビ貝塚からは、地元では生産できない陶磁器などが出土し、また生活物資の購入に必要な貨幣

【図13】大型アワビの純貝塚（岩屋近世貝塚）

も多数みられる。従って、これらは基本的には貨幣経済の中に位置付けて考えていかなければならない遺跡である。

長崎俵物の研究によれば、俵物生産が軌道にのり定着するようになったのは宝永年間（一七〇四～一〇）以降のことで、俵物の集荷に当たっては当初長崎の俵物問屋などが任意に行っていたが、延享元年（一七四四）からは幕府が認めた長崎俵物請方商人が独占的に扱うように変わっていったとされている（荒居一九八八）。

下北半島の俵物商人として有名なのは田名部の山本理左衛門であるが、山本は明和二年（一七六五）にはすでに幕府側の記録に登場しており、天明四年（一七八四）には尻屋・尻労・岩屋・角違・一里越・城ケ沢・宇曽利川・宇田・川守・安渡・大平の十一浦の田名部支配問屋であったことが知られている（荒居　前掲）。

このような文献史料を基にした研究と岩屋近世貝塚の発掘調査結果を対応させると、この貝塚が長崎俵物の生産に従事していた漁業集落であることはほぼ確実であろう。岩屋近世貝塚は他の二遺跡とは異なり、アワビの大きさが九cm前後と、近代のアワビ漁の採捕基準である三寸以上という規格に近いものを主体的に採っている。おそらく、アワビは商品として厳重に管理され出荷されていただけでなく、資源枯渇を防ぐための規制も存在したのであろう。また、アワビ以外の小巻貝類が少ないことから、かなり専業的な漁業が行われ、漁獲物を売ることにより穀類を買うことができるような生活が保障されていたものと考えられる。長崎俵物をめぐる近世経済史の研究では、幕府が俵物の直接集荷体制を敷き、輸出俵物を確保するために毎年全国各地に生産高を厳しく割り当て、しかも俵物の価値を低く抑えて強制的に買い上げたため、漁村の経済は著しく疲弊したとされている。しかし、岩屋貝塚の陶磁器の出土量をみると、時代が古い浜尻屋貝塚や大平貝塚よりは格段に多くなっている。中央の市場からはるか遠く離れた下北半島において、保存の効く干鮑生産に携わることにより、全国的な集荷体制に組み込まれ、生活物資や穀類が円滑に流入するようになり、以前よりは安定した生活が送れるようになったというプラスの側面も推測できるのではなかろうか。

　浜尻屋貝塚や大平貝塚は俵物生産以前の遺跡である。両貝塚ともアワビは岩屋近世貝塚よりも小型であり、大きさ六～七㎝に集中する。特に浜尻屋貝塚では大きさ三㎝前後の稚貝もかなり採っていることから、資源管理の意識はほとんどなかったようである。この二カ所の貝塚では、磯浜で容易に採集できる小型巻貝や二枚貝など売りものにならない貝を大量に採っており、海産物に占める自家消費用食糧の割合がかなり高い可能性が考えられ、穀類の流通が円滑でなかった時代における食糧事情を示すものであろう。

　近世前期の『寛文雑記』では田名部の串貝（アワビ）や煎海鼠が上り荷として運ばれ、敦賀がその中継基地になっており、小浜や敦賀には「唐津焼物屋」と呼ばれる伊万里焼などを扱う問屋や鉄売問屋などが店を構えていたことが知られている（岡田一九八五）。このように俵物以前にすでに下北半島の海産物が国内の市場に出回っていたことを伝える重要な史料も存在する。

　北日本におけるアワビ貝塚の分布を調べたところ、多くが俵物生産に関連するものであるが、中には古代まで遡るものも存在する。このような遺跡が、当時の社会のなかでどの程度まで海産物の需要を満たしていたのか明らかではないが、江戸時代になってそれまでの対中国貿易の輸出品である銅に替えて干鮑をはじめとする海産物が登場する背景には、その前史としてすでに北日本の海産物輸出の実績があったからではなかろうか。この点を具体的に検討するためには、国内はもちろん中国

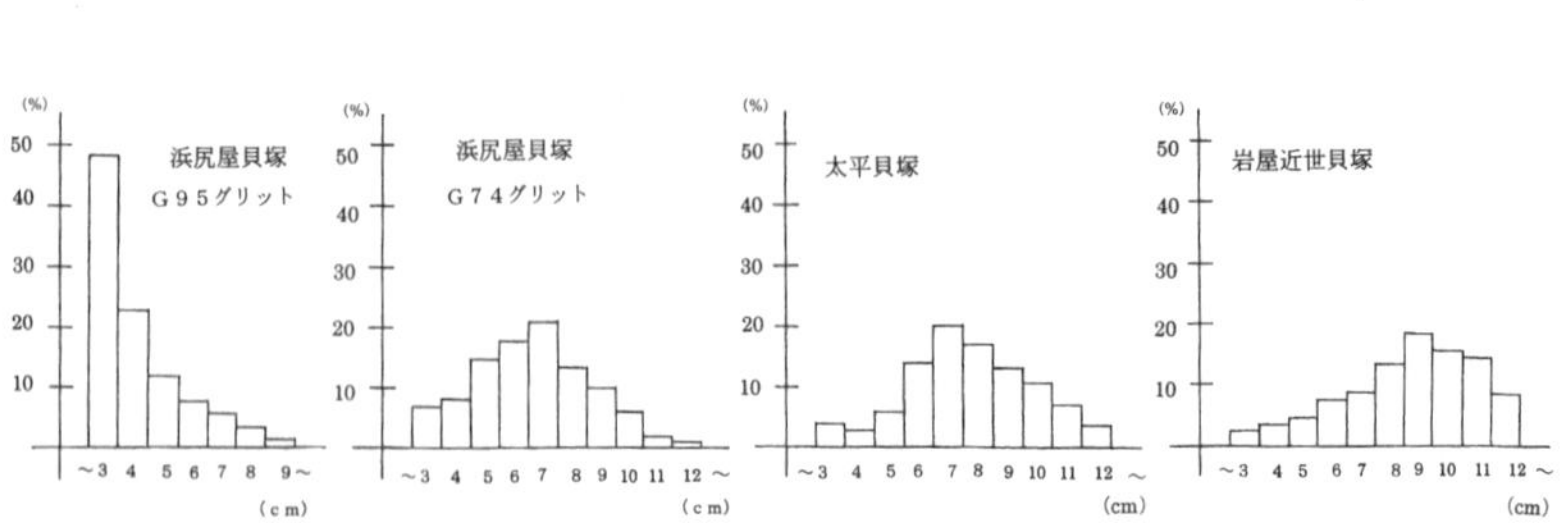

【図14】アワビの大きさグラフ

側の史料も探求する必要があろう。

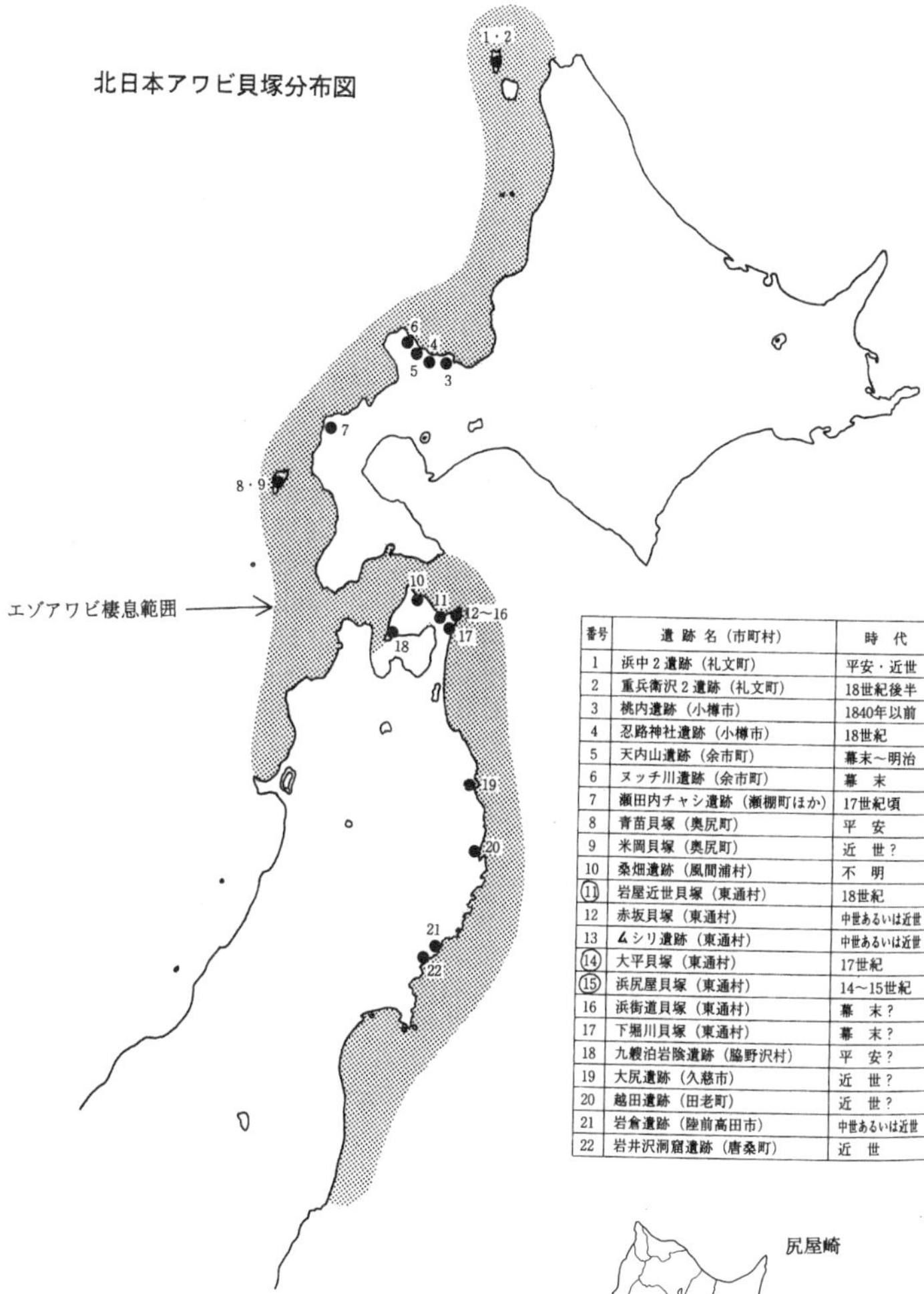

番号	遺跡名（市町村）	時代
1	浜中２遺跡（礼文町）	平安・近世
2	重兵衛沢２遺跡（礼文町）	18世紀後半
3	桃内遺跡（小樽市）	1840年以前
4	忍路神社遺跡（小樽市）	18世紀
5	天内山遺跡（余市町）	幕末～明治
6	ヌッチ川遺跡（余市町）	幕末
7	瀬田内チャシ遺跡（瀬棚町ほか）	17世紀頃
8	青苗貝塚（奥尻町）	平安
9	米岡貝塚（奥尻町）	近世？
10	桑畑遺跡（風間浦村）	不明
⑪	岩屋近世貝塚（東通村）	18世紀
12	赤坂貝塚（東通村）	中世あるいは近世
13	ムシリ遺跡（東通村）	中世あるいは近世
⑭	大平貝塚（東通村）	17世紀
⑮	浜尻屋貝塚（東通村）	14～15世紀
16	浜街道貝塚（東通村）	幕末？
17	下堀川貝塚（東通村）	幕末？
18	九艘泊岩陰遺跡（脇野沢村）	平安？
19	大尻遺跡（久慈市）	近世？
20	越田遺跡（田老町）	近世？
21	岩倉遺跡（陸前高田市）	中世あるいは近世
22	岩井沢洞窟遺跡（唐桑町）	近世

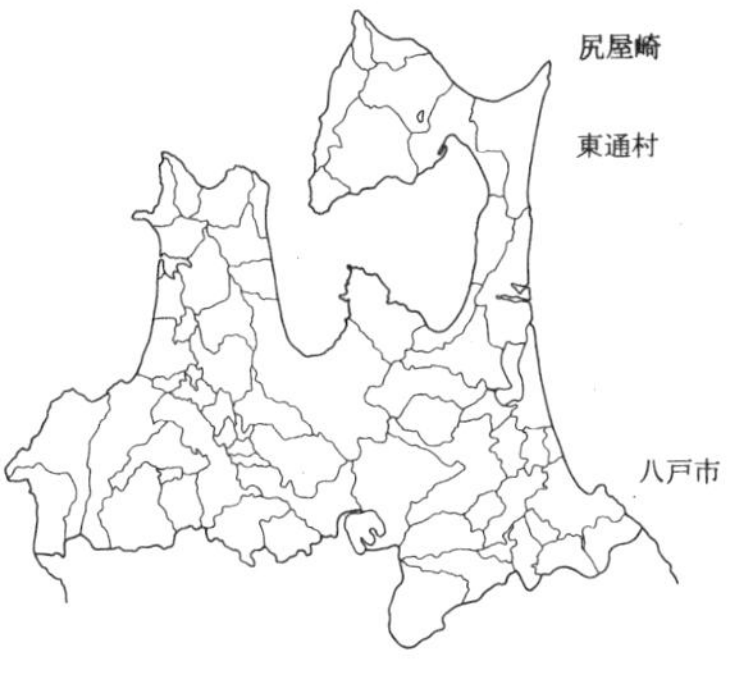

【図15】北日本アワビ貝塚分布図

参考文献

荒居英次　一九八八『近世海産物経済史の研究』名著出版
大矢・市瀬　一九五七「下北半島の海岸砂丘（第一報）」『資源科学研究所彙報』第四六―四七号
岡田孝雄　一九八五「村と浦」『敦賀市史』通史編上巻
工藤竹久　二〇〇三「貝塚から探る中世・近世の漁労」『青森県史』資料編考古四
佐藤孝雄　一九九七「中・近世における北海道アイヌの狩猟と漁撈」『考古学ジャーナル』No四二五
東通村　一九九九『東通村史―遺跡発掘調査報告書編―』
細井　計ほか　一九九一『盛岡藩雑書』第五巻　盛岡市教育委員会
森　治　一九七八「第一章　自然」『下北半島の自然と民俗』伝統と未来社
矢野憲一　一九九五『鮑《あわび》』ものと人間の文化史六二　法政大学出版局

八戸藩の漁業政策と漁乞

高橋　美貴

はじめに

本稿の作業課題は、八戸藩の藩庁日記を素材として、同藩における漁業および漁業政策の展開過程を一七世紀末から一九世紀までを見通しつつ描き出すことである。その際、次の（1）〜（3）のような三つのねらいを意識して分析を進めたい。

（1）八戸藩における漁業および漁業政策の展開を考える際、大きな画期のひとつとなるのは一七世紀末から一八世紀初にかけて生じた鰯（イワシ）網漁およびその関連産業の急速な拡大であった。これ以後、同藩における鰯網漁とその関連産業は藩財政上において占める位置を飛躍的に高めていく。それゆえ、その後の推移を地域と藩政策の両面から描き出す作業は八戸藩制史研究・八戸地域史研究において不可欠な論点と見なすことができる。本稿では同藩における鰯網漁の拠点となった湊浦通地域を事例として、このような鰯網漁の拡大が当該地域の地域形成にいかなる特徴を与えたのかに考察を加えつつ、「南部の風土と地域形成」という大会テーマに、海川の生業たる漁業とそれに対する政策史を素材として接近を試みたい。

（2）一方、八戸藩の漁業政策に注目すると、同藩のそれは漁業生産および流通からの収奪のみを考え政策的にはほぼ「無策」であったというイメージでこれまで捉えられてきた。[1] 実際、同藩の藩庁諸日記の記述はそれを裏づけるが、一方で一八世紀後半以降の八戸藩が「漁乞」（漁猟の豊かさを祈るとともに、不漁からの脱却を祈る祈祷や祭り）への関与を拡大させていく事実を確認することができる（後述）。民俗学における豊富な研究蓄積の存在からも分かるように、漁業をはじめとする山野河海の生業を考える際に「漁乞」の問題を無視できないことは明らかであり、それは近世の生業史の分析を進めていく際にも不可欠な要素となろう。また、幕藩領主の漁業政策を復元するに際しても、生産や流通をめぐる経済的対応のみにそれを限定せず、「漁乞」などを含む生業文化的な対応をも含めた政策認識を導入する必要があろう。本稿では、近世の漁業政策をめぐる政策範疇の再検討も意識しつつ前述した作業課題への接近を試みたい。

（3）なお、（2）のようなねらいを設定して検討を進めようとしたそもそもの問題関心は、資源保全史という観点[2]から八戸藩の漁業政策に検討を加えてみたいと考えたことにある。とくに鰯のように人為的な資源コントロールが困難な魚種の漁況変動に対して近世の領主権力がどのような対応を示したのかという問題を、鮭のように人為的な資源コントロールの有効な（と考えられた）魚種に対して近世の領主権力が実施した政策的対応（資源保全政策）との対比のなかで位置づけを試みたい。[3]

＊なお、以下の資料からの引用については、本文中次のように略記する。

①『八戸市史　史料編　近世1～10』（八戸市、一九六九～一九八二年）→八戸巻数―頁数。②『種市町史　第一～八巻　史料編一～八』（種市町、一九九六～二〇〇一年）→種市巻数―頁数。③『寛政三年・享和四年　鮫御役所日記』（種市町教育委員会、一九九四年）→鮫寛―頁数。④『文化三年・文政三年　鮫御役所日記』（種市町教育委員会、

一九九四年）→鮫文―頁数。⑤『八戸港史』（青森県・八戸市・八戸港開港三五周年記念式典協賛会、一九七六年）→港史―頁数。⑥『湊中学校創立四十周年記念誌　みなとの風光』（八戸市立湊中学校創立四十周年記念事業実行委員会、一九八七年）→風光―頁数。⑦田名部清一『前浜地名考　失われゆく地名に…』（田名部清一、一九八二年）→前浜―頁数。

一　八戸藩における鰯網漁の展開とその歴史的背景

(1)　八戸藩における鰯網漁の勃興と展開

一七世紀末から一八世紀前半にかけて、八戸藩では鰯網漁およびその関連産業の急速な勃興・拡大を見た。これ以後、鰯の加工品たる〆粕・干鰯・魚油は大豆と並ぶ同藩の二大移出品のひとつへと成長してゆき、同藩の鰯網漁は藩財政上において占める位置を飛躍的に高めていくこととなる。その際、八戸藩における鰯網漁の拠点として成長してくるのが、湊村から白銀村・鮫村にかけての湊浦通地域【資料1】であった。

たとえば一七世紀末には、湊村の堤防付近の土地を「諸商人」が鰯の干場として利用するようになったために、その利用権をめぐって争論が多発（「数年論地」）。これに対して八戸藩は元禄八年（一六九五）に、干場三二〇〇坪を条件によって上中下の三等級に分けたうえで、湊村の名主・松兵衛を干場の支配役に任命し、干場の利用者から「礼銭」を徴収することを命じている[4]（八戸2―一〇六）。この時期、鰯漁獲量の増加にともなって、礼銭徴収を通して干場の利用統制に藩が乗り出さざるをえなくなっていたことが分かる。またこの頃には、八戸藩領の鰯網（「大網」と記載）が湊浦通地域の前海のみならず、隣接する盛岡藩領の市川海（【資料1】を参照）にも出漁して操業を行うようになっ

【資料1】湊浦通とその周辺地域

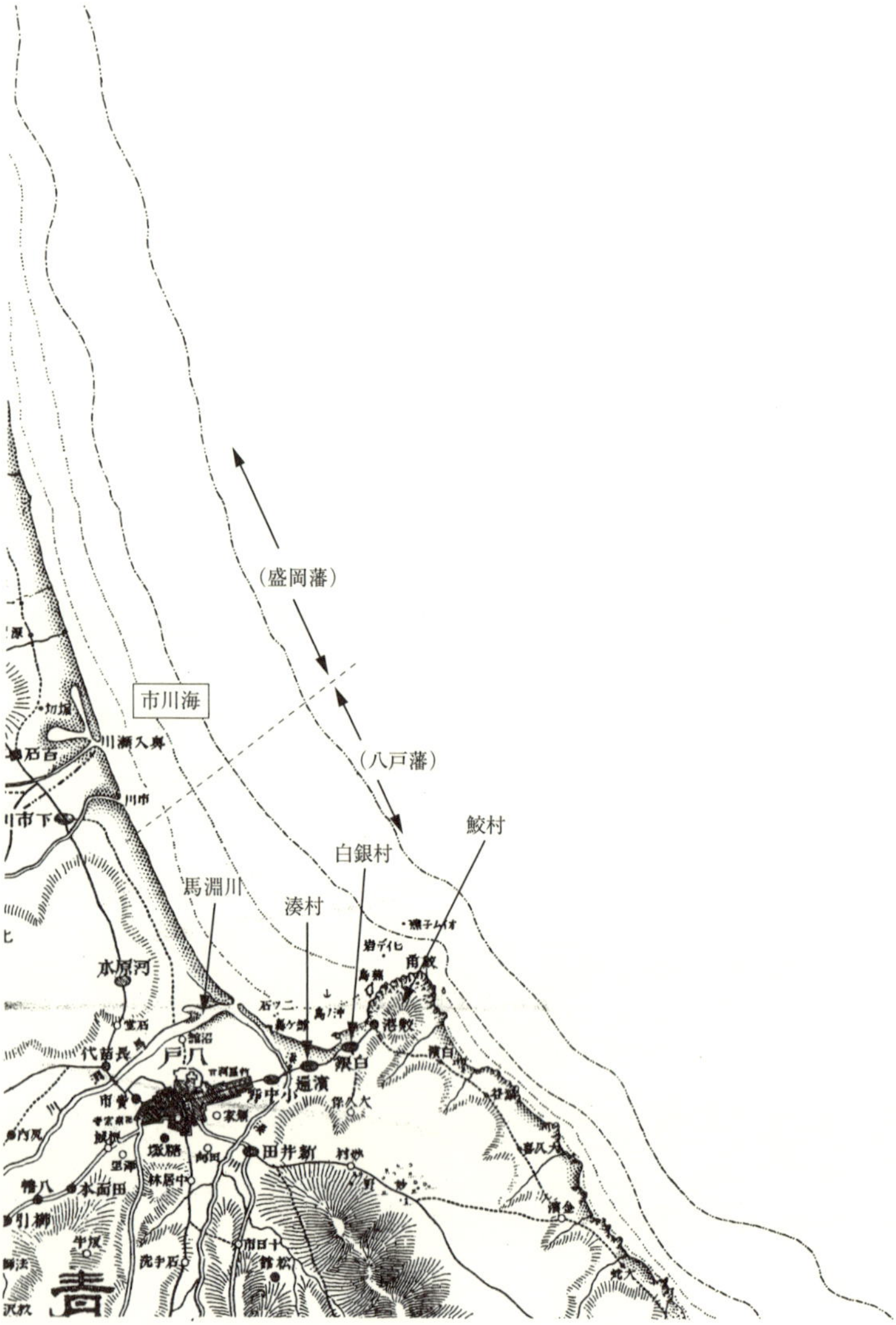

ていた[5]（八戸2―一二九）。当該期の八戸藩において、鰯網漁が干場の不足のみならず前海漁場の不足をも引き起こしつつ急速に成長しつつあったことが分かる。

このような急速な鰯網漁の拡大は魚油のほか干鰯・〆粕生産の拡大へと連動し、その加工に必要な燃料（薪）消費量の拡大を湊浦通地域に促すこととなる。実際、宝永四年（一七〇七）五月には、湊で鰯の大漁があったために、薪の消費量が急増し、在方から出荷される「商売之薪」が八戸町に出回らず、湊にばかり出荷される状況が問題化している。八戸藩では、「昼夜共」に釜煮をして鰯の加工を行っている者を取り締まると同時に、在方百姓から薪を購入して鰯加工を行っている釜主のチェックを行うことを命じている（八戸3―一四）。鰯漁獲量の増大に伴って鰯の加工を行う釜が昼夜を問わずフル稼働していた状況が窺える[6]。鰯漁の拡大は藩内における薪需要の拡大を促し、おそらくは山林利用のあり方にも一定の影響を及ぼしていったと推測される。

このような鰯網漁および鰯加工業の展開は、八戸藩における新たな税収源の登場でもあった。当該期―とくに元禄期―の八戸藩では、鰯釜役銭や鰯十分一役（鰯の漁獲量に課される役）の徴収が始まり、湊のほか白銀・鮫にも賦課されるようになるほか（八戸3―二八七・八戸2―三二〇）、その徴収を行う十分一役所が湊村に設置されたのもやはりこの時期であった（宝永三年。港史―五五より。）。またこれと連動するように、元禄六年および一六年には、八戸藩の中心的な外港として機能していくこととなる鮫村（鮫港）において街地の屋敷割りや船着場・倉庫用地の区画整理が実施され、宝永期には浦役所（浦奉行が詰め浦名主や船宿・船問屋などを指揮して積み荷の改めなど港務を担当。鮫御役所とも。）も設置されている[7]。このような動きは、鰯加工業に代表される八戸藩における商品生産の拡大と連動したものであり、一七世紀末～一八世紀初が同藩の生業・産業・流通史上における大きな画期に当たっていたことを確認できる。

(2) 新規漁業導入の動きと八戸藩

なお、当該期は、鰯網漁以外にも新たな漁業技術の導入が八戸藩内において模索される時代でもあった。たとえば、貞享三年（一六八六）には城下廿八日町の太郎次がカツオ釣溜漁（鰯を生きたまま捕獲し船内の桶樽に入れて漁場まで運び、それを生き餌にしてカツオを釣る漁法。一本釣漁の原型。）の実施を出願してくる（八戸1—四四一）。太郎次はこれ以前の天和三年（一六八三）、同町の半右衛門ら四名の者たちとともに馬淵川（八戸城下近傍を流下し、湊において太平洋へ注ぐ河川。【資料1】参照。）の鮭運上を六七両二歩で請け負うが、運上金の上納に滞り家屋敷を手放してもなお未納金を残すという苦境に陥っていた。一方で、「先年」紀州から漁民（「紀伊国七左衛門・善五郎」）が白銀浜に到来しカツオ釣溜漁を行ったが、彼らのカツオ漁は餌となる鰯網漁（「ゑさあミ」）の操業を伴うものであったため、地元漁船とのあいだに対立が発生、八戸藩は地元からの訴えを受けてカツオ釣溜漁を差し止めていた。

実は、一七世紀後半の三陸地方では、紀州をはじめとする関西漁民が地元の漁業経営者や商人資本によって呼び寄せられ、カツオ釣溜漁をはじめクジラ漁や鰯漁などを操業することがしばしば見られた。この時期、関西漁民の出漁は仙台藩領から盛岡藩領にかけての広範な地域で確認することができ、地域によってはその過程でカツオ釣溜漁の技術が浸透していくこととなる[8]。太郎次は、鮭川運上請負で被った損失を埋めるべく、カツオ釣溜漁の操業を企画したのである。また元禄一二年には、肥前国大村の池田平十郎なる者が、八戸藩の江戸藩邸に鮫浦沖でのクジラ網突漁の実施を出願してくる（八戸2—二四七・二五五）。出願の条件は、まず五五両を江戸にて上納したうえで操業を実施し、最初の三年間は毎年クジラ一本につき金六両と油二斗入三〇樽を上納するというもので、八戸藩はこの願いを許可している[9]。

当該期の三陸沿岸は、魚油・魚肥・カツオ節といった水産加工品の原料となる鰯・カツオ・クジラといった水産資源の回遊・生息地として、列島各地の遠隔地漁民を引き寄せていたのである。これらの現象は、木綿に代表される商品作物生産の展開と連動した漁肥需要の拡大や、江戸をはじめとする都市部での食料・灯油需要の拡大などと連動したものであったと考えられる。[10] 魚肥や魚油、そして後述する大豆など領外向けの物産に大きく依存した八戸藩の産業構造と財政構造は、このような一七世紀後半～一八世紀初の歴史的状況に規定されつつ作り出されていくことになるのである。

以上のように、当該期は八戸藩領内において新たな水産業の導入や拡大が模索された時代だったのであり、このなかから湊浦通地域では鰯網漁が漁業生産の主軸として選びとられていくこととなったのである。

(3) 鮭から鰯へ

ちなみに、これ以前まで八戸藩で産出される移出水産物の中心は鮭と鮑であったと考えられる。とくに鮭については、一定の運上金上納と引き替えに藩によって指定された御定値段で海川において漁獲された鮭を独占的に集荷する権限を与える運上請負制[11]がとられていた。八戸藩領内における鮭の主な生産地域は湊浦通地域（とくに馬淵川・新井田川とその前海）と久慈地域（久慈川とその前海）であったが、そのいずれにおいても運上請負制が実施されていた（それぞれ八戸1―三三四・三三五、一六四など）。また寛文期末には、湊村・庄左衛門が江戸の商人と推測される三浦屋庄右衛門を請人として領内全体を対象にした運上（「御領分海川御運上」）を請け負っている。この時期の八戸藩における運上請負制が江戸などを主な市場とし、場合によっては江戸商人からの資金援助を得つつ実施されたことを指摘できよう。[12] この時期、盛岡藩においても鮭を主な対象とした海川運上制が実施されていたが、寛文期には江戸や中湊の商人資本（伊勢屋権兵衛や慶徳孫兵衛、白土次郎左衛門など）による請負が行われており、[13] 江戸などの領外商人の進出は三陸沿岸全体に一般化しうるものであった。ところが八戸藩の運上請負制は元禄期を境に消滅していくこととなる。[14]実は盛岡藩においても貞享二年（一六八五）を最後に海川運上制が崩壊している。その契機のひとつは、一七世紀後半から一八世紀初にかけて当該地方を襲った鮭の大不漁にあった。おそらくは八戸藩の運上請負制停止の背後にも同様の事態があったと考えられる。当該期には、盛岡藩・八戸藩と相次いで鮭の請負制度が停止しているのであり、それはそれぞれの藩財政にも相応の影響を及ぼしたものと考えられる。この時期の八戸藩において、前述したような新漁業導入の模索が行われたのはこのためだったのであり、そのなかであたかも移出水産物の主役であった鮭と入れ替わるようにして鰯網漁が急速に成長してくるのである。この時期、同藩の鰯網漁に対する徴税制度が急ピッチで整備されていった理由もここにあったといえよう。

なお紙幅の関係から鮑の請負についてはは稿を改めて論じざるをえないが、寛文期に「御領分海川御運上」の請負人として登場した庄左衛門は延宝期に「熨斗切」として登場する庄左衛門と同一人物だったと考えられる。「熨斗切」（「熨斗師」とも）とは、寛文・延宝期の八戸藩において登場する熨斗鮑《のしあわび》の請負人である（たとえば八戸1―二四一・二八七）。熨斗鮑は食用ともなるが、一方で正月などの嘉儀や贈答に用いられる儀礼的な水産物の典型でもあった。当該期にいまひとつの八戸藩産主要水産物であった鮭もおそらくは塩引きに加工されて領外移出されたものと考えられるが、その消費についても純粋な食用とともに、師走の贈答品としての需要を想定することができよう。当該期の三陸地方は江戸などにおける儀礼・贈答行為を支える機能を果たしていたということになろう。八戸藩は、それら移出用水産物の生産・集荷・移出を請負制という制度によって把握したのである。

二　鰯網漁と湊浦通地域の特質形成

(1) 網主の台頭と網方日用の流入

では、一七世紀後半～一八世紀初の八戸藩領における鰯網漁の勃興・展開は、その拠点となった湊浦通地域に何をもらしたのだろうか。第一に想定されるのは、鰯網漁の経営者たる網主層の経済的台頭である。残念ながら八戸藩領には鰯網主層の経営史料が残存していないため、その具体像を明らかにすることは困難であるが、八戸藩庁の諸日記からでもその様子を垣間見ることは可能である。たとえば元禄一六年三月には、「湊浦通猟師共」が当該地域に入津してくる「穀物」の購入・販売の許可を願い出ている（八戸2―四二〇）。八戸藩の米穀生産量は乏しく、藁製品などと合わせてその多くを領外からの移入に頼っていた。ただ湊浦通に入津した廻船から米穀を購入する権利は城下商人（「御町酒や共」）に独占されるとともに、販売時に一割の「利合」をかけることが認められていた。「湊浦通猟師共」は自らに米穀購入を許可してもらえれば「船頭ニも随分まけさせ下直ニ相整」、また「利合」も八分に抑えるという条件を提示し、八戸藩もこれを「能願様」として許可している。出願主体である「湊浦通猟師共」の中身が判然としないが、この時期に急成長しつつあった鰯網主層以外には考えられまい。彼らはこの時期、城下商人による米穀流通の独占をうち破るに至っているのである。同様に、元禄一三年には「湊村之者」八人が翌年の沖口（領外移出役金）徴収の請負を出願のうえで許可されている。請負金額は年間八〇〇両であった（風光―一二）。当該期の湊が経済的に活況を呈し、このような沖口請負商人を生み出すに至っていたことが分かる。その背景のひとつに、前述した鰯網漁および鰯加工業の拡大、そしてそれと連動した魚油や魚肥の領外移出の拡大があったことは確実であろう。

では、このような鰯網漁を支えた漁師労働力はいかなる人びとだったのであろうか。一七世紀後半～一八世紀初の鰯網漁の拡大とその関連産業の展開は、それを可能とする新たな労働力需要を当該地域に引き起こしたはずである。その実態解明はやはり難しいが、八戸藩が宝永四年（一七〇七）七月一二日に、「湊いわし猟有之節故所々よりあミ方日傭之もの大分入込」んでいることを理由に目付と徒目付らに盆中の夜回りを命じていることから（八戸2—六二八）、鰯漁期に合わせて多くの網方日用が湊に入り込んでいたことが分かる。宝永三年にも、鰯漁期に合わせて「湊浦繁昌仕候ニ付諸国之者入込」んでいるとして治安維持のために役人が派遣されている（八戸2—六二八）。これら領外からの網方日用がどこから流入していたのかについては藩庁日記の記述からでは分からないが、おそらくは八戸藩に隣接する南部藩領からの季節的な出稼人がその中心を占めたと考えられる。[15]注目されるのは、このような領外からの網方日用の流入がその後も続いていることで、たとえば寛延二年（一七四九）七月に湊村名主らから次のような願書が代官所に提出されている（八戸5—四二五）。それによると、湊村には「当村漁場故他国より入込」があるため、これまで長右衛門なる目明かしに依頼して治安維持に当たってきたが、同人が八戸町に引っ越して以後、代わりの者が見つからぬままであったという。ところが、このたび、八戸町の目明かし・清蔵の弟で、嘉兵衛なる者が盛岡藩領から到来したため、この者を湊村の目明かしとしたいと願い出ている。前述したように湊浦通地域には鰯漁期に合わせて、当初は藩から役人が派遣されていたが、この段階には地元村方が自ら目明かしを雇うことで治安維持に当たっていたことが分かる。とともに、一八世紀半ばに至っても鰯漁期に合わせて多数の領外者の流入が見られたことが確認できる。

以上から、湊浦通地域における鰯網漁の展開は当該地域に新たな労働力需要を生み出し、季節的に領外から流入してくる網方日用層を不可欠な要素としつつ、八戸藩における鰯生産の拠点、魚油・魚肥生産の拠点として自己形成を遂げていったことが分かる。そして、このような労働力需要の拡大は必然的に、漁期における季節的な食料需要の拡大を促すこととなり、とくに鰯網主層にとってはその確保が重要な課題となった。まして領外からの労働力流入が治安悪化の危険性を伴うものであるならば、その確保は網主のみならず、藩にとっても配慮すべき事項のひとつとなる。元禄期に「湊浦通猟師共」が米穀流通への関与を出願するに至った背景のひとつ、そして藩がそれを「能願様」として肯定的に認めた背景のひとつがここにあったといえよう。それは、当該期の八戸藩が鰯網漁経営の安定的維持に一定の配慮を行っていたことをも示している。

(2) 漁業と酒

魚油・魚肥という八戸藩の主要移出物産を生み出す浦通地域が藩から特別な位置づけを与えられたことを示すいまひとつの事項に、酒造の問題がある。八戸藩は元禄飢饉に際して酒造禁止令を発するが、湊浦通地域は例外として禁止令の対象から除外されていた。たとえば元禄一五年に同藩が酒造禁止令を発布すると、「浦通漁師共」から濁酒屋設置の出願が行われる（八戸2―四〇〇～四〇一）。このとき「浦通漁師共」が主張した論理は、自らの生業が「水上之働ニ御座候へハ少々食事不仕候而も濁酒さへ被下候へハ寒をも防申候間」、濁酒屋二軒の設置を許してほしいというものであった。藩は「銘々給料」にすることを条件にしてこの願いを認め、湊に一軒、白銀に一軒の濁酒屋設置を許している。また、これ以前の元禄八年に発布された酒造禁止令も「浦通漁師共」からの出願によって湊浦通への適用が除外されていた。元禄一五年の出願は一〇月という鰯漁期の末期に提出されたものであるため、その出願の主体となった「浦通漁師共」が鰯網漁に携わる者たちのみであったのかどうかについては疑問も残るが、酒自体は冬期の防寒のためだけではなく、夏期においても漁業には不可欠なものとされた。たとえば元禄八年七月、大野村・新田源左衛門なる者が、角浜～八木浦（現在の種市町沿岸部）を対象にした「引酒」（酒の小売り）許可を藩に願い上げてくる（八戸2—一〇二）。源左衛門の願いは、三両六〇〇文の御礼金を条件にして、八戸で購入した酒を当該地域に運んで小売りを行うと同時に、当該地域で生産された水産物の独占的な集荷権を与えてほしい、というものであった。逆にいえば、酒造はこれら沿岸地域では許されておらず城下町からの移入に頼っていたことを示しているが、源左衛門はその独占的な販売権を漁獲物の独占的な集荷権とセットで出願したのである。このような源左衛門の出願に対して当該地域の「浦通之御百姓共」は強い反発を示し、源左衛門と同額の御礼金上納を条件にして自分たちに「引酒」の権利を許可してほしいと願い出ている。その際、彼らが主張したのは、①「浦通」では「他之郷」とは異なり、百姓たちが三〜五升の囲酒（「かこい酒」）を準備している、②冬漁に際してはこの酒を呑んで寒さを防ぎ、また魚群を発見し急ぎ出漁しなければならないときには食事をとる時間がないため酒を呑んで出漁する、③源左衛門による「引酒」が許可されると、必要なときにいちいち源左衛門の所に出かけて酒を購入することが強いられるため囲酒ができなくなってしまう、という論理であった。酒は防寒のみならず、出漁時の気付けとして漁業という生業活動には不可欠な〈道具〉のひとつだったのである。

以上のことを前提とすると、元禄期の湊浦通地域に例外的に酒造が許された背景には、やはり当該期に見られた鰯網漁の急速な拡大があったと考えることができよう。それを背景として、当該期の湊浦通地域は領内でも特殊な生業空間としての位置づけを浮かび上がらせることとなったのである。

三　鰯と大豆と八戸藩

(1) 鰯の漁況変動と八戸藩

ここで【資料2】に注目してみたい。これは、近世以降における鰯漁況の長期変動を示したものである。鰯は五〇年ほどの間隔で豊漁・不漁を繰り返すといわれるが、【資料2】を見ると、一七世紀後半〜一八世紀初にかけて列島の太平洋岸地域が鰯の大きな豊漁期を迎えていたことが分かる。それは、八戸藩における鰯網漁の勃興・拡大期と見事に合致する。つまり、この時期の八戸藩における鰯網漁の拡大は、まさに当該期の列島における魚肥・魚油需要の拡大という歴史的状況に、鰯の豊漁という自然的条件、そして三陸地方においては鮭の大不漁という条件が重なった結果、生み出されたものだったことになる。

これに関連して興味深いのは、八戸藩庁諸日記から確認できる同藩の鰯網漁に関する記述が、【資料2】で見た鰯の漁況変動に合わせるように集中していることである。藩権力の鰯網漁に対する関心が漁況だけに規定されるものでないことはもちろんだが、このような藩庁諸日記の記述傾向と漁況の対応関係は無視しえまい。

【資料2】を見ると、列島社会は一七世紀後半〜一八世紀初にかけて

【資料2】鰯漁況の変遷

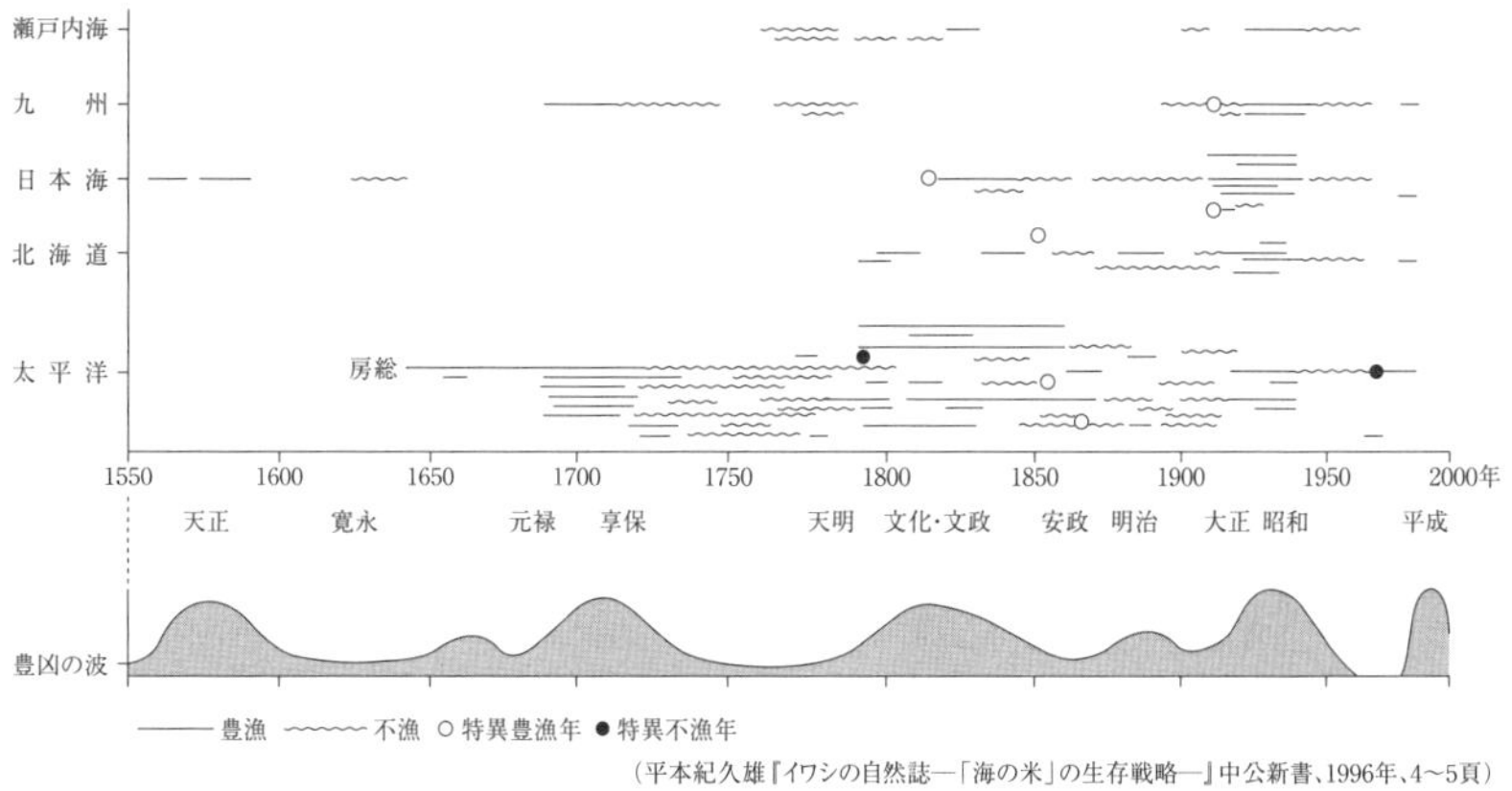

（平本紀久雄『イワシの自然誌―「海の米」の生存戦略―』中公新書、1996年、4〜5頁）

大きな豊漁を見たのち、一八世紀半ばから後半にかけて鰯の大不漁に見舞われ、一九世紀初にかけて再度豊漁期に入っていくことが分かる。このような傾向は八戸藩沿岸においても同様で（たとえば八戸5―三六一～三六二）、とくに一八世紀後半の不漁は、湊浦通地域の網主経営を直撃する。このような状況に対して鰯網経営の安定化を計るべく八戸藩がとった対策のひとつが、網主への資金貸付であった。その際、同藩がしばしば用いた方法が〈大豆沖口無役証文〉の貸付である。〈大豆沖口無役証文〉とは文字通り、この時期、八戸藩のいまひとつの主要な領外移出品であった大豆について、その領外移出役（沖口）を免除する証文である。鰯網主はこの証文を藩から借用し、これを大豆移出を行う商人・商船に売却することで一時的な資金を調達するのである。たとえば宝暦二年（一七五二）一二月、湊村の「網持」である半治郎ら五名の者が「大豆七百石之無役御証文」を拝借している（八戸5―五一五）。また宝暦元年には中條徳三郎なる者が「不相続」のため「来春大豆三百石沖口御証文」の拝借を出願し許可されているが、藩がそれを認めたのは、中條が「御用金」なども上納し「網舟致所持候者の義故」であったことによろう[16]。このような方法をとることで、八戸藩は自らの腹を直接痛めることなく鰯網主に経営資金を貸し付けることができたのである。漁況に規定される可能性の高い鰯網漁に公金を投下することは不良債権化の危険性を多分に持つ。一八世紀半ばのような不漁状況のもとではなおさらのことであったが、かといって藩財政上重要な位置を占める鰯網経営をそのまま放置することもできず、その結果として採用された方法がこの〈大豆沖口無役証文〉の貸し付けであった。ただし、それはあくまでも貸し付けであり、網主は漁期終了後には御礼金として〈大豆沖口無役証文〉の対価を藩に返済する義務を負った。つまり、主要移出品のひとつである鰯の不漁状況とそれにともなう網主経営の動揺を、いまひとつの主要移出品たる大豆（正確にはその移出役たる沖口収入の貸与）によってカバーせざるをえないというのが、当該期における八戸藩の財政構造だったということになる。

(2) 大豆生産の拡大と矛盾

このことに関連して注目しておきたいのは、八戸藩財政上、第一の位置を占めた大豆作付けの拡大が元禄期以降に進んだとされていることである[17]。この動きは飼料需要の拡大や醸造業の拡大と結びついた領外移出の拡大と連動したものであったと考えられようが、ここで注目しておきたいのは、当該期が八戸藩における鰯網漁とその加工業の急速な拡大期でもあったということである。鰯(魚肥・魚油)と大豆は、領外移出品としてほぼ同時期に急速な生産拡大を遂げていったのである。鰯と大豆がこののち一八世紀以降の八戸藩財政を支える二大商品であることを考えれば、一七世紀末〜一八世紀初は、そのような八戸藩の財政構造・産業構造が決定づけられていく画期であったということになる。

ところが、同藩における大豆作付けの拡大は、一八世紀半ばに大きな壁に突き当たる。西村嘉氏によれば、八戸藩における大豆作付けの拡大は広大な休耕地を必要とする焼畑の拡大という形で進められたために、休耕地に繁殖するクズ・ワラビ・ススキなどの増加を促し、それが猪の異常繁殖とそれによる獣害を発端とした飢饉(猪飢饉・イノシシケガジ)の発生をもたらしたとされる[18]。また菊池勇夫氏によれば、八戸藩によって推進された狼狩りによる肉食獣の減少と、大豆生産を目的とした畑地拡大による野獣の生息域減少とが相まって、大豆や粟・稗などの畑作物を荒らす食害として噴出したのが一八世紀半ばの猪飢饉だったとされる[19]。いずれにせよ、一七世紀末〜一八世紀初を画期として展開した領外移出用商品としての大豆生産と、それにともなう耕地開発は半世紀を経てひとつの限界に突き当たったのである。一方、一七世紀末〜一八世紀初における鰯の豊漁期に合わせて急成長を遂げた同藩の鰯網漁も、一八世紀半ばに不漁期に突入する(**【資料2】**参照)。つまり、一八世紀初までに形作られた八戸藩の生業・産業構造と財政構造は、一八世紀半ばに海陸双方で壁に突き当たったということになる。

では、このような状況に対して、一八世紀半ば以降の八戸藩はどのような対応をとっていくことになるのであろうか。以下では、この点をとくに鰯網漁について概観してみたい[20]。

四　漁乞と八戸藩―一九世紀を展望して―

(1)　漁乞と祈祷料の下賜

さきに八戸藩が〈大豆沖口無役証文〉を利用した資金貸付によって、不漁状況のもと動揺した網主経営を支えようとしたことを指摘したが、一八世紀半ば以降、同藩が行った対応はこれのみではない。当該期における八戸藩の漁業政策として頻繁に目にするようになるのは「漁乞」などの文言で表記される豊漁祈願である。まずは具体的な事例を見てみよう。

湊浦通地域が鰯の不漁に見舞われていた寛延二年（一七四九）、湊村の地引網主（「湊村網持共」）が漁況回復祈願経費の一部下賜を願い出る（八戸5―四二七）。地引網主の訴えによれば、沖には鰯魚群も見えるが、「風」が悪いため（「風悪鋪」）不漁が続いているとし、先年同様の事態が起こったときには城下に所在する天聖寺と来迎寺（ともに領内十ヶ寺のひとつ）に依頼して「法儀執行」したところ大漁を得たと述べる。そこで、今回も「海川祭申度」として、藩にその執行経費として五貫文の下賜を願い出るのである。そうすれば残りの費用は自分たちで拠出するという。八戸藩はこの願いを認め、五貫文を下賜している。

もっとも湊村・地引網主は、この前年にも「近年打続不漁困窮」、「沖ニ者大分鰯見得…候得共一切地方江寄不申漁事仕兼難儀千万」とする願書を提出していた（八戸5―四〇二）。ただその際には、鰯魚群の岸寄りがない原因を、当時拡大しつつあった相馬網と呼ばれる刺網によるものと主張した。相馬網はちょうどこの頃、鮫浦によって導入され、湊浦通地域に急速に広まりつつあったとされる（「殊二三年以之外網数大分ニ罷成」）。この相馬網のために「鰯内海江入不申…不漁迷惑仕候」と主張し、鰯地引網漁期に相馬網の操業を停止してほしいと願い出たのである。藩はこの願いを許可するが（八戸5—四〇四）、結局、翌年も引きつづき不漁となったため、湊村・地引網主は海川祭の執行と経費下賜を願い出ることとなったのである。

ところで右の事例で注目しておきたいのは、八戸藩が漁乞経費の一部下賜の願いを認めて五貫文を与えていることである。実は、これ以前、少なくとも宝永期に至るまで、このような漁乞の経費は藩から下賜される初尾などを除くと、あくまでも地元負担によって行われるのが通常であった。[21] ところが、一八世紀半ば以降になると藩が漁乞経費の一部を下賜するようになる。たとえば宝暦二年（一七五二）六月には、「今年浜漁無之」ため「漁祭」を「湊之者共」が出願、藩から「入方」として三貫文が下賜されているし（八戸5—四八五）、寛政六年（一七九四）七月にも、白銀村の「網持并漁師共」から「鰯…外漁事無御座」との理由で「漁乞御祈祷」の実施が計画され、「御祈祷料多少頂戴」したいと願い出た結果、三貫文が下賜されている（種市二—二七〇）。そして、藩による漁乞経費一部下賜の、管見の範囲内での初見が前述した寛延二年の事例なのである。つまり、一八世紀半ばに①藩がこのような漁乞を資金面でも援助するようになるとともに、②湊浦通地域の網主層の間にも、克服しえない不漁状況のもとでは漁乞執行のための資金援助を藩に願い出ることができるという意識の定着があった、ということになる。

このように考えるのは、一八世紀半ば以降、漁乞に対する藩の関与が積極化していくことを確認できるためである。以下、（1）安永期・（2）寛政期・（3）化政期と三段階に分けて、その流れを辿ってみたい。

(2) 漁乞をめぐる八戸藩の動向

(1) 安永八年(一七七九)九月、数年連続の浜方不漁という状況を受けて藩が自ら「漁乞御祈祷」を常泉院(長者山新羅神社別当・領内修験総録)に命じたうえで、この藩主導の漁乞祈祷の実施を「浜方之者共」に周知(「申達」)するよう通達を出している(種市一―六七五)。藩が主体的に漁乞祈祷を実施し、そのことを浜方に宣伝させるという行為には、不漁状況打開のために、領主権力もまた一定の対応を行っていることを示すという狙いが込められていたと考えられよう。それはまた、八戸藩がこのような不漁状況への対処を領主の責任として認識し表明することをも意味した。

(2) 寛政期には、藩主導の漁乞実施と祈祷料の下賜がほぼ定着する。たとえば寛政七年(一七九五)六月には、大祐明神(現大祐神社)と御前堂(現御前神社)に漁乞祈祷を命じ五貫文が祈祷料として下賜されているし、寛政一〇年一〇月には「風相不宜漁事無之」という状態が続いたために、やはり大祐明神に「風祭漁乞」を命じ一〇貫文を下賜している(種市二―二八九・三四一)。このような藩の対応はこののちも継承され、たとえば文化元年(一八〇四)五月には鰯の岸寄りがないことを「聞」き、大祐明神に五百文の祈祷料下賜のうえで漁乞祈祷を命じている(種市二―四一四)。実は、寛政二年に八戸藩は領内の六つの寺社に対して、毎年正月に「国家安全五穀成就漁乞御祈祷」を実施することを申し渡していた(八戸7―二五六)。そこで祈祷を命じられた六寺社とは、法霊社(現かがみ神社)・明神社・豊山寺・長者山三社(現新羅神社)・蕪島弁天(現厳島神社)・大祐明神であった。例年正月には、これら六寺社によって「国家安全五穀成就漁乞御祈祷」が実施されるとともに、不時の不漁などに対する漁乞は大祐明神によって主に担われたことが分かる。

(3) 化政期になると、祈祷に対する藩の動向はさらに積極化することになる。たとえば文化元年九月には、大祐明神に漁乞祈祷を命じたうえで、「漁事に掛抱候者共」に対して「勝手次第参詣可致」ことを通達している（鮫寛―一六五）。文政三年（一八二〇）八月にも大祐明神と白銀三島明神（現三嶋神社）に漁乞祈祷を命じたうえで、「漁師共参詣勝手次第被仰付」ことを通達していることから（鮫文―二〇六）、この段階の八戸藩が自らの命によって実施させた漁乞祈祷に対して浜方漁師たちの参詣を促そうと意図していたことが明らかである。さらに文政三年八月には、漁乞祈祷を実施させたうえで、納められた「御守札」四〇枚を「網主共」に配付している（種市三―八〇）。

以上の事例から、化政期の八戸藩が、藩主催の祈祷に対する網主・漁師たちの参加を奨励するとともに、守札を配付するなどして、藩の主催する祈祷への網主・漁師の取り込みを意図していたことが分かる。八戸藩は一八世紀後半以降、漁乞を領主の責務のひとつとして自覚化するとともに、化政期にはさらに藩主催の漁乞に網主や漁師を動員しようとする意図を明確化していったのである。

(3)　祈祷の政策化と漁乞

実際、化政期の八戸藩は明らかに〈祈祷の政策化〉を意識していた。そのことを示す典型的な事例が（1）文化元年の夷石の設置と（2）文政元年の鯨洲弁財天の設置である。

（1）夷石は鮫に所在する西宮神社の神体となっている石である【資料3】。仏浜と呼ばれていた鮫の海浜には、もともと仏石と呼ばれる石があり、信仰対象とされていた。ところが、文化元年三月に実施された藩主の浜方出御（「汐干御見物」）に際して、以後、仏浜の仏石を「夷浜の夷石」と呼ぶように「殿様直々被仰出」る。その際、夷石には神酒が供えられるとともに「村方惣乙名共」にも神酒が下賜され、数日後には夷石改称の旨が「問屋共」へも通達されたうえで、夷石に屋根・額・扉などが敷設されている（以上、鮫寛―八六〜一〇六）。この夷石は「舟船運漕商売交易」「封内安全」を祈って祀られたものであり(22)、単純に漁乞との関連でのみ位置づけることはできないが、文政元年一二月に領内に寄鯨（鯨の漂着）があった際には夷石に代参が送られ御初穂が納められている（種市三―一二六）。

（2）一方、鯨州弁財天は文政元年に角浜（現岩手県九戸郡種市町内）をはじめとする周辺海岸に大量（一一八体）の寄鯨があったことを契機にして設置されたものである。八戸藩はこの年の三月、とくに多数の鯨があがった角浜村を、以後鯨洲村と呼ぶべきことを通達のうえ一一月には同村に御堂を建設、金華山弁財天を勧請したうえで「以来社号鯨洲弁財天ト相唱可申旨」を「御達」している（以上、種市三―七～一二六）。

以上から、化政期の八戸藩において、藩による祈祷装置の設置が相次いだことが分かる。漁乞をめぐる寛政期以降の八戸藩の動きを視野に入れれば、一八世紀末～一九世紀初の同藩は民衆動員をも意識した祈祷体制や祈祷装置の整備・創出を進めてきたということになる。もちろん化政期における同藩の動きには、欧米列強の日本近

【資料3】えびす石（八戸市鮫町西宮神社）

海への出現にともなう政治的対応や国家意識の高まりなど、この時期を特徴づける歴史的状況を考慮しなければならないが、本稿ではその前史のひとつとして、一八世紀半ば以降、漁乞に対する八戸藩の関与が積極化していく経緯があったことを位置づけておきたい。

おわりに

以上、一八世紀後半以降の八戸藩漁業政策が漁乞に代表される祈祷行為に傾斜していくことを見た。ところで、領主権力の関わったこのような祈祷行為については、高野信治氏が給人領主（佐賀藩神代鍋島氏）の知行地支配を事例に、その支配実現のうえで宗教・祭祀儀礼が重要な役割を果たしたことを指摘している[23]。高野氏は知行地農民による生産活動の安定・回復・繁栄を目的とした領主祈願の類型化を行いつつ、領主主導の祈願執行が①家臣のみならず知行地農民にも祈願の「場」への参拝を促す、②知行地の氏神（鎮守）信仰を取り込んだ形で執行される、③祈願執行の諸費用を給人領主が負担する、といった形をとって実施されたことを明らかにしている。一方で、このような領主主導の祈願行為を農民側からみると、自らが繰り返し執行する祈願の効果があがらない場合に給人領主に執行を依頼するのであり、給人領主にはそれを行う義務があると農民側から認識されていたことが指摘される[24]。高野氏は以上の検討を通して、知行制研究には法制的・経済的観点とともに、民意の占有とも関わる宗教・祭祀儀礼の問題を組み込むことが必要だと述べる。なお同氏によれば、給人財政の窮乏化にともなって経済的勧農が困難となったことから、近世中期以降（とくに宝暦期以降）に給人領主による勧農形態が宗教儀礼的勧農へと比重を移していったことがあわせて指摘されている。

ここで注目されるのは、高野氏の掲げる事例と、本稿において検討を加えてきた八戸藩の動向との類似性であろう。本稿は八戸藩の漁業政策に分析を加えたに止まるが、一八世紀半ば以降の領主権力が祈祷儀礼に対する傾斜を高めていく点で両者の動向がきわめて類似していることに驚かされる。高野氏の指摘は、地方知行制を越えた枠組みにおいても摘用することができるように思われる。(25)と同時に、これまで八戸藩の漁業政策については、漁業生産および流通からの収奪のみを考え政策的にはほぼ「無策」であったと指摘されてきたが（前述）、そのイメージにも再考が必要となろう。

もちろん、一八世紀後半から一九世紀前半にかけての列島社会は殖産政策をともなう藩政改革などの展開期でもあり、また全国的商品流通の展開にともなう経済的地殻変動の時代でもあった。この時代の生業・産業に対する領主の対応を、これまで述べてきたような儀礼的な対応のみで特徴づけることはもちろんできない。

実際、一八世紀後半以降になると、漁業政策をめぐっても殖産を意識した施策を実施する藩が少なからず登場する。たとえば越後・村上藩はその典型である。同藩では、一八世紀末に一連の殖産政策が実施されるが、そのなかで種川制度という鮭の資源保全政策が実施されている。(26)種川制度とは、同藩の城下・村上町の近傍を流下する三面川下流（村上町鮭川）に種川（産卵場）を設置し、これに鮭の産卵活動や孵化した稚魚の保護監視体制を組み合わせることで鮭の資源保全を行おうとしたものである。その科学的因果関係の証明は困難であるが、この時期以降同藩の鮭川運上金は急上昇を遂げる。この種川制度は以後、庄内藩などにも伝播・受容され一定の空間的な拡がりを見せることとなるが、とくに注目されるのは、一九世紀末に内務省・農商務省の主導で推進された水産政策（資源繁殖政策）(27)のもと新潟県をはじめとする東北諸県の水産法制のなかに種川制度が取り込まれていくことである。一八世紀末に生み出された鮭をめぐる資源保全のシステムが、一九世紀末の近代水産政策を支える政策知のひとつとして継承されていくこととなったのである。ただしその一方で、村上町鮭川の漁場請負人（納屋）や漁師レベルでは、豊漁や不漁からの脱却を祈る漁乞が近世を通して実施されてもいた。[28] 一八世紀末以降の村上藩では、鮭の資源変動に対する対応が、種川制度という「科学的」な対応と漁乞という儀礼的な対応とに重層化していったことになる。

「はじめに」で述べたように、筆者の問題関心は資源保全史の観点から一八世紀後半以降に展開される殖産政策の特徴を見通すことにある。この資源保全史の観点から一八世紀後半以降の列島社会における漁業政策に光を当てると、一方に種川制度のような資源保全政策が、一方に八戸藩で抽出しえた漁乞儀礼への傾斜が浮かび上がってくるように思われる。[29] それはまた、鮭という人為的コントロールの有効な（と考えられた）魚種を対象とした前者に対して、鰯のように人為的なコントロールの困難な魚種を対象とした後者という、二つの政策類型とその展開方向として位置づけることもできよう。しかし、近代以降を見通すと両者の展開過程はまったく異なるものとなり、前者が一九世紀末の水産政策へと継承されていくのに対して、後者が政策的に継承されることはない。明治期の水産行政は一九世紀末には資源保全政策、さらに二〇世紀に入ると漁場の沖合・遠洋化や養殖といった技術的対応を主軸として推進されることになる。このなかで漁乞の辿った軌跡を歴史的に跡づけることは今後の課題であるが、おそらくはこの過程のなかで漁乞は民俗的世界に凝縮されていくことになるとひとまず展望しておきたい。

【付記】本報告作成に関わる資料収集に際し三浦忠司氏・酒井久男氏から多大なご協力・ご教示を得ました。また調査の成果を報告に生かすことはできませんでしたが、伊野忠昭氏、斎藤潔氏、中野渡一耕氏、本田信氏、その他の皆様に史料閲覧や資料収集に際してたいへんお世話になりました。なお本稿作成に際し、斎藤善之氏より『種市町史上巻』掲載予定の原稿（第4編第3章第3節漁業および第5章第2節海上交通）を提供していただきました。同一史料に依っているために重なる事例や論点もあり、本稿と合わせてご参照いただければ幸いです。

註

（1）田名部清一『前浜地名考　失われゆく地名に…』（田名部清一、一九八二年）五〇頁・同「八戸藩の漁業の一考察」（『八戸地方史』四、一九八四年）三四頁。

（2）拙稿①「〈資源保全の時代〉と水産」（『歴史評論』第六五〇号、二〇〇四年）・②「近世における『漁政』の展開と資源保全」（『日本史研究』第五〇一号、二〇〇四年）を参照。

（3）八戸藩の比較対象として、鮭漁の藩財政に占める位置の大きい越後国・村上藩を据えたい（「おわりに」で後述）。

（4）なお、干場は史料上では「網干場」と記されていることから、通常は網の干場として利用され、漁獲時に鰯の干場として利用されたものであろう。

（5）これに対して盛岡藩側は、元禄一二年に鮭（「御領運上取第一御献上之鮭」）の漁獲に支障となるという理由で、その差し止めを八戸藩に要請している。

（6）幕末の作品ながら、三峰館寛兆筆「八戸浦之図」（八戸ガス興業株式会社三〇周年記念誌編集委員会編『世紀を越えて近世編―写真が語る八戸の歴史』八戸ガス興業株式会社、一九九九年、一四〇～一四一頁）には馬淵川河口部の砂州上に立錐の余地がないほどに地引網が並んで操業している様子が描かれており、当該空間が当該地域における地引網漁の拠点であったことを物語る。

（7）港史―五〇および注6前掲書一四〇～一四一頁。また湊においても宝永三年にが街区整理が行われており（港史―五五）、当該期に湊浦通地域が景観面でもまさに作り替えの時代にあったことを確認できる。

（8）拙著『近世漁業社会史の研究』（清文堂出版、一九九五年）。

（9）池田平十郎の事例から、このような遠隔地漁民の出漁に際して、地元・商人資本らによる呼び寄せのほかに、江戸藩邸が大きな役割を果たしたことが指摘できよう。遠隔地漁民の三陸出漁に際しては、江戸が経済的にも制度的にも大きな媒介項として役割を果たしたと考えられる。

(10)また、近世には、一七世紀後半と一九世紀という二つの新田開発隆盛期があったが（鬼頭宏『文明としての江戸システム』（講談社、二〇〇二年、一二四頁）、後述するように、この時期は日本列島が鰯の豊漁に見舞われた時期と見事に合致する。八戸藩における鰯網漁の急速な拡大を促した背景として、一七世紀後半の耕地開発を位置づけることができるかもしれない。

(11)たとえば延宝六年に川運上を請け負った助五郎は、「御買上魚値段下値」のために鮭の買上がうまく進まないとして、一歩につき八本の買上値段に変更してほしいと出願し許されている（八戸1―三三四）。ただしその際、「御定之五十本」の鮭については元々の御定値段で買い上げることが命じられている。「御定之五十本」とはおそらく、これ以前に藩が現物の役魚として徴収していたものであろう。つまり、運上請負人は藩に現物上納する役魚五十本については旧御定値段で、それ以外の部分については新御定値段で買い上げることになったということであろう。当該期の御買上値段が運上請負人による買上に支障を来すほどに低く抑えられていたことが分かる。

(12)ただし、その後、庄左衛門は運上金上納に滞り、請人である三浦屋が庄左衛門に対してその資金を貸与するが、庄左衛門が三浦屋への返済にも滞ったため、三浦屋は幕府評定所に訴え出ている（八戸1―三七八）。

(13)注8拙著二九頁。

(14)少なくとも元禄期までは運上請負制を確認することができる（たとえば湊浦通地域では八戸2―一〇二、久慈地域では八戸2―二四三）。これ以後は運上請負制のような一定の地域を対象とした鮭の独占的集荷権の請負は見られなくなり、鮭留漁場ごとにその占有利用権と集荷権を請け負う形態が一般化していく（たとえば八戸2―三七六や八戸5―四〇七、種市一―二六三など）。

(15)天保四年（一八三三）、八戸藩は湊・白銀などの領内から盛岡藩領の市川村に「費用稼」に出ていく者が多数に及び、地元の「漁事差支」になっているとして、無届での出稼ぎを禁止する措置をとっている（八戸9―九三）。時期をまったく異とする事例ではあるが、湊浦通地域と盛岡藩領とのあいだではこのような季節的な出稼ぎが頻繁に行われていたことを想定することができるのではないかと思われる。ちなみに元禄三年三月の「御領内巡見覚帳」によると、この時期の湊村に「他領より来住宅仕者」として、①紀伊一軒、②大阪四軒、③三輪崎五軒、④閉伊一軒、⑤越前新保一軒、⑥尾張久村一軒、⑦和泉一軒、⑧上総一軒、⑨九面一軒、⑩伊勢三軒の計一九軒が記載されている（風光―六～八・前浜―一二頁）。この時期の湊に、（A）畿内から紀伊半島、伊勢・尾張にかけての地域（①～③、⑥～⑦、⑩）や（B）房総～常陸（⑧～⑨）、あるいは（C）南部藩の三陸沿岸（④）から到来し居を構える者たちのあったことが分かる。なかでも大きな比重を占めた（A）地域は、前述したように当該期の三陸地方へさかんに出漁・入漁を行った関西漁民の拠点でもあり、この時期の湊浦通地域にこれらの地域から商人資本のほか漁師労働力が流入したことも推測されるが、湊浦通地域に流入してきた網方日用の中心はやはり南部藩領を中心とする三陸沿岸地域にあったと考える。

(16) 斎藤潔「宝暦期八戸藩の鰯漁業について」（国立八戸工業高等専門学校地域文化センター『地域文化研究』三、一九九四年）一二五頁。

(17) 西村嘉「安藤昌益の時代とその思想」・「近世焼畑の諸問題」（ともに『八戸地域史』第三四号、一九九九年）。港史二二～二三や新谷正道「安藤昌益における環境思想をめぐって」（橋本政良編『環境歴史学の視座』岩田書院、二〇〇二年）にも同様の指摘が見られる。なお、八戸藩の内高の半分以上は焼畑によって占められていた。

(18) 注17西村前掲論文。

(19) 菊池勇夫①『飢饉から読む近世社会』（校倉書房、二〇〇三年）・②『飢饉―飢えと食の日本史』（集英社、二〇〇〇年）・③『近世の飢饉』（吉川弘文館、一九九七年）。

(20) 一方、一八世紀半ば以降における奥羽地域の大豆生産に関しては、盛岡藩奥通における大豆生産について、一七世紀後半以降、領内馬産への飼料供給や八戸藩による大豆の江戸上せなどに刺激されつつ成長したそれが、一八世紀半ば以降、大坂移出の拡大と連動した藩による御買上政策によって急激に拡大し、その結果として生じた大豆生産のモノカルチャー化が天明飢饉の被害を甚大なものにしたとする菊池勇夫氏の指摘がある（注19菊池前掲書①第七章）。

(21) 漁乞を実施する際には、事前に藩の許可を得る必要があったが、これ以前の段階では、その際に漁乞経費の下賜を願い出た事例は管見の限り見いだせない（たとえば八戸二―五二六・六〇五、八戸三―二一・二四〜二五・一一〇など）。

(22) 八戸市立図書館市史編纂室編『八戸の歴史双書　八戸南部史稿』（八戸市、一九九九年）三七二頁。なお、この夷石について民俗学の観点から位置づけを加えたものに、川島秀一『漁撈伝承』（法政大学出版局、二〇〇三年）がある。

(23) 高野信治『近世大名家臣団と領主制』（吉川弘文館、一九九七年）第九章。

(24) また高野氏は、例年繰り返される知行地の年中行事にも、同じく領主の領民に対する支配装置としての心意統治機能を見出すとともに、農業のみならず海神祭など海の生産儀礼にも領主が関与していたことにも言及している（注23高野前掲書第一〇章）。

(25) 菊池勇夫氏も近世南島の飢饉に検討を加えつつ、「本州の近世幕藩権力もまた宗教勢力を動員して雨乞い・日和乞いを執行したように、農業社会にあって天災の統御は勧農とも関わって権力が人々に承認されるための不可欠の政事（まつりごと）であり、普遍的にみられる現象といってよいだろう。」と指摘している（注19菊池前掲書①二七五頁）。

(26) 種川制度に関する以下の記述は、注2拙稿②による。

(27) この点については、注8拙著および拙稿③「近代前期における水産資源の『保護繁殖』政策―漁業史における一八八〇〜一八九〇年代―」（『国立歴史民俗博物館研究報告』第八七集、二〇〇一年）・④「一九世紀における資源保全と生業」（『日本史研究』第四三七号、一九九九年）⑤「ハタハタ資源問題の起源」（『新潟大学教育学部紀要』第三八―二号、一九九七年）のほか注2拙稿①・②を参照。

(28) 紙幅の関係から、この点の詳細については稿を改めて論じることとしたい。

(29) 本稿ではこれ以上展開することはできないが、正確にはこの二つの方向性のほかに、技術的な改良・改変などによる捕獲数の維持・増大を目指す政策方向が存在する。一八世紀後半以降における漁業政策は、このような技術的対応を含めた三つの方向性で展開されたものと考える。

八戸藩江戸勤番武士の購買行動と国元

岩淵　令治

はじめに

文政一一年（一八二八）八月一三日、江戸麻布（現東京都港区）の藩邸で勤番中の八戸藩士遠山屯は、日記に次のように記している。

「今日跡番之所、調物不致候へ者相成不申候付、篤三郎殿取替致、今日者日影丁ゟ三田辺江参」(1)。

今日は午後から勤務（「跡番」）があったが、買物（「調物」）をしなければならないので、同僚の中嶋篤三郎（江戸留守居中嶋武兵衛　二〇〇石　の嫡子か）と勤務日をとりかえ、藩邸近くの日影町から三田界隈（現東京都港区）に出かけたというのである。

江戸には、各藩からやって来た膨大な勤番武士がいた。江戸の戯作の世界では、彼らは「浅黄裏」(2)（野暮な田舎者）と呼ばれ、馬鹿にされた。だが、勤番武士たちが、みな大江戸の光景に一喜一憂し、名所を訪ねて右往左往する野暮な〝田舎者〟だったわけではない。

江戸勤番武士の日常生活については、史料的制約のため分析したものは少なく、とくに行動文化の側面に注目したものが多い(3)。しかし、江戸勤番武士は、巨大都市江戸の社会を考える上で重要な存在であり、名所見物に収斂しない行動全般の分析が必要である。とくに本稿で注目したいのは、買物である。彼らの買物は、土産物として理解されてきたが、じつは単なる土産物にはとどまらず、恒常化し、国元の生活財の一部を構成する場合があるからである。ここでは、彼らがどのような場で、どのようなものを購入していたのか、といった点が問題となろう。さらに、江戸での消費行動は、江戸の問題にとどまらない。江戸勤番は、経済的な負担といった側面のみならず、江戸での文化の〝交流〟によって、国元での地域としてのアイデンティティの形成、地域文化の認識を促進する。[4]この問題を考える際には、江戸での購入品を国元の消費において位置づけることも必要である。

こうした中で、紀州藩士酒井伴四郎の日記（万延元〈一八六〇〉年の半年分）と「小遣帳」（万延元〈一八六〇〉年一一月～文久元〈一八六一〉一一月）を検討した島村妙子「幕末下級武士の生活の実態」[5]は、江戸勤番武士の行動に関する唯一の総合的な分析である。しかし、酒井は下級藩士（三〇石）であり、またこの時は初めての江戸勤番であった。江戸勤番武士の行動は、年齢や経験、家格、役職などによって多様だったと考えられる。したがって、この酒井の事例を江戸勤番武士に普遍化することはできない。役職や家格、また江戸定詰の者との諸関係など、事例研究を増やし、比較・検討する必要性があろう。さらに、島村論文では江戸での購買の場や購入品、さらに文化面での国元との関係については未検討である。

そこで本稿では、八戸藩の上級藩士にあたる遠山家[6]（一〇〇石）を素材として、上記の問題のうち、とくに江戸での購買活動を、国元の消費とも関連づけながら検討する。なお江戸での行動全般については、稿を改めて論じたい。以下、江戸勤番生活と買物の概要をみた上で（一）、買物に関わる情報の共有、買物の目的、内容、注文・輸送・送金方法を検討し（二）、最後に国元の消費における江戸の購入品の位置づけを行いたい（三）。なお、一～二では文政一一（一八二八）年より翌年までの日記、三では文久二（一八六二）年の国元の「小遣帳」を主な素材とする。

一　遠山屯の江戸勤番生活と買物

ここでは遠山屯三三歳の年、文政一一年五月より翌年四月の三三六日間の江戸日記をみていこう。遠山家には、江戸日記が八冊現存するが[7]、同年の日記を素材としたのは、隠居した国元の父庄右衛門の日記と屯の江戸日記がそれぞれ現存し、両者の動向が同時に判明するためである。ちなみにこの年の勤番は、屯にとって、文政九年三月より翌年六月までの勤番につづく、二度目の江戸勤番であった。

さて、納戸役（藩主の持ち物を管理する役）をつとめた屯の勤務の基本サイクルは、休日（非番　計七八日）―夜間・午前勤務（早泊・早番　計一〇九日）―午後勤務（跡番　計八七日）であった[8]。このほかに帰国前の全員勤務や、駿府定番の出張によって生じた人手不足のための臨時勤務があった。また、病気などで同僚同士が勤務日を交換することがあった。冒頭で紹介した屯の買物は、こうした慣行の中で実現したのである。

屯は、勤務の余暇を利用して外出した。外出日数は一四五日である。日記には外出の理由が書かれない場合が多いが、八二日は銭湯（「前町」、「土器町」）に、三五日は髪結に出かけている。このほか目立った外出としては、浄瑠璃見物が一七回（土器町五　新橋一　数寄屋橋一　西久保一　赤坂辺・赤坂二　前町一　三田同朋町一　土橋一　赤羽根伊勢瀧二　不明二）、人形見物（三田春日）一回、芝居見物（木挽町）一回、両国の相撲見物が一回、日本橋への買物一回、浅草観音・水天宮・金毘羅社への参詣がそれぞれ一回ずつ、といった程度である。屯が暮らした八戸藩邸は麻布にあり、行先で最も多いのは近辺の繁華街である芝神明前（一四日）・日陰町（現港区新橋　五日）で、このほかも浄瑠璃見物などをはじめ、ほとんどが芝・麻布・三田・赤坂界隈であった。前述した幕末の紀州藩士酒井伴四郎の江戸日記からは、余暇を生かして江戸の名所をくまなく廻り、食べ歩きと買物にあけくれる勤番武士の姿がうかがえる。しかし、屯の行動範囲は、二回目の江戸とはいえ、酒井とは違って意外なほど狭かったのである。

さて、屯の買物が確認できるのは、一八日である。場所や店が特定できないものもあるが、藤田屋（きせる屋）[9]・仕立や清兵衛など芝神明前に七回、日影町に四回、古着屋など三田辺に二回、新橋の呉服問屋松坂屋（三井越後屋の支店）に三回、日本橋の呉服問屋大丸屋に一回、赤羽根に一回、麹町の紺屋に一回出向いている。また屯は、藩邸の長屋を訪れる御用聞きの稲村治兵衛・小間物屋忠七にかんざしを、日影町の森田屋安兵衛に馬印やさし物を、近江屋半蔵に刀の修理を頼んでいる。このように、出入も含めて、買物は基本的には近辺の神明前・日影町・三田で行われており、日本橋での買物はわずかであった。神明前・日影町は一大繁華街であり、日本橋北・池之端・浅草とならび装身具を扱う店なども多かった。屯はここで買物の大半を済ませていたのである。[10]

二　買物の目的―国元からの注文（「下し物」）

(1)　買物情報

冒頭で引用したように、屯は八月一三日に、同僚に勤務を代わってもらい、買物に出かけている。それほど物見遊山をしなかった屯が、無理をしてまで買物に出かけたのは何故であろうか。じつは、この買物は自身のものではなかった。八月四日に国元より「当秋嫁遣候付、調物代金子并注文書参」と注文を受け、国元の妹の婚礼のために屯は買物に奔走したのである。そして、このほかの屯の買物も、国元の人々からの「下し物」の注文によるものであった。屯の買物の目的は、土産物の購入ではなかったのである。こうした注文書自体は現存していないが、日記には、隠居した父庄右衛門が江戸に出立する屯に託した注文を控えている（傍線は筆者加筆、以下同）。

【史料1】

四月三日　曇風
一、明日屯出立付、左之通下し物申付遣
一葛籠　壱駄
代弐拾匁
右者（親類荒木田　筆者註）彦右衛門殿へ送り頼遣
置候事
一鏡　壱面
覆共ニ十七匁　代壱歩
但少々ハ増候而も宜候
一糸わた　三袋
黒塗覆入
代三歩
一切り紙鼠　千枚
但飯倉片町三河屋
四百五拾文　代四百文

一小箪笥　壱ツ
A十七匁　代壱歩百五拾文位B
右者C金六丁ニ而調候得者下直ニ有
之候、尤しゅんけい（春慶）色ニて宜候
一傘　壱本
三匁五分　代三匁五分位
但白張女傘
一茶　弐朱代
山本屋ニ而八重垣様茶
一ふとんわた　壱ツ
代壱歩三匁位
但古物ニて口幅之品
右者夏下船江積入可申事

一女櫛箱　壱ツ
弐朱　代弐朱位
但黒塗、金六丁ニ而出来合物
ニて宜候
一白木綿　拾反
壱両弐朱、壱朱参　代壱両　壱反七匁宛也
但たばこ屋ニ而両ニ拾反之品
一半紙　千枚
壱〆拾八匁　代九匁
一花色絹集切　壱反分
代拾八匁
但呉服屋へ頼調可申候
若なく而ハ不宜候ハハ、弐拾匁ニても宜

〻一花色絹　壱反
代弐拾五匁位

〻一縮緬しゆばん袖　新キ　壱ツ
拾三匁六分ニて来ル　代壱歩
但はは殿御入用故、模様見合
尤中幅之品

〻一黒木綿　金巾地　壱反
拾九匁八分ニ而来ル　代拾八匁位
但はは殿羽織ニ入用

〻一しゆばんゑり（襦袢襟）　壱掛
三匁八分ニ而来ル　代三匁位
但はは殿御入用
黒こはく成、さあや成共見合

候、能品見合

〻一古絹単物　壱枚
代壱歩弐朱位
但はは殿じゆはんの胴御入用故、模様見
合中形之品、尤紋も無之品、小紋ニ而ハ
模様小く不宜候間、中形染古単物調可
申事

〻一絹小紋単物地　壱反
三拾四匁ニて来ル　代弐歩四、五匁位
但妻急用模様見合、
右品々者尾張屋⌂□よりハ品物不宜候間、
大丸成、えびすや成共調、近々差下可申

代金　〆五両弐歩弐朱ト五匁
右江六両為差登申候、残金有之候ヘハ、猶下し物かなり御座候間、近々為知可申遣事

外ニ　〻一女三徳　壱ツ
但四、五匁位之品
出来合、おまん持用

〻一女きせる筒　壱ツ
但金花山路（金華山地カ）ニても仕立申付
紅之お紋調付申度事

右之通間合候ハヽ、調差下可申候（後略）

注文品は、袋物（「三徳」）やきせる筒、櫛箱といった玩弄品、高級反物・茶から、ふとんわた・女性用の笠などの日用品まで二〇点にのぼっている。詳細については次項で検討するが、ここでは注文書におおよその値段や購入する場所・店が指示されている点に注目しておきたい。たとえば小箪笥の記載では、傍線部Aが実際に屯が購入した値段で、Bは見積額、Cは購入場所（金六丁）・仕様の指定（春慶色）で、金六丁で「下直」に購入が可能だと述べている。このCの部分の記述については、白木綿が「たばこ屋」で購入できること、「古物」のふとんわたや「古単物」など中古品で済ませるものもあること、絹小紋単物地などについて江戸の大店（尾張屋・大丸屋・恵比寿屋）[11]を見比べさせるなど、詳細なものが多い。そして、B見積額とA購入値段には大きな差はみられない。ちなみに父庄右衛門は、寛政六年六月～七年五月に江戸城門番の番士、同一〇年三月～一一年六月、同一二年閏四月～一三年四月に納戸役・刀番として江戸勤番を経験していた[12]。時期は不明であるが、大丸屋・松坂屋での納戸方による藩主および家族着用の呉服の購入が確認できる[13]。江戸勤番、さらに江戸納戸方の役務を経て、彼は江戸の買物情報を蓄積していたのであろう。

　こうした情報は屯にも共有されていった。たとえば、天保一一（一八四〇）年一〇月三日には、屯は八戸より江戸勤番の武士に以下の注文を送っている。

【史料2】

（前略）

覚

一、今日御飛脚被差立候ニ付、江戸表詰合苫米地要四郎殿江御吟味所為替ニ而金子壱両為差登下し物頼遣

一、女三徳　一

右仕立出来合候而五六匁位、又者出来合ニ而不宜候ハ、神明前清兵衛江為仕立候得者、五六匁位ニ而厚板模様宜敷品出
　来可申旨頼遣
一、きせる筒煙草入壱通
右黒天鵞絨中ノ品ニ而裏浅黄こはたきせる筒ニ而御在所風長く仕立、房付紐付候様、尤たはこ入小ふり、右弐朱位
か八匁位ニ而、外ニ白金物壱匁五分位仕立頼遣
一、きせる筒紐
右三匁位
一、板〆縮緬中幅　曲尺ニ而壱丈壱尺五寸
右腰帯ニ致候間模様見斗、尤浅黄地ニ而ハ地薄ニ而不宜候間、緋色模様地合宜敷品、腰帯斗ニ而ハ壱丈五寸程有之
候得ハ宜敷候得共、少々切レ入用有之ニ付右之通頼遣
一、たはこ入　弐ツ斗
　内　表切レニ而裏紙之たはこ入模様能品見立、壱ツハ紙たはこ、右何れも小ふり神明前ニ而調被呉候様頼遣
一、へに　弐百文代
　右ニ而金子壱両頼遣

注文品は、女三徳、きせる筒・たばこ入、きせる筒紐、たばこ入二つ、紅、腰帯の布地である。三徳は五・六匁のもので、手ごろなものがなければ、芝神明前の清兵衛という者の店で、厚板でよい模様のものを仕立ててくれるはずだ、と述べている。きせるは「御在所風」の仕立て、たばこ入は表がきれ、裏が紙でできた小振りのもので、模様のよいものを芝神明前で選ぶように頼んでいる。装身具を扱う店が多かった芝神明町で、屯は好みのものを揃えている馴染

みの店をみつけていたのである。また、場所のみで店の指定がないものについては、注文する相手が同様に江戸の買物に熟達していることが、前提となっていることになる。買物情報は、藩士の中でも共有されていたのである。なお、布地については、腰帯分（一丈五寸）に端布として使用する一尺分を合わせ、一反分（三丈〜三丈二尺）に満たない中途半端な長さで求めている点や、鯨尺ではなく曲尺を用いている点にも注目しておきたい。

(2) 注文品の内容

文政一一年六月から江戸で勤番した屯のもとには、さきの父の注文のみならず、国元から買物の注文書が頻繁に届けられていた。翌年四月までの「下し物」の注文は、確認できるものだけでも約八〇点にのぼっている（【表1】）。以下、この年を中心に、注文品の内容をみていこう。

まず、衣料・装身具関係では、絹小紋単物地、上杉麻上下地（弟の結婚祝い）、風呂敷、麻水色帷子石餅模様留袖、ちちら青梅めんちり（縮緬）の女単物地、真岡中形単物地、白麻下之帷子といった高級織物、女櫛箱・女三徳・きせる・たばこ入・傘といった装身具が目立つ。このほか、履物（夏足袋・女雪駄）の注文のほか、刀（大小）、馬印・さし物、具足については修理の依頼が来ている。こうした高級品の一方で、黒木綿・白木綿・花色木綿・ふとんわたといった日用的な生地や、麻晒切・花色絹集切といった端布、花色古絹裏物・古絹単物・反故の反物といった中古品が注文されている点にも注目したい。とくに、四月三日注文の古絹単物の利用目的は「はは殿じゆばん胴」であり、他に縮緬の襦袢袖と絹製（黒の琥珀織もしくは紗綾）のじゅばん襟を「はは殿御入用」として注文していることから、これらを仕立て合わせて、屯の祖母の下着（襦袢）一着を作るつもりであったことがわかる（【史料1】）。一つの反物を購入せず、生地が最も必要な胴の部分を中古品とし、袖と襟のみ新品を購入していたのであった。遠山家では、高級

【表1】国元からの注文

注文日・連絡手段	注　文　品	使用者・注文者	見積額	購入価格	江戸（到着／購入／送出）	到着日
4/3持参	葛籠　1駄	●（荒木田）彦右衛門殿	20匁			
4/3持参	小箪笥　1ツ		1歩150文位	17匁		
4/3持参	女櫛箱　1ツ		2朱位	2朱		
4/3持参	鏡　1面		1歩（少々増しても可）	17匁（覆とも）		
4/3持参	傘　1本		3匁5分位	3匁5分		
4/3持参	白木綿　10反		1両	1両2朱		
4/3持参	糸わた　3袋		3歩			
4/3持参	茶		2朱			
4/3持参	半紙　1000枚		9匁	1〆18匁		
4/3持参	切り紙鼠　1000枚		400文	450文		
4/3持参	ふとんわた　1つ		1歩3匁位			
4/3持参	花色絹集切　1反分		18匁			
4/3持参	花色絹　1反	（はは殿ご入用）	25匁位			5/28寄合荷
4/3持参	黒木綿　金巾地　1反	はは殿羽織用	18匁位	19匁8分		
4/3持参	襦袢衿　1掛	はは殿入用	3匁位	3匁8分		5/7幸便
4/3持参	古絹単物　1枚	はは殿襦袢の胴	1歩2朱位			5/28寄合荷
4/3持参	縮緬襦袢袖　1つ	はは殿ご入用	1匁	13匁6分		5/7幸便
4/3持参	絹小紋単物地　1反	妻入用	2歩4・5匁	34匁	－　／6/10新橋松坂屋で購入／－	
4/3持参	女三徳　1つ	おまん持用	4・5匁			
4/3持参	女きせる筒　1	妻	－		－　／6/12日陰町で購入か－　／6/14幸便	6/24幸便
4/7幸便	元結（六把物）		100文			5/15幸便
4/7幸便	太元結（八把物）		200文			5/15幸便
4/7幸便	下付（下村か）おしろい		200文			5/15幸便
	手拭地・人形1つ	●（中里）弥九郎（妹の夫）				5/5幸便
	反物1反	●山崎氏（半之丞　母方従弟の子）頼み				5/7幸便
5/15飛脚	棕櫚箒　1本					
5/15飛脚	大小柄巻替注文				－　／5/25・5/26屋敷に来訪した日影町近江屋（刀屋）半蔵に見積を出させる／6／1出で下緒代とも金3歩が御吟味為替で着く／6/9納品→幸便	6/28幸便（玉内庄兵衛）
	夏足袋1足	妻			－　／6/12日陰町で購入か－　／6/14幸便	5/28寄合荷
	風呂敷1筋	はは殿入用			－　／6/12日陰町で購入か－　／6/14幸便	6/24幸便
	大小下緒　1掛				－　／－　／6/14幸便	6/24幸便／6/28に金5両と下緒調代金1分を御吟味所為替で送る

注文日・連絡手段	注　文　品	使用者・注文者	見積額	購入価格	江戸（到着／購入／送出）	到着日
	紙包み3つ（詳細不明）					6/24幸便
	紙包物1（詳細不明）	●江刺運次郎（妻の兄弟　家督前　天保13年で100石　父治右衛門は納戸役などを務める　5月～6月は国元で、ほかは江戸　引っ越しの際の荷物か）			－／－／6/14幸便	6/24着
	荷物5個（詳細不明）					6/晦　船着
	提たばこ入				－　／－　／7/8幸便	7/26幸便（与蔵）
	内丸注文の具足、襟廻小鰭し直し	●内丸（中里安之丞　父方従弟）			－／7/2志井友七より受取／7/8幸便（与蔵）	
	馬印たし・さし物たし	●内丸（中里安之丞　父方従弟）			－／5/25日影町森田屋安兵衛を呼び、注文→7/5受取／7/8幸便（与蔵）	
	針	★村氏			－／7/15　赤羽根で購入／7/16飛脚	
7/17幸便（江刺治右衛門）	注文（詳細不明）・金5両送る	当秋におまん嫁入りにつき			8/4　／　8/8大丸屋・松坂屋などで購入　8/13三田辺へ買物／8/15幸便	9/6幸便（下組足軽松橋亀三郎）
	紙包み3つ（詳細不明）	はは殿注文の品ほか			－　／　－／8/15幸便	9/6幸便（下組足軽松橋亀三郎）
	小サ刀拵え	●（中里）弥九郎			－／8/15近江屋半蔵を呼んで注文、8/28幸便にて金2歩請取／－	
8/18幸便か	きせる2本				－　／　－／10/1	10/18幸便（松井範九郎・島守権之丞）
		●（太田）喜満多（在江戸　おまん父方叔父）			／　9/8神明町で購入／	
		●（太田）喜満多（在江戸）			／9/22日影町で購入／	
	紙包み1つ（詳細不明）				－　／－　／9/10幸便（逸平）	
	紙包1・箱物2（詳細不明）	●（中里）安之丞（父方従弟）	金1歩（送金）		10/19幸便（相撲取）／－／12/4御飾荷物	
10/10幸便（三條目逸平）	墨1挺		300文		10/27／－／12/4御飾荷物（足軽政吉へ頼み）	12/25御飾荷物着
10/10幸便（三條目逸平）	物裁1挺	おまんへ遣わす			10/27／－／12/4御飾荷物（足軽政吉へ頼み）	12/25御飾荷物着
10/19幸便	花色古絹裏物3枚				－　／－　／11/24飛脚	
11/7飛脚便	漉櫛　1枚	おまんへ遣わす			－／－／12/4御飾荷物（足軽政吉へ頼み）	12/25御飾荷物着
	山本山　少々・白砂糖　1斤	庄右衛門（父）			－／－／12/4御飾荷物（足軽政吉へ頼み）	12/25御飾荷物着
	たばこ入れ・おしろいなど	●（田名部）八弥殿（母方叔父）・百次郎殿			－／－／12/4御飾荷物（足軽政吉へ頼み）	12/25御飾荷物着
	みかん曲物2つ　そのほか種々				－／－／12/4御飾荷物（足軽政吉へ頼み）	12/25御飾荷物着

注文日・連絡手段	注文品	使用者・注文者	予定価格	購入価格	江戸（到着／購入／送出）	到着日
	箱物1	★御納戸へ			−／−／12/4御飾荷物（足軽政吉へ頼み）	12/25御飾荷物着
	小物3包	●内丸（中里安之丞 父方従弟）			−／−／12/4御飾荷物（足軽政吉へ頼み）	12/25御飾荷物着
	山本山茶少々・紙たはこ入1・みかん20、はは殿へ紙子胴着1（●喜満多より）				−／−／12/4御飾荷物（足軽政吉へ頼み）	12/25御飾荷物着
	曲物2つ（詳細不明）	●（中里）弥九郎			−／−／12/4御飾荷物	
	小包物2（詳細不明）	●江刺運次郎			−／−／12/4御飾荷物	
	包物（詳細不明）	●江刺運次郎			−／−／12/15幸便	
	包物（詳細不明）	●江刺運次郎			−／−／12/15幸便	
	青縞かた染出し				−／−／1/25幸便（赤沢松次郎）	2/16幸便
	墨1・手習筆5	循之助（弟）			−／−／1/25幸便（赤沢松次郎）	
1/19飛脚	大判綿4〆（36枚）	●（井上）友治（父方甥）入用	3歩		2/4／2/9日本橋辺?／2/11出帆	3/28船着
1/19飛脚	糸綿4袋		2歩		2/4／2/9日本橋辺?／2/11出帆	3/28船着
1/19飛脚	半紙1〆		18匁		2/4／2/9日本橋辺?／2/11出帆	3/28船着
1/19飛脚	鼠切半紙1000枚		4匁		2/4／2/9日本橋辺?／2/11出帆	3/28船着
1/19飛脚	八重垣茶→初摘茶4袋・山本山1袋・川柳3袋 小袋44袋	やす・土産入用茶	2朱		2/4／2/9日本橋辺?／2/11出帆	3/28船着
1/19飛脚	上杉麻上下地（紋付かたばミ・色兼房柿ノへた小紋） 1巻	●（井上）友治婚姻祝い（3月中下し頼）	2歩2朱（染代とも）		2/3／−／2/26飛脚	3/6着?
1/19飛脚	盃（茶碗） 100個	1歩に5・60人前程の品	1歩		2/4／2/9日本橋辺?／2/11出帆	3/28船着
	反物（故古）1包				−／2/9日本橋辺?／2/11出帆	3/28船着
1/19飛脚	しゆろほうき2本	（端数合わせ）			− ／− ／3/27出帆	4/27船着
3/13飛脚	絹染ノ小紋の内たはこ入 1つ	はは殿	3歩		3/22／−／−	
3/13飛脚	大判綿	はは殿	1歩		3/22／−／−	
3/13飛脚	麻さらし切	はは殿	2朱		3/22／−／−	
	4斗樽筵包2つ（詳細不明）				− ／− ／3/27出帆	4/27船着
	しゅろぼうき2本	★（幸崎）杜男			−／−／3/27出帆	4/27着船
3/20幸便（掛端半右衛門）	麻水色帷子石餅裾模様留袖 1つ		3歩2朱		4/5／ 4/6麹町紺屋・4/9神明・4/10新橋松坂屋／−	
3/20幸便（掛端半右衛門）	同模様色同断（麻水色石餅裾模様）留袖 1つ		2歩2朱〜3歩		4/5→麹町紺屋・神明・新橋松坂屋→?→	
3/20幸便（掛端半右衛門）	ちちら青梅めんちり之内嶋女単物地 1反		26〜7匁		4/5→麹町紺屋・神明・新橋松坂屋→?→	
3/20幸便（掛端半右衛門）	真岡中形単物地 1反		16〜7匁		4/5→麹町紺屋・神明・新橋松坂屋→?→	
3/20幸便（掛端半右衛門）	白麻下之帷子 1		30匁位		4/5→麹町紺屋・神明・新橋松坂屋→?→	
3/20幸便（掛端半右衛門）	女雪駄 1足				4/5→麹町紺屋・神明・新橋松坂屋→?→	
	紙包物7つ				−／−／4/17寄合荷	

1）「文政十一年日記」・「文政十二年日記」・「文政十一年江戸勤番中日記」・「文政十二年江戸勤番中日記」より作成。
2）使用者・注文者の項で、無印は家族、●は親類、★はそれ以外の者をさす。

反物を購入する一方で、日用的な下着については中古品や新品との組み合わせによって節約しているのである。端布や反故の反物の具体的な利用方法は不明であるが、同様に仕立て直しの素材として求められたのであろう(14)。

食品で確認できるのは、山本山の茶（八重垣・川柳・初摘茶）、白砂糖、そして年末のみかん（次章参照）である。このほか、他の時期の日記でも、鰹節（天保九年五月一八日）、菓子（こん平糖）・黒砂糖が登場する程度である。このように、食品については、保存の問題からか注文品数や回数は多くなかった。

住関係では、小箪笥、鏡、針、文具（半紙・切り紙鼠・鼠切半紙・墨・手習い筆）や、安価な盃（茶碗　百個で金一歩）、棕櫚箒といった日用品も注文されていた。文具については再生紙（「鼠紙」）のほか、白切紙（天保九年一月一七日）、贈答に用いられる小菊（天保一〇年五月一七日）、印形（天保五年九月一九日、同九年一月二〇日、同年一一月一〇日）、絵半切壱箱（天保一〇年一〇月一二日）が注文されている年もある。また、棕櫚箒も二・三本単位の注文が複数回確認できる（天保六年一月二四日、同年六月五日、同一〇年五月一九日）。

衛生関係の品は、元結・太元結・おしろいである。他の年の注文には、唇紅（弐百文代）・歯ミかき（百文代）（天保五年一二月二七日）、椿油壱本・すき油壱曲（天保五年六月二九日）などもみられた。

このほか、他の年にみられる特徴的な注文品として、菜園・園芸関係の品と書籍をみておきたい。まず、菜園・園芸関係の品については、茄子の種（天保五年二月一七日・天保九年二月一五日）、夏大根種・ふゆなの種・つけなの種・きうり種（天保九年一二月二四日）、たかな種（天保九年閏四月四日）、ねりま大こんたね大壱袋（天保一〇年五月一七日）が国元に届けられている。とくに茄子については種をまき、自家用として収穫していることも確認できる(15)（天保五年六月二一日、同六年三月二二日、同八年七月二六日）。また、園芸関係の品については、天保九年六月一二日には、雪柳一本・花かいどう一本・ばら二本・きりしまつつじ一本を四斗樽に詰め、また天保一〇年五月一七日には松を、同月一九日に、きりしまつつじ五本、いわつつじ一本、桜一本、ざくろ一本、紅葉花一本、実生の青木四・五本、紫蓮壱本、紅葉四本を四斗樽二つに詰めて植木鉢大小三つとともに、国元に送っている。実生の青木などは、一九世紀江戸の園芸文化における奇品ブームの典型であった[16]。八戸では菊栽培が盛んであり[17]、屯も手作りの菊を親類・出入商人らに配るなど園芸の趣味があった（文政一一〔一八二八〕年九月二二日・天保五年五月一〇日・一〇月一日・二日ほか）。これらの木々は遠山家の庭を彩ったと推測される。

次に、書籍については、公用のもののほか、弟五十三郎への「文選字引」一冊（天保九年二月九日）・節用集壱冊（天保九年一一月一日）、親類荒木田彦右衛門への武鑑一冊（同前）、目付三浦平太夫（一〇〇石）への大武鑑一部・袖珎（武鑑）一包（天保一〇年二月三日）、「江戸砂子」四冊・「文選字引」一冊（天保一〇年五月一九日）を国元に送っている。八戸では、藩士を中心とした書籍仲間が結成され、書籍の共有をはかるなど、書籍の関心が高まる一方でその流通は低調であった。江戸での書籍の入手は、こうした状況のあらわれであろう[18]。

以上から、購入品の中心は、高級な反物やびん付油などの衛生関係の品、袋物類・きせるに代表される玩弄品や、国元で入手困難な書籍、植木類など、奢侈品であった。ただし、注文品は奢侈品に限らない。黒木綿（ふとんの地）・糸わた、鼠紙（再生紙）、棕櫚箒といった日用的なもの、食料生産のための野菜類の種までもが、国元に運ばれた。反物については、端布や中古品も購入対象とし、実際に使用する寸法や、中古品や新品との組み合わせを念頭においた注文も行われたのである。

(3) 注文した人々

「下し物」の注文者はいかなる者たちだったのであろうか。文政一一年の屯への注文（【表1】）では、屯の家族を除き、九名の注文者が登場する。このうち、田名部八弥（母方叔父）、荒木田彦右衛門（親類　四駄二人扶持）、中里弥九郎（妹の夫　三〇〇石）、中里安之丞（父方従弟　四〇三石六斗九升）、山崎半之丞（母方従弟の子供　四〇〇石外二人扶持）、江刺運次郎（妻の兄弟　一〇〇石）、太田喜満多（父方叔父　一一七石二斗六升六合）の七名はいずれも遠山家の親類であった[19]。

ただし、親類ではない幸崎杜男（七〇石）も注文者となっていることから、親類以外の者も注文に加わっていたことがうかがえる[20]。ちなみに、屯が国元で目付をつとめた天保八年（一八三七）の注文をみてみると[21]、五月一五日に江戸に出立する親類池田弥五右衛門（母方従弟　五両二人扶持　御吟味添役）のほか、一月二二日に江戸在勤中の番士稲葉治（一二〇石）にも注文している。また、天保一二（一八四一）年に注文した苫米地要四郎（**【史料2】**）の家格は「御切符」で、六両一人扶持、役職は御吟味添役であった。注文する相手は親類が中心であったが、役職や家格の異なる者も対象となっていたのである[22]。

彼らは、自身の江戸勤番の経験によって、同様に買物情報を共有していたと考えられる。たとえば、親類太田喜満多（**【表1】**）の場合、寛政一〇年に家督を嗣いだ後、文政一一年までに、七回にわたって江戸で江戸城門番・伝奏馳走役・刀番・納戸役を経験している。また、苫米地要四郎の場合、五年一一月〜六年六月に続く二回目の江戸勤番で、その父も三度の江戸勤番を経験している[23]。勤番によって蓄積した江戸での経験と情報を彼らが共有することによって、相互の注文が可能になったのであろう。

(4)　注文・輸送・送金の手段

こうした江戸での購入活動には、注文の伝達や、代金・購入品の輸送手段が不可欠である。八戸藩士には、幸便・

飛脚・廻船という三つの手段があった（表1）。そして送金は、基本的には公金の送付で使われる「御吟味所為替」で行われた（【表1】）[24]。

まず、幸便とはいわば私的な輸送方法で、勤番で江戸・八戸を行き来する藩士に注文書および運搬を託す方法である。移動する人々に書状の輸送を依頼する方法は、近世の通信で広く見られる[25]。購入品の輸送を託すことも自然であったと考えられる。ただし、この方法では、所用時間が通常の参勤交代の日数である一六日前後もかかり、発信も不定期であった。さらに、輸送量に限界があり、確実性にも欠けた。たとえば、文政一一（一八二八）年六月五日に、屯は接待忠兵衛（六〇石　御吟味）に「少々之包物」を頼んだが、「荷過候ニ付相成不申」と荷物が多いことを理由に断られている。しかし、経費の負担がない点は大きな魅力であったと考えられる。

幸便を頼んだ相手は、親類に限らない。文政一一～一二年の場合（【表1】）、親類の太田喜満多・江刺治右衛門（妻の父　一〇〇石）のほか、玉内庄兵衛（御勝手御用御取次　五〇石）、掛端半右衛門（弓鉄砲小頭　七〇石）、志井友七、岩間与蔵（切符　六両一人扶持）、松井範九郎（一五〇石）、島守権之丞（近習役　一〇〇石）、三條目逸平（御部屋付添切米　九駄二人扶持）、赤沢松次郎（七五石）と、家格・石高もまちまちである[26]。藩士たちは、書状と同様に荷物の輸送も互助していたのである。

一方、飛脚および廻船は、公的な輸送手段である。まず、飛脚については、藩の飛脚制度が宝暦初年頃に確立し、天保元（一八三〇）年には定期便である定便飛脚が制定されている[27]。標準の所用時間は八日であった。藩士とその家族は、飛脚で江戸―八戸間の私信を送るようになり、さらに物資も送るようになった。しかし、飛脚の荷物が増えてしまったため、早くも宝暦四（一七五四）年以降は状賃が徴収され、さらに寛政五（一七九三）年には重さ二匁以上の書状が禁止された。こうして飛脚利用には経費がかかり、量も制限されることとなったが、実際には購入品の輸送に利用され続けた。飛脚を利用するメリットは、おそらく定期的に発着し、早く届く点にあったと考えられる。さらにかさばるものについては、年末の「御飾荷物」など、藩の荷物便の発送に依託して送られることがあった。

とくに輸送量の制限を解決したのが、江戸で展開した藩専売で利用した廻船である[28]。八戸から鉄・干鰯・大豆・木綿などの産物を運んだ廻船の戻荷の中には、藩士の荷物も積み込まれたのである。時間はかかるものの、大量の物資を運ぶことができた廻船は、大きな魅力であった。

なお、複数人で荷物をとりまとめて送る場合もあった[29]（「寄合荷」）。飛脚や帰国する者が「寄合荷」を募る（天保九年正月四日・同一月一六日）ほか、藩の荷物便への依託でも「寄合荷」が多用されたようである[30]。

以上、本章では江戸勤番武士の購買活動の内容や構造を検討した。八戸藩士は、江戸の店や商品の価格を中古品なども含めて把握し、その情報を共有していた。そして玩弄品のみならず日用品までも、互いに江戸で調達し、八戸に届けたのである。こうした注文は、親類を基本としながらも、家格・石高を越えて藩士同士で行われていた。注文・購入品は、幸便、飛脚、藩の廻船で送り、互いの荷物をまとめて送る「寄合荷」という手段も登場したのである。

三　国元の消費と「下し物」

最後に、江戸での購入品が、国元の消費においてどのような位置におかれたのかを確認したい。まず、非日常の品の代表として土産・餞別を、ついで恒常化しているものとして、年末・年始に送られてきたみかんを検討し、最後に幕末の国元における「小遣帳」の支出品目と、この年の江戸での購入品との関係をみていきたい。

【表2】遠山庄馬の「下り土産」(文久2(1862)年5〜6月)

相　手	石高／遠山家との関係	土　　産
船越多喜見	200石／親類	短扇1、山本山半斤、切紙1わ、手拭1筋、きせる筒・たはこ入1通、土ひん1、散蓮華1ツ
中里松之助	300石／親類	短扇1、山本山半斤、小袖綿2ツ、手拭1筋、箱入盆1ツ、紙たはこ入1、油弐曲、切紙2わ
蒔田長蔵	／親類	短扇1、川柳茶半斤、小袖わた1、切紙1わ、油弐曲、土ひん1、散蓮華1ツ、貝杓子3
白井八右衛門	150石／親類	短扇1、小袖綿2、徳り1、手拭1筋、切紙1わ、きせる筒・たはこ入1通、散蓮華1ツ
中里市太夫	65石／親類	短扇2、小袖わた2、手拭1筋、切紙2わ、土ひん1、紙たはこ入1、散蓮華1ツ
斎藤伝右衛門	100石／親類	短扇1、小菊3帖、小袖わた2、手拭1筋、切紙1わ、油弐曲、土ひん1、散蓮華1ツ、かんさし3、貝杓子3
井上官蔵	8両2人扶持／親類	短扇2、山本山半斤、小菊2帖、手拭1筋、土ひん1、散蓮華2ツ、小袖わた1
遠藤七郎	7両2歩2人扶持／親類	短扇1、川柳茶半(斤)、切紙1わ、徳り1、小袖わた1、散蓮華1ツ、貝杓子3
田名部儀兵衛	13駄2両2人扶持／親類	短扇1、川柳茶半(斤)、切紙1わ、徳り1、小袖わた1、貝杓子3、紙たばこ入1
嵯峨速馬	100石／親類	短扇1、山本山半(斤)、切紙1わ、角〆たはこ1、きせる筒・たはこ入1通、徳り1、散蓮華1ツ
井上唯七	／親類(留守中の手紙の代筆など)	唐木綿染縞紋付1反
江刺(運次郎)代	100石／親類	糸わた2、□袋1
蒔田年	／親類	小袖綿1、川柳茶半斤、小風呂敷1、手拭1、徳り1、棒油2、扇子2
横町(菓子屋)徳兵衛	／出入商人	短扇1、川柳茶半(斤)、土ひん1、たばこ入1、手拭1、茶ほうじ1、貝杓子2
御常番富之助(足軽)		短扇1、川柳茶半(斤)、徳り1、提たばこ入1、貝杓子2
肴町金次郎		短扇1、川柳茶半(斤)、徳り1、小風呂敷1、貝杓子
三日町安兵衛		うちわ1、川柳茶半(斤)、きせる筒・たはこ入1通、かんさし3、散蓮華2 他やすに糸わた1袋、かかへ手拭1筋、甚助へたはこ入1・手拭1筋
大工頭弁之助	／出入職人	短扇1、川柳茶半(斤)、徳り1、茶ほうじ1つ、切紙1わ、御(水?)1、ほかに同人母へ小袖綿1・手拭1筋
下肴町盛ノ一		短扇1、川柳茶半(斤)、徳り1、手拭1筋、貝杓子3
牢番万吉		短扇1、徳り1、茶ほうじ1、川柳茶半(斤)、貝杓子3
下大工町ほの		短扇1、徳り1、茶ほうじ1、川柳茶半(斤)、貝杓子2
惣門丁松之助		短扇1、川柳茶半(斤)、手拭1筋、かんさし3、貝杓子2
長泉寺	／菩提寺	山本山半斤、上短扇1、小袖わた1、小菊2帖、手拭1筋
河八(河内屋八右衛門)	／出入商人	上喜せん茶半斤箱入、上切紙100枚、水引1わ、盃2つ箱入
直理		川柳茶半(斤)、短扇1、たはこ入1ツ、土ひん1、手拭1筋、貝杓子3、かんさし3、木綿1反

相　手	石高／遠山家との関係	土　　産
津村帯刀	250石／	箱入盃5つ、水引1わ、小菊3
大塚や（市兵衛）・ミのや（宗七郎）・近江や（市太郎）・いし平（石屋平七）・サメ三四郎（鮫村問屋）・廿八日町甚兵衛・庄や安太郎・十一や小右衛門	／出入町人（傍線）ほか役職（産物掛・町奉行）関係か	箱入盃5つずつ
名主与八	／知行地（上館）の元名主	徳り1、うちわ1、貝杓子3、盃茶碗1、手拭1
名主茂八郎	／知行地（久慈）の名主（山口村）	うちわ、貝杓子、盃、きせる筒・たはこ入1通、手拭、茶
名主仁八	／知行地（上館）の名主（駒木村）	うちわ、貝杓子、手拭、徳り、茶
軽米ノ金兵衛	／軽米の村役人	短扇2、茶半斤、小袖綿1、切紙5わ、飯茶碗5人分、徳り1ツ、箱入盃（2つ入）1箱、きせる筒・たはこ入1通
八太郎村又十郎・甚蔵、悪虫村馬之助・六	／城下近くの所持地の百姓（雇人か）	提たばこ入1、貝杓子2、うちわ1
悪虫村万吉	／城下近くの所持地の百姓（雇人か）	うちわ1、茶碗2ツ、貝杓子2
湊村万之助	／役職（産物掛）関係か	うちわ1、茶碗2ツ、川柳（茶）半（斤）、手拭1筋、貝杓子2
下組上野甚蔵（足軽）		うちわ1、切紙、茶碗2ツ、川柳（茶）半（斤）、手拭1筋、徳利1、貝杓子2、散蓮華1

註）石高については「御八代様勤功帳」・「御九代様勤功帳」（八戸市立図書館蔵八戸南部家文書）、「天保一三年五月『御家中分限帳』」（『八戸地域史』三三、一九九八年）、遠山家の親類の確定については同年「日記」5月4日条の「親類衆」の記載を参照した。名主については、三浦忠司氏の御教示による。土産物の受け渡しはほとんどが5月20日であるが、名主仁八には5月1日、名主茂八郎には5月3日、軽米の金兵衛には5月26日、江刺代には6月16日、蒔田年には6月17日であった。

【表3】下り土産（2）

年　月　日	他家→遠山家／遠山家→他家／★帰国者への餞別	土　産　物
文政12（1830）.12.25	宗七兵衛→	硯蓋1面、小半紙100枚、絵紙大小三枚、小はし1袋、手あそび竹細工1ツ
天保2（1831）.6.14	→世喜山	山本山茶小半斤、風呂敷、うちわ、たばこ入
天保2（1831）.6.14	→蒔田軍蔵（弟の義父）	湯浴地1反・茶半斤・うちわ
天保2（1831）.6.14	→喜満多	山本山茶小半斤、風呂敷、うちわ、切紙、たばこ入　おしろい
天保2（1831）.7.24	湊新ほり伊兵衛（釣り仲間か）	茶1袋、紙たばこ入1、貝杓子2本
天保4（1833）.616	→船越金兵衛殿次男（留主中共々度々参被呉）	紙たばこ1、鼻紙1帖、扇子1本
天保4（1833）.6.20	→（田名部）八弥（母方叔父　留主中何角世話故）	鼻紙、扇子、きせる、煙草粉いれ、筆2本
天保4（1833）.6.3	→織壁仙元	風呂敷、鼻紙、紙たばこ入
天保6（1835）.2.29	上久保→	葉煙粉5把、白切紙100枚、貝楊子3本、手習墨1挺、安紙烟草粉入1
天保6（1835）.6.13	河内屋ばば→	白切紙100枚、初桜茶半斤
天保6（1835）.閏7.14	森久米之助→	山本山茶半斤、子共せつた1足、うちわ1本、子風呂舗1筋、髪付油2本
天保6（1835）.閏7.27	蒔田年→	初桜茶1斤、手拭1筋、紙たはこ入1ツ外品々
天保9（1838）.11.10	★主計	山本山茶1斤
天保4（1833）.7.11	秋津風→	扇子2本、相撲絵紙7枚
天保9（1838）.7.19	★幸崎杜男	風呂敷1筋、扇子2本

(1)　土産・餞別

藩は、倹約令の中で「江戸在所往来の輩、譬ハ親類タリトモ土産餞別軽キ品ニ而も堅停止之事」とたびたび土産物を禁止しているが[31]、土産が絶えることはなかった。【表2】は、文久二（一八六二）年六月二十日に国元に戻った屯の息子庄馬が「下り土産」として配ったものである。また【表3】に示したのは、日記の記述中で「下り土産」・餞別として確定できる例で、他家から遠山家への土産、遠山家から他家への土産、遠山が江戸で帰国者に渡した餞別の三様がある。品物の中で目立つのが茶、たばこ入、きせる、簪、扇、うちわ、おしろい、紙（小菊・切紙・水引・鼻紙）、絵紙（錦絵か）、道具類（盆・盃・散蓮華・徳利・土瓶・貝杓子）、手拭である。茶は山本山が土産の定番となっていたようである。また、たばこ入などの袋物やきせるは江戸土産の代表であった[32]。ちなみに飛地の志和代官所（現岩手県）勤番の藩士からの土産は、「〆烟草弐ツ・雑はし弐袋・大方紙壱帖」や「へぎ弐枚・〆たはこ（煙草）弐〆・雑はし（箸）弐袋」であり（天保四年四月七日・九日）、江戸の土産の多くが高度な手工業品、奢侈品であることがわかる。

こうした土産品は不定期で日常的ではなかったが、勤番の交代に伴って八戸の藩士の家に江戸から頻繁に届けられ、彼らの所持品の一部を占めたと考えられる。また、出入町人、知行地および城下付近の手作り地の村役人・百姓の家などにも配られた点は注目される。この時期にどの程度威信材としての機能を果たしていたかは不明であるが、土産物は国元の出入町人に、また勧農策[33]として知行地の百姓に下賜されたのである。

(2)　みかん

みかんは江戸から定期的に届けられ、国元の藩士の生活に位置づいていた。年末・年始の藩主家族のための「御飾荷物」便とともに藩士が国元に荷物を送ることは恒例となっており、一二月四日に江戸を発った荷物は、一二月二四〜二七日に国元に着いた。屯が江戸に滞在していた文政一一（一八二八）年の場合、一二月四日に江戸から送られた荷物は、足軽政吉の手で二五日に遠山家に届けられている（【表1】）。すでに注文していた品のほか、屯からはみかん曲物二つをはじめさまざまなものが届けられた。その全貌は不明であるが、父庄右衛門には山本山茶少々と白砂糖一斤が、田名部八弥（母方叔父）・百次郎にはたばこ入・おしろいなどが届けられている。また、同じ便で、江戸の太田喜満多より、山本山茶少々・紙たはこ入一・みかん二〇と、「はは殿」へ紙子胴着一着が届いている。このうちみかんは、二八日に、中里清右衛門（父方叔父　四〇三石六斗九升）と新宮家（二〇〇石）に七個、田名部太助（母方叔父　一三駄二両二人扶持）・遠藤多七郎（母方叔父　金七両二歩二人扶持）・斉藤運蔵（妹の婿　一〇〇石）・蒔田軍蔵（弟の義父　五〇石）・井上友治（父方甥）に五個、ほか出入商人の河内屋八右衛門に七個、鮫村三四郎・与兵衛に五個づつ、「尚賢老」（出入の医者）に五個配られている。また翌年一月四日には、湊村問屋五兵衛の年頭祝儀の酒二升に対して、返礼としてみかん五個を与えている。

屯が在国中の場合も、国元の遠山家には江戸勤番中の親類・藩士より「御飾荷物」便に依託したみかんが届けられた。たとえば、屯が国元で目付をつとめていた天保四（一八三三）年の一二月二四日には、中里大次郎（一五個　五両二人扶持）・織壁仙智（七個　御次坊主）・百嶋浪男（七個　納戸　一〇〇石・江戸定詰につき四人扶持）・久悦（十個）・三浦平太夫（五個　目付　一〇〇石）・松原元悦（五個　御次坊主）・秋津風（二五個　御抱力士）、これに江戸で隠居していた先代藩主信房よりみかん（十五個）・九年歩（八個）・ゆず（二個）が下賜され、計八九個のみかんが遠山家にもたらされた。さらに二八日には国元の岩井重蔵（勘定方　二駄一人扶持）よりみかん五個を分けてもらっている。大晦日の歳暮のやりとりでは、荒町の喜右衛門へみかん七個を渡し、なし二〇個・地煙草粉二〆・ゆず二個を受け取った。

　正月を迎える国元の藩士の家では、当主の在府・在国にかかわらず、恒常的に江戸からみかんが届けられていたのである。塚本学氏は、各地へのみかんの波及は大名家レベルを嚆矢としつつも、江戸におけるみかんの大衆食品化によって、一八世紀初頭後半には都市江戸から各地に及んだこと、また享保一九（一七三四）年「諸国物産帳」には、各地で柑橘類の栽培が行われていたことを明らかにしている(34)。ただし、陸奥南部領は同史料においても柑橘類の記載がない。気象条件から考えて、八戸でのみかんの大量育成は難しかったであろう。前藩主から藩士に下賜されるほどのものであったこと、贈答品となり、一度の贈答が五個〜一〇個程度であったこと、また贈答においてみかん五個が酒二升ないしそれ以上の価値を持っていたことなどから考えて、八戸においてはいまだにみかんは貴重なものだったと考えられる。みかんのある正月は、毎年の江戸での藩士たちの買物によって実現したのである。

【図】国元での支出内訳（文久2（1862）年5〜12月「小遣帳」より作成）

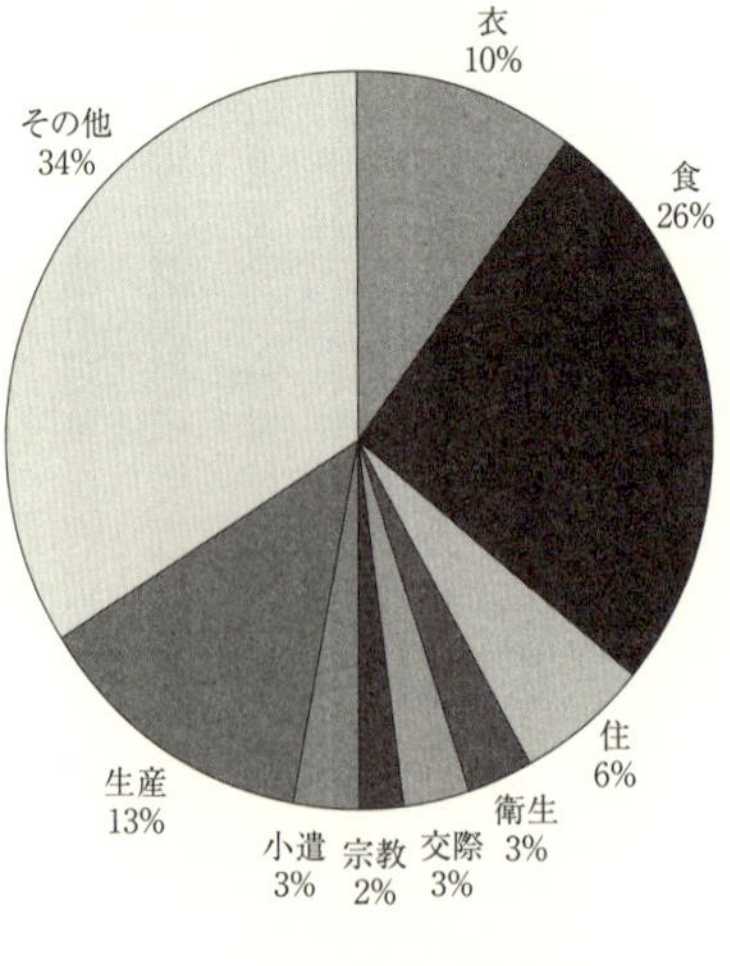

(3)　注文品と国元の購入品

　最後に、注文品と国元の購入品を比較したい。ここでは時期が下るが、文久二（一八六二）年五月〜一二月の半年分（閏八月を含めて七ヶ月分）の家計簿（「小遣帳」(35)）にみる国元での購入品と、江戸への注文品との関係をみていこう。同年閏八月には参勤交代緩和令が出されており、江戸への注文も減ってきている時期と思われる。こうした状況でなお注文されている品であるから、八戸の消費の中での位置が明示されているといえよう。

国元での支出総額は約一二〇両で、その内訳を便宜的に区分したのが【図1】である。[36] 一方、この支出以外に、遠山家は江戸の小笠原勝弥（御調御本方　一〇〇石）に約四両分の下し物を頼んでいる（【表4】）。注文品は主に衣料関係であり、このほか衛生・宗教関係となっている。

まず、衣料関係についてみていこう。江戸への注文品は反物・きせるである。反物は、上下《かみしも》の生地として購入した二子麻（二本の糸をよりあわせて作った二子糸を使用）、近江晒麻、紫縮緬といった高級品が中心であった。ただし、購入した紫縮緬は幅の細いいわば端布であり、襟や袖口の覆輪としての利用が想定される。前章でみたように、端布もふくめて高級品を入手しているのである。また、日用品とみられる花色木綿を二反で銀三七匁で購入している。これは、当時の相場では一反が三朱〜一分となる。時期がやや下るが、慶応二（一八六六）年の八戸の呉服屋能登屋の価格は、一反が二分二朱余であった。[37] 流通過程を考えれば、日用的な反物は直接江戸で購入した方が安いのである。

【表4】「下し物」と国元の支出・購入品（文久2（1862）年「小遣帳」より作成）

下し物	衣	二子麻上下地1反（油紙弐枚包　1両3歩）、近江晒麻1反（油紙包　銀31匁）、千草木綿2反（銀37匁）、紫縮緬2反（幅3寸・長サ7尺5寸、幅2寸・長サ1尺2寸　1両1朱）、きせる1（2匁8分）
	衛生	延源丸（200文）、消毒丸（1歩）、びん付油（200文）
	宗教	盆提灯3（額記載なし）
衣	製品	古手女着物2つ（河八払　2800文・2700文）・帯地古一筋（1歩）・袖口（150文）、半ゑり一懸（172文）
	仕立	御袷（700文）、小倉帯1筋（2朱）、上下（1朱・124文）
	染め	こんや喜右衛門・権兵衛（1朱・2608文）
	反物	紅麻（計1反3尺8寸　2歩1朱・272文）、浅黄（2尺　100文）、白布（1反5尋　3朱・72文）、黒木綿切・木綿切（3歩3朱・1217文）
	糸	ちん糸（1394文）、縞木綿織賃（1朱・200文）
	履物	下駄2（緒とも　544文）、子供用下駄2（1朱）、足駄1（緒とも　250文）、足駄1（122文）、草履1（100文）、中抜草履（100文）
	笠	あみ笠1（200文）、菅笠1（454文）
	髪	たぼさし2（64文）
衛生		稗ぬか（100文）、びん付油（600文）、三五郎髪結代（2朱）、烏犀角3分（3朱）、富山薬代（624文）、医師へ薬礼（2両1歩2朱）
文具（住のうち）		漉返紙（2朱・1772文）

一方、国元で購入された反物は、紅麻が見られるものの、浅黄や白布、さらに「木綿切」といった日用品であった。また、糸からの縞木綿の作製や、中古品（「古手女着物弐ッ」・「帯地古一筋」）の購入も注目される。[38] さらに、江戸から入手した生地の加工（上下）が確認できる。高級品は江戸から生地を仕入れ、国元で仕立てていたのである。ちなみに、国元の購入品には履物や笠、たぼさしがみられるものの、きせる・袋物といった装身具はみられない。

また、衛生関係では、薬、びん付油を江戸からとりよせている。国元でもびん付油は購入されていることから、国元でも入手は可能であった。ただし、年は異なるが「椿油」、髪染め用の「黒あぶら」（天保九年一二月四日）などがみられ、また贈答で用いられていることから、江戸では高級品を注文していたと考えられる。

食品については、基本的に国元で購入されているが、注目されるのは、茶の購入が見られない点である。国元の大店でも山本山を扱っていることが確認できるが[39]、遠山家は土産物や江戸での購入によって茶を入手したのであろう。

さらに、この年には確認できないが、江戸への注文品で目立つものとして、文具があげられる。この年に国元で購入されたのは、いずれも「漉返紙」であった。前章で見たように、江戸に注文する紙には再生紙（鼠紙）のほか、半紙や白切紙・小菊があった。遠山家では国元では再生紙しか買わず、それ以外の紙は江戸で購入したと考えられよう。

反物や紙にみるように、遠山家では高級品は国元で買わず、江戸で購入していた。また、日用品でも安価なものは江戸で入手していたのである。食関係でも、茶・みかんは江戸での購入に依存していた。遠山家の国元での生活には、江戸の購入品が根付いていたといえよう。

おわりに

本稿では、八戸藩の上級藩士遠山家の日記から、江戸における購買活動の実態、および購入品と国元の関係を検討した。最後に、本稿が明らかにした点と今後の課題を示しておきたい。

第一に、遠山の江戸での行動範囲は、これまで行動文化の面から注目されてきた江戸勤番武士のものと比べ、非常に狭く、藩邸近辺が中心であった。そして、彼らの購買活動を支える商人が、大名家の場合と同様に[40]、中心部の日本橋よりもむしろ麻布上屋敷近辺の芝・三田に存在したのである。山本博文氏は、氏の武士論と関連させながら、一七世紀前半には緊張した社会状況の中で律されていた江戸勤番武士が、後期になると「規則にも色々な抜け道もでき、金はないながらも江戸生活を楽しむようになる」とする。そして紀州藩士酒井伴四郎の日記から、江戸見物や食い道楽を紹介し、「江戸ッ子と対照的な」「金にこまかい勤番武士」の姿、そして幕末の政治状況とは無縁の武士の姿を描いている[41]。しかし、江戸での生活の「楽しみ」をとりあげ、「長い人生の一時期にそのような江戸（筆者註「祝祭空間」などと呼ぶ「ハレ」の日の連続」を特徴とする都市江戸）に触れ、また日常に戻っていくのである」とするのは一面的ではなかろうか。頻繁に江戸勤番を勤めた武士にとっては、江戸は身近なものであったはずである。今後は、物見遊山に明け暮れる江戸勤番武士像から離れ、年齢や経験、家格、役職、時期など条件の異なる藩士の比較検討によって、その生活実態を明らかにする必要があるだろう。江戸の商人論や地域論という視点からみれば、こうした分析は、武家地を顧客とした商売のありようの検討ということにもなろう。なお、遠山家の江戸での行動全般については稿を改めて論じることとしたい。

第二に、彼らの江戸における購買行動は、土産物にとどまらない、いわば恒常的なものであった。こうした買物は、江戸の店や商品の価格などの知識・情報に基づいて行われ、購入品は玩弄品ばかりでなく日用品、中古品、さらに生産にかかわる作物の種にわたっている。こうした買物の依頼は、親類を基本としながらも、家格・石高を越えて藩士同士で行われていた。藩士たちは情報を共有し、互いに江戸で品物を調達し、八戸に届けていたのである。また購買は、幸便・飛脚・藩の廻船といった通信・輸送手段、為替という送金手段によって支えられていた。そして、互いの荷物をまとめて送る寄合荷という手段まで登場したのである。遠山家の日記によれば、こうした恒常的な注文は、現存する日記の最初の年である寛政四（一七九二）年から確認できる。[42]八戸藩の場合、国元における商品の流通状況、通信・輸送手段があってこうした購買が成立したと考えられる。今後は、他藩の江戸勤番武士の購買行動も検討し、本事例の位置づけを行いたい。

第三に、江戸での購入品は、まず土産物としての機能を果たした。土産物は、知行地や手作り地の百姓、国元の出入商人にも流通した。さらに、購入品は、日常的にも国元の生活に位置付いていた。八戸で越年のみかんが風物・象徴となる時期は不詳であるが、江戸での購買活動によって安定的な入手が可能になったと推測される。また、反物・装身具・文具などの奢侈品・高級品については、国元での積極的な購入はみられないことから、江戸での購入を前提としていたと思われる。そして、日用品についても、国元よりも安価な場合は、江戸で購入されたのである。天保一三（一八四二）年五月に八戸を訪れた江戸の落語家船遊亭扇橋は、旅日記に「八戸の湊である鮫には東廻り海運によって江戸からたばこ・茶・都々逸の本などがもたらされており、盛岡よりもかえって江戸に近い」と記している。[43]この扇橋の言葉によれば、八戸界隈には、江戸の商品がかなり届いていたことになる。しかし、遠山家では職務で仙台に行く親類荒木田彦右衛門を時機にあった「便」だ（「幸能便」）として、金一歩を渡し、弟循之助の夏羽織の購入を頼んでいる（天保五年五月二日、二四日）。また、盛岡に用向で行く上田源八（三駄弐人扶持）には、秀膳椀・櫛・

笄・「耳盥渡候金婦入かん湯」の購入を依頼している（天保一一年八月二三日）。さらに、藩は寄合荷を禁止した際に、「腰物」とともに「反物」を例外としている[44]。藩主の衣服の調達が江戸の大丸屋・松坂屋で行われるだけでなく、勤番武士にとっても八戸では手に入る商品が不十分であったり、価格が高かったと考えられよう。

江戸の購買活動は、八戸藩士の生活に不可欠となっていた。一方、江戸の商人にとっても、彼らは有力な顧客だったと考えられる。さらに、「御在所風」のきせるなど、彼らを意識した商品も販売されていた可能性があろう。「浅黄裏」と揶揄されながらも、江戸勤番武士は江戸の生活者・消費者として、江戸の流通・文化にも影響を与えたのではなかろうか。

註

（1）『八戸藩遠山家日記』、青森文化財保護協会、一九九一年、八五頁。ただし、原文との校合を行った。

（2）この語は明和年間に川柳作家グループの共通語となり、寛政年間には戯作全般に用いられるようになった（佐藤要人「浅黄裏」『江戸学事典』、弘文堂、一九八四年）。

（3）文人であった尾張藩士小寺玉晁の江戸見聞記『江戸見草』（天保一二〈一八四一〉年閏一～一〇月）の検討（鈴木章生『江戸の名所と都市文化』、吉川弘文館、二〇〇一年、第四章第一節2）、原史彦「悠々江戸暮らし」（『東京人』八八、一九九五年）、『参勤交代』（東京都江戸東京博物館、一九九七頁、一三二頁）、山本博文「江戸勤番武士の生活」（〈鳶魚江戸文庫9『江戸ッ子』中公文庫、一九九七年〉、のち同『江戸を楽しむ』〈中央公論社〈一九九七年〉所収）など。行動文化については、西山松之助「江戸町人総論」（『江戸町人の研究』第一巻、吉川弘文館、一九七二年）ほかを参照。

（4）勤番藩士の経済的負担を補完するものとして、いわば相互扶助積立金制度である「舫」制度が注目されている（安澤秀一「江戸屋敷人数・江戸屋敷費用および参勤交代費用」『学際』六〈二〇〇二年〉、盛岡藩・八戸藩については工藤祐董『八戸藩の歴史』〈八戸市、一九九九年〉）。また、コンスタンティン・N・ヴァポリス「江戸への道」（『交通史研究』三四、一九九四年）は、土佐藩士の江戸日記から「参勤交代の個人的な面を取り上げ」る中で江戸での購入品が国元に送られたことも含め、参勤交代に伴う文化的交流を指摘しているが、土産の紹介にとどまっており、購入の過程や国元での生活における位置づけはなされていない。文化の問題に具体的にとりくんだのは、菊池勇夫「近世奥羽の御国言葉」（『交流の日本史』、雄山閣出版、一九九〇年）が唯一であろう。

（5）島村妙子「幕末下級武士の生活の実態」（『史苑』三二―二　一九七二年）。酒井の日記については、林英夫「単身赴任下級武士の幕末「江戸日記」」（『地図で見る新宿区の移り変わり―四谷編―』、新宿区教育委員会、一九八三年）が翻刻を行っている。また、谷口眞子氏は、幕末の長州藩の下級藩士（約六〇石）の日記および年間の支出をまとめた史料（『新資料来嶋又兵衛日記』〈西圓寺、一九八四年〉、『続新資料来嶋又兵衛日記』〈同前、一九九七年〉）より、藩邸での生活を復元している（「江戸勤務の大名家臣・奉公人」『新編千代田区史』一九九八年）。ただし、襖の下張り文書を復元した史料であるため、記事の一部が欠損しているという制約がある。

（6）遠山家は一〇〇石、弘化二（一八四五）年に加増で一二五石となった。二万石の八戸藩にあっては、天保一三（一八四二）年の段階の藩士三五一人中一〇〇石以上の知行取は八五人にすぎない。また、遠山の家格は、最高家格の「家柄」（二三人）とともに「表」の階層を構成する番士にあたっていた。したがって、遠山家は上級藩士といえよう（三浦忠司「解説　八戸藩遠山家日記」前掲註1『八戸藩遠山家日記』、前掲註4工藤書）。同家の史料はすべて八戸市立図書館が収蔵している。日記については寛政四（一七九二）年～大正八（一九一九）年の約一一〇冊が現存しており、文政一一（一八二八）～天保一一（一八四〇）年の一三年分の日記（一部欠損）が前掲註1『八戸藩遠山家日記』・『続八戸藩遠山家日記』（青森県文化財保護協会、一九九二年）に翻刻されている。以下、日記の引用にあたっては、原本校合を行った上で、活字化されているものを中心とし、年月日のみを記す。なお、三浦忠司「八戸藩『遠山家日記』の世界」(『東奥日報』に一九九二年三月〜六月に一六回連載)・「八戸藩『続　遠山家日記』の世界」(『東奥日報』一九九三年七月〜一一月に一八回連載)が同日記を用いて遠山家の諸相を紹介しており、本稿がとりあげる江戸での買物についてもすでに概要を明らかにしている(「『遠山家日記』の世界　3」『東奥日報』一九九二年三月二十四日号)。また、『八戸藩―大名の江戸と国元』(八戸市立図書館、二〇〇一年)でも、暮らしの概要や天保九(一八三八)年の国元への物資の輸送が触れられている。

(7)文政一一(一八二八)年五月〜一二年四月、文政一三(一八三〇)年四月〜天保二(一八三一)年五月、天保三(一八三二)年九月〜四年五月、同九年一月〜一〇年八月、同一四年七月〜一五年四月、弘化四(一八四七)年六月〜五年四月、安政六(一八五九)年五月〜七年五月、元治元(一八六四)年四月〜二年四月の計八冊である。

(8)取次番の交代は、泊番(夜五時〜暮六時)・早番(朝五時〜夕八時)・跡番(夕八時〜暮六時)である(八戸市立図書館蔵八戸青年会資料「江府御取次御番士勤方」)。日記の記載からみて、納戸役の勤務もほぼ同じと考えられ、「早泊」は泊番・早番を続けて勤めることを意味していると推測される。

(9)おそらく、『江戸買物独案内』(文政七(一八二四)年刊)に掲載されている、「芝神明前宇田川町新道　御煙管師　藤田屋弥左衛門」が該当すると思われる。同書によれば、藤田屋は「尾州御用」をつとめていた。

(10)拙稿「装身具を買う」(『男も女も装身具』、国立歴史民俗博物館、二〇〇二年)。藩邸と芝神明前・日影町の位置関係については、拙稿「江戸の消費―江戸勤番武士の買物―」(『歴博』一二四号、二〇〇四年)を参照。

(11)大丸屋は大伝馬町三丁目・通旅籠町の大丸屋正右衛門、恵比寿屋は新橋尾張町の恵比寿屋八郎左衛門と推測される。

(12)「御八代様勤功帳」(八戸市立図書館蔵八戸南部家文書)。

(13)藩政史料(八戸市立図書館蔵八戸南部家文書)の江戸納戸方・国元納戸方の年不詳の往復書状には、大丸屋と仕立屋からの価格より江戸納戸方が作成した「御召類直段書」(九月二十一日出)、大丸屋に「若殿様」(環之丞)の「御紋御上下地」の寸法違いを掛け合う指示を出した「書状」(二月六日出)、「紬御羽織弐反染方并右御裏地」を松坂屋に注文した報告（三月六日出）がある。

(14) 明治二〇年代頃の大丸屋の回想に、「店さきの諸所に、小切れをいれた箱が据て」あり、「その裂れ地が、もらった嬢さんたちの結綿島田にもかけられ、あたしたちの着物にもじゅばんの襟にもかけられた。帯にもなった」とある（長谷川時雨『旧聞日本橋』、岩波書店、一九八三年、八六頁）。近世においては、この端布が販売されていたのであろう。

(15) 知行地と別に、城下近くなどに所持していた計三四石二升三合の持地（前掲註6三浦忠司「解説　八戸藩遠山家日記」）で栽培していたと思われる。

(16) 岩佐亮二『盆栽文化史』（八坂書房、一九七六年）、君塚仁彦「近世園芸文化の発展」（『花壇地錦抄』、農山漁村文化協会、一九九五年）ほか。

(17) 『八戸栞草』（青霞堂、一八九四年）、五頁。

(18) すでに遠山家の江戸での書籍購入については、小林文雄「武家の蔵書と収書活動」『歴史評論』六〇五（二〇〇〇年）が紹介している。

(19) 石高は「天保一三年五月『御家中分限帳』」（『八戸地域史』三三、一九九八年）を、屯との関係・親類の確定については、「おまん親類書」および日記の天保七（一八三六）年閏七月条「親類衆」を参照した。

(20) 天保八年六月二三日には、杜男の娘が屯の息子と縁組みをしているが、この時点では親類ではない。なお、「村氏」については人物を特定できなかった。

(21) 役職は「天保八年九月『御役付座列』」（『八戸地域史』三〇・三一、一九九七年）、石高は前掲註18「天保一三年五月『御家中分限帳』」による。

(22) ただし、下級藩士の場合、注文を受けるだけではなく、自家用に購入を行っていたかどうかは今後の課題としたい。

(23) 前掲註12「御八代様勤功帳」。太田が江戸に勤番したのは、寛政一二年（一八〇〇）年正月～享和元（一八〇一）年五月、文化元（一八〇四）年九月～二年五月、文化三年三月～四年五月、文化五年九月～六年五月、同七年四月～八年

三月、同九年一〇月~同一〇年七月、同一三年七月~一四年六月である。また、苫米地の父が江戸勤番を勤めたのは寛政九（一七九七）年二月~一〇年五月・文化二年正月~四月・一二年二月~一三年六月である。

(24) 前掲註4工藤書によれば、「吟味は金銭・物品出納を始め財務的業務の総括職」で、江戸への送金、為替の取組を行っていた。江戸藩邸にも吟味所が設けられていることから、為替はおそらく江戸への公金の送付で用いられたものと考えられる。

(25) 宮地正人「近世後期の手紙と社会」（『講座日本技術の社会史』八、日本評論社、一九八五年、のち同『幕末維新期の文化と情報』名著刊行会、一九九四年に所収）。

(26) 前掲註19に同じ。

(27) 三浦忠司「八戸藩の江戸飛脚と一里飛脚」（『交通史研究』三六、一九九五年）は、飛脚制度を明らかにするなかで「日常生活品を中心に様々な江戸産物が飛脚を通じて国元の八戸に送られ」、「大名飛脚は単に書状による通信だけではなく、武士層に限定されるが遠隔地間の物資流通の一翼を担っていた」と指摘している。以下、飛脚の記述については同論文による。

(28) 藩専売と廻船については、三浦忠司「八戸藩における藩政改革以後の海運と産物流通」（『地方史研究』二二一、一九八九年）、同「東廻り海運と八戸藩の産物輸送」（柚木学編『日本水上交通史論集』第四巻、一九九一年）を参照。

(29) 三浦氏は前掲註27「八戸藩の江戸飛脚と一里飛脚」で、「寄合荷」については藩への荷物便への依託のケースのみとりあげているが、本稿では「寄合荷」を複数の者が「寄合」ってまとめた荷物として理解する。

(30) いったんは全面的に停止された後、「少々爲登物勝手次第」となったが、寛政九年には再び「腰物反物類」を除いて寄合荷が制限された（「寛政九日記」（御目付所）〈八戸市立図書館蔵八戸南部家文書〉十月九日条、前掲註27三浦論文）。その後の展開については未検討であるが、文政期には平均一〇〇匁につき四拾文の運賃で公的に寄合荷が組まれており、寄合荷はその後も継続したと考えられる（「江戸例書」『八戸藩法制史料』、創文社、一九九一年、三一五頁）。

(31)寛保元（一七四一）年八月触（『八戸南部史稿』、八戸市、一九九九年、二二〇頁）。同文の触が、寛政一〇（一七九八）年以降成立の「治国用務秘鑑」（前掲註30『八戸藩法制史料』、四五三頁）、遠山家の「日記」文久二（一八六二）年七月九日条でも確認できる。

(32)拙稿「装身具を買う」・「江戸における武家の装身具購入・贈答」（前掲註10『男も女も装身具』）。

(33)三浦忠司「八戸藩における地方知行制の展開」（『岩手史学研究』第八五号、二〇〇二年）ほか。

(34)塚本学「江戸のみかん」（『国立歴史民俗博物館研究報告』第四集、一九八四年）、同「江戸のみかん補遺」（『同』第一四集、一九八七年）。

(35)収入・支出の部に分かれ、支出は月ごとにまとめられている。「小遣帳」が遠山家の家計の全支出かどうかは確定できないが、ここでは江戸での購入品との比較を行いたい。なお、江戸勤番中の「小遣帳」については別稿で検討する予定である。

(36)支払いの表記は銭と金であるが、換算率が判明する項でも一両＝七二〇〇文（七月一二日）、六七八四文（七月十三日）・六一三三文（十月六日）・六七八五文（一二月三一日）と、かなり一定していない。ここでは、支出のおおまかな傾向をつかむため、一両＝六五〇〇文で換算した。また、区分については、前掲註5島村論文との今後の比較も念頭において項目を設定した。各項については、「小遣」の項目に自身のほか母・祖母の「小遣」、下女の給金を入れた。また「生産」の項には、年貢上納のほか、種麦の購入や山守への役銭など知行地の維持・管理にかかわる支出を入れた。「その他」の項目には、藩や同僚からの借金の返済金、輸送費ほか取り扱い品目が特定できない商人への支払金などを入れた。なお、「その他」の支出が最大になっているのは、借金の返済金が三六両に及ぶためである。

(37)鈴木堯子「江戸時代の着るもの」（『八戸地域史』第六号、一九八五年）。銀相場については、『日本史総覧』Ⅳ（新人物往来社、一九八四年）を参照した。

(38)前者の支払先の「河八」とは、天明五（一七八五）年創業の酒屋河内屋八右衛門と推測される（『日本全国商工人名録第五版』、一九一四年）。河内屋の店は遠山家の屋敷と接しており、遠山家に出入していた。河内屋が伊勢参宮に行く途中の天保九（一八三八）年三月四日には、勤番中の屯を江戸藩邸に訪ねるなど、遠山家とは懇意であった。

(39) 八戸美濃屋半蔵の藩への納品書（卯一月八日出　八戸市立図書館蔵八戸南部家文書）。

(40) 拙稿「旧大名家当主嫡子の食生活と東京の商人・職人」（『東京都江戸東京博物館研究報告』第二号、一九九七年）・「明治初年の旧大名家の消費と江戸の商人・職人」（『同』第三号、一九九八年）、のち拙著『江戸武家地の研究』（塙書房、二〇〇四年）所収。

(41) 前掲註3山本博文「江戸勤番武士の生活」。

(42) 一月一八日に、親類の太田八十助に文具（岩城一歩代、筆五〇〇文代）を注文している。

(43) 前掲註28三浦忠司「八戸藩における藩政改革以後の海運と産物流通」。

(44) 前掲註30。

〈付記〉本稿は、文部科学省科学研究費補助金・奨励研究（A）「日本近世城下町における武家地の研究」（二〇〇一～二〇〇二年度）、同・若手研究（B）「日本近世城下町における武家の消費行動および家相続と都市社会」（二〇〇四～二〇〇六年度）、および二〇〇三年度国立歴史民俗博物館奨励研究の成果の一部である。本稿執筆にあたっては、三浦忠司・藤田俊雄の両氏、八戸市立図書館のみなさんにたいへんお世話になった。末筆ながら感謝の意を表したい。なお、本稿は、地方史研究会第五四回大会での報告をもとにしているが、本書への掲載にあたり、八戸との関係に関する分析をさらに深めるよう、編集委員会よりおすすめをうけた。報告時に検討した江戸における行動や買物の場については、報告当日に重要なご指摘を頂いたが、紙幅も限られているため、後稿に期すこととした。ご了解頂きたい。

近代八戸における洋雑貨商の鉄道利用

差波亜紀子

はじめに

大会テーマである「南部の風土と地域形成」を、近代日本における商品流通史研究という筆者の関心にひきつけてとらえた結果、本稿では、近代的交通機関の整備にともない、地方都市八戸の商圏がどのように変化したのかを検討することとした。もっとも「八戸の商圏」の実態は、個々の商品や商業者により異なる商圏の集積としてあり、全体像をとらえるのは容易ではない。そこで本稿では、基礎的作業の一環とすべく、八戸の洋雑貨商工藤新助家をとりあげ、個別経営が近代的交通機関を介して周辺地域とどのようにかかわったのかを検討する。

商業地八戸が、近代的交通機関の整備によってどのような影響を受けたかについては、明治末年、地元のジャーナリストであり郷土史家としても知られる笹沢魯羊が、次のような悲観的見解を表明している。

（前略）回顧するに、旧時にあっては陸路交通運輸の便甚だ悪しく、京坂地方よりの物資の輸入は主として海路鮫港若しくは野辺地港の二港に依り、地方の物資を輸出する事も又同じく此二港に依らざるべからずして、而も当時にあっては尚ほ時の慣習として、商品を購ふに正金を以てするよりも、寧ろ商品を購ふに商品を以てするを喜ぶの風あり、即ち彼れより呉服木綿若しくは小間物雑貨の類を受くるに、我れよりは吾地方の物産たる、魚肥田作海草若しくは麦大豆の類を与へて、交換的に売買取引するを貴ぶの風ありしため、鮫港は勿論野辺地港に於ても、常に以上の貿易品を有する八戸町商家の商権最も盛にして、八戸町商人の取引頗る広く行はれ、輸入の物資は更に又当地商人の手を介して、今の三戸郡一円の地は勿論三本木、七戸、田名部、久慈、軽米、一戸、福岡等の諸地方より、花輪、毛馬内等の鹿角地方に至る迄の各地に輸送され、卸小売ともに頗る盛に営まれたりしなり、然るに時代の推移は意外の力を有して、驚くべき事物の変遷を来し、従来海路の交通運輸を便とせるものも、鉄道の敷設に伴ふて陸路によるを便とするに至り、（中略）東北線の全通に次ぎ、奥羽線の開通ありて以来は、従来八戸町商家より物資の供給を受け居たる各地の商人多くは此鉄道の便を藉りて京坂地方と直取引を開始し、京坂地方の商人も又競ふて汽車沿道の各地に立入り、近来は又久慈、三本木、七戸、田名部、花輪、毛馬内等の僻在の地に迄立入り、直取引を開始するの有様となれるより、鮫港の衰微は勿論、当町商家の商業地盤甚だしく縮小し曾つて盛なりし卸売の如きは、殆んと全く其跡を絶ちたるやの感あり、去れば商業地の名は依然として旧のまゝなるも、其実際は大なる商業地盤を失ひ縮小されたる商業地盤の上に、幸に購買力を増加せる小口客を相手とし所謂小売専問《ママ》に傾きたる処の商業地となれるの感あり[1]。

ここでの「旧時」とは藩政時代をさしており、鮫港は旧八戸藩領内の、野辺地港は本藩である旧盛岡藩領内の港である。八戸商人の商圏としてあがっている地名もまた、八戸・盛岡の両藩域にまたがっていた。「商圏」に関して魯羊がとくに注目したのは、京阪地方から移入される衣料品および小間物雑貨が周辺地域にどのように頒布されるのかであった。史料を要約すれば、藩政時代、海運の便がよいということ、また移入品の対価となるべき地元産物を確保していたというふたつの理由で、八戸藩域のみならず盛岡藩領北部地域にまで及んでいた八戸商人の商圏は、明治期以降、おもに卸売部門で縮小を余儀なくされた。八戸の「地の利」を構成していたふたつの要素のうち、変化の要因として魯羊がとくに強調したのは交通機関の変化すなわち鉄道開通であり、大都市商人と内陸商人の間に「直取引」が行われるようになった影響が大きいとしている。日本鉄道東北線（上野・青森間）の開業は明治二十四年九月、官営鉄道奥羽線（福島・青森間）の開業は同三十八年九月であった。なお移出入取引が相互に結びついていたという記述は、おそらく後述の藩専売を念頭に置いてのものであろう。

同時代人の証言として、明治末年における八戸の移入品取扱いにかかわる商業が小売中心となり、それ以前とは異なる様相を呈していたとの説は傾聴に値する。しかし移入品も様々であり、ここで念頭に置かれているのがおもにどのような商品であるのか明らかではない。また商業論の分野で、生産者と消費者が直接取引するよりも、間に独立した商人が介在し、そこに取引を集中させて品揃えを形成させた方が、生産者および消費者の取引回数を減らし、流通費用を減らすことができるという「取引総数節約の原理」があることを考えると、[2]鉄道開通が「直取引」を促し、間に介在する八戸商人の卸売機能が縮小するという構図は、必ずしも自明のものとは言えない。

そこで本稿では、移入品のなかでも洋雑貨を扱った八戸商人工藤新助家をとりあげ、その経営における鉄道利用を具体的に検討し、「八戸の商圏」といった一地域の動向が、近代的交通機関の整備によってどのような影響をこうむったのか、その全体像解明への一階梯としたい。

以下、次のような構成で論を進める。まず八戸における近代的交通機関整備の過程を示す。ついで移出入統計をもとに明治期以降、とくに鉄道開通前後の変化に注目して、八戸の物資移出入の特徴を示す。そして、そのなかで本稿が分析対象とする洋雑貨商工藤新助家の位置付けをおこなう。さらに工藤家の経営を、とくに販路と利用交通機関に留意して分析することにしたい。

一　八戸における近代的交通機関の整備と商品移出入

(1)　近代的交通機関の整備

八戸藩が利用したふたつの港―八戸港（鮫湊）と野辺地港は、それぞれ東廻り海運、西廻り海運に対応していた。八戸藩の海運政策について分析した三浦忠司によると、両ルートは運賃制度も異なることから、藩では場合により両者を使い分けていたが、江戸後期においては大坂積み出しの木綿類の場合も、おもに江戸を経由した東廻り海運で八戸港に運ばれており、このルートが海上輸送の主流となっていた。[3] また鮫港に入港した大型の、長距離航路就航船についての分析では、入港船の船籍は、文政二年（一八一九）に始まった八戸藩の藩政改革前後で大きく変化したことが指摘されている。[4] 改革前は、商船から「雇船（航海ごとに藩と契約を結ぶ船）」へという変化があるものの、いずれも江戸や伊豆周辺に船籍を置く船であったのが、改革後は、前金船と呼ばれる地元船が藩の船手支配に組み込まれ御手船同様となって「雇船」に代替、独占的に輸送を担うようになったのである。この変化は、藩財政の強化を目的とした改革を通じ、大豆や〆粕、魚油、鉄の類が藩の専売品となったのに対応しており、地元船籍船になって冬季休航期間が短縮されたと見られることなどから、専売制の効率的運営を輸送の面で支える役割を果したと指摘されている。これらの船の下り荷としては、地元商人を荷受人とする呉服太物や小間物類が運ばれたが、このうち木綿類はやはり専売品であり、その買い入れと領内への販売にあたっては藩が価格や数量を指示したことがわかっている。[5] その後、嘉永三年（一八五〇）に木綿の専売は廃止され、木綿仲間が藩から資金を借り入れて直接仕入れる方法に変化したが、嘉永六年にも仕入れ品を前金船に積み込んでいることから、[6] 専売廃止後も輸送手段に大きな変化はなかったと考えられる。

このように幕末の八戸藩では、藩が専売品輸送の必要に迫られて八戸港と地元廻船を保護育成し、これに移出入品の輸送の多くが依存していた。これが廃藩置県後、どのような変化をこうむったのかは明らかではない。

管見の限り、明治期に入り、もっともはやい段階で鮫港の状況を知り得る史料は、明治十三年（一八八〇）に開設された郵便汽船三菱会社八戸出張所の、本社宛て報告書である。汽船はそれ以前の大型和船に比べてさらに大型で航行能力に優れ、気候条件に比較的左右されず、安全性も高かった。また不特定多数を対象として貨物の運賃積み営業を行うことから、新規参入者を取り込んだ商取引の活発化に役立つと考えられた(7)。そのため国内航路網から外国汽船海運を排除して自立を達成しつつ、殖産興業政策の一環として汽船海運の便を全国的に普及させたいと考えた政府が、保護を与えていたのが三菱だったのである(8)。同年五月三日付けの八戸出張所の報告は、出張所開設披露の会が盛況だったと述べるのに続き土地の状況を種々伝えるが、交通については、大豆を産する内陸との交通が不便であること、鮫港が使いにくいことを指摘している(9)。

もっとも内陸交通および港の未整備は、程度の差こそあれいずれも各地共通の問題であった。前者についてはこの時期以降、汽船寄港地と内陸を結ぶ道路の整備が、政府の基本方針のもと、おもに府県の費用負担によって進められ、鮫港についても一定の効果をあげた(10)。また三菱出張所開設の十三年春、馬淵川での通船営業が開始され、旧盛岡藩領三戸と湊川口を結んだ(11)。一方、八戸における後者の解決は大幅に遅れ、第一歩となる鮫港修築事業が着工されたのは大正八年であった。一般に港の整備費用は道路に比べて一層多額を要し、また効率上の問題から長距離定期汽船航路の寄港地は限られざるをえない。そして鮫港は、どちらかといえば淘汰される港に分類されたからである。その理由として、岩場がちで風除けも無いため荷物の積卸が非常に難しいという立地条件もあったが、何よりも「積出貨物ハ、陸上人足艀賃、積荷主持ニ而御座候間、一里間之海岸ヨリ荷主適当之場所六七箇所ヨリ積出シ、事一定不仕甚不弁理」という荷役業務の未熟さ、これに象徴される後背地市場の狭さが決定的であったと考えられる。鮫港は元来、八戸藩の国産品輸送の拠点として整備された側面が強かったため、一般商港としての機能は、他と比べて見劣りがしたのであろう。

このような状況は、その後も改善されなかった。これは明治二十二年五月、日本鉄道東北線の建設を委託されていた鉄道局の小川技師が、青森県小川原以南の工事進捗を図るため、資材陸揚に鮫港を利用したい旨上申した際の往復文書からうかがえる。当時、資材陸揚げ地としては青森近傍の小湊を利用しており、条件の悪い鮫港は除外されていた。悪条件の内容は、風浪の影響を受けやすく汽船を碇泊させる適当な場所がないこと、また「本来船舶少き所ニシテ艀ニ用ユル適当ノモノ無之、仮令一二有之トモ多数且重量ノレール等ヲ可積取程ノ用意ハ無之」(12)というものであり、鉄道局から相談を受けた日本郵船会社（郵便汽船三菱会社が共同運輸会社と合併して明治十八年創設）は、鮫港へレールを回漕するならば「小湊廻シニ二倍之運賃之外ニ碇泊賠償ニシテ一日ニ付金弐参百円ヲ請求」(13)すると答えるほどだった。結局、郵船会社の回答には少なからず誇張があるとの小川技師の意見が通り、鮫港での陸揚げは実行されたのだが。小川技師は前年赴任以来の観察結果として、鮫港の模様を「郵船会社其他ノ汽船多クハ千噸以下ノ汽船ナリ一ヶ月大概二回宛位ノ出入アリ、出品ハ穀物肥料等ニシテ輸入品ノ二倍ニ達シ、汽船方ニ於テハ常ニ輸入品ノ少ナキヲ憂ヒ居リ候状態ニ有之候」(14)とも伝えている。重く嵩高な農林水産物またはその加工品を移出し、軽くて相対的に高価な工産物を移入するのは、鮫港に限らず地方一般で観察される事態であった。このような港は汽船会社にとって、使い勝手が悪いうえ営業利益の出にくい、どちらかといえば避けるべき港だったのである。

前掲三浦論文によれば嘉永五年（一八五二）の鮫港入津の大型船は、閏二月から十一月までの間に、一二〇〇石積み程度の船一五隻であった。一噸は約一〇石に換算されるから、これらの船は明治二十二年頃の入港汽船に比べてはるかに小さい。しかし冬季休航期間を除くと運航回数のうえではそれほど遜色はなかった。主たる移入品の呉服小間物類は比較的軽量で容積も限られていたから、移出品の場合ほどは船の大きさが問題になることは少なかったであろう。移入品取引商の立場からすると、安全性そして参入障壁の問題を除けば、幕末と明治二十年前後との海運事情にそれほど大きな違いはなかったと考えられる。

この点、画期的だったのは、明治二十四年九月一日の日本鉄道東北線、上野・青森間の全通であり、八戸町のはずれに位置する尻内駅の開業であった。明治二十七年改正の時刻表によれば、上野発青森行きの直行便は毎日運行、上野・尻内間は二三時間弱であった。[15] 二十七年十月には尻内駅と湊川口最寄の湊駅を結ぶ支線八戸線が開通し、八戸市街の近くに八戸駅も開業して、さらに便利になった。

(2) 商品移出入の動向

【表1】は、鮫港を含む八戸港の港湾移出入額の推移を示したものである。比較のため、青森港および県内諸港合計の数値も掲げてある。明治二十四年の日本鉄道東北線開通以前、八戸港の移出額、移入額はともに増大したが、開通後の明治二十五年から二十八年の時点でまず移入額が、ついで移出額も急減した。鉄道開通以前の海運貨物の内訳は、前述の通り、移出品が大豆および水産物、移入品が呉服太物古着小間物を中心としていたが、明治二十七年『青森県統計書』の鮫港移入貨物の内訳からは呉服の項が消え、翌二十八年上半期の日本鉄道営業報告には「鹽竈、青森等ノ地方ニ在リテハ海運ノ不便ナリシカ為メ鉄道積ト為リタル雑貨類其数亦少ナカラス」[16]とある。ここでいう「海運ノ不便」とは、前年来の日清戦争の影響もあったかもしれないが、基本的には前項で述べた、利用可能な便船の少なさを指していたと考えられる。

残念ながら、管見の限り、これに対応する鉄道統計としては、明治三十一年『青森県統計書』所載の駅別発着貨物が利用できるだけである。尻内・八（ノ）戸・湊の三駅について、出入いずれか一〇噸以上のものをまとめたのが、【表2】である。港湾移出入統計が価額表示であるのに対し、鉄道統計は噸数表示であるため、海運から鉄道への転移がどの程度であったかを比較するのは難しい。しかし木材や肥料、穀物類を移出し、砂糖や衣料品、陶器など生活雑貨を移入するという、かつての港湾移出入に共通する構造は確認できる。また移入には市街地に近い八戸駅がおもに利用されたのに対し、移出の場合は集荷の便に応じて三駅とも利用されたことがわかる。

ふたたび【表1】にもどって港湾移出入のその後の動向を見ると、明治末から大正、昭和期にかけて輸移出入額はふたたび増加した。しかし内容は一変している。別の資料により昭和四年から六

【表1】八戸港ほか青森県内港湾移出入額の推移

時期	区分	青森港		八戸港		その他とも県内合計	
		移出	移入	移出	移入	移出	移入
明治10～12年	金額（円）	305,782	264,450	295,620	171,873	697,431	807,226
	比率（%）	43.8	32.8	42.4	21.3	100.0	100.0
明治22～24年	金額（円）	592,964	896,964	363,558	546,220	1,203,075	1,661,571
	比率（%）	49.3	54.0	30.2	32.9	100.0	100.0
明治25～28年	金額（円）	1,058,894	2,154,124	363,884	278,291	1,648,028	2,431,590
	比率（%）	64.3	88.6	22.1	11.4	100.0	100.0
明治29～38年	金額（円）	10,031,385	13,754,892	97,542	32,259	10,053,510	14,504,807
	比率（%）	99.8	94.8	1.0	0.2	100.0	100.0
明治39～大正2年	金額（円）	9,542,709	12,751,353	914,266	225,402	11,800,742	14,417,377
	比率（%）	80.9	88.4	7.7	1.6	100.0	100.0
大正6年	金額（円）	34,333,797	41,800,913	1,151,435	3,754,697	43,960,342	48,447,758
	比率（%）	78.1	86.3	2.6	7.7	100.0	100.0
大正11年	金額（円）	58,271,242	56,068,622	851,605	4,501,163	62,207,634	64,704,200
	比率（%）	93.7	86.7	1.4	7.0	100.0	100.0
昭和2年	金額（円）	18,338,840	19,874,618	2,799,576	7,788,011	24,234,581	31,080,081
	比率（%）	75.7	63.9	11.6	25.1	100.0	100.0
昭和7年	金額（円）	73,429,709	71,697,772	5,159,311	3,527,181	81,897,753	78,128,355
	比率（%）	89.7	91.8	6.3	4.5	100.0	100.0

註）表中「八戸港」は、昭和7年を除き鮫・湊・小中野（昭和2年以降）の合計値。明治10年から大正2年までは、それぞれの期間の平均値。数値の出所は以下の通り、明治10～12年は開拓使『東北諸港報告書』、明治22～24年は『青森県農工商統計表』、明治25年以降は『青森県統計書』。なお採録対象は年により異同があり、青森・八戸両港を除くと、明治10～12年で8港、明治22～大正2年で13港、大正6年で19港、大正11年で9港、昭和2年で15港、昭和7年で17港である。

【表2】駅別主要発着貨物（明治31年）

1）八戸　　　　　（単位　噸）

品名	出	入
雑貨	1,403	1,708
米	276	1,578
雑穀	1,055	861
砂糖	239	649
綿布及反物	156	602
菓物及野菜	222	557
木材類	1,337	487
石油		451
干塩魚	445	396
甘藷	54	345
酒類	170	330
肥料物	841	237
鉄物及鉱物類	77	226
陶器	44	137
綿	13	108
莨	55	101
塩	13	73
紙類	11	63
硝子類	15	63
鮮魚	425	57
乾物	22	53
石材	37	37
氷	1	29
薪炭	210	26
麻類	18	15
油類	19	13
牛馬	461	13
石炭及コークス		12
漆器	3	11
染料及藍玉	409	10
海草	126	3
石灰及石灰石	55	1
その他とも合計	8,241	9,252

註）『青森県統計書』より作成。

2）尻内　　　　　（単位　噸）

品名	出	入
木材類	1,100	7
雑貨	215	31
牛馬	149	19
雑穀	59	33
米	47	12
酒類	17	23
薪炭	11	4
干塩魚	5	63
鮮魚	4	11
肥料物	1	12
塩		160
その他とも合計	1,608	375

3）湊　　　　　（単位　噸）

品名	出	入
肥料物	833	297
雑貨	782	147
海草	621	
木材類	592	69
干塩魚	388	39
鉄物及鉱物類	178	1
塩	132	6
雑穀	92	83
酒類	74	10
薪炭	72	26
鮮魚	58	1
米	43	597
染料及藍玉	17	10
菓物及野菜	4	14
その他とも合計	3,886	1,300

年までの三ヵ年平均値を見ると、[17] 輸移出では東京など国内のほか樺太、中国などに向けたセメントなど鉱物及同製品が七三・五%、岩手県及び県内下北郡向けの穀物類が一四%弱を占めた。このほか雑貨小間物類や衣料品、和洋紙、綿糸等といった品々も、これらの近隣地区向けに移出された。一方、輸移入ではかつて多く見られた衣料品、雑貨類はほとんどなくなり、近隣もしくは北海道や樺太、沿海州からの飲食物が四六・一%、岩手県および下北郡などからの木炭類が二六%、同じく鉱物及同製品が二二%弱を占めた。つまり八戸港では京浜あるいは京阪といった大都市市場との間の移出入はほとんど鉄道に代替されてなくなり、県内下北郡や岩手県北部沿岸地域という、大正あるいは昭和初期まで鉄道が敷設されなかった内陸交通不便な地帯[18]との連絡輸送を中心とするように変化したことが確認できるのである。

かつて港湾移入品の中心を占めたが、鉄道開通後、いちはやく鉄道利用へと転換した類の商品、まさにこれが、本稿が分析の対象とする洋雑貨商工藤新助家が扱った商品であった。

二　根城屋工藤新助家の経営

(1) 履歴と経営の概観

① 履歴

工藤新助家の営業は、安政二年（一八五五）生まれの初代新助が、明治十二年、八戸町廿八日町に雑穀商を創業したのにはじまるが、和洋小間物商へ転業したのは同十五年である。[19] 本家の根城屋工藤与五郎家は、藩政時代に八戸藩城下出入の馬の管理を司る馬宿役を務めていた。初代は親類でもあった八戸の有力呉服商三春屋（藤井家）で奉公を経験したといい、また本家である工藤与五郎家は明治二十七年当時、八戸廿六日町で「和洋紙類砂糖石油陶器類卸商」を営んでいた[20]。このような環境は、同家が創業から転業にあたり資金や情報を得る際、有利に働いたと推測される。工藤家は新規開業者ではあるが、旧来の有力者層につながっており、まったくの新興勢力とは言いがたい範疇の商人だったと言えよう。

【表3】は、明治十八年六月時点で、郵便汽船三菱会社が東京積み八戸着の荷物につきあらたに従来運賃の二割引きで優待するとした荷主の一覧である。三菱は同年九月末に共同運輸会社と合併して日本郵船会社となるが、この時点で両社はまだ激しい

【表3】八戸湊における三菱汽船特別優待荷主（明治18年6月）

名　前	所　在		職業または取扱品目
富岡新十郎	八戸	十三日町	呉服商
加藤庄五郎	八戸	十三日町	呉服商
村井幸七郎	八戸	十三日町	呉服商
浦山與兵衛	八戸	十三日町	呉服商
永島嘉八郎	八戸	十三日町	呉服商（喜八郎）
藤井與惣二	八戸	十三日町	呉服商（與惣治）
伊東七六	八戸	塩町	呉服商（伊藤）
長谷善太郎	八戸	廿三日町	呉服商
山田文次郎	八戸	廿八日町	呉服商
植村彦八	八戸	三日町	呉服商
安藤茂平	八戸	三日町	呉服商
泉山治三郎	八戸	三日町	呉服商
吉田三郎兵衛	八戸	八日町	呉服商
関野市十郎	八戸	八日町	呉服商
大岡嘉蔵	八戸	八日町	呉服商
村井又八	八戸	十三日町	呉服太物商（亦八）
加藤万吉	八戸	十三日町	和洋小間物商
工藤新助	八戸	十三日町	和洋小間物商
浦山太兵衛	八戸	十三日町	和洋小間物商（太郎兵衛）
工藤久兵衛	八戸	廿三日町	和洋小間物商
松本万吉	八戸	廿三日町	和洋小間物商
柴田又吉	八戸	廿八日町	和洋小間物商
石橋徳次郎	八戸	三日町	和洋小間物商
鈴木吉十郎	八戸	三日町	和洋小間物商
加藤礒吉	八戸	十三日町	荒物商
伊東吉太郎	八戸	廿三日町	質屋業（書籍商伊吉商店か）
浦山政吉	八戸	三日町	書籍店
四井宗太郎	八戸	八日町	陶器商
村本定吉	八戸	三日町	八百屋商
坂本源兵衛	八戸	三日町	薬品商
諏訪左内	五ノ戸		
松尾幸作	三ノ戸		
松本長ノ丞	三ノ戸		
盛田官兵衛	七戸		
盛田喜平次	七戸		
濱中□次郎	七戸		
米沢興助	七戸		
山本松五郎	七戸		
山本勇吉	七戸		
阿部九造	福岡		呉服太物・古着・裁縫品（九蔵）
米沢長七	福岡		呉服太物
石橋要太郎			
関野長右衛門			
和泉や吉兵衛			
和泉□三郎			
工藤伝兵衛			
橋本文助			

註）明治18年6月2日付、八戸出張所杉原秀安宛て本社内田新作書簡（在石巻埜蒜支社出張所「明治十八年自一月至六月　来翰」三菱経済研究所付属三菱史料館蔵）より作成。

職業については、中里忠香『向鶴』（青霞堂、明治23年）、笹沢魯羊『八戸便覧』（青霞堂、明治44年、有限会社けいおうが平成10年復刻）、「明治二十一年度福岡村営業税」（二戸市史編さん委員会編『二戸市史』第2巻、二戸市、平成13年）622-623頁で補った。

「職業…」欄の括弧内人名は、上記諸史料における記名法。

競争の渦中にあり、この値下げも、共同運輸の動きを見た荷主に迫られた結果であった[21]。前項で述べたように鮫港は、あらたに構築された定期の汽船航路網に食い込むことはできなかったが、不定期の配船先として汽船会社同士の競争の対象とはなり得たのである。表には、藤井家など八戸の有力な呉服太物商、和洋小間物商、荒物商、書籍商、陶器商、周辺の三戸、五戸、七戸、福岡（現岩手県二戸市）の商人、そして転業後間もない工藤新助の名が見え、同家が三菱の汽船を頻繁に利用しつつ盛んに営業を行っていたことがうかがえる。

② 取り扱い商品と仕入先

当時、「和洋小間物商」と称した商人が取り扱った品物は多岐にわたり、工藤家も同様であった。現在確認できる明治二十三年度から同四十一年度までの同家「店卸」（翌年旧正月における在庫確認）から、取り扱い商品部門ごとに毎年の在庫評価額をまとめたのが**【表4】**である。『広辞苑』による「小間物」の定義は「婦人の化粧用のこまごましい品物。紅・白粉・櫛・簪」、同じく「荒物」は「粗雑な家具。笊・箒・塵取などの類。雑具」である。工藤家の分類でも和小間物類、荒物はこの種のものであり、洋小間物類としては各種ボタンやゴム類を扱った。ほかに茶、洋酒缶詰、袋物に鞄、靴、和洋それぞれの煙草や紙、そして時計やランプ、文房具などを取り揃えた。店卸残高の増大から経営規模を順調に拡大していたことが推測されるなか、日清戦争後あたりから、そしてまた当地区では鉄道の本格的利用が可能になった時期とも重なる頃から、次第に洋酒缶詰と和小間物の部の比率を高めていった。それぞれの部でとくに目立ったのは、ビールと石鹸である。

洋酒缶詰と小間物への集中という傾向は、その後、営業税に関する申告書をもとに、明治末年から大正期にかけての工藤家売上金内訳をまとめた**【表5】**からも確認できる。各部門ごとの売上金額がわかる大正五年度以降、小間物は売上合計額の二七パーセントから三二パーセント、同じく洋酒類は三九パーセントから四七パーセントまでを占め

【表4】工藤新助商店各年店卸

（単位　円）

部門＼年度（明治）	23	24	25	26	27	28	29	30	31	32	33	34	35	36	37	38	39	40	41
煙草	1,384	1,086	947	1,258	1,678	1,093	499	1,001	2,319	1,148		384	731	1,640	1,133	1,655		1,635	1,576
紙類	577	663	652	339	200	256		805	762	1,295	1,045	1,324	1,081	1,425	1,376	816		2,638	2,240
茶	69	94	197	268	155	341	286	157	323	108	684	266	80	174	229	215		253	214
洋酒缶詰類	127	118	388	308	495	999	1,907	2,773	2,085	1,602	1,653	3,427	2,519	3,662	2,599	2,505	4,364	3,208	3,903
（指数）	100	93	305	243	390	787	1,501	2,183	1,642	1,261	1,301	2,699	1,983	2,883	2,046	1,973	3,436	2,526	3,073
うち自製缶詰及同材料						323	471	626	467										
洋小間物類	338	294	333	380	246	238	382	380	675	653	674	758	667	698	446	592	818	643	768
時計并附属品類	155	90	29																
洋織物類	163	133	117	125	120	149	127	175	217	128	169	324	431	313	313	275	389	292	326
帽子					168	267	470	355											
靴及び馬具	172	145	141	162	114	232	230	294	193	287	364	281	313	192	105	112	207	302	353
鞄			69	62	45	68													
ランプ硝子類	69	66	124	124	140	249	474	424											
マッチ硝子類									316	264	374	304	113	717	51	81	343	1,086	1,018
和小間物類	698	686	921	733	675	756	1,194	1,242	1,433	1,292	1,058	1,317	1,374	1,374	889	818	1,216	1,453	1,302
袋物	289	216	166	147	179	227	236	321		317	326	354	416	330	233	264	326	295	310
糸物類			190	145	74	150	184	142	200	139	168	317	200	215	268	175	284	284	459
煙管パイプ類	167	116	171	185	159	214	192	178	213	73									
文房具	143	159	140	128	208	314	236	251	394	276	262	597	689	673	585	410	710	698	654
荒物	92	107	303	121	201	283	371	316	260	266	302	589	363	421	303	290	434	275	301
蝋燭油類						112	74	90											
夏物（扇子・洋傘など）	60	48	98	41	128	52	33	61	23	100	56	163	543	320	43	165	236	118	413
青森越後信濃物（生蝋・蝋燭類）									497	112	100	221	153	127	286	298	353	213	333
緒部									184										
合計	4,504	4,021	4,987	4,524	4,985	5,999	6,895	8,965	10,094	8,060	7,236	10,628	9,673	12,282	8,860	8,672	9,682	13,393	14,168
（指数）	100	89	111	100	111	133	153	199	224	179	161	236	215	273	197	193	215	297	315
典拠	a	b	b	b	b	b	c	c	b	d	d	d	d	d	e	e	d	f	f

注）典拠の凡例は以下の通り、a「店卸品調合計帳」、b「店卸品調清書帳」、c「店卸勘定下調帳」、d「店卸清書帳」、e「店卸帳」、f「店卸品調帳」の各年版（「工藤新助家文書」八戸市立図書館蔵）。

1円未満は四捨五入しているので、合計値は一致しない場合もある。また年により項目に異同があるので、内容により適宜集計した。

表中「指数」は明治23年度を100としたもの。

た。なおこの表からは、工藤家の売上金額中、卸売の占める比率が八〇パーセントから九〇パーセントと一貫して高かったことがわかる。この間、第一次世界大戦期のインフレの影響はあろうが、同家は卸売商売主体に経営を拡大していたということができるだろう。

仕入先については、【表6】を掲げた。これは大正八年、九年に限り工藤家が作成していた主要な仕入先（年間二百円以上）の表をほぼそのまま利用し、所在確認の参考として関東大震災の見舞い状宛て先と、京阪神台風被害の見舞い状宛て先を組み合わせたものである。ここから工藤家の主要仕入先はほとんどが京浜地方に所在していたことがうかがえる。また原史料記載の「主要品名」を利用して、ビールと、石鹸および化粧品の仕入金額を概算すると、全体に占める比率はビールが大正八年三〇パーセント、九年三六パーセントであり、石鹸・はみがき・化粧品が八年一四パーセント、九年一一パーセントであった。

このうちビールに関して、工藤家は明治二十年代には輸入ビール、国産ビールを取り混ぜ各種取り揃えていたが、二十九年頃から東京の日本麦酒会社が製造するエビスビールを中心に扱うようになったこと、同社が三十九年に札幌麦酒、大阪麦酒と合併して大日本麦酒株式会社となってからは引き続きその製品を扱い、遅くとも四十五年一月には

【表5】工藤新助商店売上金内訳　（単位　円）

内容			明治44年度	大正5年度	大正8年度	大正11年度	大正14年度
卸売	甲	紙類		2,850	8,751	5,400	3,800
		燐寸			9,392	4,200	3,100
	乙	小間物		4,500	18,559	23,000	16,000
		荒物		3,100	4,030	5,200	3,700
		洋酒類		7,600	34,268	36,000	25,000
	小計		20,000	18,050	75,000	73,800	51,600
小売	小間物			1,200	4,000	3,000	2,400
	荒物			550	1,840	1,200	800
	紙類			600	1,880	1,600	1,100
	洋酒類			650	2,280	2,200	1,300
	小計		5,000	3,000	10,000	8,000	5,600
売上合計			25,000	21,050	85,000	81,800	57,200

註）各年「営業名及課税標準申告」（八戸市立図書館所蔵「工藤新助家文書」中の「明治43年「諸用留」所収）より作成。1円未満は四捨五入。

【表6】工藤新助商店主要仕入先および仕入金額(大正8・9年)

仕入先	所在地	職業等	主要品名	大正8年(円)	大正9年(円)	備考
大日本麦酒株式会社	東京荏原郡	明治39年設立　ビール製造	ビール	24,618	31,387	○
東洋マッチ株式会社			マッチ	9,887	9,499	
小津清左衛門	東京日本橋区	旧江戸十組紙問屋	和洋紙	4,435	4,342	○
金線サイダー株式会社			清涼飲料	3,545	3,699	○
平尾賛平		レート化粧品	化粧品	3,445	2,299	○
藤井長次郎	東京日本橋区	(伊勢屋)洋酒問屋	缶詰	2,170	2,435	○
長瀬商店	東京日本橋区	明治20年創業　花王石鹸	化粧品	2,167	3,246	○
田中花王堂		うら梅	化粧品	2,072	1,549	○
増田彦次郎	静岡市		和洋紙	1,794	1,333	
斎藤松太郎			缶詰	1,767	466	
小山兼吉	静岡市茶町2丁目		茶	1,763	1,862	
川井敬次郎	東京日本橋区	(熱田)洋酒問屋	缶詰	1,443	1,991	○
天野源七	東京日本橋区	(近江屋)婦人小間物問屋	小間物	1,332	961	○
近藤波保			化粧品	1,260	601	○
鈴木洋酒店			缶詰	1,248	1,087	○
近藤利兵衛	東京日本橋区	西洋酒問屋	ブドウ酒	1,182	1,175	○
石崎九真			和紙	1,138	371	
タンク商会			石鹸	1,029	568	
徳永保之助			ブラシ	1,004	591	○
文運堂			文具	918	940	○
大倉仁三郎			ブドウ酒其他	911	884	○
田中龍蔵(龍文堂)	東京日本橋区		小間物	784	757	○
合田倉太郎			和紙	759	1,201	
青木商店			洋物	748	716	○
貴田商店			文具	656	1,593	○
上原米太郎			石鹸	629	567	
大島屋善兵衛			袋物	619	323	
金子商店			洋傘	599	771	
小林商店(富次郎)	東京	明治24年創業　ライオン歯磨き	はみがき	586	275	○
浅井本店			小間物	576	652	○
市瀬恭一			元結	572	685	
村田好美堂				564		○
利見支店			文具	540	681	○
天野利助(七)			小間物	445	334	○
栃木懐炭製造所				436		
マンロー商会			缶詰	436	565	○
岡本商店			メリヤス	419	333	
黒田市之助			線香	385	246	○
桃谷順天館		桃谷政次郎　にきびとり美顔水ほか	化粧品	378	518	○
合田孫六				374		
丸山帽子店			帽子類	335	428	
播伊本店	東京日本橋区	佐藤伊右衛門(播磨屋)袋物煙草入問屋蟇口及口金直輸入	袋物	303	432	○
川村平蔵	静岡市			302		
七尾重兵衛			油	224	266	
池野金太郎				142		

仕入先	所在地	職業等	主要品名	大正8年(円)	大正9年(円)	備考
小沼常次郎			帽子類		1,020	
帝国鉱泉会社	東京日本橋区	明治40年設立　清涼飲料水	清涼飲料		900	○
国分勘兵衛	東京日本橋区	（大国屋）洋酒問屋	缶詰		705	○
谷商店			メリヤス其他		696	○
亀田商店			缶詰		475	
井上太兵衛			化粧品		317	○
鹿季清助			紐類		271	
近藤国産店			小間物		220	△
合計				*80,939	87,234	

註）明治43年「諸用留」（「工藤新助家文書」八戸市立図書館蔵）より作成。大正9年2月16日、同10年1月21日に税務署へ届け出の数値による。1円未満は四捨五入。表中の品目は、大正10年1月届出時の記載。職業等は、白崎五郎七・白崎敬之助編『日本全国商工人名録』明治25年、水尾順一『化粧品のブランド史』（中公新書、平成10年）により補った。備考欄○印は、関東大震災時の見舞先（明治43年「諸用留」）。同じく△印は昭和9年9月京阪神台風被害の見舞先（大正15年「諸用留」）。*大正8年度の仕入合計額は筆者によるもの。原史料では80,964円を訂正して79,691円と記載。

同社の特約販売店になっていたことがわかっている。(22) 日本麦酒会社の工場は恵比寿駅に隣接しており、商品の発送には鉄道が使われた。

特約店とは、ビール会社の指定した価格で小売店にビールを販売するかわり、販売量に応じた手数料を受け取るという契約をビール会社との間に結ぶもので、一定地域に数名ずつ設定された。明治以降、新規の市場開拓が必要だったビール会社にとっては販売促進の動機付けをしつつ既存の問屋層を組織し、値崩れ防止効果など利益の確保を図ることができるという利点があり、一方、各地の問屋は一定範囲の販路が保障されたから、双方にとって利益のある販売制度であった。(23) 青森県内の大日本麦酒の特約店数は大正六年六、昭和八年七、昭和十三年九、岩手県は同じく七、八、二一と推移した。(24) 工藤家がビールの卸売額を大きく伸ばした大正期についていえば、特約店制度による販売地域の保証がとくに有効に作用していたと考えられる。

(2) 販路と輸送手段

明治二十四年九月一日の日本鉄道東北線開通以前における工藤家については、現在確認できる経営史料が明治二十三年度の「店卸品調合計帳」のみであり、販路等を知り得ない。

そこで開通間もない、二十五年二月三日から十一日（旧暦正月五日から十三日）におこなわれた翌年度の店卸を参考としたい。この時作成された「明治二十四年度店卸決算表」[25]には、「上方」とならび地元取引先の過不足金書上げがあって、人名に書き添えられた地名が確認できる。旧市街のものとみられる人名や役所などについで、「サメ（鮫）」、「新井田」、「是川差波」、「岩沢」（現在八戸市）、「荒屋」（現在三戸郡南郷村の荒谷か）、「田名部」（現在下北郡むつ市）、「田子役場」（現在三戸郡田子町）、「斗内」（現在三戸郡三戸町）との注記があらわれるのである。地名がその後どこまでの人名にかかるものか判然としないため全体のなかでこれら地域がどれだけの比重を占めるか不明だが、旧市街中心の取引に加え、現在の市域および周辺農村部、そして例外として下北郡田名部に足場を築きつつあったといえよう。

その後、明治三十一年一月から翌年二月までの状況は、出張時期と出張先を示した【表7】で判明する。典拠は、明治三十一年一月「萬覚帳」の「各地出張旅費口」という項目であり[26]、現在確認できる「萬覚帳」としてはこれが一番古い。とくに重要な出張先は、一戸（現在岩手県二戸郡一戸町）、野辺地（現在青森県上北郡野辺地町）、久慈（現在岩手県久慈市）の三ヶ所であり、毎月一乃至二回ずつ出向いていた。その他も含め出張先は、表左端の沼宮内から一戸、二戸（福岡）、三戸（以上四駅、八戸以南）、古間木、野辺地（以上二駅、八戸以北）までのように、日本鉄道東北線の駅所在地が多い。同じ「萬覚帳」の「運賃扱料駄賃支払口」に「キ車積駄ちん」が多数書き上げられていることから考えると、これらの地域に対しては出張で注文を取り鉄道を利用して発送後、ふたたび出張で集金という手順で取引がおこなわれていたと考えられる。八戸線が延長されて昭和五年三月二十七日に尻内・久慈間が全線開通するまで、久慈周辺は交通不便な地域として残された。工藤家は東北線の開通後、その久慈周辺地域とともに、鉄道沿線を重要な販路として開拓し営業の拡大を図ったのである。

その後、工藤家は、鉄道を一つの座標軸として自己の販路を認識するようになった。これは、同家「勘定元帳」の

【表7】工藤新助商店の出張先（明治31－32年）

（単位　回）

	沼宮内	一戸	二戸	三戸	古間木	野辺地	七戸	北通	久慈	東京	大館	小樽	計
1月							1						1
2月		2					1						3
3月						2				1			3
4月		1									1		2
5月		1				1			2	1			5
6月		1				1			2				4
7月		1				1			2				4
8月		1				1			2				4
9月		1				2				1			4
10月		2				1			1				4
11月	1	1	1					2	2		1	1	9
12月		2	1	2	1	2			1				9
1月				2		2							4
2月				1		1							2
計	1	13	2	5	1	14	2	2	12	3	1	1	57

註）明治31年1月「萬覚帳」（「工藤新助家文書」八戸市立図書館蔵）より作成。
表中、5月の「東京」は原史料で「三都」と記載されたもの。同様に11月の「二戸」は原史料記載「二戸郡」、同月「北通」のうち1回は原史料記載「北郡」である。また11月について、原史料で「一戸久慈」と記載されていたものを表中「一戸」「久慈」各項で1回ずつと数えた。同様に同月「大館」「小樽」は原史料記載が「大館及び小樽」。
なお昭和2年度の「勘定帳」各種によれば、「北郡」の内訳は、百石村・犬落瀬・古間木・五戸町・三本木町・七戸町・野辺地町・田名部町・大湊であり、下北・上北両郡内とみなすことができる。

編成から読みとれる事実である。工藤家「勘定元帳」は取引先ごとに、月日、注文品目、出入金を書き込んだものであり、現在確認できるのは明治四十五年以降である。京浜地方などの仕入先についてまとめた「他店勘定元帳」、とくに関係の深い地元取引先や同族をまとめた「雑勘定元帳」を除き、販売先をまとめたものはいずれも地域名を冠していた。「三戸郡」、「北郡」、「岩手（郡）」、「南郡」、「浜通」の分類が基本であり、詳しくは【表8】の註に譲るが、昭和二年の時点では「三戸郡」は市内および近傍、「北郡」は上北・下北両郡、「南郡」は岩手県北部から青森県三戸郡に至る尻内駅以南の東北線沿線、そして「浜通」もしくは「岩手（郡）」が鮫および湊から久慈周辺までの沿岸地区となっていた。とくに「南郡」と「岩手（郡）」の分類に、鉄道沿線か否かの区別が明確であるが、これは元来ともに「岩手」のなかに含まれていたのが、取引量の増加によって区分されるようになったものである。

【表8】は、工藤家自身が経営上の参考として年度ごとの地区別売上額をまとめたものだが、「南郡」の項をたてた大正九年は前年に倍する売上で、「岩手」の項もわずかながら増額していることが読み取れる。同様に工藤家では、その後、奥羽線沿線地域をまとめた「奥羽」、八戸線沿線地域をまとめた「浜通」の「勘定元帳」をそれぞれ新たに設けた。これも工藤家が、鉄道に大きく依存しつつ営業を行っていたことのあらわれと考えることができるだろう。

(3)　鉄道利用の実態

前項でみたように東北線沿線は、その開通以来、大正期に至るまで、工藤家にとって重要な販路であった。工藤家が取り扱っていたのが洋雑貨という、京浜など中央市場から鉄道を利用して移入した商品であり、出荷にはやはり鉄道を利用していたことを踏まえると、工藤家の取引拡大には、単なる交通の便以外の要素が大きく影響していたと推測される。そこで本項では、商品や輸送の方法など個別の取引内容が分析できる大正、昭和期の史料を使い、工藤家のおもな卸売取引について検討する。

まず、鉄道駅所在地とそれ以外の卸売先で、なんらかの違いがあるか否かをみることにしたい。【表9】は、大正

【表8】工藤新助商店地区別売上概算（単位　円）

地域	大正7年	大正8年	大正9年	大正10年
市内	3,524	3,567	4,483	3,908
三戸	33,949	39,387	52,114	42,577
北郡	20,864	32,205	59,046	44,544
岩手	26,645	45,095	46,177	34,264
港行	5,185	8,454	14,326	10,833
南郡			33,947	21,532
奥羽				23,775
卸売			31,924	13,626
現売	11,258	14,101		
小売			13,623	13,798
合計	101,425	142,808	255,640	208,857

註）明治43年「諸用留」（「工藤新助家文書」八戸市立図書館所蔵）のなかの各年度「売上概算表」より作成。

1円未満は四捨五入。

表中、「南郡」は大正9年4月、「奥羽」は大正10年5月設定。

地域欄は、各「勘定帳」に対応。昭和2年度「勘定元帳」におけるそれぞれの範囲は以下の通り。「市内」「三戸」は八戸町内に相当。八戸の市制施行は昭和4年5月。「北郡」百石村・犬落瀬・古間木・五戸町・三本木町・七戸町・野辺地町・田名部町・大湊。「岩手」久慈・宇部野田・大野村・戸鎖普代村で、岩手県北部沿岸地域、九戸郡に相当。ただし明治45年の帳では福岡や金田一など鉄道沿線を含む。「南郡」尻内駅・苫米地・剣吉・三戸町・福岡町・一戸町・奥羽線附込とあり、東北本線沿線。「奥羽」大正10年勘定元帳によれば、青森市附近・弘前市・鹿角・鷹巣・秋田・大曲・新庄・山形・陸中国。なおのち「浜通」ができるが、小中野湊町・鮫村・種市駅・八木駅とあり、これは八戸線沿線。

「勘定元帳」に記載された取引先は大口の卸売先と考えられるが、表中の地域、および卸売、現売、小売の区分は原史料の表記にしたがったため、相互関係の詳細は不明である。

十年時点における工藤家の主要卸売先について、所在地と取引金額、主要品目をまとめたものである。原史料の記載による主要品目は、市内工藤吉松の「紙類」を除けばビールと小間物の二種だが、「三戸」の部の浪岡岩吉、「岩手」の部（宇部野田）の中野英一郎を例外として小間物関係で大口取引先は見当たらない。「ビール」卸売先の平均取引額は一二六六円、同じく「小間物」は四六九円であり、ビール取引額の大きさが目立った。しかも各商人の所在地すべてを確定できていないので断定はしがたいが、「南郡」の駅所在各地、「北郡」のうち駅のある野辺地では、取引商品に占めるビールの比率がさらに高まっていると見られる。理由については判然としないが、駅所在地では、特約店制度により地域独占が保証されたビール以外の商品については、次第に工藤家のような八戸商人の介在する余地が狭まっていったのではないかと推測される。

つぎに工藤家の仕入と販売を、それぞれ日常の貨物取り扱いからみることにしたい。このうち【表10】で示すのは、工藤家から卸売先への出荷方法である。これを知り得る「出荷帳」は現在確認する限りでは昭和二年のものが最も古く、このうち表には出荷の多い七月の例を掲げた。原史料は日付順の記載だが、表では並べ替えて所在地ごとにまとめて表示した。摘要欄に「直扱元払」とあるのは、駅に直接持ち込み発送する工藤家が運賃を支払ったということであり、類似の記載があるものを鉄道利用分とみなした。この時点では鉄道建設が進み、東北線沿線（野辺地、古間木、剣吉、三戸、福岡、一戸）に加え、下北郡田名部町（大湊線野辺地・田名部間、大正十年九月二十五日開業）、上北郡三本木町（十和田鉄道古間木・三本木間、大正十一年九月五日開業）でも鉄道利用が可能になっていたため、大部分は鉄道による出荷であった[27]。馬車や自動車を利用した場合には、鉄道不通地区（岩手県大野村）と沿線（三戸、三本木）の双方がある。後者の場合は、鉄道利用の前後に必要な小運送を含めた経費や時間の関係で、むしろ鉄道より便利な馬車や自動車を選択したものであろう。この表で注目すべきなのは、一回に出荷される商品の種類と量である。ビール、硝

【表9】工藤新助商店卸売先（大正10年）

氏名	所在	金額(円)	主要品目	区分
佐野みや		1,095	ビール	三戸（19,576）
小清水福松		587	小間物	
浪岡岩吉		1,035	小間物	
古舘本四郎	市内	298	小間物	
工藤伝三郎	市内	637	小間物	
福井留次郎	市内	412	小間物	
富岡信也	市内	565	小間物	
藤沢助太郎	市内	348	小間物	
及川清助	市内	703	ビール	
清水興助	市内	3,344	ビール	
鈴木吉次郎	市内	1,740	ビール	
石村春松	市内	5,608	ビール	
楢館商店		2,396	ビール	
工藤吉松	市内	507	紙類	
工藤徳兵衛	市内	300	小間物	
工藤久助	古間木附近	1,920	ビール	北郡（22,927）
村山禎八郎	百石村	3,156	ビール	
川口時之助	百石村	378	小間物	
小原平三	犬落瀬	563	小間物	
藤村盛三	犬落瀬	753	小間物	
佐久起	古間木附近	252	小間物	
亀岡徳三	五戸町	1,461	ビール	
大釜栄八	五戸町	477	小間物	
金子利七	五戸町	292	小間物	
梅津元吉	五戸町	772	小間物	
村越小太郎	五戸町	262	小間物	
竹内宗吉	五戸町	1,996	ビール	
鈴木末吉		499	ビール	
ヤマ玉支店		1,086	ビール	
森三郎		206	小間物	
和田弟太郎	三本木町	312	小間物	
梅津支店	三本木町	650	小間物	
杉本石太郎	三本木町	924	小間物	
佐藤馬次	三本木町	984	ビール	
杉本支店	三本木町	298	小間物	
盛田興三郎	七戸町	665	小間物	
高橋常太郎	七戸町	270	小間物	
高橋徳四郎	七戸町	550	小間物	
日野屋	七戸町	1,260	ビール	
中村甚蔵	七戸町	434	ビール	
米内山みき	七戸町	545	小間物	
米内山福松	（七戸町?）	244	小間物	
島谷善五郎	野辺地町	540	ビール	
野坂勝太郎		238	ビール	
濱中源七	野辺地町	368	ビール	
神田長六		575	小間物	
齋藤誠一	久慈町	330	小間物	岩手（17,003）
中野仁太郎	久慈町	533	ビール	
晴山栄七郎		759	小間物	
田高酒造店	久慈町	465	ビール	
中野熊八		3,090	ビール	
村田賢吉	久慈町	792	小間物	
吉田宇兵衛	久慈町	281	小間物	
高山元吉		834	小間物	
村田菊松	宇部野田	360	小間物	
外舘源次郎		312	小間物	
宇部與一	久慈町	353	小間物	
伊藤繁次郎	戸鎖普代村	301	小間物	
兼田ツネ	久慈町	736	小間物	
大石吉松	久慈町	330	小間物	
松前岩蔵	久慈町	469	小間物	
津内口繁次		494	小間物	
大崎栄太郎	宇部野田	442	小間物	
佐々木又吉	宇部野田	404	小間物	
宇部季弥太	宇部野田	265	小間物	
中卯支店		996	ビール	
伊沢養作	宇部野田	440	小間物	
前田安太郎	宇部野田	453	小間物	
中野英一郎	宇部野田	1,435	小間物	
橘宇太郎	宇部野田	226	小間物	
平船岩次郎	大野村	438	ビール	
野村辰次郎	大野村	663	ビール	
奥寺定八	大野村	261	小間物	
兼田常蔵		542	ビール	
佐野貫一	尻内駅	420	小間物	南郡（5,363）
奥田作	三戸町	243	小間物	
佐藤瀧次郎	三戸町	370	小間物	
加藤吉太郎	三戸町	359	小間物	
昆徳次郎		780	ビール	
久慈酒造店		803	ビール	
米沢長五郎	福岡町	293	小間物	
高畑栄次郎	福岡町	555	ビール	
南館忠助	一戸町	365	ビール	
春日福次郎		513	ビール	
田頭理吉	一戸町	663	ビール	
計		64,868		

註）明治43年「諸用留」（「工藤新助家文書」八戸市立図書館蔵）中の「大正十年自一月至十二月商品卸売調」より作成。「大正十一年一月十八日届出」と注記があるので、税務関係の申告書か。人名の配列は原史料のまま。所在、区分は、昭和2年の諸「勘定元帳」をもとに他の年の帳簿も参照し一部推定して記入した。

【表10】工藤新助商店「出荷帳」記載例（昭和2年7月）

月　日	品　　名	個　数	摘　　要	氏　　名	所在
7月28日	中軸マッチ	3箱	直扱元払	小島末吉	田名部町
7月28日	半紙絵島	1丸	直扱先払	小島末吉	田名部町
7月19日	洋箱	1個	直扱先払	川島準蔵	田名部町
7月28日	マッチ	3箱	直扱元払	川島準蔵	田名部町
7月 4日	洗石ケン	4箱	直扱先払	川島徳蔵	田名部町
7月28日	石油箱	1個		中村隆次郎	大湊
7月28日	硝子黒、同赤、同黒	1箱+3箱+1箱	直扱先払	通　伊藤万之助	野辺地町
7月 6日	硝子	1個×2	直扱持込料支払済　ツ扱直扱先払	島谷正太郎　通運送店	野辺地町
7月11日	硝子	1箱×2	タ直扱先払	島谷正太郎　通運送店	野辺地町
7月28日	硝子馬、サイダー箱	1箱+1個	直扱先払	島谷石太郎	野辺地町
7月13日	平箱	1個		島谷善五郎	野辺地町
7月 6日	洋箱、洋紙莚包	1個×2		工藤久助	古間木附近
7月 9日	サッポロビール	1箱		工藤久助	古間木附近
7月14日	サッポロビール、硝子	10箱+3箱	直扱先払	工藤久助	古間木附近
7月24日	金線□	2箱	直扱先払	工藤久助	古間木附近
7月24日	馬印マッチ	2箱	直扱先払	工藤久助	古間木附近
7月14日	マルメロ他かん〆箱	1箱×3		佐久起	古間木附近
7月24日	中細マッチ	3箱	直扱元払	加賀佐太郎	三本木町
7月 8日	紙包、洋箱	2個	五戸廻シ	佐藤馬次	三本木町
7月24日	マッチ箱	1個	直行馬車	佐藤馬次	三本木町
7月25日	石油箱	1個	直行馬車	佐藤馬次	三本木町
7月 2日	硝子	1箱×2	通シ馬車	杉本石太郎	三本木町
7月24日	機械一□、洋紙莚□	1丸+1個	直扱先払	梅津支店	三本木町
7月24日	大箱			武井卯之助	三本木町
7月 5日	紙包	1個	馬車	和田弟太郎	三本木町
7月24日	石油箱	1個		高橋徳四郎	七戸町
7月12日	硝子	2箱+1箱	直扱先払	七尾亀次郎	七戸町
7月24日	蜂ブドウ酒、蝿取紙	1箱×2	直扱先払	日野屋商店	七戸町
7月24日	中細マッチ	3箱	直扱元払	日野屋商店	七戸町
7月10日	硝子	1箱	大湊線近川揚	剣吉川村又吉帖合　白糠工藤徳次郎	剣吉　白糠
7月24日	サッポロビール	2箱	直扱元払	川村又吉	剣吉駅
7月25日	硝子黒	1箱	三戸梅村自動車	奥円作	三戸町
7月25日	石油箱	1個	三戸梅村自動車	奥円作	三戸町
7月24日	黄鷲□	3箱	直扱元払	加藤吉太郎	三戸町
7月24日	馬印マッチ	6箱	直扱先払	佐瀧本店（佐藤瀧次郎か）	三戸町
7月 8日	洗ソーダ	3箱	直扱先払	小井田清蔵	三戸町
7月 4日	硝子	2箱+1箱		岩沼福松	福岡町
7月24日	硝子、鯨□、石油箱、洋紙莚包	3箱+1箱+1個×2		岩沼福松	福岡町
7月25日	洋箱	1個		岩沼福松	福岡町
7月24日	洋箱	1個	直扱先払	小坂栄蔵	福岡町
7月12日	硝子	1箱	直扱先払	菅文次郎	福岡町
7月24日	白色美□、洋小箱	1梱+1個	直扱先払	米沢長五郎	福岡町
7月31日	硝子赤	2箱	直扱元払	堀内留吉	福岡町
7月18日	サッポロビール	5箱	直扱元払	工藤末蔵	一戸町
7月19日	サッポロビール	5箱	直扱元払	工藤末蔵	一戸町
7月24日	外の子、洋箱	1箱+1個	直扱先払	工藤末蔵	一戸町

月　日	品　　名	個　数	摘　　要	氏　　名	所在
7月24日	硝子	1箱+2箱	直扱先払	田村藤吉	一戸町
7月24日	金線□	5箱	直扱先払	平埜幸助	一戸町
7月25日	洋箱	1個		平埜幸助	一戸町
7月29日	花人形ミルク	1箱		浪岡伊八	一戸町
7月24日	金線青	1箱		種市　室岡ふく	種市
7月26日	金線白	1箱		種市　室岡ふく	種市
7月11日	洗ソーダ　紙包1ヶ添付	1箱	目時自動車	奥寺定八	大野村
7月31日	洋箱	2個	目時	奥寺定八	大野村
7月24日	紙包	1個		松橋由太郎	大野村
7月14日	セメント1/4	20本	目時	飛鳥辰五郎	大野村
7月22日	セメント紙袋	10本		飛鳥辰五郎	大野村
7月24日	セメント紙袋	12本		飛鳥辰五郎	大野村
7月20日	洋箱	1個		安藤□□□	
7月 2日	洋箱	1個		井上太兵衛	
7月25日	石ロー25入、同100入	1個×2	三戸梅村自動車	加藤新三郎	
7月29日	石ロー100入	1箱	梅村自動車	加藤新三郎	
7月24日	馬印マッチ	3箱	直扱元払	三瀧友次郎	
7月 9日	金線□、マッチ箱	1箱、1個		志田豊松	
7月 9日	洋小箱	1個		長根山勝三	
7月 4日	石油箱	1個	同	平井倉蔵	
7月 4日	硝子	1箱×2	目時自動車	平船兵助	
7月26日	石油箱、紙包	1個+2個	馬車	片子沢商店	

註）大正16年1月「出荷帳」（「工藤新助家文書」八戸市立図書館蔵）より作成。所在は、昭和2年の各「勘定元帳」で補った。「摘要」欄の「直扱元払」は、駅に直接持ち込みで料金を工藤家が支払ったことを示す。「ツ扱」は内国通運会社の扱いであり、類似の記載は、鉄道を利用したことを示している。これは取引先との精算の際、商品価額に加えて運賃等の請求をするか否かを確認する必要から記載するもの。

子、セメントのように単品でまとまった数量になる場合もあるが、小間物雑貨類取り合わせで「紙包」「洋箱」数個という場合が多い。工藤家の顧客は、多品種少量の商品を仕入れているものがかなりいたということである。

一方、工藤家自身の仕入れ状況は、**【表11】**からうかがうことができる。典拠の「荷受帳」は明治三十年代からあるものの、ここでは記載内容が最も詳細な昭和十年を例にとった。多様な商品を多くの店から仕入れており、毎日のように荷物が到着したのがわかる。一度に大量の荷物が送られるのはビール、セメント程度で、その他ほとんどは数箱におさまった。しかも「小包」「客車」「書留小包」等の記載からは、それらが小型荷物であったことがうかがえる。卸売店として比較的大量の商品を扱う工藤家ですら、

【表11】工藤新助商店「受荷帳」記載例（昭和10年9月）

月　日	氏　　名	品　　名	箇　数	扱　　別
9月1日	大日本麦酒出	湊下28m河内37、石萬30	198函	
9月2日	市瀬出	8/18不足分着	1個	
	太陽堂出	陽級	1個	特小
	平尾出		2個	特小
9月3日	中井封筒出	見本	1個	小包
	服部出		5個	直扱
9月4日	伊東胡蝶園	出張員宛	1個	小包
9月5日	池田商店	ダイヤ硝子	3個	直扱
9月6日	クラブ第一販売会社		1個	特小
	小津出	チラシ	1個	客車
	長瀬商会	花王	2個	混載元払
9月7日	小津出	モミヂ	2個3個	
9月8日	岡本メリヤス		1個	特小扱
	合田出		1個	直扱
9月9日	丸善直送利見商事出		1個	混載
	増田紙店	王ロール	1個	直扱
	文運堂		1個	代金引換
	鈴木洋酒店	シロップ	2個	混載
9月10日	鈴木洋酒店	赤玉	4個	浦町出特小扱着払
9月11日	セメント会社		30本	
9月12日	服部出	竹更	3個	直扱
9月13日	山岸出		5個	特小扱
	桂屋	みやこ染	3個	特小扱
	岡野紙器		1個	客車
9月14日	鈴木洋酒店		17個	混載
	佐藤製作所山岸商店	家庭秤	1個	特小扱
9月15日	伊東胡蝶園	みその石鹸	1個	店着迄
	セメント会社	泉山醤油行　セメント50K	30本	
	合田倉太郎		1個	直扱
	大日本麦酒	サッポロ通	222個	貸切扱
9月16日	セメント会社		30本	
	龍文堂		2個	混載
9月17日	岡本メリヤス		1個	特小着払
9月18日	長瀬商会	花王	1個	混載
	鈴木洋酒店		3個	混載
	平尾賛平	愛用者用絵はがき	1個	客車
9月19日	池田商店	修繕硝子切	1個	小包
	渋谷ゴム		1個	特小
9月20日	丸見屋	ミツワ大　6打ト8ヶ	2個	小包
	大日本麦酒	電気行灯　ホマレ行	1個	
	小林商店	見本品　ライオン大袋39打	1個	
9月20日	大橋出		7個	混載元払
	利見出		4個	混載
	中井出		1個	カネ七扱
	市瀬出		1個	小包

月　日	氏　　名	品　　名	箇　数	扱　　別
9月21日	小山出		2個	
	大曲ニテ　レート柳田出張員	旗、半天	1個	客車
	壱ビル　森下出		1個	特小着払
9月23日	大日本麦酒会社	特大瓶3本河内やヨリ	1個	
	小林商店	旅行用ケース5ヶ	1個	書留小包
	市瀬□□	紙テープ	1個	特小扱
9月24日	セメント会社		30本	
	カネ本	石ロー	4個	直扱
9月25日	大日本麦酒　日電出	電気行灯　看板　港華壇行	1個	
	天野源七出		4個	特小着払
9月26日	中井封筒		3個	混載
9月27日	井筒屋香油店	井筒油	2個	特小扱
	小林商店		1個	混載
9月28日	徳永出		1個	混載
	丸見屋		2個	混載元払
	田中花王堂		3個	特小着払
9月29日	利見商事会社	算盤ノ袋	1個	小包
	服部出		2個	直扱
	池田出		3個	直扱
9月30日	伊東胡蝶園出	パピリオ	1個	特小扱
	田中花王堂　ウテナ出		1個	特小扱
	服部仙台支店	模造	1個	混載元払
	服部出	色ロール	1個	直扱
	田中龍文堂		1個	混載
	木□出		2個	直扱元払
	田中花王堂	ラブミー	2個	特小元払
	近利出		1個	客車
	萬久出	帽子見本	1個	客車
	近藤国産出		1個	伊勢崎ヨリ受取
9月27日	岡野紙器店		1個	小包

註）昭和10年1月「受荷帳」（「工藤新助家文書」八戸市立図書館蔵）より作成。原史料記載事項の内、「合計」「引合」「小揚」「斤量」「運賃」は省略。漢数字等、表記方法は適宜改めた。なお同帳冒頭に、昭和6年3月16日契約として、貸切扱（扱料　直扱噸0.300、運送店噸0.400）（駄賃　店揚噸0.500、駅倉庫噸0.350）、小口扱1個0.100、発送直扱1個0.06の記載あり。

仕入れにはこのような手間を要したのであり、先に【表10】でみた小売商が、個々に同様の品揃えを実現すべく中央の商人と「直接取引」するとすれば、さぞ大変なことは容易に推測できよう。

取引に要する様々な費用のうち、かなりの割合を占める鉄道運賃については、運賃体系上、大口利用者が優遇されていた。少し前の時期となるが、明治四十四年刊行の『八戸便覧』でも、次のように、仕入れの際、貨車を貸し切りで利用することで低価格を実現すると謳う広告が目につくほどである。

〔三日町　陶磁器卸商　小森只蔵商店〕

各産地ノ製造元ト特約シ一品一車積ヲ以テ最モ廉価ニ販売ス。薄利多売ヲ主義トシ着実ナルヲ以テ弊店ノ務トナス。

〔共栄組合店―近藤文五郎・松本萬吉・工藤傳三郎・関野重三郎・関野太助〕

雑貨の御注文は共栄組合へ！仰せ付くたさる様御願申上ます。雑貨品の高い安いは運賃で非常に違へます。共栄組合店ては総て貸切車積の為め安価てす。板硝子各種。丸釘類。硝子器。ランプ。附属一式／線香類。洗曹達。電燈ホヤ及カサ各種。(28)

工藤家も、同じ書籍に広告を出し「流行の小間物は何に呉となく取揃へ置き中候。品質の良いものを極めて安い直段で差上ますのは当店の特色で御座いますから、何なり御用の品がございますなら何卒御求め下る様偏に御願申上ます(29)」という文章で、先の二店同様、大衆的な店であるとの姿勢を打ち出している。しかし【表11】に戻るとわかるが、多様な商品を一店で扱う工藤家の場合、貨車を「貸切扱」で使うことは、ビール（九月十五日の項）を除けばなかった。そこで工藤家では、東京出荷貨物の荷扱いを内国通運会社に一括して依頼し、年間輸送貨物重量に応じて「運賃割戻」を受けるというサービスを利用した。最初の契約は明治三十六年度に結ばれ、明治四十二年度には百斤につき四銭の割戻し、大正二年五月には斤扱い貨物については百斤七銭、一車積みの場合は一噸七銭の割戻しという条件が、大正七年八月の契約改正まで続けられた。[30]史料上「運賃割戻」と記載されているものの、これは工藤家が本来の鉄道運賃（ア）に「持込料」（イ）と「手数料」（ウ）をあわせ、運送店に支払う総額（ア＋イ＋ウ）を運賃と認識していたことによるもので、正確には内国通運による手数料の割引である。[31]大正七年以後、契約内容は割戻しではなく割引運賃（手数料）の設定に改められて継続した。このように工藤家を含む八戸商人の間には、明治後期からそれぞれの形で商品輸送に「規模のメリット」を活かせるよう、努力が見られたのである。

おわりに

衣料品や小間物類といった工産物からなる移入品は、藩政時代の八戸において、専売品の輸送システムにのっとり、おもに東廻り海運で江戸や大坂から八戸に運ばれた。その窓口であった鮫港は藩の保護育成下にあり、一般商港として他港との競争にさらされることもなかった。明治十年代から本格化する国内定期汽船航路網の形成過程では、より多くの貨物の集散が見込め、荷役業務の容易な港が選別されていったが、鮫港がこの条件を満たせなかった背景には、自然条件に加え、前述の社会経済的条件があったものと考えられる。そのため鮫港への主要汽船の就航回数は、藩政時代とそれほどかわらなかった。

この点、画期的変化をもたらしたのは明治二十四年九月の東北線開通であった。八戸・東京間が、天候に関わりなく毎日定時運行の列車で結ばれると、多様な商品を比較的少量ずつ頻繁に輸送する傾向のある移入品の輸送は、短期間のうちに海運から鉄道へと転換した。

鉄道の開通が、「直取引」の増加や、八戸商人のような地方卸商の経営動向にどのような影響を与えるかについては、いまだ見とおしであるがふたつの点が指摘できる。

第一は、地方卸商に一定地域の販路を保証する特約取引制度の有無が、その営業の趨勢を大きく左右するということである。鉄道開通後、卸売を中心に販路を八戸町周辺へと拡大していった工藤家が、同時にビール取扱いの比重を高めていったのは、より有利な営業品目へ経営の重点を移していったためと推測できる。新規需要開拓の必要があり、かつ特約取引制度のある商品という点でビールと共通性のある人造肥料について、千葉県下の特約販売網を検討した市川大祐によれば、旧来の肥料商である海産・糠肥商は当初人造肥料の取扱いに消極的だったが、一八九〇年代末頃から人造肥料の需要が急増し魚肥・糠肥の販路が侵食されると人造肥料の特約取引制度の一端に加わることを希望したという[32]。特約取引制度による営業基盤の確保という点で、両者の間には類似性を見ることができる。一方、特約取引制度の無い商品としては呉服太物類が代表的であろう。そこで秋田市の呉服太物商辻家の事例を紹介したい。秋田に鉄道が敷設されたのは明治三十八年のことだが、明治二十四年の東北線全線開通直後から、岩手県黒沢尻駅あるいは青森県青森駅を経由して道路で秋田に運ばれる衣料品が大量に上った。秋田市および周辺に呉服太物の卸小売をおこなっていた辻家は、元来は利幅の大きい卸売の比率が高かったのだが、二十年代を通じて営業の中心を小売に移した。そしてその画期は、やはり明治二十四年頃と推定されたのである[33]。本稿の最初で掲げた魯羊の証言も卸売から小売中心への変化を指摘していたが、当時おもだった商人としてあげられることの多かった呉服商を念頭に置いたものではなかったろうか。

第二点は、内陸の商人が「直取引」に参入するか否かにあたっては、経営規模の問題が重要であろうということである。割引運賃制度の利用は、経営規模の大きい業者が有利であった。明治四十年代に確認できる鉄道利用における八戸商人の団結の動きは、営業上、運賃の問題が重要で、なんらかのかたちで荷口の拡大を図る事が競争力の強化に結びついていたことをうかがわせた。一方、鉄道の開通は内陸地域の産業にも大きな影響を与えた。東北線沿線での木炭移出の増加は、その代表的な例である。工藤家が鉄道沿線に販路を拡大した背景には、沿線での生産の活発化にともなう消費需要の増大があったものと考えられる。一方で新設の駅周辺は交通の要所となって街並みを形成したという例も報告されており、[34]内陸各地で商人の成長が見られたことも想像に難くない。鉄道開通と「直取引」の動向とを結び付ける場合、問題を単なる交通の便に解消するのではなく、地元産業の動向とそれを背景にした商業の展開という観点からの検討が必要になろう。

註

（1）笹沢魯羊「八戸町誌」より「商業」（明治四十五年二月二十五日付新聞『はちのへ』所収）。魯羊は明治十八年（一八八五）八戸生まれ、昭和四十七年（一九七二）没。その他、魯羊については、東奥日報社編刊『青森20世紀の群像』二〇〇〇年、一三八～一三九頁を参照。

（2）高嶋克義「流通ダイナミクスにおける選択と革新」（『季刊マーケティングジャーナル』第一七巻一号、一四～一五頁）。

（3）三浦忠司「八戸藩における藩政改革以後の海運と産物流通」（『地方史研究』第二二一号、一四～一五頁）。

（4）三浦忠司「東廻り海運と八戸藩の産物輸送」（柚木学編『江戸・上方間の水上交通史』、文献出版、一九九一年、一二一～一三三頁）。ここで対象としているのは八戸を目的地として入港した船であり、買積船を含む航海途上、一時的に寄港した船は含まれていない。しかし本稿が問題とするのは八戸近傍の商人を荷主とする商品の輸送である為、とくに問題はないと考える。

（5）前掲三浦論文「八戸藩における藩政改革以後の海運と産物流通」七、一一～一六頁。

（6）前掲三浦論文「東廻り海運と八戸藩の産物輸送」一三二頁、および同「八戸藩における藩政改革以後の海運と産物流通」一二頁。
（7）差波亜紀子「汽船と道路」（高村直助編『産業革命』吉川弘文館、一九九四年、七〇〜七一頁）。
（8）小風秀雅『帝国主義下の日本海運―国際競争と対外自立―』山川出版社、一九九五年、八七〜一二二頁。
（9）明治十三年五月三日付、管事宛て、八戸出張所預渡辺巳之助報告書（「十三年分　八ノ戸来簡　完」三菱経済研究所付属三菱史料館所蔵）。
（10）差波亜紀子「鉄道開通以前における青森県県運輸網の再編」（『交通史研究』第24号、交通史研究会、四四〜五三頁）。
（11）前掲五月三日付、三菱八戸出張所預渡辺巳之助報告書に、「当春ヨリ二三艘川船ヲ浮べ物流運送之途モ聊相開キ懸ケ候得共、目今ノ助ケニ可相成之義ニ無御座候」との記述がある。また『青森県統計書』では、明治十四年十一月、資本金五千円の馬渕川通運会社の設立が確認できる。しかしその記事は明治二十六年以降確認できないことから、同社は東北線開通で解散したと推測される。
（12）明治二十二年五月八日付、小川技師宛て井上長官書簡（鉄道局「日本鉄道会社ニ関スル事務書類（五）」、交通博物館所蔵）。
（13）明治二十二年五月付、井上長官宛て小川技師書簡（同前）。
（14）同前。
（15）大淵涉編『明治廿七年改正汽車時刻表』駸々堂、一八九四年。
（16）日本鉄道株式会社「第二十七回報告」一一頁。
（17）昭和七年版『八戸市勢要覧』五八〜六一頁。
（18）八戸線の延長区間（八戸・久慈間）は、大正十三年十一月に着工し、昭和五年三月に竣工した。
（19）工藤家については、差波亜紀子「明治日本におけるビール市場と醸造家」（東京大学社会科学研究所『社会科学研究』

五三巻四号、一五八〜一六四頁）、および江刺家均「はちのへ屋号商号（十二）　根新（株）根城商店」（一九九八年六月二十日付『デーリー東北』）を参照。

(20) 浦山十五郎編『八戸実地明細絵図』青霞堂、一八九四年（八戸市立図書館市史編纂室編『明治・大正の八戸市街図と三戸郡誌』二〇〇二年、で復刻）。

(21) 明治十八年六月二日付、八戸出張所杉原秀安宛て本社内田新作書簡（在石巻埜蒜支社出張所「明治十八年自一月至六月　来翰」三菱経済研究所付属三菱史料館所蔵）。

(22) 註（19）参照。「明治四十三年一月　諸用留」（工藤新助家文書、八戸市立図書館所蔵）に、明治四十五年一月二十七日付け、八戸警察署長宛ての「広告物表示願」の写しがある。これは同店店頭に「日本麦酒株式会社製造エビスビール特約販売ノ図」を「広告事項」とする看板を掲げたいので許可を願うという内容であった。

(23) 特約店制度については、麒麟麦酒株式会社編刊『麒麟麦酒の歴史　戦後編』一九六九年、三六二〜三六四頁参照。

(24) 丹治雄一「大日本麦酒の経営と販売網」（『社会経済史学』六七巻三号、二〇〇頁）。

(25) 八戸市立図書館所蔵、工藤新助家文書。

(26) 「各地出張旅費口」冒頭の記載例は以下の通り。

一、一月三十日
　弐円十六銭六厘　七戸出張旅費
一、二月九日
　壱円三十弐銭　一戸出張旅費
一、二月廿日
　弐円六十三銭五厘　七戸出張旅費
一、二月廿八日

壱円八十五銭五厘　　一戸出張旅費
一、三月四日
弐円九十四銭　　野辺地出張旅費
一、三月十四日
五拾四円四十八銭三厘　東京出張旅費
一、〃三十日
弐円廿壱銭　　野辺地出張旅費
計　六十七円六十銭七厘

(27) 管内に駅のない七戸で「直扱先払」の記載があるのは、三本木を最寄り駅としたものと推測される。
(28) 笹沢魯羊『八戸便覧』青霞堂、一九一一年。
(29) 同前。なお同書に広告は掲載していないが、明治二十四年六月設立の八戸呉服木綿商組合は、遅くとも明治四十二年六月には、内国通運会社の代理店である八戸角谷運送店との間に「約定書」を結び、移出入貨物の取扱いを一括委託するかわりに割引運賃の適用と丁寧な取扱い、事故の際の弁償等を求めていた（「三春屋文書」No.八三、八戸市史編纂室所蔵）。
(30) 「明治四十三年一月　諸用留」（工藤新助家文書、八戸市立図書館所蔵）中の、明治四十三年五月二十八日付け、割戻し金の支払いをめぐる内国通運会社との往復書簡の写しによる。工藤家は四十一年度に至る六年間の割戻し金額は三〇〇円以上と認識していたが払戻しの実績はなく、交渉の結果、四十三年中に二〇〇円支払うことで合意した。各年「荷受帳（もしくは受荷帳）」では、年度末、割戻し請求用に利用斤数を積算したことが確認できる。大正二年および七年の改正は、大正七年六月「荷受帳」の記載による。
(31) 明治四十五年一月「荷受帳」（工藤新助家文書、八戸市立図書館所蔵）に記載された「改正運賃表」によると、一級品の運賃は百斤に付き（ア四一銭、イ六銭、ウ六銭）、三級品は（ア七四銭、イ六銭、ウ一〇銭）などであった。百斤につき四銭の割戻しにより、手数料が四乃至六割程度割り引かれたことになる。

(32) 市川大祐「施肥改良と市場創造」（武田晴人編『地域の社会経済史―産業化と地域社会のダイナミズム―』有斐閣、二〇〇三年、二八二～二八四頁）。

(33) 秋田市編刊『秋田市史』第四巻、二〇〇三年、四一六～四一七頁。

(34) たとえば東北線福岡駅前は、駅開設以前は農家一三戸が散在していただけであったが、駅開設直後に三〇戸となり、約十年後には町並みらしきものを形成するに至ったという（二戸市『二戸市史』第二巻、二〇〇一年、五六五～五六七頁）。

第Ⅲ章　民衆思想と民間信仰

安藤昌益　八戸に現れる

稲葉　克夫

はじめに

稲葉です。本席へ参る途中、市立八戸図書館へ立ち寄って安藤昌益文庫で少し勉強しました。あの前に立つと市井の地方図書館をして安藤昌益研究のメッカに育て上げた西村嘉先生のお顔や惜し気なく昌益研究の貴重な資料を寄贈された故安永壽延先生の温容が甦って、身のすくむ思いがしました。本日は厳しい道を歩まれた諸先学に叱られるのを覚悟で演壇に立ちました。

また本題に入る前に、去る七月九日、岩波新書『忘れられた思想家―安藤昌益のこと―』（昭和二五年）で昌益を一躍時の寵児たらしめた故E・H・ノーマン元駐日大使夫人アイリーンさんが九十四歳で亡くなられたことを報告いたします。アイリーン夫人は、夫をローマ市にある詩人シェリーの墓の傍らに眠らせ、オタワに帰ってグレース病院で栄養指導者として二十五年間活躍、高く評価されました。退職後も地域でボランティア活動をし、夫の著作印税は研究奨励基金として研究者に与えました。彼女は音楽を、ガーデニングを、読書を、料理を、そして社会的正義を愛する人でした。知人からシニカルな楽天家と呼ばれることに満足していました。夫人の死は今年の安藤昌益三百年祭と深くかかわる縁と思います。

次に八戸と昌益の結びつきを知る背景になると思い、お手許に近世八戸藩誕生の特異性の資料をお渡ししました。

近世八戸藩は、盛岡十万石の二十八代藩主重直が世子を定めぬまま寛文四年（一六六四）に病死したため、幕命によって突如盛岡十万石のうち二万石をもって創建された。初代藩主南部直房はわずか二十一名の家臣でもって急遽藩体制を作らなければならなかった。そのため、昌益の言う法世の機構が鮮明な絵をみるように人びとに分かった。

八戸一帯は南北朝時代より根城《ねじょう》南部氏の拠点で南朝に属し、独立性を保っていた。しかし寛永四年（一六二七）盛岡の南部利直の命で二十二代南部直義は遠野に国替えとなって八戸の地は城代支配となり、盛岡藩主の狩猟地となっていた。この創藩を司馬遼太郎は、「農民は『詩経』の楽天的環境から一挙に新機構の中に経済単位として組み込まれ、半奴隷化する。物事を根源的に見ようとする人間が、そして物事を正邪で厳格に区分してみようとする人間が、もしこの時期の八戸にいれば、安藤昌益ならずともこの構造を、驚きと憎しみの目で眺めることができるに違いない」（『安藤昌益』八戸市立図書館、一九七四年）という。

昌益が八戸に現れたのは創藩の八十年後だが、昌益が八戸を去って三十年後の天明八年（一七八八）、幕府の巡見使の一員としてやってきた古川古松軒の『東遊雑記』のエピソードは、八戸地方の農民の実像をよく伝える。中以下の農民は文字はもちろん升目《ますめ》・秤目《はかりめ》・里程《りてい》を知らず、時刻の名も夜の四ツ時は寝時といい、明六ツ時を起《おき》時という。夜は一ばん鶏《どり》、二ばん鶏といって事済むと驚いている。正しく「日出デテ作シ、日入リテ息《イコ》ヒ、井ヲ鑿《ウガ》チテ飲ミ、田ヲ畊シテ食フ」の生活である。しかしその実態は堯舜の聖代のように「帝力何ゾ我ニ有ランヤ」とはいかず、日本有数の過酷な領国支配に収奪されるのである。しかし修羅・畜生・餓鬼・地獄の世といわれた天明の大飢饉の呻吟の中から昌益の思想に通ずる民衆自身の体制批判の思想が醸成される。五戸《ごのへ》通りの宿老の弟が書いた「飢歳凌鑑」に昌益の「法世物語」にあるような鳥物語がある。「去人《さるひと》のはなしに梟という化鳥有り、躰ほそくしてやせしかど毛さか立て太らし、高木の上に座し諸鳥の眠る闇夜に人をおどさんと身の毛を抜捨て雪と見せ、よろこび後に赤裸となり、木より辷り落ちるとなん、いか様お話の通り、何国にても国くらくして人々が皆ねむり覚めやらず、佞姦上に立チテ権威の身ノ毛をさか立て、下をおどし万民を苦しめ、百姓道のくらきにまよひなば、後ハ赤はだかに成てころび落ん笑止さよ、我等とふが明ひはなしをいま一度聞きたし」

この著者は飢饉の際におきた六戸《ろくのへ》の苫米地《とまべち》甚九郎一揆に同情し、甚九郎を火あぶりにし、他の二七人を翌年七月にかけて全員牢死させた藩の処分に対し、具体的な対案を出して公然と批判している。

古川古松軒は南部氏の台所は銅山・良材・駒・黄連の四ツで、飢饉の被害は南部も津軽も用意の不足とみた。「天明卯辰簗《うたてやな》」の著者上野伊右衛門（俳諧師）も宝暦五年（一七五五）の飢饉は前年が豊作なのに七千人の餓死者が出たが、これは「国に智者賢哲之者なく教えなさざる故也」と、支配者の無能無策を批判する。

元禄以降の東廻り航路の開通や商品経済の発達で、藩は商品の米・大豆の無理な増産を求め、米は全量年貢、大豆の割り当ても五戸通りの場合、長く千五百石だったのが宝暦以後は五千五百石と三倍以上になり、しかも量目は不正でゆすり詰めさせ、町方の量の二倍近くにする。したがって百姓は食物畑を大豆畑に替え、しかも味噌にも欠いて人馬とも多く死んだ。

八戸藩の場合、創藩から三十年後だが、元禄八年（一六九五）には人口五万八五〇七人、うち諸士とその家族一一七二人、足軽とその家族六一七人、寺社並びに行人一五三九人、家中並びに寺院召使二万一五一五人、農民三万〇四九六人、商人二八八六人、座当二八二人だった。これが四十年後、安藤昌益が八戸に現れる延享元年（一七四四）には一・二倍の七万〇四四八人に増えたが、増加率の高いのは商人の四一％、家中諸士と足軽関係の三九％だった。そして農民のうち三千人が五年後の猪《いのしし》飢饉《けがち》で餓死し、その六年後の宝暦五年には七千人が餓死するのである。

安藤昌益が八戸に来住してその思想を革命的に変化させた裏には、かかる過酷な社会に自らも生活したことが基本的に関係する。宝暦五年の飢饉については、昌益の隣家に住んでいた町医の富坂涼仙が「耳目凶歳録」をのこした。もっとも涼仙はその二年前の宝暦三年に軽米《かるまい》に移っていた。飢饉への見方は運気論にまず依っているが、文中で「予織らずして着（直の誤りか―筆者）、耕さずして食するも」という昌益ばりの文を綴っている。そして自分の行為を「我心兀兀《コツコツ》トシテ五口寂莫タリ、時カ運カ、之ヲ天命ニ帰ス可キカ、天命黙々タリ、敢テ帰ス可キヤ、予唯々トシテ子孫ノ為ニ帰書ス」と意義づけた。

この富坂涼仙は延享元年五月江戸へ上っている。そして八月に安藤昌益が八戸に登場して活動している。また延享四年五月七十七歳という高齢の涼仙の父涼庵と昌益の弟子右助の祖父推円、廿三日町薬種問屋安兵衛の三人が大坂まで行き、十月一日に帰っている。推円の養子忠平も昌益の弟子で隣同士である。富坂涼庵は京都の有馬涼及に学び、医師の道名涼庵の涼の字は師からの餞別として貰った。私はこの富坂涼庵・涼仙親子の存在を安藤昌益八戸来住の重要な線と考えている。それは後で再び論ずる。

一　青年時代の修学―永安寺と宮野尹賢

石垣忠吉氏が発見した明和元年（一七六四）の「守農太神石碑銘」は、安藤家の歴史と昌益の生涯を次のように記述している。

○羽州秋田比内贄田邑未ダ直耕ヲ為ス者無シ茲ニ安藤与五右衛門ト云フ者生マレ農業ニ発明終ニ農業ノ国郡ト為ス

○十有余代益々豊安ニ農業仕リ来リ候
○茲ニ与五作生マレ悪逆先祖ヲ忘却シ離散ス
○四十二代八百二十余年ニシテ孫左衛門ト謂フ者生マル是レ他国ニ走レドモ先祖ノ忘却ヲ歎キ丹誠ヲ懲《ママ》ラシ廃レシ先祖ヲ興シ絶エシ家名ヲ挙ゲ後世誠ニ守農太神ト言フベシ

この最初の石碑は掠職《かすみ》聖道院や温泉寺との紛争で間もなく取り壊されたが、二百二十年後の昭和五十七年（一九八二）再建された。ともあれ昌益は、元禄十六年（一七〇三）二井田村に生まれ、やがて故郷を離れて四十二歳で八戸に医師として出現、宝暦八年五十五歳のときに再び二井田に帰り、宝暦十二年（一七六二）十月十二日に六十歳で没している。この六十年の生涯で昌益は、稿本「自然真営道」百一巻九十三冊をはじめ、「統道真伝」五巻など多くの著述をなし、驚異的な思想的営為と高水準の医療活動をし、晩年は二井田で直耕生活をするのである。ところで現在、農山漁村文化協会から刊行された「安藤昌益全集」全二十三巻が完結し、多くの昌益関連の書が出版され、昌益思想の論考はおびただしい。しかし私を語らない昌益だった関係で、八戸に出現する以前の昌益の足取りは一切不明である。だが、この間に昌益は、儒医としての勉強を中心に仏教・神道・言語・万国地理・天文などの百科全書的知識を身につけた。また家庭を持ち、著書出版の段取りもつけ、さらに北は松前より西は京・大坂、さらに長崎まで知友を得た。これらの事実は彼の一生で連環する出来事であるが、現在実証的に跡づけることはできない。それでこのたび機会を得たので、断片的にわかっている昌益の足取りを、推論を重ねながら一つの線につないでみる冒険をしてみた。もちろんこれだけでは学問的研究論文になり得ないものであることも、予めご了承たまわりたい。

昭和四十九年初夏、私は大館市二井田の安藤由蔵氏と語り合った。石垣忠吉氏によって掠職手記、石碑銘、温泉寺の過去帖、墓などが発見され、興奮に包まれていた時だった。由蔵氏は孫に昌益と命名し、その昌益氏は高校生だった。由蔵氏は五十年も前に安藤家の遠い先祖に昌益という卓抜な人物が存在したことを、この家の老女より知らされていた。村中で昌益の学問修業を応援したという。

平成十一年岩手県立博物館より昌益の学問上の系譜「儒道統之図」が発見・公表された。そこでは「洛北堀河之住阿字岡三伯二世羽州稲田　安藤良中」と自らを名乗っている。つまり彼は、京都へ出て著名な医学講説の医家味岡三伯の門に入って学んだということである。味岡三伯については後述するが、ここでは二井田の農民の子昌益、村では孫左衛門と称する彼が、いかなる手づるで京都堀河の味岡三伯に入門したかを考えてみたい。

それには比内在住時代の修学が問題になる。好学の貧しい農民の子に勉学を続けさせる場は寺院である。単なる寺子でなく雛僧になる方法もある。私は昌益の大伯母の嫁ぎ先の坊沢村の肝煎長崎兵助家の存在を考える。先の石碑銘の安藤与五右衛門は八百二十年・四十二代前の人と伝説上の人物として書かれているが、実は昌益の祖父にあたる実在の人物であった。このことは三宅正彦氏の調査によって分かり、延宝二年（一六七四）に二井田村の肝煎をし、元禄三年（一六九〇）に没している。与五右衛門の娘が五里離れた羽州街道の宿場坊沢村の肝煎長崎茂公に嫁ぎ、元禄十四年子供を遺して没した。永安寺の過去帳に「茂公の姑」とある。長崎家は中世の浅利氏の遺臣で、村に曹洞宗の永安寺を建て、寺は元禄四年茂公の願によって修行僧の住む出世寺となった。昌益幼少の頃、永安寺にはのちに久保田藩主佐竹氏の菩提寺萬固山天徳寺二十七世住職の達宗廓聖が在住していた。

昌益は最初の手習いは二井田村の菩提寺温泉寺に世話になったことだろうが、その天稟は村に留まることを惜しまれ、親戚の長崎氏の縁を頼って永安寺に預けられたと思う。以前否定された安永壽延説が蘇ろう。そして数年後さらに大きな転機がやってくる。それは京都堀川の伊藤東涯のもとで学んでいた宮野尹賢《これかた》が帰郷し、綴子《つづりこ》で家塾を開いたことである。

宮野家はもともと二井田に隣接している扇田町の出自で、綴子に移り江戸中期には田地五十町歩から百町歩の富農で、現在も宮野田の地名が残っている。酒屋も営み、菩提寺には涅槃図や曼荼羅を寄進している。尹賢（天和四年［一六八四］～宝暦八年［一七五八］）は宝永四年（一七〇七）に京都堀川の伊藤東涯の門に入り、九年間学んだ。その後さらに垂加神道の玉木葦斎にも学んでいる。葦斎は室号である。垂加神道の秘伝「持授抄」を授けられたが、それを勘案し橘家《きっけ》神道を唱えた。橘家神道は従来行われていなかった神道行事の復活や整理を行った。

享保六年（一七二一）頃綴子に帰り、家塾を開いた。その時京女を連れて帰り、京言葉を教え、行儀振舞いなど地域の風俗改良をはかった。尹賢は蔵書家としても有名だった。居宅は宝勝寺参道の脇にあった。尹賢が家塾を開くというので、昌益は寺を出て坊沢の長崎家に身を寄せながら尹賢の塾に通うことが考えられる。坊沢と綴子は一里離れている。綴子には神社別当武内氏の開いた内館文庫があり、子弟の勉学がなされていた。蔵書には神道・修験道・儒教・漢学・仏教・国文学・天文暦学・医術薬道・産業経済・開拓などの書籍が一千六百余巻、古文書・文献二千余点がある。享保十五年（一七三〇）内館塾は藩公認の庶民教育の機関となった。塾主神宮寺烈光も教授の般若院英泉も宮野尹賢の教え子である。尹賢も教授となったが、大館北秋・能代山本地方の学究で宮野の指導を受けないものはないといわれている。

師の伊藤東涯は父仁斎の家学を受け継ぎ、さらに博物・経済・故実・制度・経義に精通していた。尹賢も師の学風を受け継ぎ、その著作は仏教・儒学・神道・医学と広い分野にわたっている。まさしく昌益の基本的教養と重なっている。とくに神道家般若院英泉（一七一四～一七八二）の学んだ足どりは注目される。『鷹巣町史』では次のように記述されている。般若院英泉は、

「綴子神社の社家武内氏、神宮寺十四代烈光の弟で、正徳四年九月二十八日に生まれる。九歳の時綴子内館塾に入

門する。その頃の内館塾は、漢学者宮野尹賢のもとに方々から多くの門人が集まり全盛をきわめていた。十三歳になって神道の道に入る。翌年彼は生涯、酒色を絶って修業しようと固く決心する。彼の修業は兄烈光の影響もあってきびしく、学問も深まり、向学の希望いよいよ強く、二十七歳の時京都にのぼる。

最初、京都醍醐三宝院に属し、翌年堀川学派松岡玄達の講席につらなって論語・易・神代巻・中臣祓等の講義を受ける。玄達は山崎闇斎・伊藤仁斎に師事し、国学・医学に有名で当代第一の学者とされていたので、その門下生となったことにより、彼の学風に大きな影響を受ける」（三六八頁）。延享三年（一七四六）、五年にわたる京都での修業を終え、さらに修業を深めるため江戸に行き、山形に行き、九州にまで学び、講義するため旅を続け、その間に数回京都に戻って学業を深めた。綴子に帰って内館塾での講義のかたわら著述をし、北秋・山本・南秋への出張講義をするなど休むことのない日々であった。著書は修験道や神道に関するもの百巻、写本は四百巻、校訂本三千部で、その姿は思想内容こそ違うがまさに昌益を髣髴とさせる。

内館塾で昌益が学んでいた享保九年（一七二四）、坊沢で大事件が起きた。所謂五義民事件である。八代将軍吉宗の重農政策のもと、佐竹久保田藩も積極策をとった。しかし湿地の多い坊沢では慶長年間より開田が進められており、享保の開田は米代川に頭首工を設置して用水を導入しなければならなかった。その幹線水路は綴子地内を通り十二キロメートルの長さに及ぶ。この工事負担を肝煎長崎茂公は貢租一石に村入用六十文とかぶせた。しかし長年の不作の上に、出役・賦課金・年貢と農民は疲弊の極に達していた。その上に欠壊や水流の復旧工事が頻繁に行われる。負担に耐えかねて百姓たちによる藩への直訴となり、五人の百姓が処刑された。藩も実情を知り温情主義で対処しようとしたが、長崎氏は仮借なかった。長崎氏は中世以来の土豪である。土豪が長年培った在地の力は強く、しかも直訴は天下の御法度である。処刑執行の前に地元の寺から助命の願いが出れば藩では死罪を一等減ずる心積もりであることを内意で地元に伝えたが永安寺は動かず、このことを知った宝勝寺の和尚が馬を飛ばして駆けつけたが間に合わなかった。今でも地元では集会に間に合わないことを〝綴子の和尚〟という。五義民事件は大正の頃まで禁句で、供養のために建てられた地蔵には首がない。

昭和五十三年、処刑場は鷹巣町の史跡五義民首切塚となり、説明板に事件の内容が記され、十六人追放・五人処刑とあり、消されたという五人の名前も明記されている。永安寺の首なし地蔵五体の台座には戒名が刻まれている。この地蔵は享保十二年願主戸島三郎兵衛によって建立され、今は五人の篤志者によって小さな堂宇が建てられ、幾つかの地蔵たちとともに供養されている。長崎茂公は、この事件のあと享保十四年（一七二九）七十二歳で没した。藩は坊沢地区の長崎氏の権力が強すぎるので、後年この地域の本郷を鷹巣村にする編成替えをし、坊沢の長崎氏は地域の支配力を弱体化させられた。

もっとも長崎氏は代々農業開発に熱心で、同家に享保十六年（一七三一）に生まれた七左衛門は七日市村の長岐家の養子となったが、宝暦五年（一七五五）二十五歳で肝煎となり、明和四年（一七六七）の「羽州秋田蝗《いなご》除法」をはじめ多くの農書を著し、地域の治水工事を指揮し、さらに医療書「妙薬集」を八十三歳の文化十年（一八一三）に発行して無医村の人びとを救った。明治の老農石川理紀之助はこの長岐七左衛門を尊敬し、その肖像掛軸にぬかづき、遺著「老農置土産」を宝物のように拝読した。

ともあれ五義民事件は、地域で勉学に励んでいた青年昌益に坊沢の地を離れて、京都遊学を思い立たせる啐啄の機となった。師宮野尹賢も動揺する昌益に京都での勉学をすすめ、東涯の門で学んでいた時代に知り合った堀川の医学講説人味岡三伯に紹介状を書いただろう。

二　京都で味岡三伯の門に入る

「儒道統之図」によると昌益は洛北堀河に住む後世方別派の味岡三伯に入門している。この三伯は年齢などからみて三代目の三伯と思われる。三代目三伯は貞享三年（一六八六）伊勢に生まれ、元文三年（一七三八）五十三歳で没している。昌益より十七歳年長で、もし享保十年（一七二五）に昌益が入門したとすれば、当時三十九歳である。二代三伯の養子だが臨床に秀で、とくに膿・腫物の名医とされ、外科に堪能だった。

味岡家は「医学講説人」といわれる医者であった。医学講説人とは臨床よりも医書・医学の研究、医家の指導と養成を主とする。まさしく昌益は臨床にも医書・医学理論にもすぐれ、味岡家の伝統を活かしている。昌益は京都という文教都市で百科全書的な学習に必死に励んだ。もちろん宮野尹賢の学んだ堀川塾へも、さらに嵯峨野の梅宮大社へも顔を出して貪婪に知識の吸収に努める。したがって諸方に顔を知られ、書籍商や出版業界にも知人ができる。その結果、京都大手書籍商小川屋茨木多左衛門に認められ、一族の娘と結婚、元文元年（一七三六）に長男周伯が生まれた。昌益には、このほか娘が二人いる。茨木多左衛門は柳枝軒を号しているが、昌益も文号を柳枝軒と名乗った。

また刊本「自然真営道」三巻は宝暦三年（一七五三）三月の刊行だが、版元の小川屋源兵衛は茨木多左衛門の分店である。そのため出版から江戸の松葉清兵衛が下りても単独で出版している。この義理堅さは分店の立場からであろう。昌益を追跡している川原衛門の調べでは、江戸の松葉清兵衛には初代小川多左衛門の二女が嫁いでいる。昌益の作品に「博聞抜粋」三冊があるが、贅沢な紙の使い方をし、大きな文字でたっぷり書いており、ふんだんに紙を使える条件のある者でなければできないノートだった。昌益の環境が考えられよう。京都での昌益は、金元医学を広めた半井道三や元禄・享保に活躍した百科全書医師馬場信武をよく勉強した。しかし昌益より二十歳年長の古方派の大家一木堂香川修庵を厳しく批判した。この厳しさは後に昌益をして京都に居づらくさせることになる。

元文三年（一七三七）三代味岡三伯は没した。これを機に昌益は京都を離れたと思う。京都の生活は十二年である。確かに京都は最高の文化都市で、学問にしろ医術にしろ学ぶためには最も適した町である。しかし伝統や権威があらゆる場所・世界に網の目のように張り巡らされており、もし昌益が独特の構想で自由に活動しようとすれば、たとえ医師として優れた腕を持ち、小川屋などの後立てがあろうとも、所詮秋田の片田舎の百姓の子とみなされる。味岡三伯が健在ならその庇護もあり、医師界の寛闊な態度もあろうが、没後は一門の間でもそのようにはいかない。柳枝軒小川屋の客分扱いなども他の嫉妬を招く。それに昌益の心中には坊沢の五義民事件以来、政治体制というものに強い関心があった。京都より自由で天下の政治の中枢、文化的にも急激に発展してきた江戸へ出てみたいという気持ちが生じたとしても不思議ではない。

三　昌益、江戸に出る

昌益一家は妻の伯母の嫁ぎ先の松葉屋清兵衛の世話になり医師の活動をはじめる。また松葉屋の関係で日本橋一丁目の紙問屋金花堂須原屋と昵懇になる。昌益の八戸在住を発見した野田健次郎は、八戸で昌益が使用していた用紙が須原屋のものであることを私にも確認させた。当時八戸では紙は全く貴重品で、昌益の家族構成が分かった延享三年（一七四六）の宗門改帳は宝暦十一年（一七六一）の藩の「御用人所日誌」に裏返して再利用されていたので野田氏の発見となった。

昌益と八戸の接点は、京都より江戸であろう。稿本「自然真営道」などの大著作が日光道中と奥州道中の起点の千住の穀屋橋本家に秘蔵されていたことや、来住直後の八戸での信頼や歓迎ぶりは、八戸藩士や医師・僧侶などの知識人が江戸で昌益を知っていたからと思われる。

江戸には門人村井中香もいる。中香の住所は日本橋本町二丁目で、金融の中心地である。もちろん中香がいつから門人になったかは分からない。村井姓は小野姓とともに近江商人で、のち盛岡では小野組として上方と南部の物産を交易し、京都・江戸にも出店、大名貸しも営む豪商であった。八戸の経済を牛耳る八戸三店は美濃屋・大塚屋・近江屋で、大塚屋は盛岡大塚屋村井伊兵衛の八戸支店から出発して勢力を増し、宝暦以降はしばしば御用金を献納して田地を受け、天明・寛政期は移入商として活躍している。

村井中香は江戸の金融街の中心部に居住するが、実像は不明である。しかし宝暦六年頃の昌益一門の集会―稿本「自然真営道」巻二十五・真道哲論の「問答語論」で重要な発言をしている。稿本「自然真営道」大序の第十六段全文は、昌益の高弟神山仙確によって師昌益の全貌が語られて有名である。それに対して問答語論では村井中香が全く同じ調子で神山仙確を評しているのは極めて興をひく。

中香が曰ク、「仙確、為人《ヒトトナリ》、夫子ニ倣《ナラ》フテ正セリ　故ニ能ク真道ニ合《カナ》フ　常ノ言品、自《オ》ヅカラ真ナリ　道有レバ語レドモ、私ノ為ニハ放チテ言ハズ　私ノ為ニハ問フ者有レドモ敢ヘテ答ヘズ　道ノ為ニハ敢ヘテ問ハザレドモ乃チ説《ノ》ブ　又、私ヲ言ハズ　私ハ道ヲ盗ム　道ハ活真ノ自行ナリ　故ニ確、私ヲ言ハズ　道ヲ言フ者ハ、真感ニ任セテ妄リニ放言セズ」

この集会の頃（宝暦六、七年）、享保五年（一七二〇）生まれの仙確は三十六、七歳となる。藩主の側医本役で百石である。この仙確を集会の中で昌益と並べて堂々と批評できるのは、年長で社会的地位があり、仲間の畏敬をうけている存在でなければできないことである。このほか中香は、「治乱ハ法ナルカ、道ナルカ」とか、「苦楽ヲ語ラズ、直耕ヲ怠ラズ、耕穀ノ外、二心・二行ヲ為サズ」、「長寿ヲ欲セザレ、短命ヲ作ラザレ」と昌益思想に積極的に迫り、集会の終わりには「転下、何ヲ以テカ常ト為サン」。つまり天下を本来あるべき姿にするには、われわれは何を為すべきでしょうかと昌益に問うている。これに対して昌益は、有名な「衆人挙ゲテ転下ヲ与フルトモ、受クルコト勿レ若シ止ムコトヲ得ズシテ受ケテ上ニ立ツ則《トキ》ハ、上ノ領ヲ決シテ耕サシメ、仁セズ　罰セズ　然ル則ハ無盗・無乱ナリ」と答えている。中香は一門集会のときは江戸日本橋に住しているが、もとは盛岡近江商人の村井一族の一人として南部の地に生活し、南部花巻の出身である神山仙益とその子仙確の人柄をよく知っていたのではなかろうか。

この経済人である村井一族と安藤昌益を結びつける一つの線に綴子の恩師宮野尹賢が考えられる。それは、宮野がすぐれた学者・教育者であるとともに資産家であり、理財の道に長じた人間であることである。尹賢は時の津軽藩主に米四万俵を貸付し、その抵当の岩木山麓の森林は宮野沢と呼んで今も字名となっているという。また津軽の文人建部綾足が元文三年（一七三八）恋愛のため出奔した時、数カ月もここで世話になっている。綾足は津軽藩家老津軽政方の次男である。この宮野尹賢の豊富な人脈の中に当然隣国南部藩の有力近江商人村井一族が含まれ、村井中香もその環の中にあったろう。宮野尹賢は弟子昌益の京都遊学に際し、経済面の何らかの手立てを与えたことは間違いない。

昌益の江戸での医師生活は不明だが、相当高く評価されたものといえる。昭和四十四年（一九六九）山崎庸男が文政年間から天保年間にかけて北関東の宇都宮で活躍した医師田中真斎の書いた「真斎謾筆」を発見した。それで思想の高い評価に対して田舎の三流医者とまでいわれた昌益の医術が、日本有数のものということが分かった。彼が昌益の原著をどこで手に入れて写したかは分からない。「謾筆」には七百五十種の湯・散・丸・丹の処方が載っている。附子《ぶす》は強い毒性をもつ生薬で古法派も治療に使っているが、生《なま》という制限の使用だったのに対し、昌益は八種類の調合を考案している。漢方最後の巨頭浅田宗伯（一八一五〜九四）の「勿誤《ぶつご》薬室方函」に昌益の処方した「安肝湯」を採録しており、昌益が江戸で高く評価されていたことが分かる。また昌益の外傷や骨折の処置法は具体的・実践的で、本来は内科が専門の昌益が外科の分野にこのように精通していることは患者に庶民が多かったせいだろう。また高額な薬用朝鮮人参崇拝の風潮を批判し、脈診が重視されていた時代に視診に重きをおいた。産婦人科と小児科を最重要視し、庶民に視線を向けた医療で町の人びとに人気が高かったろう。

昌益の稿本「自然真営道」が北千住の穀物問屋橋本家に秘蔵されていたことも、昌益が江戸に在住し橋本家から尊敬されていたことを示す。さらに八戸の人や物の流れが利根川水運を利用していたことを考えれば、千住は昌益と八戸の交点になる。延享年間、来八間もない昌益が八戸の知識人から受けた歓迎ぶりは、既に江戸における活躍を八戸藩の人びとが目のあたりにしていたところから生じたものだろう。

四　昌益、八戸に現れる

延享元年（一七四四）五月、八戸十三日町通称櫓横丁に住む町医師富坂涼仙二十八歳が江戸に上った。目的は不明だが、私はこの年八月に藩日記に登場してくる安藤昌益を招聘するためだと思う。昌益は京都の医学講説人味岡三伯の許で学んで学術深く、教養があり、しかも臨床の腕にすぐれ、町医として評判が高い。さらに秋田大館出身で互いに親近感もある。それに近江商人の村井一族の推挙も考えられる。まだ京都や江戸で正式の医学の修業をした医師が涼仙の父涼庵以外にいない八戸に是非招きたいと藩も医師たちも考えた。江戸で昌益を知った神山仙益も積極的に動いた。息子仙確の教育もして欲しい。八戸藩日記ではこの年の八月、櫛引八幡宮の祭礼にきた遠野南部藩の射手三人が病気となったため、八月六日昌益に療治が命ぜられ、八月十五日には全快したので薬礼として金百匹を出したところ、上よりの仰せだからと受け取らなかったと御町奉行が申し出ている。翌年の延享二年（一七四五）には家老中里清右衛門が治療をうけ、全快している。そして延享三年の宗門改めには十三日町櫓横丁に住む安藤昌益が四十四歳、家族は男二人・女三人の五人家族で、寺は浄土真宗願栄寺と出ている。隣は昌益の弟子の大坂屋中村忠平二十七歳。次の隣は忠平の兄の中村忠兵衛四十四歳、忠兵衛の子右助（宇助）は昌益の弟子、また昌益の一方の隣は富坂涼庵七十七歳、借家住まいで家族は男二人・女四人、涼庵の息子は昌益を江戸に迎えに行った涼仙で、のちに宝暦五年（一七五五）の凶作を記録した「耳目凶歳録」の著者である。富坂涼庵は十年前、六十七歳で下北田名部から八戸に移ってきた。越前生まれの涼庵は京都の名医有馬涼及（一六三七〜一七〇一）に学び、師から涼の一字を貰った。有馬涼及は幕府の医官玄哲の子で、後水尾天皇（一五九六〜一六八〇）の病気を治して法印となった。有名な人であるが奇行の人でもあり、法印を取り上げられたりもした。涼及は初代味岡三伯（一六二九〜一六九八）とほとんど同世代で、古法を唱える名古屋玄医（一六二八〜一六九六）と京都の双璧といわれ、腕比べの逸話は有名である。涼庵は二十代の頃に老涼及先生に学んだ。有馬涼及には三子があって皆医師となったが、それぞれ奇行に富み、花街に遊び宴楽日を経ても帰らずだったが、「傷寒論」はその中でも離さず、各頁が擦り切れてしまったという。ともあれ富坂涼庵は京都の医師仲間と交流があり、後世方別派の味岡三伯の門で学んでなおあきたらず、百科全書派的に医学理論を広く探求する昌益を知り、彼の八戸招聘に一役買ったのではなかろうか。涼庵が京・大坂になお交流をもっているということは、昌益来住三年後の延享四年（一七四七）五月大坂屋の隠居推円と廿三日町の薬屋安兵衛と三人で大坂へ旅し、十月に帰ってきたことでも分かる。このとき涼庵七十七歳、推円六十四歳という老人たちの旅だった。それにしても私を語らぬという昌益をやすやすと八戸へ来住させ、涼庵さえ借家住まいなのに櫓横丁という繁華街に一軒家を持たせ、八戸藩にとって最も重要な儀式に参列した遠野藩士の治療をさせ、しかも家老まで治療をうけたという新参町医の安藤昌益への信頼、さらに延享元年十二月には六日町天聖寺で地域の知識人たちを集めて講演をさせているのは何だろう。主催者の天聖寺住職則誉守西は「数日講演ノ師　大医玄公昌益　道ノ広キコト　天外ニモ猶聞コエン　徳ノ深キコト　顧ミレバ地徳尚ホ浅シ　道徳無為ニシテ衆人ニ勧メ　実道ニ入ラシム　古聖ニモ秀デタラン者ナリ」と絶賛している。さすがに昌益も照れて「人のあかおとす」の道歌めいた歌を返した。ともあれ、この講筵には藩の上層武士や多くの僧侶・医師が列っており、八戸に来住して間もない昌益をいかに尊敬し、期待しているかが分かる。遠野藩士の治療費を受け取らなかったのは昌益にそれだけ経済的余力があったのであり、乞われて遠路はるばる八戸に来た昌益が借家や長屋住まいではあるまい。数多い旅の旅費にしろ一門弟子との語り合いの支度にしろ、出版費にしろ、また使途不明だが手紙に残る五百両の金額にしろ、昌益は豊かな経済力と大きな権威を背景にもって八戸に居住したことは確かである。

終わりに

これまで元禄十六年秋田の比内二井田に生まれた安藤昌益が京都で医学の研鑽を積み、さらに江戸へ出て町医として活躍し、延享元年八月八戸に姿を現わすまでを幾つかの状況証拠をもとに推論を重ねてきた。厳密な実証を欠くので研究者には恣意的で学術の論考でなく、読物といわれるのを覚悟の上での発言です。

ただ、昌益研究が研究者の専門からの厳密性を誇るのでなく、また史料発見の偶然性に頼るのでなく、市民の自由参加の場にしたい気持ちであえて発言した。この自由さの上に、昌益発見の頃の一般市民の知的衝動が甦りはしまいかと老骨に鞭打った次第であります。

寛保三年糠部巡礼札所の行基伝説

滝尻　善英

はじめに

糠部地方とは、北緯四十度の太平洋側の広大な地域を指しており、古代日本においては辺境の地としてとらえられてきたが、糠部巡礼札所には坂上田村麻呂、慈覚大師円仁、藤原有家、平重盛、恵心僧都源信、聖徳太子、長慶天皇などの伝説(1)が残り、その中で第一番札所の青森県階上町《はしかみちょう》寺下観音と第三十三番札所の岩手県浄法寺町天台寺桂清水観音については行基伝説が登場してくるのである。これらは全て観音信仰にまつわる物語ばかりであるといえよう。それだけに、観音菩薩は糠部地方の庶民の心の中に浸透し、行基伝説とともに地域形成の中で親しまれ語り伝えられてきたといえる。

一　観音巡礼と熊野信仰

平安時代には熊野信仰が盛んとなり、和歌山県の那智山を観音が棲む世界、いわゆる補陀洛山《ふだらくさん》と仰ぎ、近畿地方の西国三十三カ所霊場巡りも行われるようになってくる。その那智山青岸渡寺が西国三十三カ所巡礼の第一番札所であるというのも、熊野信仰との深い関わりを感じさせる。

かくいう私の苗字も熊野信仰に由来しており、「蟻の熊野詣で」の諺通り、熊野九十九王子という神社が街道沿いに鎮座し、その中のとくに五体王子[2]のはじまりとして滝尻王子がある。この熊野街道は参詣者でたいへん賑わったという。作家井上靖の『補陀落渡海記』（講談社文芸文庫）という小説は、和歌山県那智勝浦町の補陀洛山寺住職の金光坊をモデルにしており、金光坊が補陀洛山を目指して船出し、果ては熊野の海に入水して往生を遂げる捨て身の行を題材としたストーリーで、観音信仰と熊野信仰との関わりが根元となっているといえよう。

八戸藩修験[3]の総録常泉院が京都聖護院本山

【図1】寛保三年糠部巡礼札所略図（○は札所番付）

派の熊野系山伏であることから当地方の観音信仰隆盛に影響したものと思われる。

二　青森県内の観音巡礼とさまざまな糠部三十三カ所

当地方で最も有名な観音巡礼は、寛保三年（一七四三）六月の則誉《そくよ》守西《しゅさい》上人糠部三十三カ所であるが、過去にいくつかの巡礼が存在していた。その中で最も古いのが永正九年（一五一二）六月の観光上人による糠部三十三カ所[4]である。

この巡礼は第一番札所を天台寺桂清水観音（岩手県浄法寺町）とし、第三十三番札所を長谷寺観音（南部町恵光院）で締めくくっている。その当時の巡礼札が四枚残っており、現在これらの巡礼札は、いずれも岩手県および青森県の県有形民俗文化財の指定を受けている。

やがて、天聖寺八世則誉守西上人が観光上人の巡礼を元にして新たな糠部三十三カ所を巡ったのである。その後、天台寺は巡り納めの霊場となり、定着する。宝暦元年（一七五一）の「奥通《おくどおり》三十三カ所」、文化五年（一八〇八）の「御国《おくに》三十三カ所」など、守西上人の糠部三十三カ所を元にした巡礼が行われている[5]。それが、明治になると三戸の俳諧師松《まつ》尾《お》頂水《ちょうすい》が御詠歌を新たに作り、文学的価値の高いものにしていく。その松尾頂水の糠部三十三カ所御詠歌を記した明治十八年の額が、名川町の法光寺と天台寺にそれぞれ納められている[6]。

さらに三十三カ所巡りは、糠部地方だけに限らず、津軽地方には寛延四年（一七五一）の甚五郎による「津軽三十三カ所」[7]、下北地方にはむつ市円通寺で所蔵する寛政八年（一七九六）の「田名部海辺三十三カ所」[8]、糠部のほか上北地方の霊場も加えた寛政年間の「七戸南部補陀洛」[9]など、江戸時代後半になると一般民衆のあいだで巡礼が盛んになっていく。これらは江戸時代後半の庶民信仰のあらわれであり、地域形成の一端である。

特に寛保三年ごろになると、藩財政が窮乏し、天候不順・地震・火災等の天変地異、外国船出没、藩主交替など時代の転換期であった。そして、寺院信仰は形骸化してきたため、守西上人や津要玄梁和尚をはじめとする当地方の名僧が民衆教化のため信仰の本質を回復しようと尽力する。また封建制を批判した安藤昌益も登場してくるのである。その当時の信仰関係の記録を『八戸南部史稿』（平成十一年・八戸市史編纂室編集、八戸市発行）から読みとってみると、享保十五年五月十六日に寺下灯明堂で近郷寺院総計十五ケ寺が参集して、武運長久の大供養をし、藩主の代参もあった。そして六月二十九日には藩主が津要庵で休憩をとった。また、元文二年八月二十六日や寛保三年六月にも藩主が寺下観音へ詣でている。

三　糠部三十三カ所の功労者

守西上人の糠部[10]三十三カ所を広く世に紹介したのは、八戸の民俗学の先駆者といえる小井川潤次郎である。小井川がたまたま是川の福善寺（白旗の寺）を訪れた時のこと。捨てられる寸前になっていた紙屑の中に『奥州南部糠部順礼次第』という守西上人がまとめた一冊を探し当てたことに始まる。そこで、小井川はそれを活字にして昭和七年七月五日、定価三十銭で奥南新報出版部から発行したのである。当時にすれば五・一五事件で犬養毅首相が暗殺され戦争への道を歩みだしている時代であったため、今日のように郷土史に興味を示すゆとりもなく、売れ行きが芳しくなかったようだ。定価三十銭とは、米一俵八円二十銭の時代だったので今の価格にしてだいたい八〇〇円少々の手頃な本だったと思うが。

それを八戸在住の郷土史家金子善兵衛が、昭和四十九年六月に地元紙デーリー東北新聞社から『ふるさとの心』と題して、守西上人の巡礼を一般読者にわかりやすく丁寧に紹介したことで多くの巡礼者のテキストになったのである。今日、金子は糠部三十三カ所の実践者として讃えられているほどである。

やがて、向村村長（現・南部町）の山崎武雄がこれを体系的にまとめ、『天台寺研究』（浄法寺町教育委員会発行）に論文を発表した。これこそ当地方における観音信仰の研究書といえるであろう。

とにかく小井川潤次郎が福善寺から守西上人の草稿を見つけださなければ、陽の目をみることはなかったのである。このことを考えれば、氏の発見は歴史的に貴重な事績であり、金子の業績は巡礼ブーム[11]に火をつけたといえる。

四　守西上人の巡礼について

守西上人の巡礼については『奥州南部糠部順礼次第』を頼ることとなる。守西上人は『奥州南部糠部順礼次第』の中で「順礼次第記」に引き続いて、その行程を「順礼文序記」でまとめている。守西上人たち観音講の一行は寛保三年（一七四三）六月三日、男女十名余りで八戸を出発。守西上人は八戸天聖寺（浄土宗）の八世であることから、おそらく天聖寺に集合してスタートしたと思われる。その中には七十歳を越えた老僧の櫛引村常安寺の先住（先代住職）良奥願西上人も含まれていた。その出で立ちについて「順礼文序記」では本格的な巡礼衣装で身をまとい、糠部の観音霊場を十五泊十六日[12]かけて六月十八日に八戸に帰ったと記している。なお六月六日の島守では四名が一行に加わり総勢十四名で巡礼している。

守西上人は、八戸に帰ったあと「順礼次第記」と「順礼文序記」を書き上げ、『奥州南部糠部順礼次第』と題して二文をひとつとし、絶えて久しかった糠部地方の巡礼を復活させたのである。

おそらく隠居所の長者山山寺の念仏堂で筆を執ったのだと思われる。また、守西上人は、翌年の延享元年（一七四四）からは、漢詩文・和歌・暦象・梵字文などを集録した『詩文聞書記《しぶんもんじょき》』を書き始めている。その中には万人直耕を唱えた世界的思想家安藤昌益をはじめ、神山仙庵・関諄甫《じゅんぽ》・関立竹《りゅうちく》・充胤大棟（法光寺十七世）・関龍祖雄（南宗寺五世）・大江東義（禅源寺四世）らの作品が収められている。このように守西上人は、身分・職業・年齢を問わず、八戸の文化人との交流があったのである。このことは記録には登場していないが、巡礼の一行に安藤昌益などの文学サークル仲間も含まれていたかも知れない。確かに守西上人が宿泊したお寺は、天聖寺と同じ宗派の浄土宗系や充胤大棟和尚の曹洞宗法光寺系を頼っていることがわかる。老僧守西上人は雄蓮社延誉上人に住職を譲った後は、宗教活動や文学活動に親しみ、長者山の山寺で静かに余生を送ったのである。

五　階上寺下観音の釣鐘にみる行基伝説

『邦内郷村志』（南部叢書収録）には岩手県浄法寺町天台寺の記載があり、「開基人王四十五代聖武帝神亀元年導師行基菩薩帝深信仏法建六十六社千諸州。其一也」とある。これは聖武天皇が神亀五年（七二八）に行基を派遣して開基させており、これは全国に六十六社建てられた国分寺のなかの一つであると記されている。また、『岩手県史』第十二巻の年表にも七二八年の項に「行基、二戸郡天台寺創建説あり」と記しているほど、北東北への来村記事が見える。そして青森県三戸郡階上町の寺下にも来村伝説が残る。

階上寺下観音境内の釣鐘銘や別当の桑原家で所蔵する天保十四年（一八四三）の『海潮山應物寺古書日記帳』や同

年の『寺下観音奉加帳』には、行基が草創し、本尊の観音像を刻んだと伝えている。

寺下観音は階上岳の東麓に鎮座しており、かつての海潮山応物寺の跡地である。山号の「海潮山」とは「階上山」の音読みで「カイヂョウさん」をあてた字と思われ、藩政期までは檀家を持たない祈祷寺であり、修験道場でもあった。今日でも静寂を保つ境内には「禊ぎ場」があり、修行をする宗教者の姿を見ることが出来る。杉木立の中には朱塗りの鳥居や屹立《きつりつ》する仁王像の山門があり、まさに、神仏習合の霊地の中に三間四方の宝形造観音堂が鎮座している。

守西上人の『奥州南部糠部順礼次第』の記録では「五間四方の東向き」に鎮座する御堂だったと記しているが、明治の廃仏毀釈運動により、応物寺も明治四年に取り壊されてしまった。そして、観音堂は山号から命名されて「潮山神社」という村社として生まれ変わったのである。行基作と伝えられる観音像は、別当桑原家の菩提寺である八戸市妙の伝昌寺に移されたが、明治七年に桑原家の願い出により、現在の観音堂を創建し、観音像を本尊として祀ったのである。今日、観音堂と潮山神社を桑原家で管理している。

毎年旧暦四月十七日（現在、五月の第三土曜・日曜）は「寺下のおさかり（御縁日）」で、この日は特に「御利益の大きい日」として市内から臨時バスが繰り出し、二万人を超える善男善女が訪れる。参拝者が撞《つ》く鐘の音は一日中境内に鳴り響き、観音堂に通じる参道は参詣者で埋まり身動きが出来ないほどである。観音堂境内に並ぶ西国三十三観音の石仏一体一体にも賽銭を供えて合掌する光景が見られる。この石仏は西国の霊場からひとつひとつ土を持参して埋めたということから、西国三十三観音の功徳も受けられるといわれている。また、境内には多くの出店が軒を連ね、その盛況ぶりは、さすが当地第一番札所の信仰の厚さを感じさせる。

『海潮山應物寺古書日記帳』や同年の『寺下観音奉加帳』によると、神亀元年（七二四）、聖武天皇の時代に行基が海潮山応物寺として開山し、その後、大同年間（八〇六〜八一〇）、征夷大将軍に任じられた坂上田村麻呂が、陸奥の蝦夷を征伐する際、この寺下観音堂にもやって来て経津主《ふつぬし》神を祭神として祀り、地方鎮護の神として崇拝したと記している。

「天保十四年（一八四三）
奉加帳
卯　寺下観音　別當
三月　桑原甚之丞　（印）
抑寺下観世音者神亀年中ニ行基菩薩之草創之道場也　維時大同中興ニ而田村将軍公七堂伽羅無之堂舎御建立　殊ニ御朱印　寺ニ有之候處　仁治壬寅秋雷火ニ而堂塔者勿論　八龍神輿共外　種々宝物及焼失候得共　大悲并不動毘沙門右三躰之尊躰者全して灰燼中より奉得候成再興奉候安置候間　其後御當國御城主様御代々被遊御帰依被成下候　然處堂塔年来二相成殊之外破損仕候付　此度屋根替之儀御上様江願之上御前例之通萱并諸木頂戴仕候得共　諸職人　作料其外諸入方不少候得者難渋之私兎角及自力兼不顧御時節柄茂奉願候　何卒物之不限多少候間御助情被成下度奉願候　以上
三月　　寺下観音別當　桑原　甚之丞　（印）
施主人　榊　孫右衛門
世話人　問屋　サメ　西村　山四郎
八戸　万歳丸
一金壱両　　㕕五郎　（印）
但し直渡　江戸　妙法丸

一同壱歩　　　源蔵
　遠州　勇勢丸
一金壱歩　　半左右衛門
　同　清徳丸
一金仁朱　　清左衛門
　遠州　千年丸
一金弐朱　　松右衛門
　八戸　長久丸
一金弐朱　　徳柗　（印）
　八戸　小宝丸
一同壱朱　　万吉（以下省略）」〈桑原家所蔵〉

寺下観音堂は、大同年間や天仁年間（一一〇八～一一〇九）に再興しており、仁治三年（一二四二）秋には、落雷火災による山火事のため一山焼失してしまったという。そこへ寛元四年（一二四六）、江山という僧侶が、その焼け尽きた灰の中から、観音像をはじめ種々の宝物を拾い集めて、お堂を再建した。そして、その由来をまとめた記録が「応物寺廃頽《はいたい》の記」で、脇士の毘沙門天像の胎内に納めたというのである。やがて正徳五年（一七一五）、津要玄梁和尚が寺下観音堂に参籠した際、江山和尚が記した巻物を毘沙門天像の胎内から発見したのである。そして津要和尚は、四代八戸藩主南部広信をスポンサーとして、その記録を刻んだ釣鐘を江戸神田の鋳物師粉河丹後に鋳造させ、納めたのであった。江戸神田の粉河の鋳物師は当時、その高い技術が好評で、また藩主の参勤交代とも深い関わりがあったと考えられる。平成五年に『階上町史』編さんのため、寺下観音の調査に入ったことがあるが、その際、確かに毘沙門天像の背中の部分に江山和尚が記した巻物を入れるだけの溝が残っていたが、今日その巻物は残っていないものの、その文面は観音堂境内の鐘撞堂の釣鐘にしっかりと刻まれているのである。

この釣鐘を奉納した津要和尚[13]は、江戸幕府の庇護政策の中で、仏教が形骸化するのを憂い、自らの作仏を中心に当地方で庶民教化のため生涯をささげた名僧である。その生まれは、八戸湊柳町の若松屋で、松舘大慈寺九世徳峰玄瑞和尚の弟子となり、やがて、盛岡の曹洞宗青龍山祇陀寺で修行をしている。宝永七年（一七一〇）には浄法寺町の八葉山天台寺の鐘銘を著し、その五年後、寺下に草庵を結んでいる。この時、例の江山和尚の巻物を見つけたのである。津要和尚は寺下を拠点として幅広い宗教活動をし、数々の業績を残し、延享二年（一七四五）十二月、日向山の津要屋敷で六十六歳の生涯を閉じたのである。

寺下観音の釣鐘は戦時中、供出したものの終戦後、桑原家に戻されている。正徳五年に四代藩主南部広信が奉納した当地方の貴重な釣鐘だということで返されたのだろうと当主の桑原一夫は語っている。

この行基開山伝説を刻む釣鐘の銘文について『奥州南部糠部順礼次第全・小井川版』でも全文を記載しており、これをもとにして、多くの雑誌で鐘銘を紹介しているが、誤植があることから、改めて再調査をし、鐘銘を正式に書写したのが次の通りである。

寺下観音の鐘銘　〔句読点は筆者加筆〕

【草ノ間１】

行基大僧正、扶桑轉法輪之権輿、残山剰水

之間名後世　伬我師之艸創也。奥州東隅應
物厥一也。𣁽始於神亀中興於大同。春秋遄湍
八十有四而後、積乎三百餘歳之紅白大廃
於天仁。曽桑原荘司戌合浦之日、檄越慶云、
任起廃事。呰寺廃已久矣。邃古遺跡尺寸不
復存。輙不合致。発作而夜思聿、奔走二国、発
自永久甲午之兑迨千永治癸亥之商、汔（春没か?）三
十年、朝遷而暮還、懋化迩遐。竭復旧業。鐘鼓
改響門廊咸備。万姓注其耳目。仁治壬寅秋
九月、災火奮起、林壑雷動、魔風抜木、狼烱爛
天嗟呼嗟、夫輪奐百餘堂舎、虚一堆焦土成
矣。満山衆徒忡忡慟哭、區ヒ離散。惓ヒ不忍
去聖境者、千指。住侶江山等収合餘烬儻得

【草ノ間2】

圓通大士像二軀。他化自在、護法韋駄天、並
宝印玉璽、金錫振鈴、獨鈷石三鈷杵八龍神
輿、各一箇、五箇禅毱一尋花鯨等、於死灰之
中。而佛躯粗焼壊、不禁拝瞻。卒抹金屑以修

補之。偏縛茅茨、換古之輪焉奐。以一不壊的之尊、凄鎮于国老滝之南岩、竢叱之届。又親手彫刻梵釈二天像、記寺之所以屢廃。而附於左輔、書　勅賜放生之　聖箴、兼應供料田之券帖以藏於右弼。蓋猥棣乎天禄之識也。他日欲必在大心之人而恢播揚之者。也噫己夫唯非欠焉於晨香夕燈而已。百口緇素將生舌上毛。矧四序之嘗烝以何祀之。興應物廃應物。厥孰行心耶。竊惟伊一叱前一時也。乎我豈合克得而知之哉。憫然揮涙漫記之。啻憾不既其樓樓之心。

【草ノ間3】

東陸奥糠部郡桑原郷海潮山應物寺

住侶　釈沙門　　雲江山謹識。

惟叱寛元丙午次歳秋九月庚寅日

【草ノ間4】

鑄鐘之記

于時正徳五年乙未次歳秋九月十七

日　玄梁沙門遊方此境得一識文於
多聞天之像中因剪殿堂再興也
惟時享保四己亥年五月吉日
大檀那
南部三十二代苗裔八戸領主前遠州
大守後胤源朝臣　　　　廣信
別當　　　　　　　沙弥
　　　　　　　　　　痴丈
化工
佛祖正傳七十二世前永平釈玄梁

【縦帯部分】
　　　武江神田住
　　治工　粉河丹後造之

和歌山県の郷土史家の岩鶴敏治は「関東北部・東北地方江戸時代鋳物師名譜」に記載されている粉河姓鋳物師名を手掛かりにして、平成十四年七月、この寺下の地を訪ねて資料の確認をしたことがあった。この銘について岩鶴敏治は『こかわ文化財通信五十二号』（和歌山県・粉河町文化財保護委員会）で次のように記している。

粉河鋳物師を大別すると二つのグループがあるという。「粉河住」と「粉河姓」を標榜する鋳物師集団の二つで、粉河に在住する鋳物師の「粉河住」と個人名の上に粉河の名を冠している鋳物師達の「粉河姓」である。例えば寺下観音の梵鐘の鋳工は後者の「粉河姓」である武蔵国江戸神田に住む「粉河丹後」ということになる。その調査結果によると次の通りである。

1	青森県むつ市田名部	徳玄寺	享保十四年（一七二九）	粉河丹後守宗敏	供出
2	岩手県二戸市福岡	竜岩寺	正徳五年（一七一五）	粉河丹後守	供出
3	青森県黒石市山形	法眼寺	享保七年（一七二二）	木村将監藤原安利	供出
4	岩手県二戸郡浄法寺	福蔵寺	享保三年（一七一八）	粉河丹後守宗敏	供出
5	青森県八戸市新井田	対泉院	宝永二年（一七〇五）	粉河丹後守宗敏	供出
6	青森県八戸市朔日町	来迎寺	明和六年（一七六九）	粉河丹後守宗敏	供出
7	青森県八戸市吹上	本寿寺	享保二年（一七一七）	粉河市正	供出
8	青森県八戸市類家	広沢寺	文政九年（一八二六）	粉河市正国信	供出
9	青森県八戸市十一日町	願栄寺	天保四年（一八三三）	粉河市正国信	供出
10	青森県三戸郡階上町	応物寺（寺下観音）	享保四年（一七一九）	粉河丹後（宗敏）	☆現存

となる。粉河丹後守宗敏の作品は宝永二年から明和六年までの約六十五年間に造られている。青森県内の梵鐘だけでも一〇点にのぼるが、その内九点が戦時中の供出により失われている。

六　伝・行基作の寺下観音像について

観音堂は、内陣と外陣に仕切られ、壁面にはズラリと絵馬や扁額が掛けられている。その中には糠部三十三札所の御詠歌の額をはじめ、寺下観音の津要玄梁和尚揮毫絵馬、俳諧額などが読みとられ幾度かここ寺下観音で句会[14]も催されたようである。

その内陣の内御堂には桂材で彫り上げた高さ六十七センチの聖観音座像（像高三一・五センチ）が本尊として納められ、向かって右側に六十三センチの不動明王立像、左に七十センチの毘沙門天立像がそれぞれ脇士として祀られている。この観音像が第一番札所の観音で、行基が作仏したと伝えているのである。観音像は岩座の台座に結跏趺坐をし、左手は親指と人差し指を結んだ施無畏印。右手も同様に親指と人差し指を結んでいる与願印である。髻の部分の髻を大きくとり、全体的に装飾品は無い。その代わり、裳のひだの表現に特徴があり、天衣の彫りを深く刻んでいる。瞑想の表情でふっくらとした面相には、何か温もりを感じさせる。端正な顔立ちと造形の深さは、観音信仰のメッカといえる一番札所のこの土壌から育まれたゆえの産物といえよう。腕は肩のつけ根で接いでおり、首から胸にかけては金箔を塗った形跡も認められる。脇士の二体は痛みが激しいものの生き生きとした力強さがあり、観音像をボディガードしているかのようである。

また、この観音像には、行基伝説の他、昔話[15]として語り継がれている由緒もある。それは、階上町小舟渡海岸に牛に乗って海上から

【写真1】中央が寺下観音像。脇士は向かって右が不動明王像、左が毘沙門天像

示現したといわれ、その牛は役目を果したことからそのまま石になったというのである。今日、その場所を観音平と呼び、牛が赤い岩に化けた赤石（べコ石）が波しぶきの中でひときわ目立っている。ここ赤石大明神の小祠の境内には、津要和尚が刻んだと伝えられる観音像の線ぼりや「聖観音」、「塩釜六所大明神」などの石碑も十数基並べられており、ここも寺下観音ゆかりの地といえる。

七　天台寺の行基来村伝説と行基仏について

前述のとおり、寺下観音の鐘銘によると奈良時代の名僧行基が開山したという。神亀元年（七二四）、行基が聖武天皇の命をうけて、山中の桂の大木を刻んで本尊の聖観音像を作仏し、海潮山応物寺として開山したというが、『天台寺再興明細書上』[16]や天台寺の棟札に記された寺伝によると、神亀五年（七二八）に聖武天皇の命をうけて、同じく山中の桂の大木を刻んで本尊の聖観音立像を作仏したという。したがって、伝説のみで行基の足取りをたどると寺下観音を開いた後、天台寺を開いたことになる。

また、天台寺宝物殿に展示されているが、この時、聖武天皇直筆であるご宸筆「寺号額」を掲げて開いたというのである。その後、平安時代になると慈覚大師円仁が来村して天台寺に籠もって諸像を刻み、寺を再興したというのである。ただし、このご宸筆も奈良東大寺西大門に掲げられていた「金光明四天王護国之寺」の聖武天皇ご宸筆とも若干、運筆の止め・跳ねが違い、天台寺の方が太くて力強い。

では、なぜ行基はこのようなみちのくの奥深い山を霊場として開いたのであろうか。先ず行基とはどのような僧侶だったのだろうか。奈良時代[17]の仏教は、直接一般民衆に働きかけるということはせず、僧侶は寺院で静かに仏の教えを学び、経を読むという国家仏教の統制を受けていた。中でも僧侶の行動規範である「僧尼令」は、国の許可なく布教活動することを禁じた。ところが、行基は各地を巡りながら民間布教に努めた。行基を慕って、付き従う者の数がだんだん増えてきて千人にも達するほどになったという。また、行基が村にやって来るというと説法を聴こうと人々が群れ集まってきて、村の家には人が誰もいなくなるほどの人気だったという。行基の民間への布教と福祉の信念は、『続日本紀』によると「都鄙（都市と農村）に周遊して衆生を教化す。…和尚（行基）の来るを聞けば争い来りて礼、外す」と。そのため国家仏教をめざす政府からは「小僧行基、並びに弟子らみだりに罪禍を説き…いつわりて聖道と称し百姓をまどわす」と攻撃されている。

有名な万葉歌人山上憶良の「貧窮問答歌」にあるように、農民に対する過酷な徴税や労働からの逃亡や浮浪が頻発し、逃亡民の中には行基のもとに集まり国家の許可も得ずに私度僧になる者もおり、これを「行基集団」と称した。僧侶は税を免除されていたことから公地公民を基本とする律令国家時代にあってこの行基集団は許されない問題であった。

行基は、そうした弟子たちを自ら率いて、交通の難所には橋を作り、道を修繕し、貧民救済のための布施屋《ふせや》を作るなど今日でいうボランティア活動に尽くしたのである。

しかし、国家も行基集団の力を無視することはできず、体制の中に取り込むようになる。東大寺大仏造立の詔発布後の天平十七年（七四五）正月、聖武天皇は行基を大僧正という僧侶として最高の地位に任じ、大仏建立などの新たな国家事業の推進に協力を求めたのであった。聖武天皇は行基に対し、更に四百人もの僧侶を弟子として与え、天皇自らも行基菩薩と呼んで深く敬重した。人間でありながら菩薩とつくのは、行基ぐらいである。

おそらく行基集団のひとりが、陸奥の金を大仏造立の鍍金の使途として行基に名を借り、この地に赴き、寺下観音や天台寺を開いたのではないだろうかという仮説も立てられる。

また、[18]「中国から天台宗を伝えた最澄は行基を尊敬、布教と社会事業に重点を置くとともに東北地方に伝道の活路を求めたそうだ。だから天台寺に総本山比叡山から行基を師として仰ぐような高僧が派遣されたのではないか」と井上薫は『行基』（吉川弘文館）の中で推定している。

行基伝説はとにかくとして、天台寺に伝わっている仏像は全部で五十九体あるが、そのうち平安時代の仏像と報告されているのは十三体ある。その中でも最も古いのが国の重要文化財に指定されている本尊の聖観音像と十一面観音像の二体である。[19]発掘調査の成果から、天台寺は平安時代後期には確実に成立していた寺院で、本州最北の仏教文化の中心として注目を集めている。それゆえ天台寺は「奥の延暦寺」の代名詞で呼ばれているのである。行基作と伝える聖観音立像[20]は、本尊であるがゆえに、信仰を集める必然からも鉈彫りであったのだと思われる。

本尊の聖観音像と十一面観音像の二体は、十世紀後半からおそくとも十一世紀初頭（平安中期）には作仏されているが、両尊とも開山の行基が八葉山の山中に桂の霊木を得て、ひと刻みごとに三度礼拝して刻むという一刀三礼の法で作仏したと伝えている。

【写真2】天台寺本尊の桂清水観音像（鉈彫りの代表作）

本堂真後ろに建つ耐火構造の収蔵庫の中にその本尊聖観音と十一面観音の二体と諸仏が安置されている。この収蔵庫はいわゆる奥の院にあたるといえる。両尊は「二尊一対型」[21]の祀り方で聖観音像は霊木から化現しつつある姿、十一面観音像は衆生救済に変化顕現した姿であると大矢邦宣は力説している。さらに二戸市岩谷観音も阿弥陀仏との二尊一対型と論じ岩手県北地域の特徴だという。

聖観音立像は、前面の独特なノミ跡と背面の平滑な仕上げのコントラストが美しく、南部町長谷寺観音と同じ鉈彫りの手法を用いている。高さ一一六・五センチの素木の一木造りで、丸ノミの痕がきれいな縞模様に仕上げられており、鉈彫りの最高傑作といえる。顔の眉から鼻すじにかけての線も美しく、唇にはほのかに紅が残っている。ただ施無畏印の左手指がそれぞれ欠損しているのは残念である。胸に卍を朱書し、腹部条帛の折り返し部に阿弥陀如来種子「キリーク」を墨書きしている。何とも言いようのない威厳と慈悲にあふれた尊さを持つ姿といえよう。

東京国立文化財研究所員久野健調査団が天台寺の聖観音立像を鑑定した報告書[22]によると、「十世紀後半から十一世紀前半の平安中期の作と見ている。中でも聖観音像は、中央の流麗な作品とは味の違うユニークなナタ彫り像で、頭、両腕、背以外は規則的な横しま目があざやかに刻まれている。カツラなどの硬い材料を用い、仏師が初めからノミ目の効果を出すことを考えていた。また、仏像の目やヒゲが墨書きしてある点もその特徴」と語っている。司東真雄岩手県文化財専門委員は「密教の影響を色濃くうけていた」と主張し、氏も「聖観音の腹部に密教芸術によく見られる阿弥陀如来の種子は密教で仏、菩薩などを標示する梵字で、阿弥陀の場合はキリークが墨書きしてある。開眼供養の際書かれたと想像できるが、完成したものでなければこんなことはしない」と聖観音立像の未完成説を否定している。

聖観音像と並んで行基の作と伝える十一面観音立像が立つ。これは前述の通り鉈彫りにはなっていない。お顔はおおらかで、頭上に化仏（小仏面）をつけ、体全体からは穏やかさが感じられる桂材一木造りである。像高一七四センチと本尊の聖観音像に比べかなり大きく、鉈彫りではないため聖観音像とはまた違った印象を与えるが、お顔の雰囲気や衣紋の様式と彫法にかなりの共通点がみられる。同一の仏師の作と考えられることもあることから、大矢邦宣は「二尊一対型」を唱えるのである。整ったプロポーションで、正式な仏像の形体をよくとどめているが、残念なことに両手首と右足の甲が欠損している。

八　天台寺の文化財と地域形成について

天台寺に現存する文化財として、石段を登りつめると仁王門が建っている。門の両側には阿吽一対の金剛力士像が立っており、室町から江戸時代初期の間に制作されたと推定されるが、鎌倉時代初期に運慶によって作られたとの伝承もある。[23]これも運慶を登場させ仏像に重々しさを語り伝えて参拝者を集めているといえよう。しかし、東大寺南大門にみる金剛力士像とは全く像容が異なっているのである。天台寺の金剛力士像は高さ三メートル弱のケヤキ材一木造りで、病気や痛いところがある人はその患部にあたる金剛力士像の部分に白い紙を張って拝めば治るという信仰があることから「身代わり仁王尊」と呼ばれている。そのため阿吽像の体にはたくさんの紙が貼られており、誰が言ったか、男性は向かって右の阿形像に、女性は左の吽形像に祈願するという習わしがある。

南北朝時代の正平十八年（一三六三）のこと。宝物殿に展示されている銅鰐口の銘文には「天台寺　鰐口」「奉大旦那源信行聖頼尊　正平十八年」と陽鋳されている。直径が五二・五センチと大きいもので、第十六番札所斗賀涼現堂（三戸郡名川町斗賀神社）には同じ南朝年号の正平二十一年銘鰐口が保存されている。このことから南部氏が保護して南朝勢力を伸ばしていたことがわかる。他に応永十六年（一四〇九）銘の観音籤筒や元中九年（一三九二）に南部守行が寄進したことを刻んだ明暦三年（一六五七）銘の銅鐘などもあり、南部氏の保護下で天台寺が栄えていることがわかり、この全ての伝説は南部氏も一役かって広めた地域形成のための物語ではなかろうか。

天台寺を中心とした古代仏教文化を支えていたのは、北奥羽の覇者、安倍氏であったが、南北朝時代に入ると糠部地方で勢力を伸ばした南部氏との関係が深まり、江戸時代になると絶大なる保護を受けるようになっている。南部氏が居城を盛岡に移した後も、代々、桂清水観音を崇敬し、寺領を与え、伽藍を再興してきた。収蔵庫に展示されている棟札をみると、万治元年（一六五八）[24]に盛岡南部二十八代南部重直が観音堂（本堂）を再興し、三十三年後の元禄三年（一六九〇）[25]には、二十九代南部重信公が大修理をしていることがわかる。現在建っている本堂と仁王門は、この時の復興によるものである。

そして、江戸中期に描かれた『天台寺古絵図』[26]（盛岡市清養院所蔵）によると、万治元年に再興された時には二十七社が整備され、盛況であった様子をうかがい知ることができる。

おわりに

行基が堂宇を建立したり、本尊を造立したという伝承のある霊場をまとめた国書刊行会編集部発行『行基ゆかりの寺院』（平成九年七月発行）によると天台寺の観音像は記されているが、寺下の観音像については触れていない。これらの行基作の仏像は彫法が統一せず、いずれも信憑性が薄い。しかし、これらに共通することは、地域に住む人々が行基作の仏像であると信じて疑わないことである。

『行基ゆかりの寺院』には、北は北海道福島町から南は大分・宮崎の両県に及ぶ地域の寺院が掲載されている。総数は約千四百カ寺で、兵庫県の百二十二カ寺を最高に、大阪府の九十九カ寺、神奈川県の九十二カ寺、京都府の七十五カ寺、三重県の七十カ寺という数で分布している。近畿地方に比較的多く分布しているのは、行基の生没の地であることや、四十九院をはじめとする行基の活動の足跡を直接的にしるしている寺院が多いことからであるとまとめている。

また、近畿地方以外の関東地方の東京都・千葉県の四十一カ寺や埼玉県の三十七カ寺が全国的にみても多いのは、関東地方に「坂東三十三札所」や「秩父三十四札所」の各巡礼寺院が点在しているからであろう。特に「坂東三十三札所」の開創者が行基であるという伝承からもこのことがうなずける。

その他、「二戸七観音詣り」[27]という岩手県二戸地方の観音霊場を廻る巡礼がある。それは、七月十日の暑い盛りのご縁日に二戸地方七観音霊場を詣でると「観音欲日」といって御利益が倍増するというのである。その巡礼は天台寺からはじまり、似鳥長流山観音で札納めするのだが、これらを一日で巡るとなれば強行軍であった。この日は天台寺桂泉（桂清水）観音像を行基菩薩が彫り終えた開眼供養の日であるという伝説もあることから、この日を聖地巡りの日にしたのだと思われる。このことは当地方だけに限らず、静岡県の「駿河七観音」や長崎県・佐賀県などの行基仏点在地を巡る「肥前七観音」にもある。

さらに『行基ゆかりの寺院』によると行基と関係の深い諸尊・諸仏については、聖観音像や十一面観音像が多いことがわかる。確かに、寺下観音は聖観音像、天台寺は聖観音像・十一面観音像である。寺下観音や天台寺の縁起にみる行基像は、糠部地方の人々が地方仏教に何を求めてきたのかを解明する糸口をもたらしてくれる。

いわゆる行基を媒体として地域形成を担ってきたのである。打ち始めの階上寺下と打ち納めの天台寺を行基ゆかりの地とすることで、多くの参詣者を招き、天台寺では土産屋や宿屋が建ち並び、浄法寺塗りも広く販売されることとなった。天台寺例大祭は、「お山サカリ」といって、桜が満開の五月五日に春の大祭、稲刈りが終わる十月五日に秋の大祭と年二回行われている。かつては、五月五日の祭礼のほか、六月十一日から十五日（あるいは十七日）までも祭礼に定められており、特に中日の十三・十四両日は最も賑わったという。寛保三年（一七四三）に守西上人一行が天台寺を参拝したのはちょうど六月十四日のことで、「順礼文序記」にはそのオサカリの様子を次のように克明に記している。

「八葉山桂清水至リ御山ニ上リ見渡セバ、麓ヨリ頂上迄松杉ノ大木しんしんとして数《あまた》ノ御堂建並リ中ニ参詣ノ男女幾千万ト云ふ事ヲ知らず。山中人あらざるト云ふ處《ところ》モナシ」と、その賑わいぶりを書き残している。

井上薫[28]『行基』（人物叢書、吉川弘文館）では「全国に分布していてその数はつかめないほどだが、史実として信が置けるのは『行基年譜』に出てくる畿内に建てられた四十九院がせいぜいで、東北地方にまで足を伸ばしたとは考えられない」と論じている。確かにその通りであろう。

このように行基集団による行基来村をはじめ数々の伝説を庶民たちは語り伝えるとともに支配者もそれを支援しながら糠部地方の観音信仰や巡礼を広くＰＲしてきた。そして、宗教と物見遊山・娯楽を中心に地域のコミュニケーションを図り、地域振興を活発にさせようとする庶民の熱い思いを受け、支配者たちはこの伝説を地域形成の一助としてきたのであった。

（1）三浦忠司編『探訪八戸の歴史』平成十五年（二〇〇三）八戸歴史研究会発行・拙稿、一二八〜一三一頁
名僧・貴人の来村伝説は次の通り。
②是川清水寺＝慈覚大師円仁・坂上田村麻呂・狩野元信・左甚五郎。　④島守高山観音＝平家落人と平重盛。　⑫根

城隅の観音＝恵心僧都源信。⑬坂牛観音＝聖徳太子。⑭八幡櫛引の観音＝坂上田村麻呂。⑮徳楽寺（普賢院）観音＝七崎姫。⑯斗賀霊現堂＝藤原有家・坂上田村麻呂。⑰相内観音＝藩祖南部光行・聖徳太子。⑲法光寺＝鎌倉幕府五代執権北条（最明寺入道）時頼。⑳鳥谷矢立観音＝慈覚大師円仁・源義経。㉑長谷寺＝長慶天皇　㉓早稲田観音＝坂上田村麻呂。㉖下田子清水寺＝坂上田村麻呂。㉙鳥越観音＝慈覚大師円仁　㉚石切所朝日山観音＝慈覚大師円仁　㉛軽米観音林観音＝慈覚大師円仁　㉜実相寺＝恵心僧都源信。

（2）熊野路編さん委員会『古道と王子社』昭和四十八年（一九七三）熊野中辺路刊行会発行、十六～十七頁・七十四～八十五頁

熊野古道は難関苦行の連続で、その道中に、熊野権現の分霊を祀ったのが「熊野九十九《つくも》王子」である。参詣者は、王子社において、熊野権現の分霊に対し巡拝し、時には歌会などを開いて旅の疲れをほぐすとともに、旅の安全を祈りつつ、聖地を目指した。「九十九王子」は、実際の神社数ではなく、たくさんあったことを表現したもので、現在伝えられている王子跡は、大阪より熊野にかけて、一〇〇社近く存在する。今では、この「熊野九十九王子」の中でも特に格式が高く、貴人たちにも敬われたのが「藤代（藤白）」「切部（切目）」「稲葉根」「滝尻」「発心門」で、五体王子と呼ばれた。

（3）『八戸地域史』第二十五号「名川地方の補任状にみる本山派、当山派修験について」平成六年（一九九四）八戸歴史研究会発行・拙稿、三～九頁

（4）観光上人順礼札

それぞれ、第一番札所を天台寺桂清水観音（岩手県浄法寺町）、第三番札所鳥越観音（一戸町）、第六番圓福寺（南部町隅ノ観音堂）、第十三番長福寺（七戸町見町観音堂）、第三十三番札所が長谷寺観音（南部町恵光院）とわかっている。

そして長谷寺の巡礼札のみ他に比べひとまわり大きめに作られている。これらの巡礼札は県有形民俗文化財の指定

を受けている。これは美術工芸品としても素晴らしく、黒漆を塗った檜板の札に御詠歌を朱書きにし、主文の他、阿弥陀三尊の梵字（種子）や年月日を刻んだ、当地方の信仰史上、貴重な史料となっている。この他、第四番札所として巍處寺《ぎしょじ》（二戸市朝日山観音）があったようだが、巡礼札は紛失し現存していない。この観光上人の巡礼に吉祥坊という僧侶が従っていたようで、ともに天台寺の僧侶であったと思われる。

　　『天台寺』岩手県立博物館発行

（5）『天台寺研究創刊号』昭和五十五年（一九八〇）浄法寺町教育委員会発行・山崎武雄執筆

　設定者、設定年月日ともに不明であるが、宝暦元年（一七五一）に名久井の白花山法光寺にあった掲額から書写して『篤焉家訓』に載せられたということから、設定年は少なくともこの年以前と推定される。『天台寺研究創刊号』のなかで山崎武雄は、「奥州奥通三十三所」の公表者は是川清水寺隠士宥映法印で、その時期は守西上人順礼後の寛保三年六月から寛延四年六月ま

第三番　鳥越観音　高44.8cm

第六番　圓福寺　高52.5cm

第十三番　長福寺　高53.7cm

第三十三番　長谷寺　高75.0cm

【図2】観光上人の巡礼札

での八年の間であろうと推論している。「御国《おくに》三十三カ所」は文化九年・文政二年にブームとなる。設定者、設定年月日ともに不明であるが、残された最古の順礼札が文化五年（一八〇八）七月なので、すくなくとも成立年はこの年以前と推定される。奥州奥通三十三所を手本として設定したのではないかといわれている。

(6) 拙著『ながわ七観音詣り』平成三年（一九九一）名川町教育委員会発行、十七～十八頁

(7) 平幡良雄著『津軽三十三カ所』昭和六十一年（一九八六）満願寺教化部発行、六～九頁

寛延四年（一七五一年＝宝暦元年）に「弘前本町　甚五郎」によって書かれた「津軽三拾三所順礼」が残っており、その記録によると御国三十三番札所に比べ十四箇所が廃止、新設され、順番も変わっている。

(8) 拙著『下北半島三十三観音霊場巡り』平成十年（一九九八）きたおうう巡礼の会発行、四～七頁

(9) 森田哲郎著『伝説小川原湖物語』昭和五十三年（一九七八）あすなろ人協会発行、一四五～一四七頁

(10) 小井川潤次郎著『奥州南部糠部順礼次第全・小井川版』昭和七年（一九三二）八戸郷土研究会発行

(11) 近年、根城ボランティアガイド阿部久雄や郷土史家江刺家均らが、町おこしの一環としてこの糠部三十三カ所を広く市民に紹介していることは八戸市民であれば周知のことである。阿部久雄は金子善兵衛著『ふるさとの心』（昭和四十九年＝一九七四年デーリー東北新聞社発行）の「糠部観音めぐり」の部分を要約したコピーを小冊子にしてガイドブックとしている。

(12) 守西上人『順礼文序記』

守西上人の糠部三十三カ所巡礼は十五泊十六日の長旅であり、それぞれの宿泊場所は次の通りである。

①寺下（階上町）～②白浜村兵次郎宅（八戸市）～③是川村徳兵衛宅（八戸市）～④島守の旅籠十文字屋（南郷村）～⑤各自の私宅（八戸市）～⑥願西上人の櫛引常安寺（八戸市）～⑦剣吉村稲荷別当宅（名川町）～⑧名久井法光寺（名川町）～⑨三戸悟真寺（三戸町）～⑩悟真寺に再泊～⑪福岡石切所の知人宅（二戸市）～⑫浄法寺の旅籠（浄法寺町）～⑬一戸実相寺（一戸町）～⑭実相寺に再泊～⑮観音林の民家（軽米町）の順で八戸に帰っている。

（13）拙著『はしかみの民俗と信仰』平成十五年（二〇〇三）階上町教育委員会発行

寺下観音を語る時、忘れてはならない人物がいる。それが寺下観音の再興に尽力し、「寺下の和尚さま」の代名詞にもなっている名僧・津要玄梁和尚である。その出生は明らかではなく、幕府転覆を企てた慶安事件の丸橋忠弥の子孫という説まで飛び交っている。とにかく、津要和尚は寺下観音を中心に当地方の教化に生涯を捧げた人物である。まず、自ら浄財を募り、享保十五年（一七三〇）、日向山山頂に常燈明堂を建立した。ここは、観音堂から裏山へ約二十分、寺下川に沿って山道を登った海抜三百メートルほどの場所で、濃霧と岩礁の多い階上海岸を行き来する舟の安全を願うためであった。常燈明堂は、四代八戸藩主広信公の疱瘡治癒の祈願所でもあり、白狐の肝（妙薬）を献じたことから稲荷さまも祀っている。津要和尚は常燈明堂のための油用に彦六（野沢和也宅）の畑に菜種を植えて、毎日二キロの山道を登り、灯し続けたのであった。平成三年に地元青年団が実際にここから灯を灯したところ、沖の船から確認出来たという実験も当時の話題を呼んだものである。また、晩年の延享二年（一七四五）八月四日、日向山八合目付近に五重塔を完成させている。この時は、中風を患いながらも高さ約十二メートルの五重塔を建立している。沖を走る舟からはこの真っ赤にそびえ立つ五重塔がよく目立ったという。この五重塔の正式名は、「五楷堂」といい、五智如来を本尊とする宝塔であったが、残念ながら大正二年八月の大暴風雨で倒壊してしまった。現在その相輪が残り、常燈明堂境内に残されている。五重塔の蟇股《かえるまた》や壁板などの遺品は野沢和也家（屋号・彦六）で保管している。特に八戸市立博物館で展示している菩薩像を彫り込んだ壁板は美術的にも価値ある逸品である。また、心柱《しんばしら》は松舘の宮内観音堂（現在はなく、棟札のみ県立郷土館所蔵・県文化財）の御門杉を使ったという伝承もある。昭和二十年に郷土史家金子善兵衛は実測調査をし、復元立面図を作成している。正部家種康初代市立博物館長は『なんでも日本一』（第一法規）に、階上町の歴史的建造物「日本最古の灯台跡」「日本最小の五重塔跡」として全国に紹介したこともある。津要和尚は、その五重塔落慶の年の暮、塔の下の津要庵で六十六歳の生涯を閉じており、墓には「前永平祇陀先住石橋玄梁大和尚禅師」と刻まれ、その上に九曜の紋が描かれている。

（14）寺下観音堂所蔵・句会絵馬
　七代八戸藩主南部信房（畔李）の俳諧絵馬、佛平・寛兆・馬来・白言（馬来の息子）ら当時の俳諧師の絵馬、とんちを効かせ「今、一休」と讃えられた瓦鏡和尚の絵馬。そして八戸藩士蛇口伴蔵（胤年）が安政四年（一八五七）に納めた水利事業完成を祈願して納めた「願文《がんもん》」額など、錚々たる面々の名が記された文化財がある。蛇口伴蔵の構想は、寺下川の水を蒼前平に引くという大規模なものであったが、未完のまま後世に託される形となった。

（15）『階上村史』昭和五十二年（一九七七）階上村教育委員会発行、六八九頁

（16）万治元年（一六五八）『天台寺再興明細書上』小向伊喜雄所蔵
　万治元年に再興した際の用材を記録した書き上げ。小向家はかつての塔頭のひとつ池本坊。他に小向家には神亀五年の行基草創を記した明暦三年（一六五七）『桂泉観音書上』や宝暦九年（一六五九）『天台寺書上』も所蔵する。

　「奥州糠部桂泉八葉山天台寺御堂先年之御建立者仁王四十五代聖武天皇御願神亀五年戊辰就勅願寺行基菩薩為権輿此伽藍破壊□為大分別當不及自力此時大檀那源朝臣重直公御大守〈略〉」

（17）『天台寺そのナゾに挑む』昭和五十一年（一九七六）毎日新聞社盛岡支局発行、七頁

（18）註（17）前掲、八頁

（19）『天台寺』昭和六十二年（一九八七）岩手県立博物館発行、四十八〜五十一頁

（20）註（19）前掲、四十七頁

（21）大矢邦宣著『みちのく古仏紀行』平成十一年（一九九九）河出書房新社発行、十九頁

（22）註（17）前掲、十二〜十三頁

（23）註（19）前掲、六十二頁

（24）《万治元年＝一六五八年・天台寺棟札》高さ一〇〇センチ、幅三十四センチ　『浄法寺町史』浄法寺町発行

（25）《元禄三年＝一六九〇年・天台寺棟札》高さ一一三センチ、幅三十九センチ　『浄法寺町史』浄法寺町発行

(26)『天台寺古絵図』盛岡市清養院所蔵
別当の桂寿院と六坊も描かれ、桂寿院は桂清水の手前右側にあり、本堂、庫裡ともに七間に十三間の大きな屋敷で、修行僧もたくさんいたが、火災に見舞われてしまった。桂寿院のルーツは、甲斐や信濃を任されていた武将の一条兵衛介で、罪を得てこの地に下って御山を守ったといい、それに従った家来たちがそれぞれ坊となったという話も語り伝えられている。

(27)「二戸七観音詣り」という二戸地方の観音霊場を廻る巡礼。そのコースと御詠歌は次の通り。

①桂清水聖観音（浄法寺町）「極楽のあづまにきたる西の門月の桂も清き水波」
「陸奥路《みちのくじ》はるばるここに西の門導き給え猶《なお》後の世も」

②中里聖観音（一戸町）〈不明〉

③実相寺聖観音（一戸町）「諸法実相真如の月を照らさんとおとす御法も弘誓顔講」

④鳥越《とりごえ》聖観音（一戸町）「いにしえの名のみ聞きてぞ尋ね来る千とせはここに鳥越の山」

⑤岩谷聖観音（二戸市）「たちよりて天の岩谷は福岡の岩屋の奥の深き御仏」

⑥朝日山《あさひやま》聖観音（二戸市）「はるばるとのぼりて拝むいしき寺ここも見ようと漏るることなし」

⑦似鳥《にたどり》聖観音（二戸市）「はるばると尋ねて見れば似鳥の大悲の山に響く瀬の音」

と詠まれている。

また他に、金田一と斗米の境にある金田一海老田《えびた》の「山の観音（日の沢観音）」を第一番札所とし、登らずに遠くから拝み、二番札所は堀野の「夕日観音」、三番を朝日山観音、四番を岩谷観音、五番を鳥越観音、六番に似鳥観音、そして天台寺で終るコースもあった。これも一日で巡るとなれば強行軍だったといえる。

(28)註（17）前掲、七頁

南部巫俗の風土と地域性―巫女と神子の生態と社会的機能―

櫻井徳太郎

はじめに―発題の趣旨―

地方史研究において、宗教などの精神的ジャンルはどのように取り扱われるべきか。この問題を、本大会のメーンテーマ「風土と地域性」に則して検討し、些かの私見を述べてみたいと思う。それによって、地域の基層的精神構造を示す民間信仰が地方宗教史研究から疎外されている状況を反省し、宗教民俗学の研究成果を地方史の領域にのせることの有効性を提唱するとともに、本協議会結成当初における活発な学際的交流の原点を想起させ、専門化を強調するの余り高く築かれた閉塞の壁の打破に貢献できたならば幸甚の至りである。

歴史時代を通じて呪術宗教者、巫覡の活躍は強烈であった。かれらは神霊や精霊（死者霊）の憑依（trance―日本では神がかり―）をうけて呆然自失に陥り、その意思を依頼者に口頭で伝達（oracle―日本では託宣―）するテクニックをもつ宗教実修者である。その依頼者は地域に住み、日夜、貧病争の生活苦や社会苦に悩まされる庶民（市民・労働者）階層で、苦悩の原因を明かし除去してもらうために巫覡のもとを訪れる。この両者がからみ合って巫俗（shamanism）が形成されるわけで、まさしく歴史形成の舞台に登場するのもその理由からである。この重要な巫俗が歴史研究から遠ざけられたのは、それが口頭上の伝承であって文献として残されなかっただけである。だからその空白を埋める役割こそは、まっさきに宗教民俗学が負うべきところであった。

ところが他方、責任の一端はその役割を担うべき日本宗教史研究の怠慢にもあったと言えよう。従来の宗教史の研究は、単なる教団宗教、成立宗教（伝統宗教）諸宗派の制度的・儀礼的、もしくは教理面の表層のみに志向し、社会の基層の俗信＝民間信仰などを、内面的なディメンションで捉えるべきところを避けてきた。そのため地域住民の暮らしの上で欠くことの出来ない、生活や信仰の実態が捨象されてしまった。まことに片手落ちであるとともに、怠慢であったというべきであろう。その空白を埋める上においてシャーマニズムは大きな期待がかけられるし、何よりも生き生きとした宗教史をつくりあげる希望がもてると考える。そして、その橋渡しとなるのがシャーマニズムの民俗学的研究の成果であるといってよいのである。ところが、民俗学界はこの重要な意義をもつ新領域へとびこんで、庶民宗教の歴史的分野と結びつき新展開を形成するフロンティア意欲を示すことがなかった。あえてこの冒険を試みようと企てた意図である。

さて今日、日本に伝存し重要な社会的機能を示す巫俗は、日本列島弧の両端に位置する、南西の沖縄諸島と北東の北海道・東北地方にみられる。ただし北海道アイヌの巫俗はつとに絶滅し、現実に機能する多くは、東北地区から伝播した奥州シャーマニズムであるから、その代表は東北地方であると称してよい。本日提撕《ていせい》の対象となる太平洋に面する南部《なんぶ》巫俗は、日本海側に面する「津軽」巫俗とならんで、まさしくその中心となるもっとも重要な地域であり、本邦巫俗を検討するうえに不可欠なフィールドを提供してくれる。

南部巫俗の荷担者はシャーマンのイタコであった。イタコは俚語ではエダッコとよばれる。そのエダッコが近時世間の注目を浴びたのは、一九七〇年代の後半からであって、そのきっかけの一つは下北半島に名の知られた田名部町に住む太田あさ女（恐山のイタコマチにも参加し、よくあたると大評判であった。一九七〇年一二月三一日没）が、一九六八年一月二七・二八日、国立劇場で開かれた第三回全国民俗芸能公演（文化庁主催）において、巫儀「おしら様あそび」祭文の「まんのう長者」を演じたことである。参会の都市民に感動を与えたことがマスコミで取り上げられてメディアを通して流され、やがて浅草・上野のデパートで「口寄せ」実演が企画されたときには、希望者の列ができるほどの盛況であった。当時のオカルトブームによる超能力への関心が下地となって、希望する市民の殺到した状況がテレビ・新聞にも報道され、世間の注意を牽くとともに、心の悩みをもつ都市生活者の少なくない事情があらわとなった。街の巷に多くの「小さき神々」が創出される時潮と軌を一にするところがあった。[1] また、南部イタコの研究で高名な民俗学者、小井川潤次郎氏（一九七四年二月二八日没）が、その著『巫女聴書』（自家版、一九五四年頃刊）によって民俗学界へ紹介されて有名となった、八戸市糠塚山下に所住する根城すゑ女は、近郷に名の響いたシャーマンであった。多くの信者に囲繞されて巫業に励んだ結果、没後（一九五九年八月二七日没）には信者の喜捨によって豪華な墓碑が市内の龍光寺境内に建立顕彰され、いまにいたるも冥福を祈る人々の香煙の絶えることがない。[2]

そうした状況は程度の差こそあれ、南部イタコの分布する地域では広くみられる現象であった。ところが、その後工業化・近代化による経済的発展と人口の都市集中や出稼ぎなどによる職業構成の変化、そして産業構造の変動と地域共同体の崩壊、さらに核家族制と少子化傾向の影響、また社会福祉の増進、盲者に対する教育施設の充実などで、エダッコを継承する若い世代が減少し、後継者を欠くこととなって、急に衰退の徴候がみえてきた。つまりバブルの波とともに景気が上昇し生活が豊かになって、人々の関心は次第にシャーマニズムから背を向けて行くように見えた。しかし、それも一時的傾向で、高度経済成長によってもたらされた貧富の格差や階層分化が進み、底辺層の生活を脅かし、工業化・都市化による農山村の過疎現象が地域の共同体を破壊し、都市民も地方に住む住民も絶えざる不安にさらされている。暮らしは向上したかもしれないが、精神的には少しも安定できない。その癒しをしきりに求めていた。それに応じるかのごとく、巷には神霊の憑依をうけて救いの道をひらくカミサマが続出する。新しいシャーマンである。この「小さき神々」が救世主となって小信仰教団が活躍することになる。その刺激をうけて伝統のエダッコが巫業を広げて「カミサマ」となり再生することとなった。こうした諸矛盾が増長し経済的膨張に亀裂が生ずると忽ちのうちにバブルは破綻し、その反動がいっきに露呈して景気が後退する。ともに生活不安と社会不安が募るにつれ精神的苦悩にさいなまれ、そこからの脱出と救済を求めて巫覡の許へ駆けこむ人の数が再び目立つようになってきた。民衆のそうした要望に応えて、一旦廃業したエダッコも旧に復して巫業を再開するものが出てきた。同時に新しくエダッコに弟子入りし、巫業に就こうとする若い世代がふえる傾向が強まってきた。急激な時勢の変化が民間巫俗と連動する情況は、最近の臨地調査で身をもって実見した次第である。

このようにみてくると、巫覡による民間信仰の動向は、近々わずか三〇年におよぶ時代をとってみても、その情勢とパラレルに推移していることが明らかである。換言すれば、巫覡信仰が民間社会で機能した状況を巨細となく分析してゆけば、それによって時代の変容を突きとめることができるし、歴史推移の様相を確かめることが可能となろう。しかも市民の宗教的機能、ことにその基底に据えられる民間信仰のシャーマニズムは市民の生活、さらに社会と密着しながら表出されるから、まさしく近代化の歴史過程をまざまざと実現して進んでゆく。現代における近代化過程の生き証人である宗教を、ましてその基層を流れる民間信仰シャーマニズムを無視し歴史の舞台からおろしてしまうことは全くナンセンスであると言えよう。したがってこれを遡って倒叙的に時代を捉えてゆけばゆくほど、その影響する領域は拡がり、密度は高まってくる。かくして本試論が地方宗教史研究の踏石となる可能性は、いよいよその確率を高めてくるに違いなかろう。大いなる希望を抱く次第である。

一　南部エダッコの生態と類型―地域住民の宗教的要望―

一般に南部エダッコと通称される場合、広狭のふたつの意味がある。広義では、旧南部藩領内の全体を含む。したがって南部盛岡藩領内とそこから分立した南部八戸藩内の巫覡をさす。これは旧津軽藩領内の津軽エダッコと対称されるので、こんにちの行政区域では岩手県南部の仙台藩領を除いた中部・北部、東部（遠野・陸中海岸）と秋田県鹿角地域、それに青森県東部の三八地方と下北地域が加わる。けれども狭義にとるときは、旧八戸藩にかぎる。したがって恐山をふくむ下北北部は除外されて、いわゆる三八地区、つまり青森県八戸市・上北郡・三戸郡のみとなる。このような区分がなされるのは、津軽エダッコと対比される南部エダッコの典型が、旧八戸藩領内の巫者であったからであろう。しかし本稿では、狭義をとらずに広義に則ることにする。それはまた、狭義の南部エダッコが早くから妙音講なる同業結衆体をとって団結し、明治維新後の近代化によっても、そのまま「三八盲女信仰の会」と衣替えをして、その体制が保持されてきたからである。在地の人々の間では狭義の三八地区を南部イタコの典型とみていて、それを通称するけれども、その典型であることを明確にするには、隣接する地域との比較作業をへて初めて立証することができる。そのためにも、広義にとりあげることが是非とも必要であるからである。そこで、まず広域のなかに展開し機能するイタコの生態を対比しながら、その類型化の作業課程に入りたい。

但し本件についての詳細は、拙著『日本のシャマニズム・上』「第三章南部イタコの巫俗伝承」を参看されるよう希望する。今回は、その業態に注目するにとどめ、その後に新しく調査し発見した資料に基づいて、個人・家・同族を中心とする私的な巫俗（中心は盲巫女）と、地域神社（産土神、オボシナサマ）を中心に展開する共同体祭祀に主要な役掌を担う晴眼の巫女（ミゴ、すなわち神子）の織りなす巫儀とを主たるテーマとする。この両者の織りなすシャーマニズムが南部巫俗の特徴を顕著に示すからである。と同時に、それが南部の風土と地域形成もしくは地域性に大きく反映していると考えるからである。

南部でエダッコと称するときは、視覚障碍者が生計の資をえるために、師巫をもとめて弟子入りののち巫儀習得の修行を経て試験にパスし、やがて祭壇を設けて独立の結果、もっぱら巫業を営む巫女を指す。これに対しミゴ（神子）は産土神社の神祭にあたり、湯立（ユダテ）・神子舞（ミゴメー）・託宣（オダクセン）など重要な神事において主役をはたす神女である。このように両者は、いちおう区別されているけれども、民間（氏子・信者）では区別しないで併せてエダッコとよぶ。したがってエダッコというのは超越霊の憑依によって意思を人々に伝える託宣の巫儀をなし得る巫者を指すことになろう(3)。

(1)　巫業の種類

エダッコもミゴも、その巫儀的行法を「商売」と通称する。明らかに生計を樹てるための職業とみている。ミゴの場合はオボシナサマに奉仕する敬神の観念をもつために、民間の口寄せ巫女のエダッコとは異なる存在と意識するものもいる。そこに若干のずれが生ずる。とくに死霊の口寄せは絶対にしないと決然と言い放つミゴもあって、両者を全く同一視することはできない。しかし今日ではミゴのなかにも死霊の口寄せに従うものが少なくなく、両者の枠域は重なり合って輻輳している。以下、両者を含む広い意味のエダッコについて、その業態を示すことにする。

(2)　エダッコの業態

1、ホトケおろし　このホトケとは仏すなわち仏教上の諸仏・諸菩薩を指すのではなく、死者・死霊を称する日本的表現である。したがって死者の霊（具体的には先祖霊）をよび出し、その憑依をうけ、その意思を依頼者に伝える口寄せ巫儀のことである。ホトケ口、死口《ぐち》ともいい、新口寄せ《しんくち》（新口、死後一〇〇日以内の死者）と古口寄せ《ふるくち》（古口、死後一〇〇日以上の死者）の二種類に分かれる。

2、カミおろし　カミサマおろし、カミ口ともいう。ここでいうカミとは神道上の神のみでなく、仏教上の諸仏・諸菩薩、民間信仰の対象となる日・月・星辰・雨・風・雪・雲・雷・草木・山・川・海などの自然神、魚・虫・鳥・獣などの動物霊、すべてが含まれる。ときには遭難などのため生死不明の人間霊や死にきれずに巷間をさ迷う、いわゆる生霊《いきりょう》となって人々に祟る霊も畏れられる。この口寄せは、とくに生口《いきくち》とよばれる。

3、オシラあそばせ　オシラ神おろしともよばれる。南部地方の旧家では家や家族を守護するオシラ神を家の神として祀る風がつよい。床の間か居間・台所の神棚に一対のオシラ神のご神体を安置する小祠を設け、毎朝炊き立ての御飯を供えて家内安全と家業繁栄とを祈念する。とくに正月中は春祈祷《はるぎとう》（正月祈祷とも）と称しエダッコが巡回してきてオシラの神体を両手にもち、祭文《さいもん》を唱えながら上下・左右・前後に振り廻しながら祈祷の所作をくりかえす。その後でミキンと称する新しい衣裳を神体に着せ、衣替えをして再び元の小祠の中へ納める。そうしないと、オシラ神はご機嫌を損ね家運に支障をもたらし病悩におとしいれる。家ではそれを恐れて、いかなることがあっても、この行事を欠くことなく年々怠りなくつとめる。この供養は地区によっては宿《やど》をきめて年番順に催したり、同族の家が本家へ集まるとか、あるいは氏神の拝殿・社務所を借りたり菩提寺の本堂などで行うこともある。村じゅう集まる規模になるときはエダッコマチといい、エダッコによるホトケの口寄せが盛大に展開する。八戸市面木の善照院、同尻内町の青龍寺、上北郡百石町の法運寺、三戸郡の願成寺（旧市川村）などは殊に賑わったといわれる。

4、オッパライ（お祓い）　人の身についた汚穢や悪鬼病癘を追放するために施す修祓の行法で、巫儀執行の際には「神寄せ」をする直前に、祭場を浄化する目的で必ず行われる。また葬儀のすんだのち七日目に執行される忌明け（忌中祓い）の「跡祓い」には欠くことのできない重要な巫俗である。

5、加持・祈祷　オカジともいう。オッパライ（修祓）の行法は穏やかに執行されるが、加持・祈祷のオカジは積極的・能動的であって烈しい行法である。とくに病気癒しや憑きもの落しなどでは、滝に打たれたり煙で燻したり、身体をつよく打ったり叩いたりして凄残な呪術を行うことが多い。

6、筮竹・八卦　陰陽道・道教・易学など外来の占卜の影響によって採用されたもので、わが国本来の巫儀とはいえない。しかし、この呪法が導入され民間に流行・普及するにつれ、この行法を望む信者が多くなった。その需めに応じて術策を習得し施行する傾向が強まった。陰陽師や易者まがいに運勢を占い、日を選ぶ手法が世にうけたわけである。

7、ユタテ（湯立）　地域共同体の鎮守社で執行される神祭のさいには、必ず神託が下される。そのオダクセンは、神子舞の演出過程で発せられる。そこで神庭を清め祓う湯立神事を欠くことは許されない。祭場の神庭の周りに注連縄を張り巡らした中で湯釜をたぎらせ、祭司（狩衣と袴に烏帽子をつける）の法印と神子（白衣に緋袴・千早を着る）とが並ぶ。そして祝詞奏上ののち楽の音につれて舞いながら笹に湯花をつけ四周に振りかける。個々の家のオダクセンでは絶対に行われない。

8、ミゴマイ（神子舞）・オダクセン（託宣）　産土神・氏神の共同体祭祀に展開するミゴ（神子）による巫儀として創始伝承されてきた呪法である。いわゆる神仏分離令の発布によって近代前の歴史に刻まれた伝統的巫儀のほとんどは壊滅し去り、現時点でその伝統をたどり、原態を復元することはまことに困難となった。そのなかにあって僅かに面影を伝えているのが、宮古市・田老町を中心とする陸中沿岸地方のミゴ（神子）である。しかしそれも今日では、民間巫女のエダッコと合わせて、ともにエダッコと通称されるほどに混交してしまい、大きく変容をとげてしまった。幸いに南部では藩制時代の神子舞を示す貴重な資料が伝襲されていて、その大要を知ることができる。困難な日本巫女史を構成する上に大きく寄与するところとなろう。この点の詳細は別の機会にゆずることにしたい(4)。

ミゴ（神子）は官制（現在は神社本庁任命）の祭司とは別個に、藩政期の祠官（多くは山伏で法印と称した）の後裔と神楽を舞う神楽衆の囃子組と一体となってミゴマイ（神子舞）を演ずる。そのためにまず厳粛な湯立の神事が行われ、祭場を清める。法印が昔ながらに土着の祝詞を誦み上げて神の降臨を乞うけれども、これには現職の宮司は参加せず、すべて在来の流儀にのっとって執行される。そして湯釜が煮え立つと、白衣と緋の袴をつけ上にチハヤをまとった垂髪の神子が、両手にもった青笹の束を釜の中に挿し入れて煮えたつ湯につけ、楽の音に合わせて神歌を唱えながら神子舞を演じ舞う。そして湯花を四方八方に向かって振りかけて周りをめぐる。かくして湯立の神事がすむと、六十余州の神々を招き寄せ、いよいよクライマックスの託宣にうつる。

まずミゴに憑依したタカガミ（天照大神と称する）が神子の口を通してオダクセンを下すこととなる。神楽衆のリーダーである胴取（どうとり）が問いかけたことに対して、独特の韻をふんだオダクセンが下る。そのときには囃子方の楽の音は中断され、しばらくのあいだ静まりかえった祭祀空間に森厳な神秘の気がみなぎる。そのオダクセンの内容には一定の型があって、初めに天下国家の情勢を問い、つづいて在地の天変地異・交通安全・海上安全の予託が述べられる。ついで氏子一同の身の上と健康について、最後に五穀成就と魚介の豊不漁や農蚕の見通しが予言されて終わる。託宣が終わると再び神子舞にうつり、同じことがトコロ（在地）の氏神についての繰り返される。氏子たちは、神子の託宣を一語も聞き洩らすまいと熱心に耳を傾ける。その緊張感はまことに異様とも感じられるほどで森厳の気がみなぎる。古（いにしえ）はかくもありしかと、深い感動をよぶひとときである。

以上の巫俗が「商売」として成立しエダッコの生計が維持できるのは、すべて地域住民の巫業に対する需要、すなわち宗教的志向が強烈であったからである。その内容は当然多方面にわたり多彩であって、長い歴史的・時間的推移のうちにパターン化し、また地域社会に伝播流布するあいだに変容をとげながら定着している。そのため、まとまった地域ごとに特色を示すこととなった。これら巫俗の地域ごとのまとまりは、地域形成の自然環境や住民の社会的関係、さらに経済的機能、行政的運営などの諸条件によって地域差を醸成する。それが募ってくると、遂に巫者の業態を規制し、地域ごとの特色が浮かび上がってくる。そうした観点から南部地方に展開する巫者の類型を点描してみたい。

(3)　南部巫女の類型

まず気づくのは、失明などの視覚障害から入巫するものと晴眼で巫者になった者との違いで、前者を狭義のエダッコとよび、後者をカミサマと称する慣行である。カミサマには、憑依する神霊や精霊の在所名称にもとづいて「二十三夜さま」・「庚申さま」・「山の神さま」などの民間信仰神や、「権現さま」・「神明様」・「明神さま」・「法華さま」・「観音さま」・「不動さま」などと神仏名称でよばれる神々があって複雑である。宮古市など陸中沿海地方で「カミツキ」と称するのはこのカミサマ系統の巫女で、神霊が依り憑いて神懸りの入巫にパスしたことを意味する趣旨を表示している。

因みに南部のカミサマは、津軽地方では一般にゴミソとよばれる。ゴミソの意は、土地の住民によるとゴムソウ〈御夢想〉の語に由来すると伝える。長じてから人生苦・生活苦のすえ伝統宗教に身を投じ、木食行や飛瀑に打たれるなど苦難の修行を経た結果、諸神諸菩薩の憑依をうけて口寄せや託宣をなしうる巫術を獲得する。この点、両者――カミサマとゴミソ――には生態・機能において類似するところが多い。しかしながら南部のカミサマ（カミツキ）がもっぱらホトケの口寄せを巫業の中心においているのに対し、津軽のゴミソはホトケ口を全く施行しない。総じて南部地方は津軽半島とともに、エダッコの数がもっとも多くその名称地域も広い。文字通りエダッコ地帯と称してよい。ただし視覚障害をもつ南部エダッコ（狭義）のなかには、晴眼のカミサマ（カミツキ）と同様に、エダッコの名称を用いないで入巫の際に憑依した神霊の名を使用する例が少なくないので、混同を招きがたく注意をする必要がある。そのさいの神名は、巫儀施行（ホトケおろし）にあたり最初に祭場を荘厳にするため六十余州の主要な神々を招待する「神寄せ」の儀に出てくる神とは違う。また病気癒しとか厄難除けなど特定な御利益に効験ある神仏を対象とする「カミおろし」、つまりカミ口寄せとも違う。おそらくエダッコの巡業が物乞い門付けの民間遊芸人・勧進・行者などと類同するところが多いために、これを同類とみて蔑視する社会通念を嫌い、それとの混同を避けようと配慮したのではないかと思われる。

以上の諸条件を勘案して南部地域に展開する民間巫女の類型を立てて、それぞれの成立する所以を考えることにしたい。

Ⅰ　エダッコ型　視覚障害のため全盲または半眼の女性が、活計のために師巫をもとめて弟子入りし、巫術を学び修行ののち、所定の課程を修了して一本立ちを許され、巫堂をかまえて巫業を営むエダッコとよばれる民間の呪術宗教実修者である。民間巫女のなかでは、その数もっとも多く、分布地域も広く、旧南部藩・八戸藩領域の代表的シャーマンと言える。師資相承を厳格に守り巫業も確立しているので、地域居住の住民との間に譜代的関係が生じ、その信者株が子弟の間に次々と継承相続される。里山伏が有する霞場とか、神札を配賦する伊勢や熊野の御師の檀那場などに似ていて譲渡売買の対象となったこともあった。

旧藩時代には藩当局による盲女に対する福祉厚生策を講ずる対策がとられ、生計を樹てるための道として、遊芸を習得させ門付けをする瞽女《ごぜ》養成に力を注いだ。これに対し、巫女の道を進むエダッコは同じ盲女でありながら、天台宗当道派に所属する宗教実修者として別扱いとなり、寺社奉行の管轄のもとで盲僧（座頭・ボサマ）とともに天台宗寺院に監督させられた。行政上からも別格視されたのは、南部の巫女信仰が古くから重要視され、地域の民間宗教として定着し隠然たる影響を与えていたからであろう。[5]『南部雑書』中の「領分中宗旨改郡分人数目録」には残念ながら巫女（エダッコ）の統計は掲出され

表　南部藩領分内の神子・座頭・瞽女集計表
（『領分中宗旨改郡分人数目録』より　神田より子氏作成）

	元文三（1738）				寛保四、延享元（1744）			
	山伏	神子	座頭	瞽女	山伏	神子	座頭	瞽女
岩手郡	116人	43人	42人	6人	132人	42人	142人	12人
志和郡	36人	17人	59人	5人	36人	13人	56人	12人
稗貫郡	55人	−	48人	3人	61人	7人	52人	2人
和賀郡	65人	11人	39人	1人	68人	8人	61人	10人
閉伊郡	366人	149人	73人	2人	362人	169人	79人	3人
鹿角郡	49人	58人	25人	8人	49人	9人	18人	10人
二戸郡	61人	7人	72人	8人	51人	8人	69人	25人
三戸郡	60人	5人	72人	8人	59人	5人	73人	5人
九戸郡	22人	1人	16人	5人	15人	1人	20人	4人
北郡	85人	15人	79人	1人	78人	12人	53人	1人
計	915人	311人	525人	47人	911人	274人	623人	84人
総人口	345,825人				366,735人			
男	190,530人				201,368人			
女	155,295人				165,367人			
					延享元（1744）八戸藩			
					145人	31人	130人	80人
					総人口　56,651人			
					男　29,060人			
					女　27,591人			

ていない（前ページの南部藩領分内の神子・座頭・瞽女集計表、参照）[6]けれども、ほぼ「座頭」の数と匹敵したであろうから、瞽女とは比較にならぬほど多数であったと推察される。それだけ民間からの要望が寄せられていたわけである。

エダッコは初潮前の十二、三歳ごろに入門し、「住み込み」または「通い」で師に仕え、家事などを手伝いながら巫道に精進する。そして四、五年の学習ののち、果たして巫者になりうるかどうかの資格試験をうける。それを「お大事ゆるし」の式といい、前行《まえぎょう》として百日間、少なくとも二十一日間は精進屋に籠り朝昼晩の三度、冷水を浴びながら穀絶ち・火絶ち・塩絶ちの厳重な潔斎に入り、その間に習得した巫経・巫儀・巫術のすべてを復習し続ける。そして式場で巫儀の全教科を師匠の目前で実演する。連日連夜の修行のため心身ともに疲れ果て、ついにその場で卒倒してしまう。そのとき自身に憑着した神霊の名を無意識のうちに叫ぶという。それが生涯にわたっての守護神になる。やがて巫堂を構え、その巫神を祭壇に飾って奉侍する。明らかに一人前の巫者となりえた証明で、この入神のイニシエーション「お大事ゆるし」に成功しさえすれば、師巫の直接指導をうけなくとも、カミおろし・ホトケおろしの「口寄せ」は自然にできるという。もしも何回試みても成功しないので「師匠ばなれ」となる場合もある。にも拘わらず師の許しを得ずに陰で密かに巫業を営むもの、つまり擬似エダッコは正規のエダッコ組の仲間に入れない。もしも非公式にこっそり巫業に就くものが出たときは、乞食《こじき》エダッコ・薦《こも》冠《かぶ》りエダッコと非難される。当然、エダッコマチの場に座ることは許されない。

このようにエダッコが巫者として世間から認められるのは、正式に「お大事ゆるし」をへて「口寄せ」の巫儀をなしうる宗教実修者だけということになろう。なかでも不可欠な条件は、ホトケおろしとカミおろしである。ここでいうホトケとは、仏教上の諸仏諸菩薩ではない。死を遂げた亡者のことで、具体的には各家や村の死者をさす。ことに重要なのは、家の長たるものの死者であって、先祖とよばれる。つまり祖霊である。カミもまた体制化した伝統宗教の奉ずる神仏ではなくて、村々町々の共同体で崇拝され信仰する地域神である。具体的には鎮守の神々・家の神（オシラサマなど）・土地の神・自然神が対象となる。さらに神仏習合によって崇祀される諸祠堂の地蔵・薬師・不動・庚申・二十三夜などに及ぶ。その範囲はまことに多種広大であるけれども、地域住民の生命・精神・生活など総じて生きるためにもっとも重要な民間信仰の神々である。それらのホトケおろし・カミおろしの口寄せ巫儀をもっぱら担っているエダッコは、まさに南部巫俗形成の功労者であり、南部の巫俗文化を特色づけた宗教者であったと称すべきであろう。したがって前述の1・2・3の巫業を併せもって信者の要望に応えているので、これを特定してⅠa型と立てることに異存はないものと考える。

これに対し、巫業の種類をいっそう拡大し、基本的には当然ホトケおろし・カミおろしに従事するけれども、それに加えて人々に襲いかかる禍厄や悪鬼悪霊を追い払い、人命や健康を奪い取る危害や病魔を避けるために多様な巫術を行使するエダッコの活動がみられる。例えばオッパライ（前述の4）・オカジ（加持、前述の5）・祈祷（同上）の仕法とか、憑きもの落としの憑り祈祷や病気癒しの祈願、さらに筮竹・八卦（前述の6）などのト占にまで手を出すエダッコも少なくない。ことに時代が下り産業革命によって分業化が進み人びとの生活が複雑となり多様化してくるにつれ、それに即応して兆占禁呪の内容も多岐にわたり、呪法の範囲も拡がってきた。それにともないエダッコに対する地域住民の要求もまた多面的に拡張してきた。一例を挙げれば、クルマ社会と化した今日では交通安全の祈願・祈祷が盛んとなり、その要望に応えるエダッコの巫業は繁忙を極めている。そうした近代化の影響が巫俗の様相を変えたことは当然の成り行きと言えよう。そこで、このタイプをⅠb型と設定したわけである。当然ながら事故に遭って生命を失った死者の口寄せに、「二度の梓《あづさ》」などの特別な巫儀が催されることは言うまでもない。今後、Ｉｂタイプのエダッコは、ますます増えるものと予想される。

Ⅱ　カミサマ（カミツキ）型　前述のごとく晴眼の巫女で、先天的に突然、もしくは後天的に人生苦のすえ巫病にかかり、神仏に入信し苦行のすえ神霊の憑依（神がかり、trance）をうけ巫業につくもの、をさす。宮古市・閉伊郡などの陸中沿海地方では、とくにカミツキと称している。このなかにはエダッコの専門とするホトケおろし、つまり死者の口寄せ（死に口、ホトケ口）に手をかけないでカミサマの口寄せのみにしたがうものと、そうした制限をうけないものに分けられる。

Ⅱａ型　神道のみでなく神仏習合後はその本地となる諸仏・諸菩薩、さらに民間信仰化した俗神を対象とする神おろし、つまりカミ口寄せ、神口をもっぱら扱っている。津軽地方のゴミソ・祈祷師・行者に近い。修験道・祈祷宗教との関連が強くみられる。前掲の業態からみると、2が中心で、3・4・5・6などが包含される。陸中沿岸のカミサマがとくにカミツキと称されたのは、神霊の憑依（神がかり）というトランス（trance）現象に注目し、それを巫者の重要不可欠な資格とみていたからであろう。

Ⅱｂ型　神オロシを中心におくがそれに拘泥せず、ホトケ（死霊）の口寄せも併せて担当する巫女をさす。この点ではホトケの口寄せをするⅠのエダッコ型と区別できない。違うのは失明か否か視覚障害の有無だけである。それがこのように混淆したのは、巫道が史的に変容をとげたからとみてよいかと思う。

Ⅲ　ミゴ（神子、ミコ）型　神子と表記し、ミゴとなまって呼ぶ。筆者の民間巫女調査は、これまで東北地方のイタコとカミツキ、すなわちⅠ型・Ⅱ型を中心においてきた。それはどこへ行ってもイチコ（市子）・アズサ（梓巫）などの名称には出会ったことはあったけれど、ミコという名称についに当たることがなかったからである。津軽ではゴミソがそれに近い。しかし共同体の公的祭祀に関与しない。山形県の庄内平野へ入ると初めて出てくる。秋田県下では民間巫女のイチコに対して神社に仕えるミコがヨリキ（寄祈）・アサヒ（朝日）・マンチ（万日）などとよばれ、それが神仏分離令の発布後、民間で巫業を営んでいる。そのミコとミゴとの間に何らかの関係がありそうである。津軽のゴミソは同じような入巫過程を辿って巫業につくし、巫楽に神社の伶人のように鉦・太鼓を用いるので、外見では神社ミコと誤られやすい。けれども、巫具は用いないし衣裳も違う。

そこで、南部地方で神社祭祀に奉侍するミゴの特性を列挙すると、湯立の修祓・神子舞の実修・神託の宣下の三点である。これを神社庁任命の神職によって施行される今日の神事とは別個に、古式に則って厳修される。したがって地域の氏子にとって最も注目されるのは神職による神事儀礼よりも旧来の神子舞であり、ミゴ（神子）による湯立と託宣である。それはミゴの巫儀のなかに日本本来の巫俗の伝統が流れて生きているとみているからである。

この託宣神子による巫道は、少なくとも神仏分離令発令以前の藩制時代には領内に広く伝襲されていた。旧盛岡藩でも旧八戸藩でも、視覚障害のエダッコは瞽女（ゴゼ）などの遊芸盲女とともに特別庇護される福祉対策が講じられていた。これに対し神子は多く修験の法印とセットとなって地域神社の祭儀に関与するため、僧尼などの宗教者とともに別枠の取扱いとなり、寺社奉行の管轄下に編入されていた。したがって「宗門人別改帳」などでも別項に記載されていた。ところが御一新後の廃仏毀釈による改革は、神仏を分離して修験道を廃絶する策をとり、山伏はもとより託宣神子もまた神社から追放され、今日では往時の姿を知る術が見えないくらいに解体されてしまった。南部においては、僅かに宮古市・閉伊郡など陸中沿岸に残影をとどめているに過ぎない。それだけに、今となっては貴重な無形文化財と称すべきであろう。

ここで注意すべきは、視覚障害の有無とか巫儀・巫具・巫衣など外見上の相違は明白に異なるけれども、入巫の過程についてはミゴとエダッコとの間に強い類同性がみられる点である。両者とも師資相承の系譜をもち、少女期（多くは初潮前）に師巫を求めて弟子入りし所定の課程を履修ののち、師巫に同行して巫業にしたがう。そうして一人前に認められた段階で試験に応じ、パスすると免許状が渡されて一本立ちする。両者のプロセスはほぼ同様である。問題はエダッコに明確な成巫のための儀礼が課せられているのに対し、ミゴの場合には微かな痕跡がみとめられるか、全く欠落してしまっている。つまり入巫の関門が曖昧なのである。この違いはきわめて重要である。とすると、神子（ミゴ）が果たしてシャーマンであるかどうかは疑問とするところとなろう。

しかも、さらにこの点を複雑にしているのは、近来のミゴのなかにはカミツキはおろかホトケおろし、つまりエダッコ同様のホトケ（死霊）の口寄せをこころみるものがふえていることである。衣裳などの外見は明らかに違っていながら、晴眼のミゴが盲女のエダッコまがいの死口寄せにタッチする風が一般化している。（「写真1・2・3」参照）この情況をただ近代化のせいだと簡単に割り切ってすませるだろうか。

しかし、いずれにせよこのタイプは巫業の内容によって次の三類型に分類される。

Ⅲa型　地域共同体の祭儀にあたり、法印とともに専ら湯立・修祓の神事に任じ、

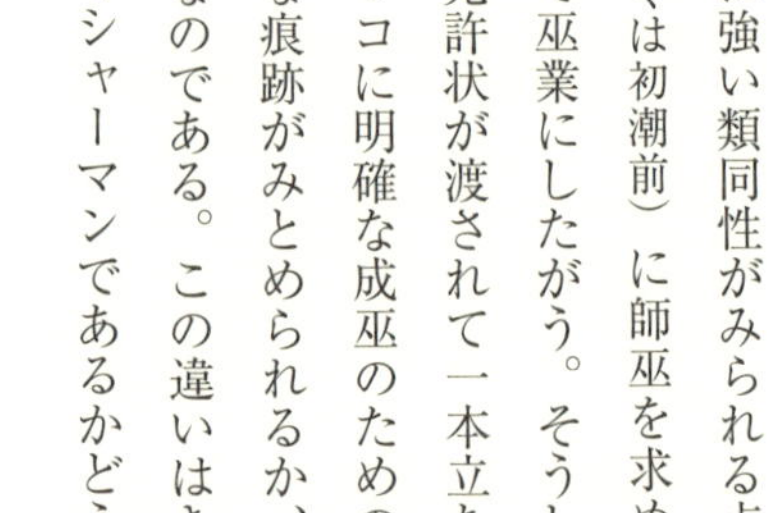
【写真1】Ⅲa型オダクセン（Y.K、大正8年生）

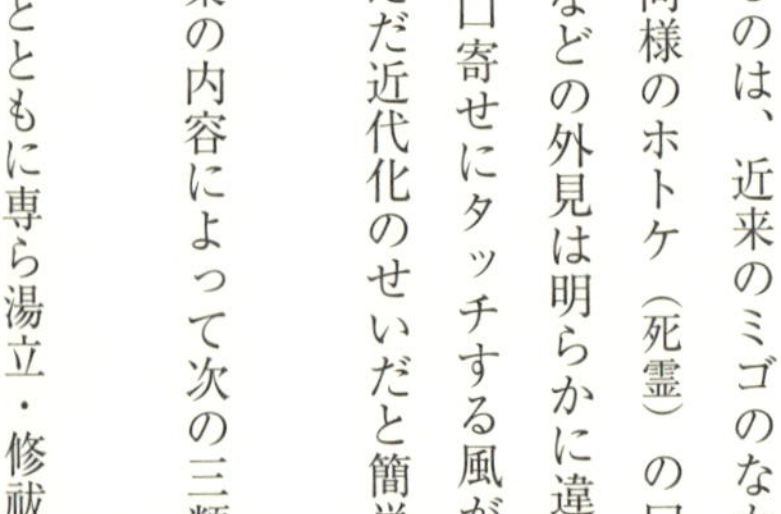
【写真2】Ⅲb型オシラあそばせ（N.H、明治42年生）

神子舞を演じて神託（オダクセン）を下す。おそらく藩制期における神子機能の伝統をほぼ古態のまま伝襲しているものと考えられる。神仏の口寄せには全く手を出さない。

Ⅲb型　共同体の神事に参加する点ではⅢa型と同じで、またホトケの口寄せに手を出さない。しかし巫業の範囲は前者よりも遥かに広い。たとえば、住民の需めに応じて神オロシの神口寄せとかオシラ遊ばせなどの巫儀を実修する。けれどもホトケの死口寄せは手をかさない。したがって葬儀後の死後七日目に行われる忌み明けの「後清め」（跡祓い）には頼まれて喪家へ赴くが、国掛けの祭文を唱え般若心経を誦んだのち桃の枝を手にもち、これを塩水に浸して家中へ振りまいて死の忌みを祓いきよめるのみである。そして、最後に桃の枝を出葬した棺の出口から外へ投げ捨てると直ちに帰ってしまう。その後に行われるホトケの口寄せに与ることは全くない。

【写真3】Ⅲc型ホトケおろし（Y.K、大正8年生）

Ⅲc型　共同体の祭礼で伝統的な神子職を担うこと、そして神おろしの巫儀に任ずることは前者と同様であるが、a・bの型に見られないホトケおろしの死口寄せに与るところが異なっている。つまり神子であるにも拘わらず視覚障害者でひたすら死口寄せを商売とするエダッコ同然の巫業に従事しているわけである。しかも神子職を象徴する衣裳のチハヤを羽織り手に数珠を携えることに些かの違和感をもたないのが理解できない。近年はこの型のミゴ（神子）が増えている。おそらく神子職の伝統性を維持するための身分保障が、国家神道成立後に消失したからであろう。近代化にともなっての変化であることは明らかである。

ここで問題となるのはミゴのシャーマン性である。古代の神社神子が、神子舞を演ずるうちに神がかり（すなわちトランス）に入り呆然自失のうちに憑依した神霊の意を口語ること（託宣、つまりoracle）は自明の理とされる。神子がシャーマンであったことの証拠である。けれども南部のミゴは、神子舞の最中に伶人たる神楽衆の問いかけに応える形で独特の韻をふんだオダクセンを発する。その際、冒頭に「オーンナカナカ」と称する呼びかけの口上がある。おそらく「おーおー（感嘆詞か）よくぞ申した」とか、「問い口の趣旨はよく了解した」とか、「これからオダクセンを下すから洩らすことなく聴き取るように」などの意味を表わす神子用語だと考えられる。次いで伝えられる託宣の内容も、まさしく「型のごとく」といわれるほどの決まり文句が坦々と続き、ミゴ自身が果たしてトランス状態に入ってからのオラクルであるか甚だ疑わしい。また、エダッコが最も重視する「お大事ゆるし」をうける成巫式の「遷《うつ》し初《そ》め」あるいは「神憑き」の儀礼も欠いている。つまりトランス経験がみられないのである。それではとうていシャーマンと称するわけにゆかない。

筆者もまた当初は否定的であった。オダクセンには一定の型があって、その時々の雰囲気に従い、主観的な想念にまかせて語るにすぎない。そう思われるくらい素っ気なく、形ばかりの場面が多い。そこで、今日の神社神子が、緋の袴をつけオスベラカシの垂髪に神鈴と檜扇を手にし伶人の楽に合わせ単に舞うのみの姿を連想していた。しかし、時には立ち止まり瞬時の瞑想にふけり、口籠って託宣が滞る場面にめぐり合うことがあった。そこで、そのときの心境がどうであったかを問い質したところ、神子舞の最中に時々呆然となり何を演じているのか全く分からない時がままある。だから神事の終了後、オダクセンの内容を質問されても答えることができないのだと述懐するミゴも少なくない(7)。このようにみてくると、南部のミゴには、古神道時代における神社巫女の系譜を受け嗣ぎ伝襲してきた遺鉢の痕跡が、僅かながらも窺知できるように思われる。

二　南部巫俗の地域的分布と特色

南部巫俗の担い手である広義のエダッコは、その巫業や生態の上から大きく以上の三類型に分類できるけれども、それらは何れも南部地域全般にわたり、濃淡の差や信仰度の強弱による相違がみられながらも、地域的に遍在している。しかもその濃度は、日本列島を総観するとき、津軽地方と並んで、なかでも最も高いといえる。換言すれば巫俗の濃密地帯を形成している。そして、その要因は、地域の住民がエダッコの巫術を必要としていたからである。つまりエダッコ信仰に依存しなくてはならない何らかの原因があった。その点を追求するために、南部に展開する巫俗の特色を探る必要がある。たとえば先に提示したⅠからⅢの三類型が地域ごとに展開・分布する特徴を確かめる作業にとりかからねばならない。全地域にわたり満遍なく徹底した地域調査を貫徹したうえで、微細な点にいたるまでの綿密な比較研究をへて、初めて結論が求められる。それは一個人の限られた能力の範囲を超える大事業であるけれど、幸いにも南部の調査は地域住民にとり切実な課題をかかえた問題であるだけに研究者の関心をよび、はやくから着手され多くの成果が出されている。筆者もまた本邦巫俗史樹立の意図をもってほぼ全域の臨地調査を試みることができた。その実績と経験をもとに、先学の貴重な研究成果を参考としながら試論を展開したいと思う[8]。

まず総体に言える第一点は、盲巫女によるホトケの口寄せ巫俗が濃厚に分布している特色のみられることである。エダッコ信仰の盛んな頃はそれぞれの分担区域に死者が出ると、檀那寺の寺僧による埋葬の儀が終わったあと、直ちにその日のうちに喪家へ赴き亡きホトケの口寄せを施行する慣行があった。その遺制を守っている所は今日でも少なくない。もしも事故などで非業の死を遂げたものに対しては、それを四十九日の中陰までに再び口寄せの座を設ける。それを「二度の梓」とよぶ。かくしてホトケ（亡者）は「忌み明け」の四十九日忌に再度の口開きをしたのち、こころおきなく「あの世」へ旅立つという。丁重な巫儀が地域の習俗として定着していたわけである。それ以後は百日忌・一周忌・三年忌・七回忌と続く年忌ごとに古口寄せが施行され、三十三回忌をもって「弔いあげ」とする習慣も生きている。このように民間のホトケ供養には菩提寺の住職以上に深く関与するものがある。おそらく寺檀制成立以前からの民間信仰が根となっていたからであろう。

第二は、家・個人や村・町などの地域共同体における命運に、エダッコの巫術が大きく寄与すると考えられている点である。長い人生には栄枯盛衰がつきまとう。いつも良運に恵まれるとは限らない。いやむしろ主観的には不遇に見舞われることが多いかもしれない。その要因は貧・病・争からくる家庭苦、社会苦、人生苦であろう。また突如として襲来する自然災害、突発事故による生命や家財の損壊など不安材料は多い。そうした危険は、気候風土に恵まれない寒冷地に住む南部の住民をしばしば苦しめた。冷害による飢饉、頻発する地震・津波の被害に苦しんだ宿命とも言える天変地異には深い同情の念を禁じえない。その苦悩・不安から脱するために人びとは、心身の平安・安定・救済を保障する巫術を頼って頻繁に足を巫家へと向けなければならなかった。具体的にはカミサマのオダクセンを仰ぎ（神おろしの口寄せ）、身に振りかかる禍厄の要因を除去し追放する手段（オッパライ）を指示してもらうか、病気癒しや厄難除け（加持・祈祷）の巫術を施してもらうこととなる。そして凡ゆる苦悩が消滅し家運の隆昌、諸願成就、天下泰平、国家安穏などが達成されて至福の世が到来することを祈求して止まないのである。

これらの神おろしの際にエダッコに憑依する神霊には、入巫儀礼の「遷し初め」にあたりオダイジユルシをいただいたカミサマが多い。けれども正月の春祈祷、九月の秋祈祷、歳末の節季祈祷など、歳時暦にそって慣行化した定期執行のときには、ウジガミ（ウチガミ、すなわち家の守り神）のオシラサマをまつる（神棚にしつらえた小祠のなかに納めてある。とくに春祈祷の時は衣替えと称して新しい衣を作って着せてやる）。あるいは四土用ごとに祀る屋敷内の地主神

（これもウジガミつまり家の守り神という。またトコロの神ともよぶ）の場合は、トコロ（在所）のカミとなる。その他の類例では、加持祈祷の希望内容によって霊験たかい御利益のあるカミサマが指定対象となるのでケース・バイ・ケースである。

たとえば病気癒しの場合は「一代様《いちだい》」おろしといい、依頼者の生年に引き合う干支のカミサマが口開きをする。また現在トコロの神といえば、産土神つまり地域共同体の鎮守神である。それと氏子の家の屋敷神が同じ名称をもっている。さらに家の守護神のオシラサマと屋敷神も、ともにウチガミとよばれている。この点は見逃すことのできない重い意味が含まれていると考えられる。すなわち今日オブシナサマ（ウブスナ神）と呼称される地域共同体の鎮守社が体制側の権力者によって管理される以前の段階では、屋敷を守護する地主神トコロの神と家族を守護する家の神ウチガミとが重複・併存して地域住民の信仰を支えていた時代が長く続いたのではないかと思わせられるからである。さらに推測すれば、エダッコの巫祝的機能の原点も、そこまで遡って展望することが可能であると言えよう。

第三に挙げたい特徴は、エダッコの神おろし巫儀において発せられるオダクセンが「ヨノナカ」と「ミノウエ」という二つの単元から構成されていることである。ヨノナカとは世間を意味し、その範囲は広く天下国家・宇宙・全世界から、狭くは往来交流の可能な近隣の村むら、庄郷、藩領内などの地域的空間をさす。場合によっては自分の在籍する小地域共同体をふくむこともある。これに対して個人・家族、もしくは親族、同類などの身内の族縁的集団がミノウエとなる。口開きにあたっては必ずこの順序で前半と後半に分かれて執行されるのが原則である。前者が社会とか公共を対象とするとみてよいし、後者が個人とか私的を意味するとみてもよい。

エダッコが信者に請われて依頼者の家へ赴き、そこで巫儀を施行するときには、まず初め臨時の祭壇を設営する。床の間に机を据えて台とし、その上に柳か桃の樹の枝を立て、枝に麻か苧の糸を垂れ下げる。招かれたホトケやカミサマの霊は巫経の諷誦とともにこの枝を目がけて下りてきて、この糸筋を通ってエダッコに乗り遷る。そして次々とオダクセンがくだる。まず「ヨノナカ」について、年間に生起するであろう晴・雨・風などの天候のこと、天変地異、伝染病や流行病の有無、さらに時代の変化、世間の動勢、景気の良否、農作・養蚕・漁業の豊凶等々のオダクセンがくだる。終わると次の「ミノウエ」にうつる。そのときには、机上に供えた水を取り替える。家にかかってくる禍厄災難の有無、家族の健康状態、病人の容態の見通し、家業の動向、運勢の良否、家族が当面に遭遇している懸案の諸問題の解決、家庭内の揉めごと、子どもの登校拒否・進学・結婚の苦悩等が延々と続く。もしも途切れてエダッコの口が淀んだりすると、傍らの「問い口」が「どうしたのか」、「質した意味はこういうことだ」などと注意を促す。それをきっかけに再びオダクセンが始まる。つまり古代のサニワ（審神者、沙庭）を彷彿とさせる場面も出現する。

現在もこのような特色を保持している地域は、総じて古風な伝統的文化や民俗慣行を伝承しようとする意欲をもつ村里であることはいうまでもない。しかし、もっとも大きな影響を与えているのは、巫者を必要とする地域住民の心情、願望への度合いであろう。つまりエダッコに対する信仰度である。けれどもそれ以上に、巫祝の術を保ち続けるものはエダッコ自身の巫儀実修への熱意である。この両者が協合したために南部巫俗は近代化の波を凌いで生き残ったわけである。それが典型的な巫俗の形成と定着化に成功し長期にわたり維持しえた所以である。そしてその典型的な地区は、次に示したようにⅠエダッコ型のⅠa型、Ⅰb型の分布する旧八戸藩領の三八地方と、旧南部藩領で陸中沿岸に位置するⅢミゴ型のⅢa型、Ⅲb型、Ⅲc型の分布する閉伊地方である。以下、その事情を解説する。

（1）旧八戸藩領内の三八地帯　八戸市と三戸郡を合わせた三八地方は、根城を拠点とした南部氏発祥の地であり、また北前船の寄港と漁船の出入りで賑わった八戸港を控えている。その後背地となる内陸部は広い耕地が拡がり農業生産には恵まれている。人口も稠密で八戸市を中心に三戸町、南部町、五戸町などの小都市が点在し、地場産業が活力を発揮している。生活も文化もレベルが高い。東北本線とくに新幹線の開通によっていちだんと人口が集中し、都市化近代化のスピードが速くなった。産業構造の変動と市場経済の浸透は容赦なく旧体制の解体・崩壊を迫り、それが地域住民の暮らしや家制度、社会生活に動揺を与えている。人びとはその対応に戸惑い苦悩しながら不安の日々を送っている。新しい潮流に乗れなくて脱落せざるを得ないもの、多くの矛盾、ストレス、迫りくる貧病争から脱出できなくて、その救済を宗教にもとめ、その許へと足を向けようとする数が増えている。しかし伝統宗教の神道や仏教の側では旧態依然として儀礼宗教、葬式仏教の域を出ないまま足踏みをしている。まことに物足りなく頼りにならない。だといって新宗教への入信には少々問題がある。そこで想起されるのが古くから力となってきたエダッコの巫術である。こうして土着のエダッコを対象とするシャーマン信仰が再興しつつある。

いっぽう農漁村部では、しばしばおこる冷災害によって生活は脅かされるし海難事故も絶えることはない。いきおい生計の資となる現金収入を獲るためには都会へと出稼ぎに行かなくてはならない。一家の中心となる父や夫の不在中、留守を托された老父母や妻子の不安、屈強なものが遠洋漁業のため長期にわたり不在となる留守居の妻の憂慮は想像に余るものがある。出稼中に事故にあったり蒸発する例は少なくない。海難事故でいつ生命を失うかも知れない。それらの心配で夜も眠れない上に、留守中におこる問題も少なくない。こうして心身ともに憔悴した妻の救いは結局、身近の巫家へかけこんでオダクセンを仰ぐ以外に方途はない。エダッコの需要はいつになっても絶えないし、庶民にとってはもっとも手近な苦難解消の方便となっている。

視覚障害のエダッコに対する信仰は広く南部地方に普及し、南部シャーマニズムの基層を形成している。けれども、なかでも伝統色がつよく古風を継承しているのは、旧八戸藩域内の三八地方（上北地区を含む）である。そこでは寺社の縁日・祭礼などの行事日に、地区内のエダッコ同業組合（例えば古い妙音講から改組された三八盲女信仰会など）に加盟したエダッコ会員が集まってエダッコマチを催す[9]。あるいはオシラサマ所持の民家が御衣（ミキン）を新調して着せ替える春秋二季の行事日にも、多くのエダッコが集まってホトケの口寄せが営まれる。何れにしても南部巫俗の範型を伝襲する地帯であるとみなしてよいのではなかろうか。

（2）陸中沿海の漁村地帯　上記のエダッコとは対照的な晴眼の巫女に担われている巫俗は、宮古市・田老町を中心に閉伊郡一帯の陸中沿海地域に分布するミゴによる神子舞であろう。すでに触れたように、鎮守神社などの共同体祭祀において活躍するミゴは、湯立・託宣をする古神道にみられる神社巫女の後裔と断じてよい。ところが南部のミゴは、維新期改革の神仏分離令によって国家神道から完全に疎外され無視されて、その多くは歴史上から姿を没してしまった。僅かに残影を保っているのが、中央との地理的距離があり、かつ交通不便で司直の眼のとどかない陸中沿岸であったと言えよう。しかもこの地域は太平洋の荒波に洗われ、そのうえリアス式海岸線が発達する地理的条件の影響で、漁民の遭難事故が頻繁におこり、且つ大地震と海嘯による大災害に見舞われて、多くの人命が失われた。日夜その到来を危惧し四六時中恐怖観念に迫られて暮らす住民が精神の安定を求めて呪的救済者のもとへ駆け込む。また事故者・異常死者に対する慰霊と供養の宗教儀礼に拘泥する風潮を助長してきた。そうした風土色と地域性とが一体となって、巫俗信仰を永く持続してきたものと考えられる。それらが複合してミゴ信仰を支えている。

神子舞による湯立と託宣をこころみる巫女のミゴは、先に示したⅢ型のシャーマンであるが、それが何故に陸中沿海のみに遺存しているかの所以を考える必要があろう。それには、現況を丹念に調査するとともに、その沿革をトレースしなくてはならない。まず現時点で演じられる地域神社のミゴによる神事舞と湯立・託宣の事例は、陸中沿岸の閉伊通にみられる僅か二例のみで、そのうち一例はつい先年消滅したという状況で、誠に心細い限りである。

神子舞には必ず伶人の奏楽がついているから、残念ながら唯一のこる黒森神楽組によってようやく命脈が繋がれている。しかし『南部藩雑書』中の「領分中宗旨改郡分人数目録」によると、前表のごとく旧藩時代には広く藩領内の村々で盛んであったことがわかる。[10]ことに視覚障害者の瞽女に対して晴眼の神子の占める数は圧倒的に多いし、なかでも閉伊郡が断然他を圧している。また八戸藩内では、それが極端に少ないことも注目される。ミゴとセットとなって社堂の祭祀で活躍する法印と通称される山伏も、同じ傾向を示している。このような藩制期の繁栄がどうして現況のごとくに凋落したかの理由は、いうまでもなく明治維新政府による神仏分離令と修験道の廃止であった。つまり地域社堂の祠職を、中心となって支えてきた山伏法印がその職を追われ、それとセットとなりながら神子舞・湯立託宣に従ったミゴもまた失職したからである。

ただ、このように急激な宗教改革に見舞われたからといって、それまで民間に定着したミゴ信仰が、維新政府による一片の政令でいっきに廃絶されるわけはない。神社の公的舞台から退去を命じられても、地域住民のミゴとの繋がりとそれへの期待は大きく、世の泰平と村の平穏を祈る春祈祷をはじめ、四土用ごとの健康祈願は欠くことができない。伝染病や禍厄の襲来を避け、漁撈の無事と豊漁を祈願する大漁祭り、干天には雨乞いをし、台風の風除けに神力を頼み、冷寒害から作物を守って豊作を祈願する。それらをすべて巫覡の邪法として禁断した新政府任命の神官たちが、これまで人びとの期待に応えてきたミゴに代わって果たしてくれないとしたら、氏子は何に頼ったらよいのか。そこで人びとは結局、伝統的なミゴたちの湯立・託宣に望みを托すことにした。

いっぽう、その風潮にのって、一旦失職した法印たちも数珠を捨てて復飾して神職となり、あるいは所定の神職養成の学校へ入るなり講習をうけて新しく資格を取得する。たとえ資格を取得できなくとも、神祇院任命の宮司のもと俗別当のままのこって輔佐役をつとめるとか、神楽衆の経験あるものは伶人へと転進して官令による浦安舞の伴奏を担当する。氏子たちは旧前の伝統に愛着を抱くために、官式の神事儀礼にはなじめずに昔ながらの神子舞・湯立託宣をうけなくては何の〈有難み〉も感じられない、オマツリの気分がしないと抵抗し、強く旧風を要望した。それらが経となり緯となって、今日でも地域鎮守社に点々とみられるような、一方で神社本庁制定の祭祀方式は施行されながら、それと併行して、同じ神域で法印神楽が奏され、つづいて湯立ての修祓ののち神子舞のなかで神託を下す古典的神儀が演じられる。そういう奇妙な複合形式が生まれたものと考えられる。氏子たちは、それを少しも異様とは思わず、湯立託宣の古儀に浸って初めてオマツリの実感を味わって満足し安堵することができたと、述懐している。宮司もまた苦々しき事態と感じながらも、氏子の要望に抗しきれずに黙認している。

(3) その他の巫俗地帯　以上の二地区以外について展望してみよう。イ、下北地区（恐山を中心とする下北郡）、ロ、岩手県北部の二戸郡・九戸郡地区、ハ、岩手県中部地区（上閉伊郡・遠野地方、岩手郡・紫波郡・稗貫郡・和賀郡）が挙げられる。ほかに鹿角地区（秋田県）、岩手県南の北上川中流域も考えられるが、前者は秋田巫俗のエヂッコ地帯に接してその影響が強く、後者は仙台藩領に近く、そのため巫業をなすものは仙台藩領内の風に染まりオカミン・オガミサマと称されエダッコとはよばない。また西磐井郡川崎村薄衣に本部をおく盲僧と盲巫女の教団大和宗《だいわ》（本山は聖徳山大乗寺）に所属し、その巫俗は宗風に立脚している。[11] したがって両地域は南部エダッコとは巫系を異にしているものとみたい。

さてイの下北地区は、恐山の地蔵大祭に開かれるイタコマチで有名であるが、そこで主役を果たすのは南部エダッコと津軽エダッコで、必ずしも一定の巫系で統一されているわけではない。しかし地元である三八地区の南部エダッコが主流となる。下北半島在住のエダッコの多くは津軽から転住して巫業を営むもので、土着の巫女は少ない。巫系もほぼ津軽方式を継承しているとみてよい。地域的には南部エダッコの巫俗文化圏にふくまれるが、しかし相当に崩れているから、その周辺型もしくは亜型とみなすことができよう。ロの岩手県北部地帯の巫女も、地理的にも三八地帯と近いためにほぼ同系の巫俗を展開しているものとみられる。けれども巫系相承の間にかなりの変容が加えられていることは注意しなくてはならない。ハの岩手県中央部地区は東側を走る北上山地と西側を南北に貫く奥羽脊梁山地とに挟まれる平坦な地帯であり、早くから東北本線が開通して物資の流通が進み、経済・文化の発達が民度を高めた。また県庁の所在地盛岡市をひかえ、地方政治の中心地となり高等普通教育の施設や専門学校も創設され、教育・学芸の普及度も高まった。そのため巫女信仰のごときは迷信・邪教とみなされ、生活改善の声がたかまるとともに打破すべき対象とされてきた。また視覚障害者に対する福祉もすすみ、盲学校を設けマッサージや針灸の技術を習得させて自活の道を開拓するよう努めたため、エダッコの数は急速に減少した。

けれども周辺の山農村では、戦後の社会変動、家族制度の転換、とくに農業構造改革、高度経済成長政策の推進、人口の都市集中、何よりも貨幣中心の経済体制の進展、自家生産による自給体制崩壊の急激な襲来にともない、現金取得のための出稼ぎを余儀なくされた。やがて山村の多くは、都市へ移り住んで村を離れてしまった。とくに西側山麓の豪雪地帯は過疎化がすすみ、気息奄奄の状況におちいった。屈強なものの出稼ぎによって漸く生計は保たれたものの、留守を支える老父母や婦女子は心寂しい生活を送らざるを得ない。その不安を除去するために、人びとは暫く離れ遠ざかっていたエダッコ信仰へと向かわざるをえなくなった。離村して町場へ移転したものの、旧村時代の共同体的相互扶助が期待できない。またシビアな経済変化に追随できなくなり、貧病争の苦悩に困り果てて、止むなくエダッコの託宣を仰ぐこととなる。こうして一時は巫業を放棄していた巫女が復活する。のみならず人びとの口寄せや神託の求めに応ずるために、新しく巫業を開くエダッコが増えてきた。この傾向はバブルの崩壊にともなう倒産・失業等、不況の波及と軌を一にしている。その実態はまことに深刻なのである。

（4）ミズガラの違いと巫系相続の伝統　南部巫俗の分布上の特色は、上述のごとく地域のおかれる立地条件に左右されるところが多い。すなわち大きく旧八戸藩領の三八地区を中心とする青森県南と岩手県北の北部地方、陸中沿岸地方、岩手県中部地方に分かれる。この区分が同時にそれぞれ巫俗上の特色を示していることはすでに上述の比較説明で明示したところである。またその点は、地域住民の多くが自認しているところでもある。南部エダッコ地域では、「おら方のエダッコは津軽と違う。鹿角とも気風が違うし、仙台とも異なる」という。また同じ系譜を示す南部領内でも地区ごとの相違点を指摘する。例えば三八地区の人びとは「おらが方のエダッコは下北とも違う。それは〈育ち〉が違うからだ」とか、「育った〈ミズガラ〉が別だから」などと説明する。しかもこのミズガラの違いは、さらに小地域ごとに分けられるという。すなわち同じ川筋の流域では上流・中流・下流ごとに少しずつ違いを示すし、同じ谷筋でもカミ（上）やオク（奥）とナカ（中）とシモ（下）では多少の違いがある。同一盆地内でも中央部の水田地帯と周辺部の畑作の里山地帯、山仕事中心の奥山地帯でも違う。いずれも育ちが違い、生活様式とか社会慣行にずれが生じるからであろう。そのずれの要因を、南部の人々はミズガラの違いによるとみている。この点は特に注目に値する指摘だと考えたい。

南部の人びとの口にするミズガラとは飲料水の味とか性質のことで、人間の性格や気性の資質を人柄、家々の気質つまり家風を家柄といい、風俗習慣を示す村ぶりや国ぶりを村柄・国柄と称するところもある。家族や親族を示す古語のウカラ・ヤカラの〈カラ〉を語源としていることはいうまでもない。それに倣って巫俗のエダッコぶり、ミゴぶりをもまた水柄と表現するようになったものと考えられる。この含蓄あるミズガラの意味を深く味わう必要があろう。この地方でミズカラというのは、風土的条件によって形成された人間の気質・性格を意味する。ことに誕生直後の産湯や日常生活に使用する在所の飲料水などの水が地域の人間性を培う上に大きな役割を果たすと考えている。居住地域ごとに住民の気性や趣好が均質化するのは、同じ湧水や同一水系の河水、共同井戸を飲み水として使用しながら養育され成長を遂げてきたためだとする共同感覚が、巫俗の上にも適用されたからであろう。エダッコに地方色がみられるのは地域ごとにミズガラが違う現象と同工異曲だとみたのである。

しかしながら居住移転の烈しい都市住民の需要に応ずるマチ＝エダッコと祖先累代の土地に貼りついて暮らす山農漁村の人びとを対象とするムラ＝エダッコとでは、その生態に相当の違いが看取される。マチの場合は、巫者と地域の関係は固定しないで、市民の多くはよく「あたる」巫者を求めて集まるので移動がはげしい。これに対し、ムラでは長期にわたって譜代的関係をもつ特定する巫者と結びついている。あたかも家の先祖の位牌を管理する檀那寺と檀家との関係、あるいは供養札や祈祷札を配付檀回する札賦りの宗教者と在地の講集団のごとき関係にある。換言すればエダッコ商売の顧客が定立し固定している。ムラうちでは死者に対する口寄せは決して欠くことができないという伝統があり慣行がある。まず埋葬にあたっては、菩提寺の寺僧による仏葬が行われたあとで、必ずエダッコを招いて新ボトケの口寄せが行われる。それが南部地方における古くからの慣行であった（現在この風は崩れてきた）。ていねいな家では三七日、五七日忌と続き、忌明けの四十九日忌までの供養は、欠くことのできない義務となっていた。その後も、百カ日忌・一周忌・三周忌・七年忌・十三年忌……、弔い上げの三十三回忌と、年忌供養が続く。これらは年忌口ともよばれ、その度ごとに口寄せの席を設けなくてはならない。のみならず古ボトケに対しては、春秋彼岸の彼岸口、盆口にもエダッコの口寄せが求められるから、地域の人びとと巫者との交流はきわめて頻繁で、しかもそれが譜代に及んで連綿と続くことになる。

そうした信者の需要に応えるために、巫家の側でも継続のための考慮がはらわれた。巫者になるためには巫術習得のために修業過程が必要である。しかし口寄せ巫術は修業すれば誰にでもできるという単なる技術の習得だけで可能となるわけではない。神憑きとか遷し初めのオダイジユルシ（trance）ができるかどうかが問われる。いくら修業を積んでも素質がないと成功しない。その素質を、南部地方ではミゴッケ（ミコッケつまり巫女になりうる気質、巫質のこと）ともいう。その有無が問題である。このミコッケが発揮できて初めて一人前のエダッコになれる。だから後継者は師巫の血縁につらなるからといって自動的に有資格者になれるとは言えない。また物覚えのよい優等生なら確実だとも断定できない。そのなかから選びとられて神憑きに成功した者のみが跡を嗣ぐ。師資相承制が生きている理由である。そこで、こうしたエダッコの巫系を辿ってみると、土着の跡継ぎが地域と密着しながら代を重ねて巫系を保つあいだに、特色ある巫俗の伝統が生じて、巫経の誦唱・巫法の形式、巫衣・巫具の装束・巫語（エダッコ言葉。巫者の専門術語）等に地域色・地方性があらわになってくる。巫俗文化の熟成に地域性が反映することは自明の理であると言えよう。

まとめ――南部巫俗成立の諸条件――

以上の論点の骨子は、筆者による臨地調査の実績と先学の貴重な研究成果による資料にもとづいて積み上げた試みの案である。立論に引用したデータは紙面の都合によりいちいち列挙することをさけたけれども、いうまでもなくそれらが伏線となっている。その主たる論考については、参考のため論末に一括して掲載したので参着していただきたい。そこで最後に、南部地方の住民が近代化の進んだ今日においてなおも期待し、それゆえに宗教的機能を発揮するシャーマン信仰の巫俗が存在している所以、成立の諸条件を考察して本論のしめくくりとしたい。

(1)　**地域住民の生活環境**

①風土的環境　本州最北端に位置する地理的条件が、自然的・文化的・経済的に辺境色を強めている。とくに北東シベリアと極北から南下する寒冷前線の被害をまともに受け、冬将軍の襲来による打撃は甚大となる。季節外れのヤマセが訪れて起こす冷寒害による凶作は、住民の生活を脅かして人命をも奪いとり、飢饉年の苦渋は藩政期以来の凄惨な記録となって残り、人びとの胸を衝く。人力では如何ともしがたい物心両面の苦悩を、神仏への恩沢に求める巫女信仰が、永く保持される所以である。

②凶作・飢饉（飢渇《けかち》）・不漁などによる困窮　八戸藩も南部藩も藩政最大重点の一つは飢饉から領民の生活をいかに支え人命を救済するかにおかれている。困窮が原因でおこる百姓一揆の発生率が全国的に高くランクされているのが、その証拠である。為政者が巫覡を弾圧できなかった理由でもある。

③天変地異の災害襲来による危機感　南部の沿海地域は有数の大地震地帯であり、それにともなって生起する海嘯の被害も甚大である。そうした危機感に終始さいなやまされ、その不安から身を守るために人びとはひたすらエダッコやミゴの霊力にたよろうとする。それを迷信だといってすますことができるであろうか。

④山仕事・海仕事の危険性　豪雪地帯の奥羽山脈、北上山地山麓の山仕事に従うもの、あるいは海上に船を浮かべて漁撈に従事する沿海地帯の漁師などに、雪崩・山崩れ・海難事故が多い。また両山地に囲まれた農村地帯ではしばしば洪水（北上川）に見舞われる。そこから身内のものの安全を神仏に祈請する祈願や祈祷をシャーマンに依頼する民間信仰はきわめて篤い。

(2)　**近代化にともなう経済的・社会的変動と家制度の動揺**

①相互扶助を基盤とする地域共同体の崩壊

②山農村民の離村による過疎化と人口の都市集中
③めまぐるしい経済変化による生活の激変（自給生活から金銭重視の消費生活へ）
④出稼ぎ・遠洋漁業など長期にわたり家を空ける留守宅の苦悩と不安
⑤社会不安と家制度の変容―地域連帯性の欠如と核家族化による家永続観の希薄化―

以上の諸項目は戦後にみられる共通の現象であって、必ずしも南部地域特有の特殊事情とは言いがたい。けれどもその影響する度合いは遥かに重く人びとにのしかかっている。とくに④の出稼ぎ率は全国でも上位にランクされている。出先の多くは都市であるが、殊に東京を中心とする首都圏であり、土木建設など肉体労働を主とする危険性の高い職種である。その安否を気遣う留守宅の心労には想像に絶するものがある。なかには都会の悪風に染まり心ならずも蒸発してしまい、そのため送金が途絶えるケースも出てくる。また、残された主婦たちは主人に代わって一家の経営、対外的な諸問題の処理に当たらなくてはならない。そうした心身両面の過重な負担からストレスが昂じ、ついに健康を害す。その窮境を避けるためには、何よりも先にエダッコのもとへ駆けつけて身の処し方や心の癒しを求めようとする。その心情には十分に肯けるものがあろう。

(3)　伝統宗教（仏教＝菩提寺、神道＝鎮守社）の宗教者に対する不信

藩制時代の宗教政策は神仏の尊崇を最重視し、寺檀制を確立し祖先崇拝を通して家永続の基盤を固めるとともに、地域共同体の結束を期するために地域守護の精神的紐帯となる鎮守社を保護して鎮守神の霊威を高める方針を貫いた。そのため地域住民の菩提寺の住職、鎮守（氏神）社の神主に対する信頼度は絶大であった。家に神棚をつくって朝ごとに奉拝し、先祖の位牌を仏壇に供えて日夜供養する慣行が定着するとともに、神職や寺僧と氏子・檀家との生活レベルにおける交流はきわめて頻繁で、生誕児を取子にとって健康を保証するとか、名付親・

仲人親になって成長を守るなど、日常生活の末端にまで及んだ。人びとは慶事に際してはもちろん、困難に遭ったときには真先に社寺へ駆け込んで、苦悩を訴え心身の救済を仰ぐことができた。したがって伝統宗教の職能者は、その本来の職能たる救済の実を果たしていたし、地域住民の信用を得ること絶大であった。ことにその巫覡的職能は民間に歓迎されるところであった。

ところが明治維新政府による宗教政策は、神仏分離の大改革を強行することにより、神社を氏子たる地域住民の手から奪い取り国家の管理下に移すことによって、その性格を変更してしまった。かつての巫覡的・呪術的機能は全面的に否定され、氏神と氏子の間に結ばれた絆は無残にも切り捨てられてしまった。それは一見カタチとしては整理されたかに見えたけれども、かつて氏子が要望した密なる交流関係は断絶し、神社は氏子の救済を考えない単なる儀礼執行の機関になり下がり冷ややかな存在へ変容したのである。つまり神社の官僚化が本来の主要機能である人間救済を切り捨てたために氏子の信望を失って形骸化してしまったわけである。その欠落領域を補うために新しく救済的宗教機能を目指して教派神道の結成がみられた。けれども、旧前のような民間の信望を獲得できる域に達したとはいえない。わずかにシャーマン的教祖によって開創された神道系新宗教の大社教、天理教、大本教、金光教、木曽御嶽教とか、シャーマニズム色の強い新宗教組織が民間の信仰をつなぎとめているに過ぎない。

敗戦後は占領軍による神道抑制策のため、一時は廃止されるかも知れない危機的事態が生じた。それに抵抗して宗教神道の再興がみられるかと期待したけれども、神社における救済的機能を無視したために、その影響力は著しく後退したが、幸いにも廃絶は免れた。しかし、神道を宗教とみとめようとしない神社当事者の対応が、単なる神道的儀礼執行のレベルに停退させてしまった。地域氏子の宗教的要望を受容しない姿勢が、両者の交流を遮っているからである。そのかぎり、この空隙を縫って地域住民の巫俗信仰への傾斜は続くものと予想される。南部巫俗が民間の底辺部にあって持続することの理由も、その辺にあるのではないだろうか。同じことは檀家制に安住し葬式仏教に甘んじている寺院にもみられると云えよう。

以上をまとめると以下のごとくになる。すなわち（1）社寺などの伝統的宗教は、住民の宗教的志向に応えていない。（2）祭礼・埋葬・葬儀・供養など単なる儀礼を執行する機関に過ぎなくなった。したがって（3）地域住民を救済する本質的役割を放棄している。いきおい（4）人びとはたとえ迷信とよばれても在来の民間巫者を頼らざるをえなくなり、依然として巫家へと足を運ぶようになっているのである。

註

（1）拙稿「現代シャーマニズムの行方―その情勢と動向―」（拙編著『シャーマニズムとその周辺』第一書房、二〇〇〇年）七～二〇ページ、参照。

（2）拙著『日本のシャマニズム』上（吉川弘文館、一九七四年）二七三ページ、二八六ページ注（12）参照。筆者もまた臨地調査の昭和三十二年七月、小井川氏のご案内で墓前に香華を手向けた。

（3）神子（ミゴ）と巫女（エダッコ）の関係については必ずしも十分な研究がなされているとは言えない。今後の進展が期待されるところである。従来のシャーマニズム研究では、主力がもっぱら民間の口寄せ巫女に集中されてきた。この点ではほぼ出尽くしたという感がする。そのなかにあって資料の乏しい神子の存在に注目し、宮古市など陸中沿岸を踏査してその実態を発掘紹介したのが、民俗芸能研究者、神田より子氏である（「陸中宮古の神子舞と託宣」『民俗芸能研究』二、一九八五年、『神子の家の女たち』東京堂出版、一九九二年）。筆者もまた大きな刺激をうけ、文化庁の無形民俗文化財記録作成のため遅れて現地に入りその実態に触れ、両者の関連を追究することができた（宮古市教委編『陸中沿岸の神子舞』一九九七年に収めた拙稿「巫女と地域社会」および同編『神子シンポジウム報告書』一九九七年、中の拙稿「巫女と地域文化」参照)。

(4)小形信夫「藩政期の神子について」(文化庁文化財保護部編『巫女の習俗I』無形の民俗文化財記録、第二九集、一九八五年、六〇～六六ページ)、同「館石家の神子関係資料」(同上、一六〇～一七五ページ)、盛岡市中央公民館所蔵『御領分社堂』宝暦一〇年、森　毅編「資料篇」(同著『修験道霞職の史的研究』名著出版、一九八九年、三四九～五一九ページ)、宮古市編『宮古市史』民俗編上(市教委、一九九四年)、宮古市教委編『陸中沿海地方の神子舞報告書』(宮古市、一九九七年)、神田より子著『神子と修験の宗教民俗学的研究』(岩田書院、二〇〇一年)などの先行文献の上に立って論及する予定である。

(5)エダッコのなかには、ボサマ(座頭。とくに地神盲僧)と一対となって地方巡業を共にするものも少なくなかった。時には結婚して夫妻同行となったので、その際にはザトガカ(座頭嬶)とよばれた。

(6)『南部雑書』(一)の元文三年(一七三八)七月二十七日の条、寛保四年(延享元年、一七四四)の条による「領分中宗旨改郡分人数目録」から郡別に集計した。ただし八戸藩領は『久慈市史』(二)より引用。

(7)神子(ミゴ)自身の入巫に関するこの点の伝承は明白ではない。入巫の儀礼においては、エダッコに見る凄絶なオダイジユルシの憑神儀(trance)は行われない。だとすると厳密な意味でミゴをシャーマンの中にふくむことはできない。けれども、湯立・託宣の神儀において神子舞を演じるうちに恍惚状態に入り、自然に神口を発することがままある。したがって神事終了後、氏子にいかなる神言を発したかを訊ねられても全く記憶にのこっていないので答えることができないと告白している(拙稿「日本の降神巫儀」一三八～一四八ページ、本論末尾の参考文献D参照)。

(8)本論末尾の「参考文献」参照。

(9)エダッコ(イタコ)マチはすでに菅江真澄が実見している。近年では下北の恐山、津軽の金木町川倉の地蔵大祭が著名であるが、本地区では現在、法運寺(上北郡百石町、八月六・七日)、法光寺(三戸郡名川町、五月三～五日)で催される。

(10)　註(6)参照。

(11)　拙著『日本のシャマニズム』上(吉川弘文館、一九七四年)、第七章大和宗成立の背景、参照。

参考文献(本論の基盤となった臨地調査資料)

A　下北半島

大湯卓二「恐山参り」(青森県環境生活文化スポーツ振興課県史編さんグループ編『下北半島西通りの民俗』青森県、二〇〇三年、一五八〜九ページ)。

同右「キヤマ参り」(同編『下北半島北通りの民俗』青森県、二〇〇二年、一七〇〜一ページ)。

九学会連合下北調査委員会編『下北—自然・文化・社会—』平凡社、一九六七年。

楠　正弘『下北の宗教』未来社、一九六八年。

同右『庶民信仰の世界—恐山信仰とオシラサン信仰—』未来社、一九八四年。

櫻井徳太郎「下北半島の巫俗と信仰」(同著『日本のシャマニズム—民間巫女の伝承と生態—』上巻、吉川弘文館、一九七四年)、後に同著作集『日本シャマニズムの研究』第五巻(吉川弘文館、一九八八年)に所収。

高松敬吉『下北半島の民間信仰』伝統と現代社、一九八四年。後に改稿増補して『巫俗と他界観の民俗学的研究』(法政大学出版局、一九九三年)の書名で発行。

B　三八地方

石川純一郎「口寄せ巫女の伝承—八戸市周辺の場合—」(『國學院大學日本文化研究所紀要』三四、一九七三年)。

石津照爾「東北巫女俗探訪覚え書(1)—シャマニズムの問題及び青森県南部地方のこと—」(慶應義塾大学大学院『社会科学研究紀要』九、一八六九年)。

小井川潤次郎『おしらさま勧請記』八戸郷土研究会、一九五〇年。

同右『巫女聴書』草稿未刊、一九五三年ころ。のち筆者が『日本のシャマニズム』上（吉川弘文館、一九七四年）で紹介・解説した（三二五～三七五ページ）。近年『小井川潤次郎著作集』（木村書店版）として発行。

同右『いたこの伝承』自家謄写版、一九五四年。

斉藤明宏「青森県三戸・八戸地方における巫女聞書」（『東北民俗資料集』八、萬葉堂書店、一九七九年）。

櫻井徳太郎「青森県三八地方のイタコ」（前掲『日本のシャマニズム』上、第三章南部イタコの巫俗伝承　第一節）。

鈴木岩弓「南部地方の巫俗」（青森県史編さん民俗部会編『青森県史民俗編資料　南部』青森県、二〇〇一年、第六章第五節）。

能田多代子『村の女性』三国書房、一九四三年。

同右『みちのくの民俗』津軽書房、一九六九年。

C　岩手県北部地方

石川純一郎「口寄せ巫女―岩手県二戸地方におけるイタコさんの生態と伝承―」（『日本民俗学』六八、一九七〇年）。

工藤紘一「県北地方の巫女の習俗」（文化庁文化財保護部編『無形の民俗文化財記録、第二九集・巫女の習俗Ⅰ　岩手県』国土地理協会、一九八五年、第四章）。

櫻井徳太郎「岩手県北部のイタコサン」（前掲『日本のシャマニズム』上、第三章南部イタコの巫俗伝承　第二節）。

山口弥一郎『二戸聞書』六人社、一九四三年。

D　陸中沿海地方

小形信夫「下閉伊地方の巫女の習俗」（前掲『無形の民俗文化財記録、第二九集・巫女の習俗Ⅰ　岩手県』所収、第二章）。

神田より子『神子の家の女たち』東京堂出版、一九九二年。

同右「第一部論考篇・第二部資料篇」（宮古市教育委員会編『陸中沿岸地方の神子舞報告書』宮古市、一九九七年）。

同右『神子と修験の宗教民俗学的研究』岩田書院、二〇〇一年。

宮古市教育委員会編『宮古市史』民俗編　上巻（宮古市、一九九四年）。

櫻井徳太郎「日本の降神巫儀」（諏訪春雄編『降神の秘儀―シャーマニズムの可能性―』勉誠出版、二〇〇二年）。

森　毅『修験道霞職の史的研究・資料編』名著出版、一九八九年。

E　岩手県中部地方

門屋光昭「県中部地方の巫女の習俗」（前掲『無形の民俗文化財記録、第二九集・巫女の習俗Ⅰ　岩手県』所収、第三章）。

佐々木喜善『東奥異聞』坂本書店、一九二五年。

柳田國男『遠野物語』聚精堂、一九一〇年。のちに『定本柳田國男集』第四巻、筑摩書房、一九六八年、所収。

F　岩手県南地方

金野静一「県南地方の巫女の習俗」（前掲『無形の民俗文化財記録、第二九集・巫女の習俗Ⅰ　岩手県』所収、第一章）。

同右『気仙風土記』気仙風土記編集委員会、一九六七年。

同右『大船渡市史』民俗編、大船渡市、一九八〇年。

櫻井徳太郎「陸前地方の巫女伝承」（前掲『日本のシャマニズム　上』所収、第五章）。

水沢市史編さん委員会編『水沢市史』第六巻、水沢市史刊行会、一九七八年。

G　秋田県鹿角地方

櫻井徳太郎「秋田巫俗の民俗学的考察」（前掲『日本のシャマニズム　上』所収、第四章）。

佐藤文人「鹿角地方の巫俗」（文化庁文化財保護部編『無形の民俗文化財記録、第三六集・巫女の習俗Ⅳ　秋田県』国土地理協会、一九九三年）所収、第二章）。

青木（柳平）則子「クチヨセ―エヂゴとその職掌―」（國學院大學『民族学研究』三、一九七一年）。

渡辺郁子「鹿角郡におけるミコ組織と機能」（『宗教研究』三六―三、一九六三年）。

H　「南部」と周辺地域との比較

赤坂憲雄編「特集・巫女のいる風景」（『東北学』2、東北芸術大学東北文化研究センター、二〇〇〇年）。

池上良正『津軽のカミサマ』どうぶつ社、一九八七年。

同右『民間巫者信仰の研究―宗教学の視点から―』未来社、一九九九年。

石津照爾「東北の巫俗採訪覚え書（2）―津軽地方のこと―」（慶應義塾大学大学院『社会学研究紀要』一〇、一九七〇年）。

同右「東北の巫女俗採訪覚え書（3）―秋田県南秋田・仙北郡のうち―」（『同右』一一、一九七一年）。

江田絹子「青森と秋田のゴミソ」（『民俗学評論』二、一九六七年）。

同右「津軽のゴミソ」（和歌森太郎編『津軽の民俗』吉川弘文館、一九七〇年）。

内田武志・宮本常一編『菅江真澄全集』一～一二巻、別巻一・二巻、未来社、一九七一～二〇〇四年。

楠　正弘「ゴミソ信仰とイタコ信仰」（『東北大学日本文化研究所研究報告』別巻第一〇集、一九七三年）。

櫻井徳太郎『日本のシャマニズム』上巻（吉川弘文館、一九七四年）第二章津軽イタコの成巫過程、第四章秋田巫俗の民俗学的考察、第五章陸前地方の巫女伝承。

同右「巫女と地域文化」（岩手県宮古市教委編『神子シンポジウム報告書』所収、一九九七年）。

同右「巫女教団の近代化―大和宗成立の背景―」（日本仏教文化協会『別冊あそか』陽春号、一九六八年。後に改稿して拙著『日本のシャマニズム』上巻、「第七章大和宗成立の背景」に所収）。

篠宮（神島）はる子「巫女と依頼者についての一試論」（『民俗学評論』二、一九六七年）。

宮家準「修験・巫女と地域文化」（宮古市教委編『神子シンポジウム報告書』所収、一九九七年）。

宮古市教育委員会編『神子シンポジウム報告書』宮古市、一九九七年。

柳田國男『菅江真澄』創元社選書、一九四二年。

同右「巫女考」(『定本柳田國男集』第九巻、筑摩書房、一九六九年所収)。とくに「神子の夫、修験の妻」参照。

第五四回(八戸)大会の記録

大会成果刊行特別委員会

はじめに

地方史研究協議会第五四回（八戸）大会は、二〇〇三年一〇月一八日（土）から二〇日（月）までの三日間、共通テーマを「南部の風土と地域形成」として開催された。青森県八戸市公民館ホールを会場に、第一日目は自由論題研究発表と公開講演、第二日目は共通論題研究発表と共通論題の討論が行われた。最終日の第三日目は、九戸城跡から史跡根城の広場までのコースで巡見が行われた。

第五四回（八戸）大会が開催された二〇〇三年は、ヤマセによる冷夏となり、東北地方北部は梅雨明け宣言もないまま寒い夏を迎えることとなった。巡見などでは、刈り入れされない稲穂に見入る参加者もあり、大会テーマに掲げた「南部の風土」を、全国から参加した会員は身をもって実感する大会となった。冷夏は一〇年前の米不足を想起させ、東京などの大消費地では政府の米不足対策の宣伝もなされたが、生産地が抱える問題は深刻であった。第五四回（八戸）大会は、このようななかで開催された。

本書は、大会での共通論題研究発表と公開講演を中心に、大会テーマである「南部の風土と地域形成」に即して、書名を『歴史と風土―南部の地域形成―』とし、Ⅰ地域支配と民衆、Ⅱ生産・流通と地域、Ⅲ民衆思想と民間信仰の三章にまとめたものである。

一　大会テーマ設定の経緯

地方史研究協議会は、第五四回大会の開催に向け、二〇〇一年一〇月、常任委員会のなかに大会準備委員会を発足させた。大会準備委員会の構成は、須田肇（地方史研究協議会常任委員長）・牛米努（大会準備委員長）・鍛代敏雄・久保田昌希・桜井昭男・佐藤孝之・寺島孝一・西海賢二・藤野敦の九名である。大会準備委員会での検討をもとに、同年一一月の常任委員会において第五四回大会の開催地が青森県八戸市に決定された。

地方史研究協議会における大会開催地の決定をうけ、すぐに八戸市でも大会実行委員会の結成へむけた協議が行われた。一一月の八戸市での協議は、大会実行委員会の構成や大会内容、実行委員の役割分担など大会全般にわたる詳細なもので、大会開催へ向けた周到な準備がスタートした。二〇〇二年三月、大会準備委員会と開催地の研究者による初会合が八戸市立図書館で開催され、大会のおおまかな内容やスケジュール、委員の構成などが話し合われ、大会会場に予定する八戸市公民館ホールの下見も行われた。当日の参加者は、開催地から三浦忠司・藤田俊雄・菊池勇夫・斎藤潔・滝尻善英・中野渡一耕・西野隆次・本田伸の各氏で、この八名が大会実行委員会の構成メンバーとなった。大会準備委員会からは須田肇・牛米努・久保田昌希・佐藤孝之が参加した。この会合が、開催地における大会実行委員会の正式な発足となり、事務局長に三浦忠司氏・副事務局長に藤田俊雄氏が就任し、事務局を八戸市史編纂室に設置して同編纂室の職員が事務局員として大会をサポートすること、大会実行委員長を盛田稔氏に要請することが決定された。後日、盛田氏から大会実行委員長への就任が快諾された。

その後、大会準備委員会および大会実行委員会は、大会テーマの検討など、それぞれ勉強会や検討会を積み重ね、二〇〇三年七月、八戸市立図書館で第一回の大会実行委員会が開催され、大会準備委員も参加した打ち合わせが行われた。地方史研究協議会の大会は、一九六五年の第一六回大会が青森市で開催されており、その後、東北・北海道においては、北海道における固有の歴史展開をテーマとした第三〇回（札幌）大会、河川流域の一体性をテーマとした第三四回（山形）大会、北日本地域の交流をテーマとした第四〇回（仙台）大会、北方史の視点をテーマとした第四四回（函館）大会が開催されている。当日の打ち合わせ会では、こうした過去の大会をも参照して、大会テーマの方向性として、ヤマセや火山灰地帯という地域の自然的な特性や日本海ルートと太平洋ルートの結節点となる地理的な特性に焦点をあて、現在でも地域の一体性を保持している青森県東部から岩手県北部にいたる「南部地域」を対象とすることが議論された。そして九月、盛田稔大会実行委員長をはじめとする大会実行委員会と、高島緑雄地方史研究協議会会長に大会準備委員を交えた第二回大会実行委員会が開催され、大会の共通テーマや研究発表者の人選などが具体的に検討された。ここにおいて大会日程や大会会場、大会テーマの方向性などの基本的な内容が固められた。

二〇〇二年一〇月、第五三回（東京）大会の期間中、大会実行委員会と大会準備委員会の打ち合わせを行い、大会テーマの検討や第五三回大会終了後のスケジュールの確認などがなされた。第五三回（東京）大会終了後、大会準備委員会は大会運営委員会と名称を改め、大会運営委員長に伊藤暢直（地方史研究協議会常任委員長）が就任し、牛米努が大会運営副委員長となり、大会準備委員は全員そのまま大会運営委員となった。

大会運営委員会は、これまでの大会実行委員会との議論の積み重ねのなかで検討されてきた、「南部」の風土に根ざした地域のありように論点を絞り、近年の地方史研究協議会が大会テーマに掲げて議論してきた地域間交流と地域の個性の問題を、「南部の風土」をキーワードとして深化・発展させていく方向性を確認した。大会運営委員会が、大会実行委員会と協議しながら作成した大会の趣意書は、以下の通りである。この趣意書は、『地方史研究』三〇二（二〇〇三年四月）・三〇四（同年八月）・三〇五（同年一〇月）に掲載した。

第五四回大会を迎えるにあたって

南部の風土と地域形成

常任委員会
第五四回（八戸）大会実行委員会

地方史研究協議会は、第五四回大会を、本年一〇月一八日（土）から二〇日（月）までの三日間、八戸市公民館ホールにおいて開催する。本会常任委員会および開催地の研究者で組織する大会実行委員会では、大会の共通論題を「南部の風土と地域形成」とし、大会開催の準備を進めている。

近年における本会の大会では、地域間の交流や都市と近郊との関係など、「交流」を主要なテーマに掲げてきた。第五一回（松本）大会は中央高地の内陸地域、第五二回（尾道）大会は瀬戸内の多島海地域と、自然的・地理的な環境のもとで歴史的に形成されてきた地域固有の自律的な特質の解明に取り組んできた。

本大会は、これらの成果を受け継いで、大会テーマを「南部の風土と地域形成」とした。風土はおもに自然条件を指すが、地域が育んだ精神世界を含めた地域の特性を広く表現する言葉でもある。政治や産業、思想・文化などの特質を、風土に根ざした地域における主体的な営為の積み重ねと捉え直すことで、歴史的な地域形成のあり方をより個性あるものとして理解することが可能になると考える。

本大会で対象とする地域は、青森県東部から岩手県北部にいたる、いわゆる「南部」地域である。この地域は、古代において「化外の地」として中央政府の「北征」の対象とされ、中世においては奥六郡の北に設定された糠部《ぬかのぶ》の範囲に相当する。中世後期から戦国期にかけて糠部を支配したのは南部氏であるが、南部氏は勢力を南下させて北上川流域の盛岡に居城を移し、近世の盛岡藩が成立する。その後、盛岡藩の所領が分割されて馬淵川流域に居城を構えた八戸藩が成立し、南部は盛岡・八戸両藩の支配となる。南部の呼称は、このような戦国期から近世における南部氏の所領を示す広域名称であるが、本大会では固有の地域的な特質を有している南部氏の旧領である糠部地域を指して南部と呼ぶこととした。

南部地域は、奥羽山脈北端の東部に位置し、十和田・八甲田・恐山などの火山による火山灰台地が大部分を占め、むつ・小川原及び馬淵川流域に低地が分布している。この地域はヤマセで有名で、オホーツク海高気圧から吹きつけるヤマセが発達すると夏の異常低温となり、現代にいたるまで冷夏・凶作の代名詞となっている。このような南部の風土は、稲作のみならず畑作や牧畜、漁業などの多様な生業を成立させ、地域の生産活動を特徴づけている。

南部は、古代以来の良馬の産地であり、中世「糠部の駿馬」の名声は、貢馬制と密接な関係を持つ「九ケ部《くかのぶ》四門制《よんかどのせい》」という糠部独特の行政組織により支えられていたとされている。現在も「戸」の地名が南部地域にあるが、近世・近代においても馬産は南部の重要産業であった。一方、火山灰台地である南部は、稲作よりも畑作農業に特徴があった。しかしヤマセという厳しい自然条件は凶作や飢饉を招きやすく、また山野の開発は猪が農作物を食い荒らす猪《いのしし》飢渇《けがじ》を引き起こしていた。

本州の北東端に位置する南部は、海に向かって開かれた地域である。対岸の北海道はもとより、近世においては西廻り航路により大坂と、東廻り航路により江戸との諸物資の交易が発展し、ヒバ材や大豆、干鰯・〆粕や俵物、さらには銅や鉄が移出された。近代においては、港湾整備により遠洋漁業が発達するとともに、八戸地区では臨海工業都市として工場の立地が促進された。

南部の風土が育んだ文化のひとつに、エンブリがある。エンブリは、新春にその年の豊作を予祝する「田遊び」（田植え踊り）の系統に属する民俗芸能で、全国的に見ても古式にのっとった神事的要素を残しているのが特徴とされる。豊作祈願のエンブリには、厳しい風土のもとで生き抜いてきた南部の民衆の祈りがこめられている。

　南部地域は古代より、中央からみれば「化外」・「辺境」・「後進」地域と評価されることも少なくなかった。このような「外からの視点」を「内からの視点」へと転換し、主体的な地域形成のありようを明らかにすることは必ずしも容易ではない。しかし本大会を通して、風土に根ざした地域形成の諸相を歴史的に検討するなかから、地方史研究の新たな可能性を探りたい。実りある、活発な議論を期待したい。

二　大会実行委員会および研究会の記録

　第五四回（八戸）大会の開催に向け、大会運営委員会と大会実行委員会は、打ち合わせ会や研究会を、以下の日程で開催した。

二〇〇二年三月二三日（於　青森県八戸市　八戸市立図書館）
　大会実行委員会発足会（大会準備委員参加）

二〇〇二年四月一八日（於　青森県八戸市　八戸市立図書館）
　第一回大会実行委員会

二〇〇二年七月一三日（於　青森県八戸市　八戸市立図書館）
　大会実行委員会・大会運営委員会の打ち合わせ
　大会テーマの対象地域およびテーマ設定など。

二〇〇二年九月七日(於　青森県八戸市　八戸市立図書館)
　第二回大会実行委員会（会長・大会準備委員参加）
　大会の名称、テーマ案の検討、大会準備の分担、後援団体など。

二〇〇二年一〇月一七日（於　東京都豊島区　立教大学）
　大会運営委員会と大会実行委員会の打ち合わせ
　大会テーマおよび第五三回（東京）大会終了後の準備手順など。

二〇〇二年一二月一八日（於　青森県八戸市　八戸市立図書館）
　第三回大会実行委員会

二〇〇三年一月二一日（於　埼玉県和光市　税務大学校租税史料館）

大会運営副委員長と大会実行委員会事務局長の打ち合わせ
共通論題報告者および問題提起者の選考、大会までのスケジュール確認など。
二〇〇三年二月一五日（於　青森県八戸市　八戸市立図書館）
第四回大会実行委員会（大会運営委員参加）
大会までのスケジュール確認、共通論題報告者・公開講演・問題提起者の検討など。
二〇〇三年五月一六日（於　東京都世田谷区　駒澤大学）
打ち合わせ会および大会関連月例会
「近世大名相続人の条件―寛文四年盛岡藩南部家の継嗣問題を事例として―」　田原昇氏
田原昇氏の報告要旨は、『地方史研究』第三〇四号に掲載した。
二〇〇三年六月七日（於　青森県八戸市　八戸市立図書館）
第五回大会実行委員会（大会運営委員参加）
巡見コース、大会関連月例会報告者の検討など。
二〇〇三年七月一二日（於　青森県七戸町　旧七戸町郵便局）
大会実行委員会・大会運営委員会の打ち合わせ
共通論題準備報告会
「南部地方の考古学研究」　工藤竹久氏
「東大史料編纂所影写本『斎藤文書』所収南部氏系図の検討」　工藤弘樹氏
「検地と年貢徴収―盛岡藩を事例に―」　西野隆次氏
「近世の北奥と藩領域―八戸藩・盛岡藩境絵図の検討を通して―」　本田伸氏
二〇〇三年七月一九日（於　東京都豊島区　自由学園明日館）
大会実行委員会・大会運営委員会の打ち合わせ
共通論題準備報告会
「八戸藩における漁業と漁業政策の展開過程―八戸藩庁諸日記から見た―」　高橋美貴氏
「明治～昭和戦前期における八戸商人と周辺地域―洋品取引を中心に―」　差波亜紀子氏
※自由学園は、八戸出身の羽仁もと子が創立した学校である。校舎はフランク・ロイド・ライトの設計で、国指定の重要文化財である。当日は、八戸ゆかりの首都圏在住の方々も多数参加し、報告終了後には明

日館の田代優子氏による館内説明があった。

二〇〇三年八月二日（於　青森県八戸市　八戸市立図書館）

第六回大会実行委員会（会長・大会運営委員参加）

大会概要（案）、大会までの準備手順の最終確認など。

大会関連月例会

「『南部大膳大夫分国之内諸城破却書上』の分析」　佐藤一幸氏

「盛岡藩の藩牧と民衆負担」　中野渡一耕氏

当日は、地元の研究会のメンバーも多数参加し、討論時間が足りなくなるほど活発な質疑がなされた。両氏の報告要旨は、『地方史研究』第三〇六号に掲載した。

二〇〇三年八月三日

大会会場および巡見コースの下見

二〇〇三年九月六日（於　青森県八戸市　八戸市立長者公民館）

大会準備報告会（プレ大会）

「下北半島のアワビ貝塚」　工藤竹久氏

「糠部南部氏と波木井南部氏」　工藤弘樹氏

「検地と年貢徴収―盛岡藩を事例に―」　西野隆次氏

「近世の北奥と藩領域―八戸藩・盛岡藩境絵図の検討を通して―」　本田　伸氏

「寛保三年糠部巡礼札所の行基伝説」　滝尻善英氏

報告後、参加できなかった報告者の報告要旨と併せ、大会当日の共通論題討論の進め方についての検討を行った。

大会運営委員会と大会実行委員会は、連絡を密にとりながら準備を進めてきた。東京や八戸での大会関連研究会には、地元研究会の方々の参加が多数あり、大会への期待も大きくなった。

大会実行委員会では、会員だけでなく広く市民の参加を求めて、大会の開催決定後から地元の新聞社や放送局などの報道機関に大会関連の情報を積極的に提供した。また、大会実行委員会の事務局となった八戸市史編纂室でも、ホームページ上に地方史研究協議会の大会コーナーを開設して市民への広報に努めた。このような大会関連の新聞・テレビでの報道は、大会後まで含めると実に二六回を数えた。今大会には、会員だけでなく、多くの市民の参加があったが、その最大の理由はこうした積極的な広報活動によるものであった。

また、今回の大会では、共通論題の研究発表者に大会趣意書作成者をふくめた八名が、地元の「デーリー東北」紙に八戸大会の報告要旨を連載した。九月二〇日から一〇月一二日までの土曜・日曜日の文化欄に連載された発表要旨は、大会用の発表要旨を市民向けの平易な表現に改めたもので、市民からの大きな反響があった。さらに大会当日の共通論題発表と共通論題の討論は、八戸ケーブルテレビで放映された。

大会準備段階での八戸大会のもうひとつの特徴は、大会当日の報告資料を、『第五四回（八戸）大会資料集』として印刷・製本して参加者に配布したことである。公開講演から自由論題研究発表・共通論題研究発表・巡見までの、大会資料すべてが一冊にまとめられた。予想を上回る市民の参加により用意した三〇〇部はすぐに品切れとなり、不足分はコピーで対応をせざるを得なくなったが、初めての試みは大変好評であった。

大会の開催地である八戸には、数年前に安藤昌益の国際シンポジウムを成功させた実績があったとはいえ、大会準備過程での市民向けの広報や大会資料の作り方など、今後の地方史研究協議会の大会運営に参考となる大きな問題を提起したといえる。

三　大会共通論題への問題提起

第五四回（八戸）大会では、大会テーマにかかわる問題提起を募集し、『地方史研究』第三〇四号（八月号）と第三〇五号（一〇月号）の二号に分けて掲載した。なお、今大会においては、大会テーマにかかわる論文の募集は行わなかった。

1　南部地方の縄文時代　高田和徳氏
2　下北半島の風土に生きる　橘　善光氏
3　古代蝦夷《えみし》の成立・交易・集落　八木光則氏
4　中世糠部の世界と大名南部氏　入間田宣夫氏
5　中世城館跡からみた室町期・戦国期南部氏の権力構造　小山彦逸氏
6　八戸城下町の形成・変容と「南部」地域　千葉正樹氏
7　「南部地域」の歴史における馬産・畑作・狩猟の位置

再考　榎森　進氏

8　盛岡藩の藩牧と民衆負担　中野渡一耕氏

9　俵物生産と盛岡藩の対応—安永期を中心に—　畑井洋樹氏

10　北方・海防問題と北奥諸藩・民衆　千葉一大氏

11　夢中翁嘉言の著者について　森　ノブ氏

12　「東方朔」の発生—飢饉と文字—　小池淳一氏

13　恐山信仰の伝播についての一考察　宮崎ふみ子氏

14　八戸と石田収蔵　小西雅徳氏

15　〈場所の個性〉とその歴層についての覚書—戦後八戸市の地域開発をとおして—　高橋英博氏

16　松前出稼ぎ・往来者・アイヌ民族—下北半島の村落の在り方をめぐって—　瀧本壽史氏

17　八戸藩の藩政改革と相撲取りの大名抱え　小林文雄氏

18　奥州からの霊地参詣—富士・西国は憧れかつ情報収集の地なのか　西海賢二氏

19　羽仁もと子を育んだ八戸の時代と気風　田代優子氏

20　山車祭礼からとらえる青森県南部地方の地域性　小山隆秀氏

四　自由論題研究発表・公開講演

大会第一日目の一〇月一八日におこなわれた自由論題研究発表は、以下の通りである。

1　鈴木牧之の文筆活動—百姓生活への眼差し—　六本木健志氏

2　近世越後蒲原地方の他所稼ぎ　中村義隆氏

3　盛岡藩制史研究上の史料的諸問題—村方史料の存在状況を中心に—　鈴木幸彦氏

4　八戸藩江戸勤番武士の奢侈品購入と国元

岩淵令治氏

六本木氏の報告は、鈴木牧之の「秋山記行」(文政一一年)が、金銭遣いの拡大により「驕り」を求める百姓生活への批判の眼差しから、秋山郷の「生活の豊かさ」を物質文化だけでなく風土に育まれた精神文化を含めた生活の総合ととらえる視座を提示したものであること。そしてその視点は、南魚沼固有の文化の追求としての『北越雪譜』の刊行や、地域社会の再生を図る牧之の行動へと通じるものであったと結論付けた。

中村氏の報告は、越後蒲原地方からの出稼ぎを時代的・地域的に検証し、また酒杜氏や縮行商・毒消し売りや角兵衛獅子、会津や北関東農村への移住などの諸相にも触れ、近代の原動力となった北陸地方からの人口移動が近世から徐々に速度を速めて進行していたことを明らかにした。

鈴木氏の報告は、三戸南部氏(後の盛岡南部氏)が鎌倉以来の糠部の南部氏宗家として存在してきたとの通説を史料的に検討し、戦国末期以前には史料的な確認ができないことを指摘した。そして盛岡藩内における村方史料の少なさの背景として、農民の自立性の弱さや地方知行制の存在があること、宗門改帳が人口把握を目的とした帳簿ではないことなど、村方史料の面からも盛岡藩制史における史料的な問題点を指摘した。

岩淵氏の報告は、八戸藩の江戸詰藩士の国元からの購入品依頼と、江戸での行動についてであったが、同報告については本書の論文を参照されたい。

自由論題研究発表に続いて、同日の午後に、以下の公開講演が行われた。

八戸の安藤昌益

稲葉克夫氏

神子と巫女の生態と社会的機能
――南部巫俗の風土と地域性――

櫻井徳太郎氏

稲葉克夫氏には講演記録を、櫻井徳太郎氏には講演をもとに論文を執筆いただき、本書に収録した。

五　共通論題研究発表と討論

大会二日目の一〇月一九日に行われた共通論題の研究発表は、以下の通りである。

1　下北半島のアワビ貝塚　工藤竹久氏
2　糠部南部氏と波木井南部氏　工藤弘樹氏
3　検地と年貢徴収―盛岡藩を事例として―　西野隆次氏
4　近世の北奥と藩領域―八戸藩・盛岡藩境絵図の検討を通して―　本田　伸氏
5　八戸藩における漁業の展開と漁業政策―八戸藩庁諸日記から見た―　高橋美貴氏
6　近代八戸における洋雑貨商経営―輸送条件と商圏の検討を中心に―　差波亜紀子氏
7　寛保三年糠部巡礼札所の行基伝説　滝尻善英氏

各報告については、本書に論文として掲載したので、そちらを参照いただきたい。

なお、共通論題発表の午前の部終了後、大会実行委員でもある宮城の菊池勇夫氏より、二〇〇三年七月の宮城県北部を中心とした連続地震を契機に、宮城県在住の日本史研究者有志により結成された「宮城県歴史資料保全ネットワーク」（世話人代表平川新・東北大学東北アジア研究センター）の活動報告が行われた。同ネットの活動を実質的に支えているのは大学院生などのボランティアであり、活動への支援として大会においてカンパも募られた。詳細については、『地方史研究』第三〇六号に掲載の「宮城歴史資料保全ネットの活動と支援のお願い」を参照されたい。

六　共通論題討論の概要

共通論題の討論は、大会実行委員会の三浦忠司氏（青森）と菊池勇夫氏（宮城）、それに大会運営委員会の牛米努（東京）の三名が議長となって進行した。

最初に議長から、討論の進め方として、七本の共通論題研究発表を大きく二つに分けて議論することが提案された。第一は南部地域の領主権力、領主と村・百姓という地域の枠組みについてで、ここで工藤弘樹氏・西野隆次氏・本田伸氏・滝尻善英氏の四報告を、第二は風土に規定された地域の生産や流通のありかたについてで、ここでは工藤竹久氏・高橋美貴氏・差波亜紀子氏の三報告をとりあげることとした。共通論題研究発表については、個別報告後の質疑で、史料的な質問についてはいくつか出されているので、それを前提に第一・第二とも、質問票にもとづいて、個別報告の質疑から全体討論へと移行する形の進行とした。第一の論点は牛米、第二の論点は菊池勇夫氏が担当し、全体を三浦忠司氏がまとめた。

第一に関わる点で、まず東京の百瀬謙三氏より本田氏に、当該地域の境塚に石を用いた事例があるかどうか質問が出された。本田氏は、石の事例はなく、境塚は土でできていると回答された。続いて百瀬氏は、河川が境界になっている場合は、水争いが境界紛争となることも考えられるが、そういった事例があるかと質問された。本領部分の藩境における水争いの事例は確認できないが、八戸藩の飛地があった志和郡では水争いが起こっていると回答した。

続いて西野報告に対して、青森の戸来元氏から年貢率と片馬の数量的な確認のあと、何故六%という低い税率なのかとの質問が出された。西野氏は、近世前期の税率は低く、延宝期には三〇%まで上がり、享保三年の総検地後には一〇数%となるが、近世前期の税率の低さについてはまだ検討していないと回答された。これに関連して、青森の盛田稔氏から、近世前期の盛岡藩における税率の低さについて、同藩が経営していた金山から採掘される莫大な金が藩の財政を支えており、金が枯渇する元禄期には六〇%の税率になる地域もでてくるので、こうした金山との関係を検討する必要があるとの意見が出された。また同氏は、それにしても六%の税率は低すぎるので、これは新田に対する税率かもしれないと付け加えられた。

西野報告については、個別報告後の質疑で東京の木村礎氏から、村請制の研究史的整理が不十分であること、また年貢だけでなく役負担の問題として検討する必要性が指摘されていた。宮城の榎森進氏は、この議論に関連して、個人請の小高制を村高制との関係から説明するのなら、盛岡藩の特色が近世社会全体のなかでどのように位置付けられるかを説明しなければならないのではないか、と質問された。これに対して西野氏は、大変難しい問題だとしつつも、小高制は近世前期における盛岡藩の基礎的な土地制度であり、それに基づく年貢徴収制度も近世中期以降は実態がなくなると考えていると回答した。そして近世前期の個人請については信州や熊本細川藩領の事例報告があることを挙げ、これを近世村落史研究のなかに位置付けることは今後の課題であるとした。

榎森氏からは、近世前期の盛岡藩では、年貢の徴収は藩が村を媒介せずにストレートに百姓を捕まえる個人請であると理解してよいかとの確認がなされた。これについては、慶長年間の村の肝入という村役人の存在が確認できるので、何らかの形での村役人の関与があったとは思うが、史料的な確認ができないので、現状では藩が差紙を発給して年貢を賦課しているとまでしか言えない。おそらく寛文初年までの村の仕組みとか、年貢の仕組みを知る史料は村方には存在しないのではないか、と回答された。西野報告については、関連して盛田氏から、新田開発地は給人地と御蔵入地に分割され、給人には百姓一人別の小高帳が発給される。知行状は別に発給されるので、代官所の調査による納税調書のようなものも発行されるのではないかとし、事例とした村が給人地か御蔵入地かを再確認することの必要性が指摘された。

ここで議長から、南部地域については工藤弘樹報告が中世における重層的な領主権力の存在を指摘しており、このような領主権力との関わりから、西野報告が提示した南部藩の領主―百姓（村）関係を考えることができないか、他地域の事例も含めてフロアからの発言が求められた。議長の求めに応じて、埼玉の和泉清司氏から、南部藩だけでなく東北の大名には家臣団の在地性、ある意味での独自性を認めながら藩制を確立していかざるを得ない状況がある。これは譜代大名とは異なるし、場合によっては西日本とも若干異なることもあるだろう。地域における生産力の差などの在地構造をみていかないと、近世前期のこうした問題は解決できないのではないかとの意見が出された。次いで、これも議長の要請で神奈川の池上裕子氏から、近世の村請制を一律に考えるのではなく、地域性をもっと考えても良いのではないかとの意見が出された。ただし、同様な事例として挙げられた信州虎岩村の事例は、村請制成立以前の地域の有力者による年貢納入なので、今回の事例とは異なるのではないか。さらに中期以降の小高帳が実態から乖離していくとの趣旨だが、初期において実態を反映しているとの証明はなされていないのではないかと付け加えられた。

ついで工藤弘樹報告について、青森の橋本正信氏より、糠部郡で南部家文書等に現れるのは、陸奥の国府に敵対した武士たちであり、南部師行など南部一族の名前は登場しないが、これは南部氏がいち早く陸奥国府に服従したからと解釈してよいか、との質問があった。工藤（弘樹）氏は、鎌倉時代に南部氏が地頭代として糠部にいたという同時代の史料は存在しない。残っているのは、鎌倉幕府滅亡後に闕所地となった所領についての陸奥国宣である。建武新政で潰されなかった人間には、鎌倉時代の所領安堵についての国宣が発給されなかったと仮定すれば、陸奥国宣に現れないからといって、南部氏の所領が存在しなかったとはいえない、と回答された。

次に、本田報告と滝尻報告について、藩境や庶民信仰などの面で形成されていく地域概念についての議論に移った。静岡の川崎文昭氏から滝尻報告について、①糠部三十三観音札所の成立を藩財政の窮乏や災害などに求められたが、同様な要件があればどこでも観音信仰は成立するのかどうか。②三十三札所が成立する範囲である「地域」をどのように認識しているか。③観音信仰と弥勒信仰との関係について質問が出された。滝尻氏は、①全国的に観音巡礼が盛んになるのは文化・文政期であるが、寛保三年というのは早い時期で、現状では報告のような社会不安に理由を求めざるを得ない。②守西上人が定めた三十三札所には、彼の人間関係によって浄土宗や曹洞宗・臨済宗などの寺院が入ってきている。③すぐには答えられないが、西国三十三か所の第一番札所である熊野の那智山は観音浄土「補陀洛世界」とみなされるとともに、弥勒信仰の一大霊場でもあったこと。そして弥勒菩薩の姿は奈良中宮寺をはじめ伝如意輪観音とも称しており、同じ菩薩ということで一緒になったのではないかと推測している、と回答された。

続いて議長を菊池勇夫氏と交代し、第二の論点である、生産や流通・輸送手段などが地域の形成や再編にどのように関わっているのかについての討論に移った。まず議長から、工藤竹久氏・高橋美貴氏・差波亜紀子氏の三報告を整理し、工藤・高橋報告で対外貿易を含む遠隔地市場・全国市場と結びついた地域の特産物生産の影響を、生産の場における労働力の問題などもあわせて議論したい。次いで差波報告で、近世の廻船から近代の汽船、そして鉄道の開通により商圏がどのように再編されていくかという問題を議論していきたいと、討論の方向が示された。

まず東京の池田氏から、アワビ貝塚から出土した遺物として報告された陶磁器などは、良品を選んだのか、一般的な遺物なのかの確認がなされた。また、こうした遺物からアワビ漁の村の豊かさを結論付けたことにたいして、仲買などの流通と生産現場との格差を考える必要性がないかとの質問が出された。報告者は、まず貝塚から出土する陶磁器は九州の製品に限定されていること、紹介したもの以外にもいろいろな種類があるとしたうえで、アワビ貝塚の出土例がないので、比較できる遺物の蓄積が必要であるとの認識を示した。さらに、俵物生産に関わることで、生活が楽になったということではなく、物資や情報の流入が急速に進んだのではないかと考えていると回答した。

工藤報告に関連して、俵物生産への専業化や食料購入など、下北における漁業者の生活の変化について、議長から瀧本氏へ関連意見が求められた。青森の瀧本壽史氏は、俵物生産により俵物問屋による漁民支配が強化されていくこと、漁民支配は下北だけでなく野辺地の商人との結びつきなど広域化していくとの認識を示された。

次に高橋報告に移るが、議長から高橋氏に俵物以前のアワビの生産と流通についての見解が求められた。高橋美貴氏は、八戸藩や南部藩では、串貝（串刺しの干アワビ）や熨斗アワビなどの儀礼用水産加工品の占める位置が大きいイメージがある。一七世紀後半には、佐渡の海女が下北に出漁してきて熨斗アワビを作って一部を盛岡藩に献上したり、下北や田名部辺りから藩が串貝や熨斗アワビを買い、それを大坂に輸送・販売する商人が現れるという事例がある。俵物生産が本格化する一八世紀半ばまでは、このような儀礼的な水産物生産が一定の意味を持っていると考えていると発言した。

高橋報告については、京都の若松正志氏から、藩主による漁乞の祈祷の史料に見える天聖寺や来迎寺は、どのような寺なのか。そこに八戸藩の特殊性は見られるかとの質問があった。これについてはフロアからの発言がなかったので、議長団から三浦忠司氏が、両寺とも藩から扶持を与えられる浄土宗寺院を束ねる地位の寺院であるとしたうえで、この二か寺だけではなく藩から扶持をもらっている寺院や海岸沿いの漁神を祀る神社などに祈祷を行わせていると説明した。

続いて宮城の榎森進氏から、漁業生産の歴史的変容過程については流通過程との相互関係を解明することが必要であるとし、①具体的な鯏の生産品の種類と、その種類ごとの流通機構と関係する商人の実態、②そのうちの何が一七世紀・一八世紀・一九世紀で変容していくのかとの質問が出された。高橋氏は、生産と流通の相互関係については個別の廻船経営の分析が必要で、今後解明していくつもりであること。そして質問に関って、一七世紀末から一八世紀初めに関西の漁民が大量にこの地方に出漁してくることを考えれば、畿内や関西における綿生産などとの結びつきが考えられるのだが、その後の推移についての展望はまだ持ちえていないと回答された。また質問を受けて考えた点として、一八世紀後半から一九世紀にかけての三陸の魚肥生産では、鰯の漁獲量が減少することに加えて、カツオやシビ・アカウオの頭カスなど、本来別の目的で漁獲した魚の余った部分を魚肥化して江戸に送るということが目立ってくる。再度一九世紀にイワシ漁が盛んになったときには、これらの魚肥や関西ではニシン、日本海ではハタハタなどの新たな競争相手がでてきており、イワシの商品価値は相対的に小さくなっていくと考えられるのではないかと発言された。

議長から、同報告では北海道への出稼ぎなどの労働力の問題など議論すべき点はあるが、時間の制約から、もうひとつの論点である漁業資源の保全の問題を議論していく方向性が示された。まず高橋氏から、三陸地方で資源保護の問題が登場するとすれば、一七世紀末から一八世紀初めと、一九世紀に国産政策が展開する時期に大きく分けられる。前者の時期には、東北地方では津軽石川で瀬川仕法というサケの資源保全慣行が在地社会で作られてくる。この時期に生み出されたサケ資源保全の慣行は一八世紀における商品流通の大きな影響をうけて形成されたと考えることができる。これにたいして一九世紀は、殖産を意図する領主権力が民間社会で形成されてきた生業知を吸収し、それを政策化していく歴史段階と規定することができないだろうかと発言された。

次に差波報告に移り、神奈川の寺門雄一氏から、①八戸諸港は汽船の開通により交易港として繁栄したのか、それとも近世から繁栄していたのか、②鉄道開通後に扱い高が低下する八戸諸港と低下しない青森港の違いは何か、との質問が出された。差波氏は①について、藩の国産政策による流通統制のもとで八戸と野辺地は交易港とされていたが、それは藩の保護下でのものであり一般的な商港・交易港としての繁栄とは少し違ったもののようにおもわれる。八戸港の繁栄については一般の廻船問屋の活動分析が必要であるが、三菱汽船開通初期の報告書では、資本主義的・経済合理的な観点からすれば八戸港の荷物積み下ろし機能は非常に劣っていたとされている。あくまでも明治期の史料からみた場合との限定つきで回答された。②について、青森港は青函連絡船の連絡輸送の数がカウントされているので、東北を代表する港としての青森のシェアについては、両者の比重を見ておく必要がある、と回答された。寺門氏と差波氏の議論では、八戸港は地形的にも汽船の発着が難しく、近代港湾としての整備が課題となったとの認識が示された。

第二の論点の締めくくりとして、議長から、洋雑貨という外から移入されるときの八戸や青森といった港を中心とする卸売りの「大きな商圏」と、野辺地や五戸・七戸などの小売の「小さな商圏」との関係性や、地廻りの産物の流通なども ふくめた大まかな概括が報告者に求められた。差波氏は、地域における卸売問屋や小売商店の実態については解明が進んでおらず、地元の穀物問屋などの研究が進めば、地域への移入と地域からの移出についても比較研究をしていけると考えているが、研究史的にも難しい面があると回答された。

この点については、議長団の三浦氏が、近世の八戸藩のもとで物資輸送を担っていた八戸（鮫）港は汽船の時代に対応できず、明治期になって八戸の築港運動が起こってくる。ようやく実現されるのは昭和恐慌後で、満州への硫化鉄鉱の輸出などにより鉄道とリンクして八戸港の物資輸送が盛んになってくる、と補足された。

最後に全体の総括討論に移るが、まず各報告者に共通テーマと共通討論を踏まえた報告についての発言が求められた。各報告者の発言要旨は、以下の通りである。

工藤竹久氏　比較的新しい時期の遺跡の研究には、考古学だけでなく文献など幅広い分野の研究者による総合的な研究が必要である。とりわけ地域の交流や交易の問題は、遺跡が所在する地域だけでなく広域的な研究者のつながりがないと成果はなかなか得られない。こうした大会の場をとおして広く情報を教えてほしい。

工藤弘樹氏　第一は、室町幕府体制のもとで、糠部という一領域に八戸と三戸という二つの領主が追認されるというのは不自然であり、支配地域についても史料がなく明確ではない。両者の関係については、さらに検討が必要である。第二に、室町幕府が二つの領主を認めた理由と、さらにそれが継続したことの意味。第三に、南部氏の権力が光行を初代として糠部に浸透していくという歴史認識の形成と在地の関係。こうしたことが解明できれば大会テーマに迫ることができると考えているが、今後の課題である。

西野隆次氏　冷夏の影響で今年の作況指数は三〇である。一般に近世の村は自立しているとされ、凶作時には村が百姓の生活を保障するとされている。だが、果たして南部の風土のもとで村が百姓の生活を保障できるのだろうか。こうした問題意識を基本に考えてきた。村が百姓を守れないとすれば誰が保障するのかという形で、領主の側面から個人請を論じてきた。今回の大会報告で有意義なご意見をいただき、お礼を述べたい。

本田　伸氏　絵図を使って空間的な領域論を提起したが、このような研究は大絵図を簡単に見ることができないこともあり、必ずしも多くはない。ただ、地域形成というテーマとの関わりでは、空間だけでなく、そこで生活する人びとの移動や交流の視点を境界論のなかに取り入れていくことが必要であり、課題である。

高橋美貴氏　報告の過程で、西村嘉氏の猪飢饉に関する一連の研究を知ることができたこと。盛田氏からは直接、ヤマセと畜産の関係—牧草と塩とカルシウムといった風土と生業の関係性について教示があったことが興味深かった。こうしたメカニズムを、歴史史料と生態学的な知識を用いて解明するという方法は興味深く、生業文化をテーマとする研究をイメージできたことが収穫であった。

差波亜紀子氏　今回は洋雑貨の商圏を取り扱ったが、こうした物資の消費の伸びが地元商人の成長に繋がっていると感じている。今後は、洋雑貨の購入者やその購買力を支える地域の生業のありかたにも視点を広げて消費の問題を考えていきたい。

滝尻善英氏　民俗学の立場からの調査報告をおこなったが、糠部巡礼とは直接のつながりはないものの、質疑でだされた遊行上人の来村については、地域の信仰という面から今後検討していきたいと考えている。

各報告者によるコメントの後、議長団を代表して牛米が、共通論題討論のまとめを以下のように行い、共通討論を締めくくった。

大会テーマを「南部の風土と地域形成」に設定したのは、内側から南部の地域を考えてみたいとの意図によるものであった。とりわけ南部地域（東北全体といってよいかもしれないが）は、ヤマセなどの厳しい環境のもとでの「遅れた地域」とのイメージが依然として払拭しきれていないようにおもう。内側からの視点といっても具体的な問題としては簡単ではない。そこで大会実行委員会と大会運営委員会は、大会テーマを具体化するために共通論題報告を大きく二つに分けて討論することとした。第一は、南部の風土に根ざした地域の生業をもとにした地域形成のあり方が、全国市場に組み込まれることでどのように変容していくのか、というような産業を基にした視点である。第二は、こうした地域の経済的な基盤を踏まえたうえで、領主権力や村といった問題を解明していくことである。ヤマセと畑作、牧畜など取り上げられなかった問題も少なくない。しかし地方史研究協議会は、地域の史料にもとづいた実証的な研究を積み上げていくという姿勢をもっており、今後も考古学や民俗学などの諸学と歴史学の連繋を密にして、風土に根ざした地域形成の視点を深化させたいと考えている。

今大会においては、南部地域の二〇以上の研究団体から協賛を得ることができ、大会二日目までの参加者数も新記録との非公式情報もある。とりわけ開催地の研究者をはじめ、参加した会員による活発で有意義な議論ができたと考える。

おわりに

第五四回（八戸）大会は、第三日目の巡見をふくめて、盛会のうちに終了することができた。なお、大会参加記が、『地方史研究』第三〇七号に掲載されているので、ここで触れる機会がなかった巡見もふくめ、大会全体については、こちらもご参照いただきたい。

実質二年間、大会実行委員会と大会開催についての準備を重ねてきた。その過程では、大会実行委員会だけでなく、開催地の方々の多大なご協力を得た。開催地である八戸市と八戸市コンベンションビューロー、青森県からの後援と、多くの研究諸団体からの協賛を得ることもできた。あらためてご支援とご協力に感謝する次第である。なお、協賛団体は以下の二十二団体である。

八戸歴史研究会　八戸古文書勉強会　八戸地域社会研究会　根城史跡保存会　北東北産業技術遺産学会　八戸市小学校社会科教育研究会　八戸市中学校社会科教育研究会　五戸郷土研究会　階上町歴史研究会　南部町郷土研究会　上北歴史文化研究会　野辺地町歴史を探る会　下北の歴史と文化を語る会　種市歴史民俗の会　軽米町古文書解読会　弘前大学国史研究会　岩手史学会　岩手古文書学会　青森県民俗の会　青森県考古学会　青森県文化財保護協会　青森県高等学校教育研究会地理歴史科・公民科部会

最後に、大会についての個人的な感想を付け加えることをお許しいただきたい。その象徴的な場面は、懇親会の冒頭に行われた児玉賞の贈呈式での挨拶である。今回、児玉賞を受賞されたのは、長年八戸市立図書館に勤務され、地元の歴史研究と研究環境作りに尽力してこられた西村嘉氏（元八戸市立図書館長）である。西村氏は、全国の安藤昌益関係資料を八戸市立図書館に集めた理由を、折角八戸まで来た人々を「手ぶら」で返すわけには行かないとの思いであったと、淡々と語られた。「八戸に来て良かった」と思ってもらうこと、それがその後の研究環境作りの原点であったというのである。

今回の大会実行委員会での準備を通じて、私はこの西村氏の思いが、大会実行委員会の方々全員の思いでもあったことを再認識させられた。これは私だけでなく、きっと大会参加者の方々にも届いたことと確信している。今回の大会に主催者の一人として参加できたことを感謝するとともに、大会全体を細やかな目配りで準備された大会実行委員会の方々に、改めて感謝を申し述べたい。

本書の刊行は、地方史研究協議会第五四回（八戸）大会成果刊行特別小委員会が担当した。委員会の構成は、牛米努（委員長）・鍛代敏雄・久保田昌希・桜井昭男・佐藤孝之・須田肇・寺島孝一・西海賢二・藤野敦である。刊行にさいしては、株式会社雄山閣編集部の久保敏明氏に大変お世話になった。記して感謝の意を表したい。

（文責　牛米努）

執筆者紹介（五十音順）

稲葉克夫（いなば　かつお）
一九三一年一二月二三日生まれ。弘前市史編集執筆員。［現住所］〒036-8241青森県弘前市桜ヶ丘二―五―五

岩淵令治（いわぶち　れいじ）
一九六六年一〇月二〇日生まれ。国立歴史民俗博物館助手。［現住所］〒274-0815千葉県船橋市西習志野三―二―五

工藤竹久（くどう　たけひさ）
一九五〇年一一月二四日生まれ。八戸市教育委員会。［現住所］〒031-0002青森県八戸市大字中居林字狐平一九―三

工藤弘樹（くどう　ひろき）
一九六四年七月一八日生まれ。青森県文化振興課県史編纂グループ。［現住所］〒036-8094青森県弘前市外崎一丁目一―二　シティハイム城東二〇三号

櫻井徳太郎（さくらい　とくたろう）
一九一七年四月一日生まれ。駒澤大学名誉教授。［現住所］〒174-0064東京都板橋区中台一―八―八

差波亜紀子（さしなみ　あきこ）
一九六七年二月六日生まれ。法政大学文学部非常勤講師。［現住所］〒160-0022東京都新宿区新宿七―二六―一五

高橋美貴（たかはし　よしたか）
一九六六年八月一四日生まれ。東京農工大学大学院共生科学技術研究部。［現住所］〒183-0054東京都府中市幸町二―四〇　府中幸町宿舎B―三〇一

滝尻善英（たきじり　よしひで）
一九五七年八月九日生まれ。青森県立八戸東高等学校教諭。［現住所］〒039-1101青森県八戸市尻内町字鴨ケ池一〇八―六

中野渡一耕（なかのわたり　かずやす）
一九六八年五月七日生まれ。青森県広報広聴室。［現住所］〒030-0911青森県青森市造道三―二六―一三　八重田公舎A―五

西野隆次（にしの　りゅうじ）
一九七〇年三月一八日生まれ。八戸工業大学第二高等学校教諭。［現住所］〒034-0081青森県十和田市西一三番町四―四　医師住宅一号

本田伸（ほんだ　しん）
一九六一年三月三日生まれ。青森県立青森北高等学校教諭。［現住所］〒038-0004青森県青森市富田一丁目一―一　コーポ富田三号

平成16年10月25日　初版発行　《検印省略》

地方史研究協議会 第54回（八戸）大会成果論集
歴史と風土 —南部の地域形成—（れきしとふうど —なんぶのちいきけいせい—）

編　者　© 地方史研究協議会
発行者　宮田哲男
発行所　㈱ 雄山閣

〒102-0071　東京都千代田区富士見2－6－9
電話03-3262-3231㈹　FAX　03-3262-6938
振替：00130-5-1685
http://yuzankaku.co.jp

組　版　マーリンクレイン
印刷・製本　㈲ 吉田製本工房

Printed in Japan 2004
ISBN 4-639-01858-4 C3021